科学出版社"十三五"普通高等教育本科规划教材

普通高等教育师范类地理系列教材

人口地理学

（第二版）

张 果 李玉江 主 编

科学出版社

北 京

内 容 简 介

本书全面系统地介绍人口地理学的基本理论、主要内容和研究方法。全书共分为四大部分：第一部分介绍人口地理学的基础理论，第二部分介绍人口地理学的主要研究内容，主要包括人口自然变动、人口结构、人口迁移及空间分布等，第三部分介绍人口、资源与环境协调发展理论与实践，第四部分介绍人口地理学的最新研究方法。

本书可作为地理学、人口学、社会学及其他相关专业本科、专科教材，也可作为人口管理工作人员的参考、学习读本。

图书在版编目(CIP)数据

人口地理学/张果，李玉江主编．—2版．— 北京：
科学出版社，2017.6
　普通高等教育师范类地理系列教材
　ISBN 978-7-03-053431-6

Ⅰ. ①人… Ⅱ. ①张… ②李… Ⅲ. ①人口地理学－
高等学校－教材　Ⅳ. ①C922

中国版本图书馆 CIP 数据核字（2017）第 133655 号

责任编辑：许　健
责任印制：谭宏宇 / 封面设计：殷　靓

科 学 出 版 社　出版
北京东黄城根北街16号
邮政编码：100717
http://www.sciencep.com

南京展望文化发展有限公司排版
广东虎彩云印刷有限公司印刷
科学出版社发行　各地新华书店经销

*

2011年2月第　一　版　　开本：889×1194　1/16
2017年6月第　二　版　　印张：13 1/4
2025年2月第十二次印刷　　字数：432 000
定价：45.00元
（如有印装质量问题，我社负责调换）

《人口地理学》编委会名单

主　编	张　果　李玉江
副主编	陈培安　马定国
编　委	（按姓氏笔画排序）
	马定国（江西师范大学）
	毛爱华（鲁东大学）
	包玉香（山东师范大学）
	李玉江（山东师范大学）
	李宏芸（内江师范学院）
	杨忠臣（临沂师范学院）
	张　果（四川师范大学）
	张晓青（山东师范大学）
	陈培安（山东师范大学）
	周德禄（山东社会科学院人口所）
	袁天凤（内江师范学院）
	鹿　彦（青岛酒店管理学院）
	董立峰（滨州学院）
	曾永明（江西财经大学）

序

正值中国地理学会在北京人民大会堂举行百年庆典之际，欣闻科学出版社组织全国高等师范院校共同编写地理科学类系列精编教材，以适应我国高等师范院校教学改革和综合化发展的需要，作为教育部地球科学教学指导委员会主任委员我感到由衷地高兴和鼓舞。

众所周知，高等师范院校的设置和发展可以说是中国高等教育在世界上的特色之一，为我国开展基础教育、提高国民素质教育作出了杰出贡献。1921年东南大学（今南京大学的前身）最早设立了我国大学中的第一个地学系，随后清华大学、金陵大学、北平师范大学纷纷增设地理学或地学系，因此地理科学类专业教育迄今已有八十余年的历史，培养了一大批服务于地理、环境与社会经济的地理科学人才。现今随着日益凸显的全球性的资源环境问题与人地关系矛盾的加剧和地理信息技术的迅速兴起、发展与应用，地理科学新的快速发展与拓展，地理科学类专业由原较单一的地理教育专业发展为地理科学、地理信息系统、资源环境与城乡规划管理等三个本科专业，并在综合性大学、高等师范院校、农林类高校等都有广泛开办。其中，高等师范院校较完整地设立了三个专业，在培养地理科学类的地理教学师资、地理信息系统、资源环境和城乡规划管理等人才方面发挥了主力军的作用，成为了我国培养这一类型人才的重要阵地，多被誉为"教师的摇篮"；与此同时，高等师范院校根据我国师范院校的性质和发展战略方向，以及我国高等教育改革的趋势，依托各区域的地理特点和文化积淀，针对社会的迫切需求，办出不同于综合性大学的立足本土与本身的基础教育师资和区域性应用人才的特色。

由高等师范院校的资源环境与地理科学类的学院联合撰编系列精品教材，可紧密结合高等师范院校地理科学类专业的特点，量体裁衣，因校制宜，形成高等师范院校不同于综合性大学的自己系列精品教材；同时，可充分发挥师范院校教师们在师范院校地理科学类专业教学经验丰富和服务于基础教育及地方社会经济发展等的优势，将多年来精品课程建设、实践（实验）教学、专业建设、教学研究与教学改革等成果融入其中，形成真正的精品教材；再者，高等师范院校共同搭建系列精品教材编写平台，每本教材以1～2校为主编单位，多家院校参与、相互学习、相互交流、相互借鉴，取长补短，优势互补，共同提高，不仅利于每本教材编写水平的提升，也可促进师范院校专业建设和整体教学水平的提高，将提高本科教学质量、培养高素质人才、服务于地方基础教育和社会经济发展落到实处，推动我国高等教育的改革和发展。

我相信，科学出版社和高等师范院校精诚团结，真诚合作，各院校相互交流协作，一定能编出适合中国国情与需要，适应我国高等教育发展，适合高等师范院校的系列精品教材。

中国科学院院士
教育部高等学校地球科学教学指导委员会主任委员

前 言

人类经济社会不断发展的过程即是人地关系持续相互作用的过程。人口地理学是研究人地关系和相互作用的重要分支学科。从历史上看，每当一个国家或地区的人口动态发生转折性或结构性变化时，都会给社会经济带来显著的重要影响。其中人口的地理过程或空间过程对人口长期均衡发展可能带来影响甚至挑战，也当然会影响国民经济的可持续发展。因此，以人口空间均衡为约束的人口地理学研究成为重要研究课题。人口地理学作为人口学和地理学的重要交叉学科，是解决人口空间均衡问题与人口长期均衡问题以及培养地理学专业人才的重要基础学科。当前，我国人口动态正在发生较为深刻的历史变化，比如新型城镇化问题、大规模人口流动问题、返乡农民工问题、单独二孩和全面二孩陆续放开等，这些都是人口地理学的研究对象。正是在我国人口动态变化与人口长期均衡发展背景下，科学出版社召集国内处于人口地理学教学与研究第一线的师范院校教师再版了本教材。

本教材是编者在多年来讲授人口地理学课程和长期参与人口地理学相关课题科研项目的基础上编写而成的，是历史经验和现代科学的结晶。在编写过程中力求点面结合、重点突出，注重知识的科学性、系统性和逻辑性，融合理论知识与实证分析，同时紧密联系我国人口地理学发展的最新动态及方法前沿，保证教材内容与时俱进。

全书共分10章，包括四大部分内容。第一部分介绍人口地理学的基础理论，包括人口地理学的研究对象、学科性质及经典基础理论；第二部分介绍人口地理学的主要研究内容和体系，包括人口自然变动、人口素质、人口结构、人口迁移与城镇化、人口地域分布等；第三部分介绍人口、资源与环境协调发展理论与实践，主要包括人口与资源、人口与环境、人口资源环境协调发展与评估等；第四部分介绍人口地理学的最新研究方法和案例，包括数学模型、空间计量模型和地理信息技术等在人口学中的应用。

本书编写具体分工如下：第一章由李玉江（山东师范大学）编写，第二章由鹿彦（青岛酒店管理学院）、包玉香（山东师范大学）编写，第三章由马定国（江西师范大学）、张果（四川师范大学）编写，第四章由张果、任平（四川师范大学）编写，第五章由毛爱华（鲁东大学）编写，第六章由张晓青（山东师范大学）、周德禄（山东社会科学院人口所）编写，第七章由杨忠臣（临沂师范学院）、曾永明（江西财经大学)、张果编写,第八章由董立峰(滨州学院)编写,第九章由陈培安编写,第十章由袁天凤(内江师范学院)、李宏芸(内江师范学院)、曾永明编写。全书最后由张果、陈培安、马定国、曾永明统稿。

  值得强调的是,本书参考了大量文献著作,因篇幅有限,并未一一列出,在此向原作者表示歉意和感谢。本书编写也得到其他很多人员支持,在此一并表示感谢。尽管本书凝聚了全体参与人员的不少心血,但由于作者能力和学术视角的限制,书中难免有疏漏不足、甚至偏颇错误之处,恳请读者批评指正。

编 者

2017 年 3 月

目录

序
前言

第一章 绪论

第一节 人口地理学的研究对象和内容 /1
第二节 人口地理学的学科性质 /2
第三节 人口地理学的形成与发展 /3

第二章 人口地理学理论基础

第一节 古典经济学中的人口思想 /9
第二节 两种生产理论 /12
第三节 适度人口理论 /14
第四节 人口可持续发展理论 /18

第三章 人口自然变动及其地理意义

第一节 人口出生水平分析 /23
第二节 人口死亡水平分析 /29
第三节 人口自然变动的度量与分析 /34

第四章 人口素质

第一节 概述 /37
第二节 人口身体素质及其影响因素 /39
第三节 人口文化素质及其影响因素 /42
第四节 人口素质综合评价案例分析 /48
第五节 提高我国人口文化素质的重要性 /54

第五章 人口自然结构

第一节 人口年龄结构 /56
第二节 人口性别结构 /64

第三节　人口种族结构及其地区差异 /70

第六章　人口经济社会结构及其分布
73
第一节　人口经济结构及其分布 /73
第二节　人口社会结构及其分布 /94

第七章　人口迁移与人口城镇化
104
第一节　人口迁移 /104
第二节　人口城镇化 /115
第三节　世界人口城镇化发展及特征 /120
第四节　中国人口城镇化及特征 /125

第八章　人口地域分布
131
第一节　人口地域分布概述 /131
第二节　影响人口地域分布的因素 /136
第三节　人口地域分布的基本态势 /147

第九章　PRED——人口与资源、环境协调发展
157
第一节　人口与资源 /157
第二节　人口与环境 /162
第三节　人口与资源、环境协调发展 /179

第十章　人口地理学研究的技术与方法
187
第一节　人口预测 /187
第二节　人口遥感、制图与GIS /192

参考文献
200

第一章 绪 论

第一节 人口地理学的研究对象和内容

一、人口地理学的研究对象

人口地理学(population geography)是研究人口现象的地域特征、空间差异、区际联系及其发展变化规律的科学。人口现象包含内容极为广泛,如人口规模、人口素质、人口结构、人口生产与再生产、人口增长与发展、人口转变等,但人口地理学重点研究人口现象的分布规律。

人口地理学研究的对象是人口(population)。《辞海》(第六版)对"人口"的释义为:生活在特定社会制度、特定地域内的人的总和。首先,人口具有量的规定性,"population"原本含义即为总体,具体体现在人口的规模和增长速度上;其次,人口具有质的规定性,一般用人口的身体素质、文化素质和思想道德素质来表达;第三,人口总是生活在一定的地域范围之内,不同地域的自然、人文环境对人口地域差异性的塑造具有重大影响;第四,人口是由各种社会关系组成的社会实体,其发展深深打上了社会生产方式和社会制度的烙印。

人口具有自然属性和社会属性,既是生产者,又是消费者。人口总是生活在一定的地理空间范围内,人口地理学就是从空间角度去研究人口现象和人口问题。这就要求人口地理学不仅要研究一个地域内影响人口出生、成长、衰老、死亡等自然过程,人口的阶层与阶级、民族、宗教信仰、婚姻、家庭、文化、职业等社会现象的各种自然、社会、经济、文化因素及其相互作用和内在关联性,而且要研究人口现象自身的空间运动形式,探讨人口生存和发展的空间差异和地域特征。人口过程在空间中的运动总与它在时间(也即历史)的演进密切相连。不同时点的同一人口现象与各种人口现象之间,以及各个时点上人口与社会经济现象之间,按照时间序列发生着纵向联系。总之,人口在空间序列的运动及其在时间序列的发展变化,存在着相互联系、相互制约、相互作用的关系。所以,同一地域中的人口,在不同的历史发展阶段,人口现象的区域性特征就会有很大区别。

二、人口地理学的研究意义与任务

人口地理学研究具有重要意义。通过研究人口分布、人口密度、人口增长同当地自然、社会、经济、政治等因素,特别是同地理环境、经济发展与生产布局的关系,揭示出人口数量分布特征及其演变规律,为进行合理的人口规划、科学引导人口分布提供依据;通过对不同区域居民的出生率、死亡率、人口流动的分析研究,以及区际差异比较,分析影响人口变动的原因、后果、发展的规律性,为人口再生产与人口迁移提供正确的决策依据;研究各国各地区人口素质特征与其地区差异,分析不同国家或地区人口素质差异的原因,为提高人口素质、提高人力资本投入产出水平和利用效率提供决策性意见;通过对人口结构的地区类型及其演变规律的研究,寻找出调整人口结构的途径与应采取的措施;通过研究各区域人类居住地的重要规律、职能等的特征与形成条件,揭示居民点分布的规律,为制订合理的城乡居民点发展规划提供客观依据和建议。

人口地理学的中心任务是为理论和实践服务。从理论上讲,人口地理学研究可以揭示不同历史阶段各种人口现象在区域分布上的区内相似性与空间差异性,阐明人口地域分布不同的原因,评价不同地区人口数量的多寡、增长速度的快慢、人口密度的大小、人口素质的高低、人口迁移流动以及各种人口结构类型和居住形式同当地自然、社会经济因素之间的相互关系,找出促进或控制人口地理分布、区域人口增长、人口移动结构和人口居住类型等的主导因素,分析人口与当地自然、社会经济条件等相互作用所产生的有利或不利影响,并测算其影响程度,把握各区域人口生产与再生产和经济生产与再生产的演变趋势、人口与其居住环境的变化趋势。实践证明,人口地理学研究可为制订区域人口与经济社会发展战略、国土开发整治与环境治理、区域经济发展规划与生产力布局、城乡居民点布局与建设规划,以及制订各个时期不同类型的区域人口政策提供客观依据。

我国是世界上人口最多的国家,人口发展与布局呈现出前所未有的复杂局面,主要表现在:人口基数庞大，并仍将惯性增长一段时间，1965～1973年，年均增长2 079万人，经过40多年的计划生育和社会经济发展，2015年仍净增人口680万；人口素质偏低，人力资源大国向人力资本强国转变还需要付出巨大的努力；劳动年龄人口数量大，就业形势严峻；人口老龄化程度快速加深，社会保障压力剧增；流动迁移人口规模巨大且呈增加态势，人口城市化进入快速发展阶段，对公共资源配置构成巨大挑战；不同区域之间、城乡之间经济活动人口构成，就业人口的职业结构、行业结构、人均收入等差距明显，非均衡现象突出；人口与资源、环境、经济、社会之间的矛盾近期内难以缓解等。这些矛盾和问题都需要人口地理工作者以本学科的理论为指导，以相互联系的观点、发展的观点、实事求是的观点去观察和认识，探索解决问题的方法、手段和措施，为全面建设小康社会提供良好的人口环境作出自己应有的贡献。

三、人口地理学研究的主要内容

1. 人口数量及区域分布 主要探讨影响人口地域分布的区位、地形、气候、水文、矿产资源等自然因素，以及历史、经济、社会等人文因素；探讨人口地域分布的趋向性；探讨不同国家或地区人口数量在地理分布上的差异性，以及各国、各地区人口分布不平衡的规律性。

2. 人口结构及区域分布 主要探讨人口自然结构(如性别结构、年龄结构)、社会结构(如阶级结构、民族结构、宗教信仰结构、婚姻家庭结构)、经济结构(如劳动力资源结构、在业人口的产业结构、职业结构、收入分配结构)、地域结构(人口自然地域结构、行政区域结构、城乡结构)的地域特征，揭示其差异性，预测其变动趋势。

3. 人口自然变动及地域差异 主要探讨人口出生率、死亡率、自然增长率的变化特征、影响因素和社会经济意义，以及人口自然变动的地理意义、人口再生产类型及其变化、人口自然变动的地区差异等。

4. 人口迁移与人口城镇化 主要研究人口在空间上位置移动的流量、流向及地域差异，人口迁移原因及其效果评估；研究人口城市化的过程、机制与类型，不同区域城镇人口的合理规模，城乡人口的合理分布，世界不同发展水平的国家和地区人口城市化的特征，人口城市化过程中的问题及解决途径。

5. 人口与资源、环境协调发展 主要研究人口与资源、环境的相互作用与影响，区域人口的承载力与合理容量，人口与资源、环境协调发展的途径与对策等。

第二节 人口地理学的学科性质

一、人口地理学的学科性质

人口地理学首先属于地理学的三级学科，是人文地理学的分支学科之一，主要研究一定历史条件下的人口数量、人口分布、人口结构、人口迁移等诸多人口现象的空间变化过程、特征、原因及其区域差异，具有地理科学地域性、综合性的显著特征。

人口地理学同时也属于人口学的分支学科，人口学主要研究一定的社会生产方式制约下的人口变动和发展规律，主要包括人口经济学、人口社会学、人口地理学、环境人口学、生物人口学、医学人口学、人口统计学等分支学科。长期以来，人口地理学均为人口科学体系的重要组成部分。

综上所述，人口地理学是介于人口学和地理科学之间的交叉学科。从更广阔的视野而言，地理学属于自然科学的范畴，人口学则属于社会科学的范畴，跨界性更为突出。因此，人口地理学研究应以辩证唯物主义和历史唯物主义作为指导思想，除运用地理科学研究方法和手段之外，还要借助于人口学的基本理论、数据和方法，探索人口空间分布和地域差异的变化规律。

二、人口地理学与相关学科的关系

(一) 与地理学及分支学科之间的关系

人口地理学自身就是人文地理学的分支学科，除此之外，还与气象与气候、地貌、水文地理、土壤地理、植物地理等自然地理学分支学科,经济地理、文化地理、城市地理、社会地理等人文地理学其他分支学科,以及地图学等有着密切的关系。气候、地形、河流、土壤、植被、生物、矿产资源等自然地理要素在地球表面表现出巨大的地理差异性,不同因素以及各因素组合也呈现出明显的地带性规律,不同地区不同的自然条件及其组合对人口分布所产生的作用迥异。充沛的降水、宽广的平原、肥沃的土壤、丰富的动植物资源和矿产资源,为人口的生存和集聚提供了有利的条件,反之亦然。在一定生产力水平条件下,人类利用自然界的能力和水平也是有限度的。因此,自然地理环境条件是人口分布的客观基础。学习人口地理学必须借助于自然地理学分支学科的基本理论和基础知识,分析自然环境因素对不同人口现象地域分布差异形成的原因,并把握其规律性。

人口地理学与人文地理学的其他分支学科关系十分密切。经济地理学所研究的经济活动的区位、空间组合类型及其发展过程对人口现象的区域差异形成有着重大和直接的作用。一般而言,经济发展水平高的地区,人口集聚度也较高。城市地理学与人口地理学研究又具有高度的关联性,工业革命以来,人口居住方式和人口分布格局发生了巨大的变化,人口从农村向城市的集中,加速了城市化的进程,出现了一系列大城市、特大城市、城市群、城市带,人口分布的空间变动过程也是城市化发展的过程。人口地理学和城市地理学都从各自的角度探讨这一过程产生的机制和规律。人口分布有其历史继承性,历史地理学同样也研究人口分布的历史演变以及人口分布图变化的原因。一个国家和地区的人口经济政策、疆域变动、战争等因素对人口分布也有重大影响,人口地理学也要利用政治地理学的研究成果分析人口现象的区域差异及其形成原因。

人口地图具有生动、直观的特征,人口地理学应借助地图学知识绘制人口地理图,分析与人口有关的自然条件、人文条件及各种要素的空间分布和相互关系。

(二) 与人口学及分支学科之间的关系

人口地理学与人口经济学关联性高。人口运动和经济运动的对立统一运动,构成了人口经济运动及相应的人口经济关系,人口经济学所探讨的人口增长与经济发展的关系,以及人口结构、投资与经济发展和经济适度人口、家庭规模的成本-效用分析等成果可为人口地理学所借鉴。

人口地理学所研究的人口分布与地域差异本质上属于社会现象,人口社会学所研究的人口发展与社会变迁的关系及其相互影响、人口结构所具有的社会特点等都对人口地理学具有很强的应用价值。

人口统计学与人口地理学渊源久远。人口地理学发展初期重点研究人口分布的统计分析和人口现象的描述。人口地理学必须建立在大量人口数据获取和分析的基础之上,如人口普查资料、人口经常性统计资料、人口抽样调查和典型调查资料等。同时,人口地理学也借鉴人口统计分析方法,如综合指标法、平均数法、相对数法、方差分析法、相关与回归分析法、图表法、人口数学模型等。

人口生态学是人口学的一门边缘学科,主要研究人口变动与生态环境的关系,这对于人口地理学探讨人口与资源、环境的关系,合理使用自然资源都有借鉴作用。

此外,经济学、城市学等也都与人口地理学有着密切的联系。

第三节　人口地理学的形成与发展

一、西方人口地理学的形成与发展

(一) 古希腊时期的人口地理材料及思想

古代人口地理思想和人口地理材料多散布于诗歌、历史、哲学、政治、地志和旅行记之中。古希腊哲学家柏拉图(Platon,约公元前427～前347)和亚里士多德(Aristotle,公元前384～前322)是最早从理论上探讨人口与经济关系的学者。柏拉图在其著作《理想国》中,认为一个国家的人口应当适当,并推出了城市国家人口合理规模。由于在城邦中土地和财产是一定的,因而居民数量也应当一定。按照他的构想,城邦中的总人口控制在5040人为最适宜。他还论述了保证达到最佳人口规模的种种方法,如在婚育政策上规定男子婚龄为25～55岁,女子婚龄为20～40岁等。为了保证最佳规模上的人口最优值,柏拉图还论述了优生优育的方法。

保持最佳人口规模的困难除了不足的可能性外,还在于经常出现的人口过剩。柏拉图在他的晚年著作《法律论》中,认为正常的人口增加是他所说的具有良好秩序和一致和谐的城邦国家产生混乱的一个重要因素。按照他的观点,消除人口过剩的最好方法是堕胎和弃婴,同时也可以考虑向外移民或殖民。可见,柏拉图所构想的理想国以土地和财产为前提,在此前提下,为达到他所设想的种种理想,必须以一定数量的人口规模来保证。这实际上是以人地关系的最适度来判断一个国家(城邦)是否理想。

亚里士多德认同和接受老师柏拉图关于人地关系的这种思想,但他更倾向于"小国寡民",主张用小城市、小国家取代大城市、大国家。他在《政治学》一书中认为人口过多的城市不好统计,一国人口的最适当限度就是足以达到自给生活所需要而又是观察所能遍及的最大数额。认为"最美的城邦,其大小必然有个限度","凡以政治修明著称于世的城邦无不对人口有所限制"。他还注意到了"市民"与"财产"的关系,第一次揭示了人口与财产之间的矛盾。他认为市民贫困的原因是由于人口增长过快、不注意调节财产积累与市民人数增长之间矛盾的结果。

被称为"地理学之父"的古希腊地理学家、天文学家、哲学家埃拉托色尼(Eratosthenes,约公元前275~前194)在其著作《地理学概论》中,第一次使用了"地理学"这个名词,并明确指出地理学应把地球作为人的家乡来研究。所以他的地理学著作着眼点在于把地理环境和人类社会联系起来,估算出了有人居住世界的宽度和长度。由于在地理学上的突出贡献,后来他被西方近代地理学者公认为地理科学的奠基人。

(二)近代人口地理学的形成和发展

发端于15~17世纪欧洲一些国家的航海家和探险家另辟直达东方的新航路,探察当时欧洲人不曾到过的海域和陆地的一系列航海活动的"地理大发现",使人口地理思想也不断得到发展,但主要孕育于人文地理学中。随着航海、探险和向新大陆的移民活动日益频繁,资本主义工厂与手工业的发展,国内与国际贸易交往的日趋频繁,为古老的地理学开拓了新的天地。从地理大发现初期开始,各种描述地球和有关探险的旅行记、航海指南、各国各地区自然地理和人文地理特征的描述以及理论地理学著作、地图绘制等如雨后春笋般地发展起来。地理大发现初期最引人注目的著作为彼得·阿皮安(Petrus Apianus)的《宇宙学导论》和塞巴斯蒂安·明斯特尔(Sebastian Münster)的《宇宙通志》,特别是后者,主要是探讨亚洲、非洲和新大陆情况及德国人文地理特征的描绘性著作,有较大的实用性价值。1650年德国早期的地理学家贝恩哈特·瓦伦纽斯(Bernhard Varenius)出版了《普通地理学》一书,这本著作几乎无所不包,尤其是描述了地方居民的特征,成为一部百科全书性的人文地理著作,对地理学的发展起到了很大作用。英国古典经济学家威廉·配第(William Petty,1623~1687)认为从事生产的人口是真正的财富,若两个国家土地数量相等,一个有800万人口的国家比只有400万人口的国家富裕1倍。18世纪中期,康德(Immanuel Kant,1724~1804)在其《自然地理学讲稿》中,强调人文要素是地理学中不可缺少的部分,揭示了把人的成果都看成是依附于自然的外部表现。康德认为一切自然和人文现象都是一种自然规律,人类和社会的发展以及人的性格、思想和文化都是受自然规律支配的,而自然则是绝对精神,一切人文现象都是神的意志的表现,将事物从空间分布加以研究,即为地理学。18世纪末,法国科学家布丰(Georges — Louis Leclerc de Buffon,1707~1788)对康德的观点提出了质疑,在其著作《自然史》一书中指出:"在人与自然的关系中,人类居于主要地位。"从而强调了人的主观能动性和创造力,驳斥了"神的意志论"和地理决定论。

产业革命以来,地理学不断分化,在自然地理学和人文地理学两大分支分离之后,人口地理学也逐渐从人文地理学中分化出来。进入19世纪后,以记叙和描绘为主的自然地理和人文地理著作大量涌现。以洪堡(Alexander von Humboldt,1769~1859)、李特尔(Ritter Carl,1779~1859)、拉采尔(Ratzel Friedrich,1844~1904)、李希霍芬(Ferdinand von Richthofen,1833~1905)、白兰士(Paul Vidal de la Blache,1845~1918)为代表的近代地理学家相继出版了各种地理著作。一方面比较系统地描述了各洲、各国、各地区的自然地理和人文地理特征;另一方面也论述和探讨了一些理论观点与研究方法,使地理学逐渐形成了自己特有的科学体系和方法论,同时也为人口地理学的形成奠定了基础。

人地关系是近代人文地理学也是人口地理学研究的主要问题。18世纪到20世纪初,西方多数地理学的奠基人和著名学者都持有"地理决定论"观点。以洪堡、李特尔为代表的德国地理学派是近代地理学的创始人,在研究人地关系问题时,把整个地球及附着在它表面的一切自然和人文现象都看成是一个统一的有机体,认为通过自然与人文现象地区分布的差异,可以抓住被表象掩盖的自然实质,看到地理环境对人类社会的决定性影响。洪堡、李特尔对近代地理学的形成也有过重大的贡献,其中包括对人文地理的发展做过工作。德国著名地理学家拉采尔在《民族学》《人类地理学》《政治地理学》《自然与文化地理学》《论中国人的外移》等著作中,认为人口分布受地理环境、历史因素的影响,宜人的温带气候人口密度最大。李希霍芬以及之后的赫特纳(Hettner Alfred,1859～1941)也倡导地理环境决定论思想,认为自然环境决定了人类的社会、经济、文化活动。19世纪末20世纪初的以白兰士为首的法国人文地理学家提出了"人地相关论"。白兰士在《人文地理学原理》中认为自然条件只提供可能性,而人类则按照自己的欲望及能力加以选择利用。布拉什也主张从"地区、位置与分布"方面去研究地理问题,但更强调"景观"。他的这一主张和赫特纳关于景观的论述,后来形成一个新的学派——景观地理学派。白吕纳(Jean Brunhes,1869～1930)继承和发展了"人地相关论"的思想,他在《人文地理学:原始分类的尝试》中建立了他的人文地理学体系,认为地理学应在各个特殊的地区内研究这些事实,揭示自然环境和社会环境之间的关系。在法国人文地理研究中,城市地理、聚落地理、人口迁移地理等也都得到了较快地发展。

产业革命以来,人口统计方法和手段不断完善。自1790年开始,美国每10年进行一次人口普查,英国(1801年)、法国(1801年)、挪威(1815年)、比利时(1846年)、德国(1871年)也相继开展了人口普查,并尝试用概率论等数理方法研究人口现象的数量变动,对人口数据的获取、分析起到了极大的推动作用。

(三) 第二次世界大战后人口地理学的发展

第二次世界大战后,一批人口地理学学术专著相继出版。美国地理学者特里瓦撒(Glenn T. Trewartha)认为人口地理学应着重研究人口数量、人口质量及分布形态和人口的社会与经济特征等,并陆续出版了《人口地理》《落后地区的人口地理》《发达地区的人口地理》三部著作了。20世纪60年代中期法国地理学者博若-加尼耶(J. Beasujeu-Garnier)出版了《人口地理学》(*Geographie de la Population*),主要探讨了人与空间、人口发展史、人口的迁移与流动、职业等问题。英国学者克拉克(John I. Clarke)和美国学者泽林斯基(Wilbur Zelinsky)分别在1965年、1966年出版了《人口地理学》(*Population Geography*)和《人口地理学引论》(*A Prologue to Population Geography*)。美国学者斯内尔(George A. Schnell)与莫莫尼耶(Mark S. Monmonier)在1983年出版了《人口地理学:要素、型态及过程》(*The Study of Population: Elements, Patterns and Process*),主要探讨了人口的空间分布、人口成长的历史与理论、国内人口迁移、人口组成、人口与资源和环境(政策和计划)等内容。

人口地理学研究内容较为广泛,针对现实的重大问题研究也逐渐增多。在国际人口迁移研究上,研究重点从移民的规模、方向和移民流的特点,国际迁移对迁出地与迁入地的影响,以及产生语言、文化、宗教等社会问题,转向更加侧重于全球政治经济的变化及其对国际人口迁移的影响、经济全球化与国际劳动力市场的关系、移民对新环境的调整与适应、移民同化,以及移民社区等。有的学者注重研究国际移民的空间分布、居住体系的演化、社会网络关系等。兹洛特尼克(H. Zlotnik)在论文《1965～1996国际迁移:回顾》(*International Migrantion 1965-1996: An Overview*)中考察了1965年以来国际人口迁移的发展趋势,并估算了各国移民储存(migrant stock),并衡量其变动的全球化水平。在人口城市化研究上,主要集中于人口城市化与城市人口贫困、生活质量问题,以及特大城市发展、发展中国家的城市化等。琼斯(G. Jones)在《大发展中国家的城市化》(*Urbanization in Large Developing Countries*)一书中将中国、印度、巴西、印度尼西亚等国的人口城市化问题归纳为城市基础设施供给不足、乡村向城市劳动力转移的就业问题等六个方面。在人口政策研究上,注重人口研究成果在人口与社会经济领域的实际运用,如人口的再生产、人口的空间分布和移动、城市发展、国际移民、人口普查、住房政策,以及与人口相关的社会经济发展规划,人口地理研究发挥了自身的优势,成果得到了许多国家和地方政府部门的重视。在人口可持续发展,以及人口与资源、环境的协调发展研究方面,取得了显著进展。1989年戴维斯(K. Davis)受联合国委托,主持召开了人口与资源、环境国际研究会,1990年出版了论文集《资源、环境与人口》(*Resources, Environment and Population*),有的学者认为人口规模和经济规模不能超过地球的负载能力。在人口结构方面,继生育率之后,人口老龄化成为重要研究课题。早在20世纪60年代,一些国家就对人口老龄化机理、影响与应对策略进行了系统研究,制定了解决人口老龄化的措施,养老、敬老、助老实践取得了积极的社会效果。Cutler、Poterba和Sheiner(1990)关注在人口年龄结构变动下的储蓄和资本积累问题,发现人口老龄化能够在短期内提升居民的生活水平,但是在长期内,居民的生活水平会因为老龄化问题而下降。Prettner(2013)考察了人口死亡率与效用贴现因子的关系,认为人口老龄化对经济增长可能没有直接的阻碍作用,而是通过影响人力资本投资的机制来间接影响实体经济。

进入21世纪,人类脆弱性与环境成为重要的研究课题,2007年人口地理国际会议专门就人群的脆弱性进行了专题研究。

二、中国人口地理学的形成与发展

(一)我国古代的人口地理材料和思想

在古代,我国许多思想家著作和文化典籍中蕴含有人口地理思想,并保存有丰富的人口地理学资料。早在春秋战国时代,孔子、孟子、管子、墨子、商鞅、韩非子等,对当时的人口、政治、军事、经济及其关系进行了记述和分析,如《商君书》《墨子》《韩非子》《管子》《吕氏春秋》等都从不同角度表达了作者对当时人口地理的观点。孔子(公元前551~前479)认为人口多对国家发展有利,"地有余而民不足,君子耻之"(《礼记·亲记下》),国家土地富饶而人口匮乏是统治者的耻辱和不幸。商鞅(约公元前390~前338)则认为人口与土地应保持平衡。

在长达两千多年的封建社会中,历代均有关于人口地理问题的记叙。在历史类著作中,很多记载有人口及人口地理方面的资料。《史记》中的《平准书》《货殖列传》《河渠书》和人物的列传中,记述了西汉时的户口数字、人口分布、土地、物产、田赋、贸易、交通、都邑与民俗情况。在地理图志类著作中,方志(即地理志)综合性强,内容涉及极为广泛。如东汉《交洲异物志》,三国时的《南州异物志》,晋代的《吴兴记》《南徐州记》,隋代的《诸郡物产记》《区宇图志》《诸国图经集》均有大量人口、居民以及其他人文地理方面的记述和都邑分布地图。至元二十三年(公元1286年),陈俨、虞应龙等汇编《大元一统志》,共600册、1300卷,对元初的疆域、隶制沿革、户籍丁壮、四至八到、坊郊乡镇、名山大川、人物风俗、文化古迹以至寺庙观刹都有记述,对研究我国人口地理都是极其重要的参考文献。此外,涉及人口与地理、人口与经济的古代典籍还很多,较重要的有《通典》《通志》和《文献通考》。如唐代杜佑所撰的《通典》共200卷,其中的食货、州郡与边防三典有大量关于人口与人口地理的资料,对研究我国历史时期人口变动有参考价值。

古代著作中,人地关系思想甚为突出。《孟子·公孙丑下》提出了"天时不如地利,地利不如人和"的思想,荀况则提出"人定足以胜天,天定足以胜人"的人天互胜论。人地平衡思想也是人地关系论的重要体现,如唐代陆贽的限田、减租与移民实边论,宋代李觏的去冗民、平士论,苏轼的人口分布不均论,叶适的土地劳力分离论,清代龚自珍的移民实边论以及孙中山先生的移民实边思想等。

在对人口数量的认识上,由于我国古代人口相对稀少,人口自然增长缓慢,战争也迫使人口逃亡,大多数时期劳力不足,兵源紧张,所以主张增加人口的思想。如清代采取了一系列强国富民政策,人口明显增多。康熙五十年(公元1711年)人口已突破1亿大关,到道光十四年(公元1834年)更逾4亿大关。历代的政治家、思想家们对农业人口的增减十分重视,商鞅提出重农抑商,主张增加农业人口、限制商业人口,并制定了一系列的鼓励增加农业人口、限制商业人口增加的政策,如减免农业税赋、重关市之赋等。

(二)近代我国人口地理学的发展

我国早在20世纪20~30年代已开始进行人口地理学的研究工作,主要研究我国的人口数量、分布及密度,以及人口与经济的关系问题,竺可桢、翁文灏、胡焕庸等均为人口地理学研究的开拓者和先驱。地理学家竺可桢先生的《论江浙两省人口之密度》在研究江浙两省人口密度的基础上,对江浙地区人口在一万至十万以上的城邑进行统计分类,并与全国及世界主要国家进行了对比。此后又发表自己对人口数量的观点,认为我国人口过多,即使人口不再增加,也已经到了极其严重的地步。地质学家翁文灏在《中国人口分布与土地利用》文章中认为,不仅要关注中国人口的数量,更要注意人口分布的情形和土壤等自然环境的条件。以当时的人口数量和国土面积计算,中国人口平均密度是每平方千米103人(日本人口平均密度是每平方千米410人),表面上看来似乎还是地广人稀,但实际上许多地方自然条件恶劣,极端不适宜于人类生存,提出不可专凭高远的理想抹杀了浅近的事实。胡焕庸教授被称为"人口地理学之父",1935年撰写了《中国人口之分布》,高度重视地理因素和农业发展以及其他经济条件对人口分布的影响,尤其是绘制了第一幅中国人口密度图。瑷珲—腾冲的中国人口分布的分界线被美国地理学家命名为"胡焕庸线"。这一时期人口地理学论文和研究成果也较多,如1934年张仰堂在《地理学报》创刊号上发表的《中国人口问题之严重》,1936～1939年胡焕庸发表了《江宁县之耕地与人口密度》《安徽省之人口密度与农业区域》《句容县之人口分布》等。但20世纪40年代,由于战争等影响,虽人口地理调查和人口地理研究取得了一些进展,但成果相对星散,学科发展不快。

(三) 1949年以来中国人口地理学的发展

1949年,中华人民共和国成立使人口地理学发展进入了新的发展时期。在学科上,多把人口地理学作为经济地理学的分支学科,强调社会生产方式对人口地理特征的决定作用。1953年我国首次举办人口普查,人口总数已超过6亿,1955年中共中央制定了《关于控制人口的指示》。1956年1月国际地理学讨论会在印度阿里迦伊斯兰教大学举行,孙敬之在会上做了《食物来源与人口增长》的论文报告,阐述了粮食增长和人口增长的关系。1956年华东师范大学呈请教育部批准,建立了我国第一个人口地理研究室,这标志着我国人口地理研究进入了新的独立发展阶段。胡焕庸利用人口普查资料,通过实地调查,从理论和实践相互结合的角度,于1958年先后发表了《江苏省的人口密度与农业区域》《江苏南通专区的人口密度》《常熟的农业生产和人口密度》《宜兴县的人口密度》等多篇论文,将人口与农业紧密结合分析人口密度的区域差异与地理环境的关系,认为不仅要研究人口的静态分布,还要研究其动态分布。

1957年后的近20年中,随着错误地批判马寅初的《新人口》,人口及人口地理学发展相对滞缓,人口在经济地理研究中一般作为生产布局中的条件之一进行分析。

改革开放以来,马寅初的《新人口》被重新肯定,人口地理学也出现了蓬勃发展的新局面。1980年中国地理学会第四届代表大会,将人口地理学作为地理科学的重要研究内容。华东师范大学、中山大学、杭州大学等院校都先后建立了研究人口地理的机构,很多大学地理系相继开设了人口地理学课程。一大批学术研究成果相继出现。在出版著作中,孙敬之主编了大型人口科学著作《中国人口》丛书(各省分册)。邹沧萍主编出版了《转变中的中国人口与发展》系列专著,共10卷,分析研究了中国人口数量、人口质量、人口结构、人口分布等问题。1984年胡焕庸、张善余编著出版了《中国人口地理》,1991年祝卓出版了《人口地理学》,1992年罗辑、王桂新分别编著出版了《人口地理学》《人口地理学简明教程》,在一定程度上满足了科研与教学的需要。张善余分别于1997年、1999年出版了《中国人口地理》《人口地理学概论》。2001年吴玉麟出版了《人口地理学》。

我国每年都有大量人口地理学论文学术论文发表,主要集中在以下几个领域。

1) 人口分布:20世纪80年代以来,中国人口分布研究由相对简单的人口分布的描述,逐渐走向对人口与不同属性人口分布格局、人口在不同性质区域之间以及区域内部分布的时空模式、影响因素和形成机制的研究。由于数理统计和时空统计建模、GIS空间分析、遥感技术和地理计算等相关分析方法技术的进步,较之从前更易获得人口与相关因素数据,定量与定性分析结合更加紧密,对人口分布区域分异及其影响因素的分析更为精准、细致。

2) 人口迁移与流动:主要研究国内人口迁移流动的空间格局及其演变特征、大城市内部的空间分布特征和城市间的迁移,探究这些模式的形成机制以及模式变化的社会影响与政策启示。中国人口迁移流动是多因素综合作用的结果,包括迁入地与迁出地间社会经济发展水平(尤其是收入水平和就业机会)、投资环境、自然条件和文化特征、区位优势的差异,迁出地与迁入地间的距离和历史联系,迁移者的年龄、性别、婚姻家庭、受教育程度、社会网络等。20世纪八九十年代,农村剩余劳动力的乡—城转移研究,盛极一时。

3) 人口城镇化:主要研究中国城镇化水平及其时空分异特征与形成机制、城镇人口增长的来源以及人口城镇化发展战略,对整个中国及其不同省份的城镇和乡村人口规模及城镇化水平进行分析、建模和估算,参与城镇和乡村人口概念研究和相关统计数据评估。

4) 人口老龄化:这是当前中国人口结构研究的热点问题。涉及人口老龄化的时空特征、驱动因素和空间效应以及老年人健康与环境的关系、老年人的空间行为、养老服务的空间组织与规划等方面。

5) 人口地理学其他领域的研究:人口与自然,相对于人口学领域的其他学者,人口地理学者对资源环境与人口之间的关系有着更为全面深入的研究和认识;婚姻迁移模式和流动人口犯罪也是中国人口地理学者关注的问题;历史人口地理、人口地理理论与方法等。

三、当代人口地理学发展趋势

1. 更加注重人口地理学的理论创新 人口地理学有自身研究的对象、内容、任务,但该学科理论上缺乏明显的创新和建树,没有形成系统、完整的理论体系。与西方相比,我国人口地理学由于发展时间较短,许多研究只注重课题研究、应用研究,忽视理论探讨和基础性研究。今后应通过归纳和总结,将大量的应用研究上升为理论,注重发现其规律性。研究区域、研究内容应注重宏观、中观和微观的相互结合,纠正忽视微观人口现象分布研究的偏差。

2. 更加注重与实践的结合 人口地理学是一门实践性强的学科,可以利用学科优势为现代化建设服务。例如,研究国家或地区的人口数量、增长速度、构成和分布的发展变化条件与特点,提出不同经济、社会、文化发展水平区域的人口增长模式;通过评价区域劳动力资源、人力资本,提出地区与部门合理利用劳动力资源、充分发挥人力资本效益的途径;通过分析人口移动、人口集聚的路径,提出加速人口城市化对策;通过评价人口容量,划分出不同人口类型区域,正确引导人口分布;通过分析人口与资源、环境的关系,提出区域人口可持续发展战略等。

3. 更加注重学科的交叉和融合,充分借鉴相关学科的研究成果 人口的各种现象是相互依存、相互影响、相互联系的,对人口生产与再生产、人口分布、人口结构、人口素质等人为过程是循序渐进的。人口地理学自身就是一门边缘学科,综合性强,应充分运用人口学、地理学、经济学、城市学、社会学研究成果,发挥自身优势,提高研究水平,更好地为现代化建设服务。

4. 更加注重利用先进的研究方法和手段 除充分运用实地调查、统计分析、人口地图等传统方法外,应强化定性分析与定量分析、宏观分析与微观分析,及时引进并运用GIS技术、遥感技术等新手段、新方法,实现研究方法的多元化和现代化。

第二章 人口地理学理论基础

"人类的发展"既是人口地理学研究的起点,也是人口地理学研究的最终目标。因此,人口地理学的基本理论以人口理论为核心。从17世纪中叶至今,人口理论经历了价值论、物质资料生产和人自身生产论、适度人口论和可持续发展理论,人口的发展与经济、社会、自然环境的发展不断融合,最终实现了人口、资源、环境、经济与社会复合系统的可持续发展理论体系。按照人口理论研究的历史脉络,可以将人口地理学的基本理论划分为四个发展阶段:古典经济学中的人口思想、两种生产理论、适度人口理论和人口可持续发展理论。

第一节 古典经济学中的人口思想

古典经济学指17世纪中叶到19世纪上半叶英、法资产阶级革命时期代表资产阶级利益的经济学说,主要从劳动价值论出发研究了资本主义社会人口和财富的关系。地理学中的人口理论尤其是有关人口经济现象及其演变规律的理论大多以古典经济学中的人口经济理论为渊源。古典经济学中的一些人口经济理论成为地理学早期的理论基础,主要代表人物有英国的威廉·配第、亚当·斯密、大卫·李嘉图、马尔萨斯和法国的弗朗斯瓦·魁奈、西斯蒙第等。

一、配第的人口经济学说

威廉·配第(William Petty,1623~1687)是英国资产阶级古典政治经济学的创始人,主要著作有《赋税论》《政治算术》等,其中多处涉及人口经济问题。

威廉·配第最先阐释了人口与财富之间的内在关系。他从劳动价值论出发,认为人口的劳动是财富的源泉,一个国家的财富生产必须建立在一定数量的人口之上,"一个国家人口多,财富也多;人口增长,财富也会增长;而人口少,则是真正的贫穷"。他提出了"土地为财富之母,而劳动则为财富之父和能动要素"这一著名论点,重点分析了人口、土地与财富之间的关系,认为人口和土地是财富生产的必要条件,土地上的生产物是由人口的劳动创造出来的,人口和土地的关系是主动和被动的关系,只有把人力和自然力结合起来才能创造出财富。

此外,配第还分析了人口价值、人口结构、人口密度和城市规模等问题。

1)人口价值:他认为一个国家的人口价值,不仅在于人口的自然数量,还在于人口的社会数量,即人口的文化、技能和勤劳程度。

2)人口结构:他将人口分为生产人口和非生产人口,主张增加生产人口,减少非生产人口,尽量将非生产人口转移到劳动岗位上,为资本主义社会创造更多的社会财富和收入。

3)人口密度:他指出,人口密度高有利于分工和提高劳动生产率,有利于节省生产费用和管理费用,有利于经济发展,而人口稀少则恰恰相反,应该用税收杠杆去调节各地人口密度,指导经济发展。

4)城市规模:他认为城市规模日益扩大是人口不断增加导致建筑物增加的结果,单纯限制建筑物的增加而对人口不加控制,难于达到控制城市规模的目的。因此,为解决城市规模扩大带来的诸多弊病,必须控制人口的增加。

二、魁奈的人口经济学说

弗朗斯瓦·魁奈(Francois Quesnay,1694~1774)是法国重农学派的创始人和主要代表,同时也是古典政治经济学的代表人物之一。其主要著作有《论农夫》《谷物论》《人口论》和《经济表》等,对人口问题进行了较为深入的研究。

魁奈分析了人口与财富之间相互依存的关系。首先,他认为财富的增加依赖于人口的增加。人是财富的第一位创造性因素,要使一个国家的财富能够维持下去并不断增加,取决于财富的使用和人口的增加。其次,他认为人口的增加以财富的增长为前提。他从人作为消费者的角度出发,认为"财富增加在先,人口增加在后,人口的增加必须以财富的增加为条件",因为人是要消费的,而消费必须有一定的生产物,维持消费的生产物不足,人口生产就会减少。最后,他认为一国人口是随着国家收入的增长而增加的,由于收入能够提供富裕的生活和利益,从而促进人口增加速度,但是只有人口及其劳动的使用同国家的自然条件相适应才能增加国家收入。

魁奈还从生产领域出发,分析了人口增加与财富增长之间的辩证关系。他强调农业是一切财富的本源。魁奈认为农业是唯一的生产部门,土地就是生产财富的源泉。土地通过人的劳动、生产物品的交换,满足人们的需要,从而创造财富,因此,为维持财富的增加,必须增加农业人口,使更多的人参加到农业生产中来。此外,他提出人口适度增长思想。他从人口和消费之间的关系说明一国所需人口的数量:人们的生产超过自己的消费越多,国家积累的财富越多,对国家越有利,反之,人们的消费超过自己劳动所生产的有效产品越多,他们就成为国家的负担,国家就会开始变贫穷。因此,人口再生产必须与生活资料再生产保持一定比例,即人口增长必须与生活资料增长相协调。

三、斯密的人口经济学说

亚当·斯密(Adam Smith,1723~1790)是英国资产阶级古典政治经济学的主要代表人物之一,他的经济学理论主张自由放任,反对国家干预。主要著作有《道德情操论》(1759)和《国民财富原因和性质的研究》(1776)。他最先分析了人口增长与资本积累的关系,为人口经济理论做出了巨大的贡献,其主要思想如下。

1)斯密继承了配第的观点,从劳动价值论出发,分析人口与财富的关系。首先,他认为劳动是财富的源泉,劳动创造价值。他指出"一国繁荣最明确的标志就是居民人数的增加"。他认为增加国民财富有两种途径:① 增加从事生产劳动的人数;② 一定数量的人口通过分工提高劳动生产率。这两种途径都和人口有着密切的关系。其次,他认为"充足的劳动报酬,既是财富增加的结果,又是人口增加的原因",一国财富增长会提高劳动报酬,从而使人们获得更多的生活资料,促进人口增长。

2)斯密人口经济学的核心是资本对人口的需求可以调节人口生产。他是第一个提出从事生产的劳动者数量同资本家购买生产资料的资本之间存在着一定比例关系的学者。他认为资本对工资劳动者的需求,调节着人口的生产。他说:"如果劳动的需求继续增加,劳动报酬必然鼓励劳动者结婚和增殖,使他们能够不断增加人口,来供给不断增加的劳动需求。……像对其他商品的需求必然支配其他商品的生产一样,对人口的需求也必然支配人口的生产。生产过于迟缓,则加以促进;生产过于迅速,则加以抑制。"他从经济自由放任的思想出发,认为在自由竞争中,劳动与资本之间的供求关系可以自发地调节人口生产。他指出,对劳动者的需求必定随着预定用来支付劳动工资资金的增加而成比例的增加,即随着一国收入和资本的增加而增加。资本决定了对劳动者的需求,也决定了对人口的需求。在此基础上,他主张人口自由移动。人口多、劳动力相对过剩地区的人口自由转移到人口少、劳动力不足的地区。人口、劳动力的自由移动能更好地适应资本自由移动的需要。

3)斯密分析了人口与消费的关系。首先,他指出消费性财富同总人口之间存在着比例关系。他一方面主张节俭型消费,为国家经济发展积累资本,另一方面主张消费是人口生产的必要条件,消费的目的是为了发展生产,发展生产要增加资本,增加资本就必须要增加人口,让更多劳动者生产更多的财富。其次,他指出消费水平高低对生育率产生一定的影响:消费水平低,妇女生育率高;消费水平高,妇女追求享乐,贪图奢侈性消费,将削弱以至破坏其生育能力。

4)斯密首次论证了人力资本对经济增长的影响。他指出业务学习的难易程度不同、学费有多有寡,会引起劳动工资的不同。花费较多工夫和时间才学会的需要特殊技巧和熟练的职业,等同于一台高价的机器,能够赚取更多的利润。

四、李嘉图的人口经济学说

大卫·李嘉图(David Ricardo,1772~1823)是19世纪初英国资产阶级古典政治经济学的主要代表人物和完成者。其主要代表作是 1817 年出版的《政治经济学及赋税原理》一书,他把人口作为经济变量变动的一个内生变量,分析了人口与经济之间的关系,主要思想如下。

1) 李嘉图继承了斯密关于资本对人口的需求可以调节人口生产的思想。他认为工资是劳动的价格,劳动也是一种商品,与其他商品一样,劳动有着自然价格和市场价格。劳动的自然价格,是"让劳动者大体上能生活下去并使其不增不减地延续后裔所必需的价格",由维持劳动者自身所需要的生活必需品的价格决定。劳动的市场价格取决于劳动的供求状况,指在劳动市场上劳动的货币价格,即资本家在劳动市场上支付的货币工资。劳动的市场价格围绕劳动的自然价格上下波动,若劳动的市场价格高于自然价格,劳动者的生活得到改善,刺激劳动者人数增长;高额工资刺激劳动者人数增加,劳动者的供给增加,供给超过需求时,劳动力市场价格就会下降,一旦降低到自然价格以下,就会限制劳动者人口的增长,使劳动力的供给小于需求。总的来说,在资本主义条件下,资本对劳动的需求是人口增长的动因。为了防止由于人口激增使市场价格下降到自然价格以下,导致生活绝对贫困和人口绝对减少,李嘉图主张通过国民的"道德抑制"来控制人口的激增。

2) 李嘉图受马尔萨斯的影响,从土地肥力递减规律出发,针对人口对生活资料需求的压力问题,提出解决方案。他认识到土地肥力递减规律下,土地的生产力和资本积累率最终会赶不上人口增长率,因而导致人口对生活资料的压力,同时指出马尔萨斯过分强调人口增长受食物增加的制约,认为"仅有的补救办法不是减少人口,而是更迅速的积累资本",他强调,作为经济发展的促进因素,人口增加能更多地生产生活资料这一人口的积极方面,他认为把工人列入过剩人口的是雇佣资金,是流动资本,所以迅速积累资本,扩大生产,增加雇佣资金,增加雇佣劳动者,可以减少过剩人口,减轻人口压力。但是李嘉图同时也忽视了技术进步的作用。

五、马尔萨斯的人口经济学说

马尔萨斯(Thomas Robert Malthus,1766~1834),英国资产阶级经济学家,1798 年加入社会改革的大讨论,匿名发表《人口论》,对人类未来做出了悲观的估计。1803 年,署名发表《人口原理》第二版。其人口理论的主要思想就是"两个公理""两个级数"和"两种抑制"。

1) 两个公理。第一是"食物是人类生活所必需的";第二是"两性间的情欲是必然的,在将来也是如此"。

2) 两个级数。以两个公理为前提,马尔萨斯认为,人口增殖力比土地生产人类生活资料的能力更为巨大。"人口在没有阻碍的条件下以几何级数增加,而生活资料只能以算术级数增加。稍微熟悉数量的人就会知道,前一量比后一量要大得多",即人口在无所妨碍时,将以 1、2、4、8、16、32、64、128、256、512……的几何级数增加率增加;生活资料将以 1、2、3、4、5、6、7、8、9、10……的算术级数增加率增加。

3) 两种抑制。"根据自然规律,食物是生活所必需的,这两个不相等的量就必须保持平衡",即当人口增长超过生活资料增长,两者出现不平衡时,自然规律就强使两者恢复平衡。恢复平衡的手段,一种是战争、灾荒、瘟疫等,马尔萨斯称其为"积极抑制";另一种是要那些无力赡养子女的人不要结婚,马尔萨斯称其为"道德抑制"。马尔萨斯倾向于用道德抑制(包括晚婚和禁欲)来控制人口增长。然而值得注意的是,马尔萨斯建议只对劳动群众和贫困阶级采取这样的措施。那么根据他的理论,较低的社会阶层对于社会弊病要承担较大的责任。这就从根本上导致了推动立法手段使英国的穷人生存状况更为恶化,但也减缓了贫困人口的增长。

由上分析,马尔萨斯得到三点结论:"第一,人口必然地为生活资料所限制;第二,只要生活资料增长,人口一定会坚定不移地增长,除非受到某种非常有力而又显著的抑制的阻止;第三,这些抑制,和那些遏止人口优势力量并使其结果与生活资料保持同一水平的抑制,全部可以归纳为道德的节制、罪恶和贫困。"马尔萨斯认为这就是支配人类命运的永恒的和自然的人口规律。

马尔萨斯被视为现代人口学的奠基人。他把人口与经济的关系归结为人口与生活资料之间的关系,提出了人口增长和生活资料增长的两个级数的假说,把人口过剩的原因归结为食物增长赶不上人口增长,而食物增长落后于人口增长是由于收获递减规律的作用,主张对人口增殖加以抑制,对后来的人口经济学产生了极大的影响。比如 1972 年罗马俱乐部在其报告《增长的极限》中指出,增长是存在着极限的,这主要是由于地球的有限性造成的,尤其是人口、经济所依赖的粮食、资源和环境的有限性。这样,人口爆炸、经济失控,必然会引发和加剧粮食短缺、资源枯竭和环境污染等问题,这些问题反过来就会进一步限制人口和经济的发展。很明显,报告中的这些分析反映了马尔萨斯的观点。

马尔萨斯的人口论也存在着错误认识。首先,在两个公理中他把人与自然界的动物等同起来,当做超社会的自然规律,从而忽视了人口问题的社会性,也就是只承认人的自然属性(食欲和性欲),而抽掉了人的本质属性——人的社会属性;其次,两个级数分析中,人口按几何级数增长是在"没有限制的条件下"的增长规律,但从整个人类历史看,没有限制的条件是不存在的,所以从总的情况来说,"几何级数"增长也是不存在的,并且人口增长的统计数据也不能证实"几何级数"增长的存在性;生活资料按算术级数增长忽视了人类技术进步的力量等重要因素的作用,关于食物供应的算术模型被普遍拒绝是因为在过去的两个世纪里,食物供应与人口增长保持了同步。最后,两种抑制的办法中,"积极抑制"的战争、灾荒和瘟疫其实质都是以社会原因为主而引起的;"道德抑制"更是不切实际的。他认为,生活资料的增加赶不上人口的增长是自然的、永恒的规律,只有通过饥饿、繁重的劳动、限制结婚以及战争等手段来消灭社会"下层",才能削弱这个规律的作用,这就把资本主义制度所造成的一切问题和灾难归结为人口过剩的结果。

六、西斯蒙第的人口经济学说

西蒙·德·西斯蒙第(Simorn De Sismondi,1773~1842)是法国资产阶级古典政治经济学的完成者。他在其著名代表作《政治经济学新原理》一书中,专辟一篇来论述人口问题,主要思想如下。

1) 西斯蒙第在分析人口与财富之间的关系时,明确地指出必须使财富的增加与人口的增加相互一致,即物质资料的生产与人口的再生产之间存在一定的比例关系。西斯蒙第反驳了马尔萨斯的人口经济学观点,他认为马尔萨斯只是抽象地提出了人口的可能增加,就推出了人口按几何级数增长的假说,人口的实际增长受一定的社会财富制约。一国的财富对居民有利,则应增加财富;一国居民有可以分享的财富,则应谋求增加人口。一个国家的人口过少或过多都不利于财富的增加,一个国家财富的增减也会影响到人口增长的幅度。因此,财富与人口的比例要适当,即财富的增加应与人口增长相协调。

2) 西斯蒙第最先提出人口既是消费者又是生产者的思想。他认为人一生下来首先是消费者,消费先于生产,并且决定生产;另一方面,人们生产财富又为人们提供了消费,所以"人口既是消费者,也是生产者",财富和人口是互为因果关系的。此外,他认为财富与资本、消费、人口之间必须成一定比例关系。他所指的财富主要指生活资料。生活资料不足是制约人口增长的决定因素,但能否获得充足的生活资料,又取决于收入多少。为了谋求所有人的幸福,收入必须与资本一同增长,人口不得超过他们赖以生活的收入。消费必须和人口同步增长,财富再生产与资本之间以及同消费财富的人口之间,都必须等比例的增加。破坏了这种比例关系,社会就会陷入浩劫之中。所以,不能离开财富孤立地研究人口。

3) 关于资本主义社会的人口过剩问题,西斯蒙第最先系统地分析了机器的发明造成人口过剩的现象,明确指出问题的根源是机器使用的资本主义方式,而不是机器发明本身。他指出人口和收入之间经常出现的不协调现象,实际是资本家剥夺工人收入的结果。他最先系统地分析了在资本主义制度下随着大机器工业的发展、新技术的采用和生产的发展,给工人带来的失业、收入下降和生活贫困现象,但他并不反对机器和技术进步,认识到正是使用机器的资本主义性质,正是资本主义的社会制度造成工人的失业和贫困,而不是机器发明本身。这是他与其他古典经济学家相比,思想较为精深之处,具有较大学术价值。然而,西斯蒙第并未认识到资本家扩大再生产的目的是为了榨取更多的剩余价值,尚未发现资本有不变资本和可变资本的差别,因而未能发现人口与资本之间的内在联系。

第二节 两种生产理论

一、两种生产的含义

两种生产指物质资料生产和人类自身的生产。两种生产的原理是马克思主义人口经济理论的基石。马克思主义人口经济理论由马克思、恩格斯创立。在《德意志意识形态》(1845~1846)一书中,马克思、恩格斯就明确提出了两种生产的思想。

物质资料生产指人类改造自然、征服自然创造财富的生产活动,它通过劳动加工使自然界原有的物品适于人类的需要;人类自身生产指人类为了世代延续,即为了自身的增殖或种的繁衍所进行的生产,是原有人口生命的生产和新一代人口生命生产的统一。所谓原有人口生命的生产,指原有人口把自己劳动获得的生活资料通过生命转化为自己体力和智力的过程,包括原有人口生命的延续、体力的增强、智力的发展等。所谓新一代人口生命生产,指现有人口通过生育、抚养等方式,使新一代人口诞生和成长。人类自身生产的这两个方面是相互联系的,原有人口生命的生产是新一代人口生命生产的基础和前提,新一代人口生命的生产则是原有人口生命生产的结果和延伸。

马克思主义人口经济理论将"两种生产"同归于社会生产,这是"两种生产"理论的出发点。社会生产之所以包括物质资料生产和人类自身的生产,首先因为它们都是社会存在、延续和发展的条件,也是社会发展的结果;其次因为物质资料生产和人口自身生产是互为前提、互为条件的,"人本身是他自己的物质生产的基础,也是他进行其他各种生产的基础"。如果没有物质资料的生产,人类社会的存在、延续和发展将成为不可能;如果没有人类自身的生产,就没有人类的繁衍,更没有社会的存在、延续和发展。所以,只有把人类自身生产同物质资料生产一起纳入社会生产的范畴,才是完全意义上的生产,才能构成社会生产的总运动。

马克思主义人口经济理论强调"两种生产"的双重关系——自然关系和社会关系,"社会关系的含义是许多个人的合作"。"两种生产"都是以人为主体的,都具有社会性,是自然属性和社会属性的统一体。正如不能把物质资料看成是单纯的技术过程一样,也不能把人类自身的生产看成是单纯的生物过程。虽然它们都有其技术的或生物学的基础,但都是在一定自然基础上的社会过程,都要受社会生产方式的制约。它们的运动、发展和变化都要受社会规律的支配,共同构成以人为主体的社会生产活动。

二、两种生产在社会生产中的辩证统一关系

物质资料生产和人类自身生产共同构成社会生产,是社会生产不可分割的两个方面,两者之间存在着对立统一的辩证关系,相互依赖、相互渗透、相互制约、相互适应。

(1) **两种生产相互依赖,两者不能孤立地存在和发展,它们互为存在和发展的条件**

1) 物质资料生产是人类自身生产得以存在和发展的前提。① 物质资料生产创造了真正意义上的人类,是人类存在的前提。人类在征服自然界的斗争中,制造了生产工具,从事物质资料的生产,才使自己最终脱离了动物状态。如果没有物质资料的生产,就不会有人类的出现。② 物质资料生产是人类繁衍的前提。如果没有把吃、穿、住等物质资料生产出来,人类就无法生活。人口的增殖、人类种的繁衍,必须以获得物质资料为前提。③ 物质资料生产是人类发展的前提。物质资料生产的不断发展,是人类自身生产进步的物质基础,它使人类体力和智力不断提高。

2) 物质资料生产依赖于人类自身的生产。① 人口是物质资料生产的主体和基础,没有一定数量的人口,就不可能生产出社会物质资料。② 人类自身生产的不断进步是促进物质资料生产前进的因素。如果没有人口的世代繁衍,没有人口世代交替的生产经验和劳动技能的积累,就没有物质资料生产的继续和发展。③ 人的需要是物质资料生产的动力和目的。

(2) **两种生产相互渗透,物质资料生产中有人的因素,人类自身生产中有物的因素,它们相互融入对方的领域之中**

1) 人类自身的生产渗透到物质资料生产中。① 人类自身生产的成果——劳动力,是物质资料生产不可缺少的要素。② 物质资料再生产过程,是生产、分配、交换、消费四个环节的周而复始的运动,其中每一个环节都是在人的参与下进行的,都以人为活动的主体。

2) 物质资料生产也渗透到人类自身生产中。① 物质资料生产为人类自身生产活动提供物质保障。② 物质资料生产的发展改变着人类自身生产的方式。例如,现代科技的发明与发现,避孕药物、工具的大量生产,改变着人类自身生产的方式。

(3) **两种生产相互制约,两者相互作用于对方,制约着对方的发展**

1) 物质资料生产作用于人类自身的生产,制约着人类自身生产的发展。① 人类自身的生产只能在已有的物质资料生产所提供的条件下进行。② 物质资料生产的需求制约着人类自身的生产,人类自身生产的数量、质量、速度和类型,取决于生产力发展对劳动力的需求。

2) 人类自身生产也反作用于物质资料的生产,制约着物质资料生产的发展。当人类自身生产与物质资料生产在数量、质量等方面相适应时,促进物质资料生产的发展;反之,则延缓甚至阻碍物质资料生产的发展。因此,物质资料生产和人类自身生产是社会生产这个矛盾统一体中不可分割的两个方面。

(4) **两种生产存在相互适应的规律**　人类自身生产与物质资料生产相适应的规律指"两种生产"之间存在着不以人的意志为转移的关系。两种生产相适应,其含义是指人口生产必须与物质资料生产在发展速度、发展规模、发展水平上按比例地发展。主要表现在:① 作为消费者的人口总量要同社会所拥有的消费资料总量相适应;② 作为生产者的劳动人口数量构成,要与当时社会所拥有的劳动手段和劳动对象相适应;③ 劳动人口的素质要同生产力发展的要求相适应;④ 社会发展的内在要求会自然促进两种生产间的比例趋于协调。人类自身生产和物质资料生产的比例是社会生产过程的各种比例关系中最基本的比例关系,两者的关系对其他社会各种比例关系有着十分重要的影响,社会发展会自动促进两种生产相适应。

三、两种生产在历史中的作用

(1) **两种生产是历史存在与发展的共同决定性因素**

1) 两种生产决定着历史的存在。两种生产作为人类社会存在和发展的基础,都属于社会物质生活条件的范畴,是社会历史存在的决定性因素。

2) 两种生产共同制约社会历史的发展。人类发展史是物质资料生产和人类自身生产由低级到高级发展的历史,两种生产由低级到高级的发展过程,共同制约着人类社会历史的发展。

(2) **两种生产在历史发展中的地位和作用有不同之处**

1) 物质资料生产及其生产方式是社会发展、变化的根源。

2) 人类自身生产由物质资料生产所决定,它的作用主要体现为加速或延缓物质资料生产的发展。它通过影响物质资料生产,直接作用于社会生产力,间接作用于生产关系,从而影响社会发展。

(3) **两种生产理论批判了马尔萨斯的悲观人口经济理论**　两种生产理论与马尔萨斯人口经济论存在着根本的不同。

1) 马尔萨斯等把人口作为决定社会面貌和社会制度的决定性因素,把人的生产和物的生产都看成是纯生物学的自然发展过程,抹杀了人类自身生产和物质资料生产的社会性;而马克思主义的两种生产理论以承认物质资料生产方式决定社会发展为基础,承认物质资料生产及其生产方式对人口生产的决定作用,把两种生产纳入了"社会生产力和生产关系的矛盾运动推动历史前进"这一根本命题之下。

2) 马尔萨斯以"人口以几何级数增加,生活资料以算术级数增加"的两个级数为假设前提,提出人口增长将永远超过生活资料增长的"人口法则",把资本主义的相对过剩人口说成是永恒的、超历史的绝对过剩人口;而马克思主义的两种生产理论认为人类自身生产和物质资料生产都要受社会生产方式的制约,在一定的社会生产力和生产关系条件下,人类自身生产和物质资料生产存在相互适应的规律。

(4) **两种生产理论具有较高的学术价值,是今后人口经济理论发展的衣钵**

1) 两种生产理论揭示了人口发展和经济发展的内在联系,提出两种生产是人类社会生产的基础、两种生产具有自然与社会双重属性、两种生产辩证统一、人口问题本质上是发展问题等思想。这些思想为今后正确观察人口现象、处理人口问题提供了科学的依据。

2) 马克思主义人口经济理论中的"两种生产理论"由马克思、恩格斯所创立,列宁、斯大林、毛泽东、邓小平和中国共产党的人口经济思想均继承"两种生产"理论,并在此基础上不断促进人口经济理论的丰富、发展、完善和成熟。

第三节　适度人口理论

适度人口论(optimum population theory)是现代西方人口学说的重要组成部分,是对已有的马尔萨斯人口过剩理论的批判,对马克思两种生产人口经济理论的传播以及对西方人口增长减缓与经济发展的不相适应的矛盾所作出的新的解释。适度人口论主要研究一个国家或地区的特定的人口规模、人口增长率与资源配置之间的关系问题,也就是使一国或一个地区获得最优的经济利益和社会福利的人口规模和人口增长率,这种最优的人口规模或人口增长率,是既非"过剩"也非"不足"的最理想状态。

一、西方早期经济适度人口学说

适度人口思想源远流长,早在古希腊的城邦时代,人口与土地的平衡以及人口增长导致的环境破坏问题就促成了适度人口思想的产生,柏拉图(Plato,公元前427~前347)和亚里士多德(Aristotle,公元前384~前322)认为"理想国"的人口规模应有一个"最佳限度",是与供应能力相适应的适度人口规模,分别把一国最佳的人口数量定为5 040人和1万人。马尔萨斯的人口理论虽然不是真正意义上的适度人口,但是涉及适度人口的两个核心问题:人口规模收益问题和报酬递减规律的应用。而真正的早期经济适度人口理论形成于19世纪末20世纪初,主要代表人物为埃德温·坎南、纳特·威克塞尔、卡尔·桑德斯等人。

(一)坎南的适度人口理论

英国经济学家坎南(Edwin Cannan,1861~1935)是系统建立经济适度人口学说的代表人物,他主要从人口与土地、人口与生产率、人口与收益等方面的关系来探讨人口的适度规模。

在人口与土地的关系上,应该有一个和土地数量相匹配的最佳人口规模,人口增多会使人均土地面积减少;而土地过多会造成土地资源的浪费。坎南的这种思想在1888年的《初级政治经济学》中有明确的表述:"在任何一定时期,存在于一定的土地之上,能够获得产业的最大的生产力的人口数量是一定的。"

在人口与生产率和收益的关系上,坎南认为,产业获得最大收益时的人口为经济适度人口,将报酬递减规律的应用从农业方面扩展到制造业和所有产业。坎南(1920)在《财富论》里指出:"在任何一定时期,知识和环境保持不变,刚好每一种产业有一个最大收益点。所以,把所有产业加在一起,也一定有一个最大收益点。如果人口规模没有达到足以使所有产业达到最大收益点,收益将会少于应该有的水平;另一方面,如果人口规模如此之大,以致超过了所有产业收益最大点所要求的人口,那么,收益也会低于应有的水平。"即人口增加到一定时候,才会使生产率下降;只有当人口超过一定限度时,人口减少才可能使生产率上升。也就是说,在一定的生产条件下,人口既不要太多,也不要太少,一个适度的人口数量,才能获得最大的生产率,从而获得最大的经济效益。

此外,坎南认为随着知识、技术的进步和其他条件的变化,土地生产率将不断提高,最大收益点的位置是经常变动的,而且人口数量也不是固定不变的。所以,根据人口数量的多少与产业达到最大收益的关系所确定的适度人口也将发生变动,但是并未做进一步的分析,是一种静态的经济适度人口。为了达到适度人口,必须建立一种调节机制,如普遍实行避孕等节育措施。

(二)威克塞尔的适度人口理论

瑞典人口经济学家纳特·威克塞尔(K. Wecksell,1851~1926)在1910年日内瓦召开的国际马尔萨斯主义者联盟的会议上发表演讲,第一次提出了"适度人口"的概念。他在《国民经济学讲义》《论适度人口》等著作中运用边际价值论和边际生产率学说讨论一个国家的适度人口规模、工农业生产供养人口的能力和达到适度人口规模的途径,他认为在一定时期内,能为一个国家工农业潜力允许达到最大生产率所容纳的人口,其数量稍许增加就会导致繁荣不再增加而是减少的那一点,就是适度人口。

威克塞尔分析了实现适度人口规模是人口增长对经济发展的两种相反作用趋势的结果。一方面,因为收益递减法则,人口数量增多使人均收益下降;另一方面,因为规模经济法则,人口数量增多有利于更加细致的劳动分工与协作而提高劳动生产率,获得收益。当两种相反的作用力相互抵消时所达到的平均劳动生产率和福利最大,这时候就达到了适度人口规模。

此外,威克塞尔认为适度人口规模往往是随着经济的发展而变动的,其适度点并不是固定不变的。一定时期内一个国家或地区达到适度人口规模的途径就是降低出生率,保持出生率和死亡率的平衡,同时使人口密度趋于合理,从而使人口缓慢增长。威克塞尔的经济适度人口概念是试图动态化,但是未形成完整的理论,仍是静态的。

(三)卡尔·桑德斯的适度人口理论

英国著名社会学家卡尔·桑德斯(Carr Saunders)认为适度人口数量的唯一标准是经济标准,人口增长必须与经济发展需要相适应,所以应该从经济需要的角度去考察人口生育率和差别生育率的变动,从中找出适度人口数量。

桑德斯从人口与经济关系的角度提出了适度人口密度的理论。他指出,适度人口密度是一个国家的人口在所支配的环境范围内达到居民获得最好生活水平的人口密度,并且主张用节制生育的办法把人口数量控制在"适度数量"来提供最大的人均收益。

可见,早期经济适度人口理论只是一种静态的经济适度人口理论,是在假定人的知识和科学技术等条件不变的情况下,对人口数量和生产收益量等因素之间的关系所做的静态数量分析。虽然为人口经济学的研究开辟了新的途径,但是本身也存在一定的局限性。

二、现代适度人口理论

20世纪中叶以来的现代适度人口理论与早期经济适度人口学说相比,取得了新的进展,主要表现在:① 从静态扩大到动态,将技术进步、经济结构以及时期变化等因素相继纳入适度人口理论研究的范畴;② 确定经济适度的标准发生变化,从原来笼统的"产业收益"推进到"人均产量"或"人均收入";③ 研究领域扩大了,从分析人口的适度规模扩大到考察适度人口增长率,将经济适度人口延伸到非经济领域,如福利适度人口、实力适度人口等方面。该理论以法国著名的人口学家阿尔弗雷德·索维(A. Sauvy)为代表,其著作《人口通论》的出版标志着适度人口规模理论的完成。

索维对适度人口的定义是:"一个以最令人满意的方式达到某项特定目标的人口。"这个定义提出了两个条件:一是强调目标,即适度人口时达到"某项特定目标"的人口,目标有多少,适度人口就对应的有多少个。具体目标包括经济目标、军事目标和社会目标三个方面。二是达到目标的方式或途径。目标不同,所采取的方式也不同,适度人口就会有不同的含义。所以,索维的适度人口概念是一个抽象的概念,可理解为最适宜、最优或适中人口,有人口的最高限额和最低限额。随着科学技术水平的提高,生产力水平的提高,或者是随着环境的变化,最高与最低限额将会发生变化,适度人口也将发生变化。

现代适度人口有静态和动态之分。静态经济适度人口指在某一定时点,假定生产技术、经济结构、物质资源、产品分配、年龄构成、工作日等条件不变,并且充分就业,又没有国际贸易和移民的情况下,按照一定的经济标准所确定的最适合的人口,强调了经济适度人口时某一定时点的人口。动态适度人口指在一定时期内,假定生产技术、经济结构、物质资源、产品分配等条件发生变动的情况下,按照与经济增长有关的经济标准所确定的最适合的人口规模,强调了时间段和人口的变动。

(一)静态适度人口

索维的适度人口理论是以静态分析为出发点的。其方法是假定除人口因素变动以外,其他因素都是不变因素,如物质资源、技术水平、产品分配、国内经济状况等。在此假设条件下,研究人口变动对某一项特定目标的影响。强调了在不同目标模式下,可能会有不同的适度人口,而且实现途径或方式也不同。西方人口经济学家在讨论经济适度人口时所用的标准较多,如经济福利、收入、最高生产率、边际生产率、就业水平等,但是多数认为人均产量应该作为福利指标或最大化目标来讨论经济适度人口,索维就把"生活水平"规定为每个人的平均产量,以人均产量最大化为目标,提出了静态经济适度人口模型(图2-1)。此外,索维还考察了另一种静态适度人口——实力适度人口,以军事为目标,是国力最佳人口,从规模上看,少于最高人口大于经济适度人口。具体是指在其他条件均相同时,在一定领土范围内,使国家达到最大实力所必需的人口数量。

静态适度人口还有纯静态人口和比较静态人口之分。前者指其他条件均相同时,人口变动的经济效应,

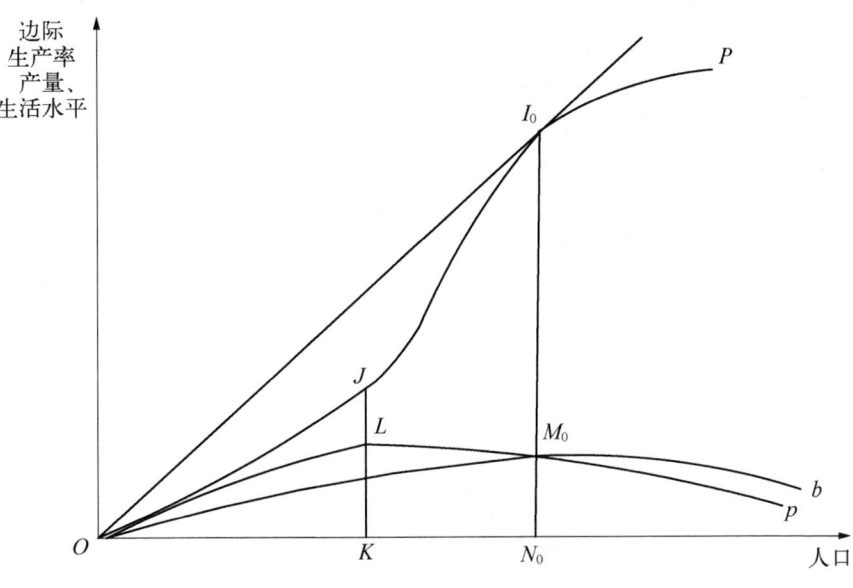

图 2-1 静态经济适度人口模型

资料来源：Sauvy(1996)

其标准有最大的平均生产率、零边际生产率、平均生产率等于最低限度的生存资料等，达到这些标准的点是最大人口之点，也就是适度人口之点。后者指在其他不变因素中如有某一种因素发生变动的情况下，比较两种状态下人口变动所带来的经济效应，如通过对在某一定时点达到平均生产率最高和达到边际生产率最大时的人口进行比较分析所得出的适度人口就是比较静态适度人口。

图 2-1 中，OP 为总生产变化曲线，Ob 和 Op 分别为人均产值变化曲线和边际生产率变化曲线。K 点表示边际生产率(L 点)最高时人口数的位置，N_0 表示人均产值量极大时的人口量，M_0 是平均产量和人均产量的最高点，也就是索维所说的经济适度人口点，ON_0 即为经济适度人口。如果边际产量高于平均产量，人口增长将增加平均产量；反之，如果边际产量低于平均产量，人口下降将促使平均产量上升。

(二) 动态适度人口

动态分析指研究人口变动与经济变量变动之间适度比例关系的方法。这个定义强调了时间间隔，不是指某一特定的时点，是人口的适度变动，而这种适度变动既是人口的经济效应又是经济变动对人口的作用，是两者相互作用的结果。索维对适度人口的动态分析分为有限动态、扩大动态和一般动态三种。有限动态指一定时期内人口的一定变动对经济增长产生有限的影响；扩大动态指在一定时期内，把人口变动作为外生变量，通过其他条件对经济增长施加的影响；一般动态指把人口变动作为一种内生变量，并与其他条件结合起来去探讨人口变动对经济增长所产生的影响，也考虑经济增长、经济发展对人口变动的影响。

索维在考察动态经济适度人口时，主要是从技术进步和生产率来提高对适度人口的影响角度进行分析。索维(1983)认为，技术是指生产技艺和消费技术；技术进步指"在同样多的工时(直接的和间接的)内能够生产出更多的产品"，生产技术进步促使带动消费技术、消费方式的进步，而消费技术的进步又会反作用于生产技术，推动其进步。索维认为技术进步使适度人口规模变化，但并非所有的技术进步都是减人的，需要区分技术进步的类型，具体有四种情况：① 不增人也不减人的技术进步；② 直接增人的技术进步；③ 直接减人的技术进步；④ 纯粹减人的粗放型技术进步。从总的长远看来，技术进步更有利于创造就业机会。同时，他还分析了工时、发展第三产业、对外贸易、职业变动等因素对适度人口的影响。

适度人口增长率是分析研究动态适度人口的一个关键指标，是一定时期内的人口变动随时间的变动而变动，也随目标的变动而变动。考察适度人口增长率首先从稳定人口出发，即出生率和死亡率保持不变情况下的人口，从而使劳动人口和总人口以相同比率增长。从时间跨度讲，可分为短期、中期、长期、超长期四种。具体来说，短期的为静态适度人口增长率，中期的为可以达到某一目标的劳动人口适度人口增长率，长期的将随着人口密度的增大而递减,超长期的适度人口增长率则趋于零增长。

人口增长一方面可以带来负担,主要指用于新增人口的附加服务设施和生产设备方面的投资,即确保新增人口的衣食住行、医疗、教育等方面的现实需求而进行的有关方面的投资,这些费用给家庭和社会带来负担。另一方面,人口增长可以带来经济效益,主要表现在:① 可以更加充分的利用物质资本存量,使其发挥最大的效益价值;② 可以使一部分产业更好的发挥规模经济效益;③ 更有利于进行更加细致的劳动分工和促进新产业的出现;④ 可以适时调整经济结构和投资偏差。所以从费用-效益角度出发,适度人口增长率指人口增长的负担与经济效益均衡时所带来的人口增长率,并建立了人口的经济适度增长率模型(图2-2)。但是,这一均衡点并不是固定不变的,"不能把适度人口增长率归结为选择一种永恒不变的适度增长率"(原新,1994)。

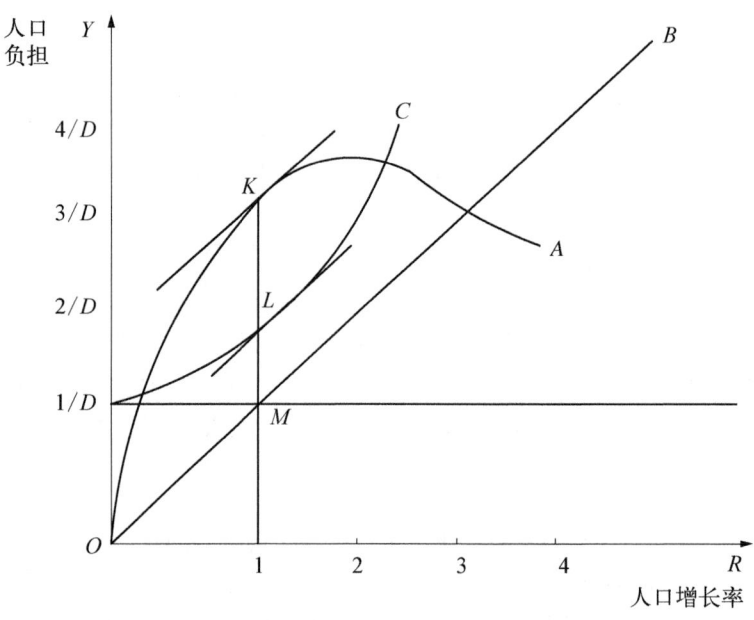

图2-2 人口的适度经济增长率
资料来源:李仲生(2006)

图2-2中,曲线A表示人口增长的经济效益,随人口增长率的上升而上升,达到一定点后开始下降,形成一条凹面向下倾斜的曲线。曲线C表示人口增长的负担,随人口增长率的上升而上升。曲线C和曲线A在K和L点之间的距离最大,表示此时经济效益达到最大值,与此对应的M点就是最优的人口适度增长率。

总之,现代适度人口理论虽然在研究领域、确定标准、研究的时间间隔等方面取得了重大突破,在理论研究方面取得了巨大的进步,但是其实际的应用范围有很大的局限性,主要不足表现在:① 适度人口理论仅仅局限于人口变动与经济变动之间的关系来分析问题,没有考虑到资源环境因素对适度人口规模和适度人口增长率的影响;② 收益递减法则的短期效应使其作为理论依据是不充分的,收益递减法则在短期内效应明显,但从长远来看,科学技术的进步、社会生产力的发展,社会经济系统可以减轻甚至克服收益递减法则的作用;③ 适度人口理论的建立以稳定人口为前提,是以发达国家为背景的,对发展中国家人口增长过快和剩余劳动力多的现实并不适用,只强调人口数量和人口增长,而未考虑人口结构和地域分布及人口质量问题。可见,现代西方适度人口理论基本上是纯推理的产物,缺乏现实可行性,不易操作,人口与经济变量之间的最优难以计量,索维(1983)也不得不承认,适度人口概念只能"作为一种过渡性的工具使用,就像数学家使用虚数一样"。在20世纪末,可持续发展作为一种战略思想逐步取代了适度人口论。

第四节 人口可持续发展理论

西方早期适度人口理论主要探讨经济适度人口,现代适度人口论将其范围扩大到非经济领域,如实力适度人口、福利适度人口等。但是20世纪以来所爆发的由人口问题引致的经济发展与环境问题的两难论将可持续发展条件下的适度人口推进了研究的范畴,且人口与可持续发展的关系问题引起越来越多的关注。其中,以金(King)为代表的麦多斯学派认为可持续发展的实现是以人口的数量规模在资源环境对人口的承载容量之内为条件的。中国学者田雪原(2000)认为:"从人口、资源、环境与可持续发展战略高度讲,可持续发展的核心是处理好经济、社会发展中人口、资源、环境之间的关系,人口是关键。"所以,从可持续发展的角度所研究的适度人口必须要考虑以一个国家(或地区)的经济、社会、资源环境承载力现状及潜力为前提,以实现人口与资源、环境、经济、社会的和谐可持续发展为最终目标。

一、可持续发展的提出及内涵

第二次世界大战以后,人类物质文明获得高度发达的同时,生态环境也遭到了严重的破坏。这一时期地球上发生了三重影响深远的变化:① 经济飞速发展,生产力极大提高,创造了空前繁荣的物质财富和文明盛景;② 全球人口大爆炸,总人口达到60亿,美国著名学者保罗·埃利希曾警告说"我们将会被我们自己的繁殖逐渐淹没";③ 全球性资源短缺、环境污染和生态破坏。1962年美国生物学家切尔·卡逊发表的《寂静的春天》惊呼人们将失去"春光明媚的春天",引起全球对环境问题的关注。人口、资源、环境与经济、社会发展失衡的困境使人们不得不反思自身的发展道路,若再不寻求一种新的发展模式来改变现状,人类很可能像希腊诗人荷马所预言的那样——人类将自己埋葬自己。于是,可持续发展理论应运而生。

可持续发展是20世纪70年代开始酝酿,80年代正式提出的发展新概念,90年代初受到全球的普遍关注。可持续发展(the sustainable development)这一概念最初是生态学家提出的"生态发展",后来改为可持续发展。1987年,挪威前首相布伦特兰夫人领导的联合国环境与发展委员会的报告《我们共同的未来》从发展的公平性、持续性、共同性三原则出发,首次系统阐述了可持续发展的概念和内涵,将其定义为:"既满足当代人的需求,又不损害子孙后代满足其需求能力的发展。"对于这一定义,不同学科、不同行业对其理解的侧重点也不尽相同。但是都认为可持续发展是人口、资源、环境、社会、经济等诸多因素的全面、协调、可持续的发展,发展和持续性是其本质特征,而且这种发展强调的公平性,既包括代际公平,也包括代内公平。1992年6月在巴西里约热内卢召开了各国首脑出席的世界环境与发展大会,会议通过的《里约宣言》和《21世纪议程》中尖锐地提出人类赖以生存的生物圈不断恶化的严峻形势,摒弃传统的高投入、高消耗、高污染的以环境破坏为代价的发展模式,选择与生态系统相协调的经济、社会发展战略。1994年在埃及开罗召开的国际人口与发展会议上,提出了"可持续发展问题的中心是人",给可持续发展赋予了新的含义,强调了人口因素在可持续发展中的作用。从宏观人口经济学的角度来看,人口是总体可持续发展的关键,资源是起点和条件,环境是发展的终点和目标。总之,可持续发展的时间跨度是人类的永世生存与发展,空间跨度是全球各个国家或地区的人口、资源、环境、经济、社会的和谐发展。

二、人口可持续发展的特征

1. 人口可持续发展是一种全局性、综合性、长远性的战略

人口可持续发展是一种全球性战略。现代科学技术的发展,信息网络的全球联通,使得地球越来越小,如同一个小的村落,国与国、地区与地区之间的联系日趋紧密,在资源、环境、经济、社会、文化等方面息息相关、休戚与共。人类用自己的智慧所创造的文明和技术推动着全球的发展;另一方面,人们在发展过程中所产生的生态环境问题也是全球性的。所以,一个国家或地区要想生存和发展,离开其他国家的资源、技术、信息等是不可能实现的,人口可持续发展的公平性原则使得各个国家或地区在享受全球的资源信息等权利的同时也应该负起相应的责任,只有这样才能使全人类共同进步和共同富裕,才能在全球范围内实现可持续发展。

人口可持续发展的公平性原则,强调其长远性。从时间跨度上讲,公平性是代际公平,就是不仅满足当代人的需求,而且要将子孙后代的发展所需的资源环境传承下去。发展是硬道理,只有发展才能持续下去,但是这种发展是有条件的,是节约资源、保护环境的集约型发展,而不是传统的粗放型发展模式,这样才能同时满足当代人和后代人的需求,才能真正地可持续发展下去。

人口可持续发展的过程是一个综合的、协调的发展过程,是人口子系统与经济子系统、社会子系统、环境子系统的综合作用过程,涉及人与自然、人与社会、人与环境等各个方面的协调关系。人类从自然的奴隶变成自然的主人,不应肆意地向自然界索取,而是应该在人、自然、社会三者的协调中起主导作用。

2. 人口自身的可持续发展是可持续发展的关键

(1) *人口是可持续发展的基础*　　按照美籍奥地利学者冯·贝塔朗非的系统论,对事物的分析和决策都要有系统的观点。事实上,可持续发展是一个极其庞杂的巨型复合系统,由人口、资源、环境、经济、社会五大子系统组成,子系统之间的相互组合状态和运作协调的过程,构成了可持续发展巨型系统的发展运动轨迹。各个子系统之间的协同程度决定了这个巨型系统的有序和持续发展程度,如果将可持续发展比作按预定目标、预定线路、预定时速不断行进的列车,那么人口子系统的诸要素就构成了铁轨,是这趟列车安全、准时、平稳到达目的地的根本保证(赵细康,1997)。同时,人口子系统基础地位的发挥是通过各种不同的方式对各个子系统和可持续系统起作用来实现的。

1) 人口子系统是可持续发展系统的组织和调控主体。人口子系统是连接各个系统的桥梁,是可持续发展这个巨系统的组织者。人类的能动性是其他系统所不具备的特有特征,且这种能动性具有一定的主观性,能够站在系统外自觉对系统进行调控管理,以此根据自身利益需求和现实情况对其他子系统产生影响。

2) 人口子系统不仅直接同其他系统之间直接进行物质、能量的交换,而且直接和间接影响各个子系统之间的交换,并且能改变其交换的速度和方向。这样人不仅可以通过社会经济活动改造自己,实现人与人之间的协调,而且能够通过生产活动改变人与环境之间的物质和能量的传输,使人与自然趋向和谐,最终实现可持续发展。

3) 人口子系统决定着可持续发展的稳定程度。人口子系统包含人口数量、人口质量、人口结构、人口分布、人口流动等诸多子要素,这些子要素的综合运动过程决定着整个人口子系统的状态和稳定程度,并且这些子要素与经济、资源、环境等子系统之间的关系处于不断的变动之中,总是从低水平的平衡向更高水平的平衡方向运动,使整个可持续发展系统处于一种动态协调的平衡状态。如果人口子系统自身丧失了自我平衡能力,那么可持续发展系统也将会紊乱。

(2) *人口是可持续发展的动力*

1) 人口是可持续发展系统的一种"基本资源",提供物质基础。生产力的发展是可持续发展的必要条件,人类作为劳动力参与生产力的发展过程之中,利用自己的智慧创造生产工具和积累生产技能,对自然环境提供的自然资源进行加工改造,创造了人类社会发展所必需的物质财富,为可持续发展提供了经济基础。经济基础决定上层建筑,没有一定的经济基础做后盾,环境污染的治理、资源的深度开发、教育水平的提高、人们生活条件的改善将难以实现,可持续发展也将不能顺利展开。

2) 科技创新能力是可持续发展的智力支撑系统,是可持续发展的核心要素。科学技术是人类文明的结晶,是人的价值目标实现的中介手段,在人与自然经济社会的关系中起着重要的媒介作用。自然界稀缺资源的深度加工增值转化、新材料与新能源的开发、产业结构优化升级、高新技术产业的建立、经济结构的转化、生态环境的改善和修复,科学技术已经发挥并将继续发挥着巨大的无穷力量,在参与自然生态系统物质能量的传递与交换过程中对其进行干扰,推动整个系统不断达到稳定有序的结构。所以,在某种意义上讲,科技能力的高低将直接决定着可持续发展能力的强弱。

3) 适度人口是可持续发展的重要推动力量。这里的适度人口指的是可持续适度人口(原新,1994),是人口数量、增长速度、质量与结构全面的适度,是以可持续发展理论为基础,充分认识到资源环境系统对人类生存与发展的重要性和限制性,使其不仅与社会经济变化相适应,而且还必须与资源环境系统的生产能力和供养能力相协调。适度的人口规模和人口增长率是可持续发展的前提,能与环境资源的承载能力相协调,生产者与消费者的两重身份,刺激经济的发展和繁荣。日益提高的人口素质是可持续发展的关键,不仅体现人自身的可持续发展能力的高低,而且直接影响资源环境配置效益的高低和社会经济的发展动力。合理的人口结构和分布格局是可持续发展的有利条件。人口的年龄结构过分年轻化和老龄化,在一定程度上都会制约或阻碍社会经济的可持续发展,而人口的性别、就业、地域、教育水平结构直接影响产业结构和社会经济发展的速度和质量。人口体质的逐步增强、科技文化水平的不断提高、思想道德素质的日益完善,将促使可持续发展系统逐步走向良性的循环的轨道。

(3) *人口是可持续发展的出发点和归宿*　　可持续发展是追求整体有序的全面发展观,其中心主体是人,以人为本的发展观及其理论构成可持续发展的理论基础(田雪原,1999)。人类能否在地球上持续地生存和发展是可持续发展的根本出发点,满足人的全面发展需要是其宗旨,即可持续发展要求满足人的基本需求,向所有人提供实现美好生活愿望的机会,人的发展才是最终的发展。另一方面,人类自身是可持续发展的承担者和执行者,只有在人类的理性调控下,才能协调好人与自然、人与社会以及人与人之间的关系,最终实现可持续发展。

工业化社会以来,为谋求自身的利益需求,人类对资源的掠夺式开发不但污染了环境和破坏了生态,还造成了能源危机、粮食危机、社会犯罪率上升等社会危机,违背了发展的初衷,这种掠夺式的开发方式虽然可以满足当时的人类需求,但是长远看来并不能永久的实现人的发展,可持续发展理论的提出就是纠正这种不正确的发展道路,但是要实现人口、资源、环境、经济、社会相互协调的可持续发展是一项长期艰巨的任务。

3. 协调好人口与经济、人口与社会、人口与资源环境以及各因素之间的关系是人口可持续发展的重要途径

(1) 在人口与经济的关系中,要转变发展观念和消费观念　　传统的经济发展过程中,人们只注重经济发展速度而忽略效益和效率,追求生产总量的提高,不计成本、不讲效益,采用的是高投入、高消耗、高污染、低产出、低收益、低质量的经济发展模式,这种粗放型的经济增长方式带来的是资源的短缺和生态环境的破坏,不利于人口的可持续发展,所以必须转变这种发展观念,在追求经济增长的同时,注重利用高效的组织、技术的进步、优化的产业结构、高素质的人力资本、优美的自然环境,采取低投入、低消耗、低污染、高产出、高效益、高质量的集约型经济发展模式,实现人口、资源、环境、经济、社会等诸多要素的协调发展及互动平衡。

人首先要吃饭,要吃饭就要消费。人口越多,消费需求就越大,一方面发展过程中的资源资本投入就多,直接影响积累和扩大再生产的投资,最终影响经济产出;另一方面,随着经济的发展,人们的消费需求发生变化,基本的生活需求满足之后,追求精神和心理的满足,食物消费支出的增长速度将低于全部消费的增长速度,恩格尔系数呈现下降趋势,而用于文化娱乐消费、劳务消费的支出要快于全部消费的增长速度,这种消费模式以其特有的方式反作用于经济发展和社会进步。但是发展中国家经济发展水平相对较低,恩格尔系数较高,消费层次较为单一且消费方式奢侈浪费,不利于产业结构的优化调整,第三产业和高科技产业得不到平衡发展,不利于全面的可持续发展能力的建设。

因此,适度的人口、合理的消费观念和消费水平是实现人口可持续发展的必要条件。随着现代科技水平的提高、经济的飞速发展、人们生活水平的提高,恩格尔系数不断下降,人不仅要吃饭,还要就业、娱乐,所以消费重点应逐步转向教育、文化、卫生、通信、住房、交通、劳务等方面,满足生活需求的同时提高生活的质量和自身的素质,最后转向社会和谐和共同富裕,这将大大促进人的全面发展,提高人口可持续发展能力。

(2) 在人口与社会的关系上,建立既满足当代人的需求,又不对后代人满足其需求能力构成危害的社会体系,人自身和家庭都获得相应水平的生活质量,可以消除贫困,最终走向共同富裕,这是可持续发展追求的目标　　可持续发展的公平性原则从时间和空间跨度上分别强调了代际公平和代内公平,考虑了具有区域差异的不同地区之间的利益公平问题。当前全球性的贫富两极差距越来越大,贫困者为求温饱而掠夺式地利用资源,而富裕者为求最大利润和奢侈的生活方式而浪费资源,资源的不公平、不合理、不同方式的利用使得全球出现资源危机,也引起了不同程度、不同类型的环境恶化。只有采取资源公正配置以及社会公平的分配原则,才有可能在经济适度增长的基础上保持社会的可持续发展。同代人的平等上,穷人的基本需求应优先于富人奢侈的需求;代际平等上,现今的人们必须重视资源的有限性和环境承载力的上限,不要消耗和破坏子孙后代赖以生存和发展的资源和生态环境;在全球资源环境问题上,发达国家与发展中国家拥有同样的资源使用权,也都应负有环境保护的责任,而当前环境问题的主谋——发达国家在环境治理上应承担主要责任。

其次,人的社会属性使得人成为社会人,这就决定了社会发展不仅需要一定的人口数量,而且随着科学技术的发展、信息知识经济时代的到来,人口质量显得更为重要。社会发展对人力资源的需求转向了对人力资本的偏爱,凝结有知识、技术、体力于一体的人力资本对有限的社会资源和自然资源的利用而创造的价值远远大于一般性人力资源的粗放式利用创造的财富。而人力资本的培养,教育是基础,提高人的素质是关键。理论和实践都证明,控制人口数量,提高人口素质,才有利于整个社会的可持续发展。

最后,人口可持续发展与妇女在社会中的女性的地位息息相关。马克思有句精辟的概括:社会的进步可以用女性的社会地位来精确的衡量。这是因为妇女在生育抚养子女中具有不可替代的作用,正是这种对人类的独特贡献,使得人类得以繁衍和发展。另一方面,妇女直接参与社会生产劳动,是社会物质财富和精神财富的创造者。而妇女的受教育程度、思想道德素质水平、职业,甚至是在社会和家庭分工中的角色都影响着其生育观念,进而影响社会中人口的数量规模和质量水平,并通过人口子系统对经济、文化、政治等各方面产生影响。因此,只有妇女全方位地参与社会生产与发展的全过程,人类的可持续发展才能继续下去。

(3) 在人口与资源环境的关系上,人口与资源的协调发展是实现可持续发展的基本条件　　一切的发展都是资源的物质转换,在物质转换的过程中提高资源的附加值,所以发展的速度和后劲直接或间接地受制于资源的供给。而人口与环境的相互依赖是可持续发展的必要条件。从某种意义上讲,人类发展史就是人口与环境相互作用的历史,环境是人类赖以生存和发展的场所,环境质量对人口子系统的各个要素产生直接影响,现阶段不同程度的环境恶化已影响到了人类的生存和发展。

人口数量对资源环境的影响主要通过两种途径:① 人口的直接物质需求带来的环境压力的增加,如居民占地、生活用水的增加,生活污染的增加;② 通过消费刺激的经济规模的扩大而对资源掠夺式开发和污染物的大量排放,使得矿产资源、能源以及土地、生物资源的短缺和生态的破坏。

人口质量与资源环境密切相关。以现代科学技术为手段的新能源与新材料的开发、新的管理机制的引入、全要素生产率的提高、单位产出的资源消耗的减少、资源的利用率的提高、循环经济的发展……都是依赖于人口科教文化素质的提高。

此外,人口的年龄结构、就业结构、城乡结构等不同,对资源环境产生的影响也不同。人口年龄年轻化,则意味着劳动力相对过剩,总人口增多,对资源环境产生较大压力;而三次产业的资源需求和生产方式的不同,使得三次产业的就业结构直接影响资源的利用和环境的承载力;城乡结构上,农村人过多,会阻碍工业化进程,不能从根本上扭转目前对资源消耗的不合理和破坏生态平衡的发展局面,不利于可持续发展的全面实施。

所以,严格控制人口数量,提高人口素质,优化人口结构,引导人口的合理流动才能使各个国家或地区都有一个可持续的适度人口,才能实现人口的可持续发展,进而推动可持续发展系统的全面发展。

第三章 人口自然变动及其地理意义

第一节 人口出生水平分析

人口出生是人口生命过程的开始,也是人类世代更替的基础和保证人类自我繁衍的前提,它同人口死亡一起构成了影响人口自然变动(增长)的两大基本要素。出生人口数指离开母体时具有生命现象(呼吸、心跳、脐动、脉搏动等)的活产婴儿数,在统计上与时间概念相对应,如一定时期内的出生人口数,一定时期可以是1天、1个月、1个季度、半年、1年或数年,通常以1年作为计量出生人口数的基本时间长度单位。相对于人口死亡而言,人口出生易受生育意愿的影响,是一种更为活跃的人口现象,在时间上和空间上表现出明显的波动性和差异性。当人口死亡水平趋于稳定时,人口出生水平成为决定人口自然变动(增长)的控制变量。控制人口增长,主要指的是控制人口的出生水平。对人口出生现象的统计和分析,有助于准确了解和把握人口增长速度、判断人口再生产类型特征及演变规律,科学评价和预见人口发展趋势,进而为制定相关人口政策提供可靠依据。

一、人口出生水平的测度指标

衡量一个国家或地区人口的出生状况,可以通过人口出生的绝对数量和相对数量来表示,前者反映的是人口出生规模,后者反映的是人口出生强度。常用的统计指标有人口出生率、一般生育率、年龄别生育率、总和生育率及生育模式等。

1. 人口出生率　人口出生率又称人口粗出生率,指某一时期内(通常为一年,下同)某一地区出生人口数与平均人口数之比,一般用千分比表示公式为

$$\mathrm{CBR} = \frac{B}{\overline{P}} \times 1\,000‰$$

式中,CBR 表示该地区计算期内的人口出生率;B 为同期出生人口数;$\overline{P}$ 为平均人口数,若以年为计算单位,平均人口数是年初人口与年末人口的平均数,有时也以年中人口数来取代平均人口数。

CBR 数值的大小可以大致反映一个地区某一时期的人口出生水平,一般认为,当 CBR 低于15‰时,人口出生状况处于低水平;CBR 为 15‰～30‰时,处于中等水平;CBR 高于 30‰时,人口出生状况处于高水平。

人口出生率反映了一定时期内以总人口为基数的人口出生强度,是衡量一个地区人口出生水平最普通、最基本的指标,也是计算人口自然增长率的重要指标,它计算简单、使用方便、所需资料易于获取。然而,人口出生率只能粗略反映某一人口在一定时期内出生的相对水平,因为生育是育龄妇女的行为,在与出生人口数相对应的平均人口数中却包括了与生育没有直接关系的男性人口、尚未成年和已退出育龄期的女性人口,故由公式计算的人口出生率数值不足以真正反映生育的实际水平,其高低受到人口年龄性别结构的影响,这种影响在不同人口间进行比较时需特别注意。

2. 一般生育率　一般生育率又称育龄妇女生育率或总生育率,指一定时期内某一地区出生人口数与同期育龄妇女平均人数之比。育龄妇女指生理上处于生育年龄段的女性,国际上通用的育龄妇女年龄界限为15～49岁。在人口统计上,一般生育率常用千分比表示,即平均每1 000名育龄妇女所生育的活产婴儿数,计算公式为

$$\mathrm{GFR} = \frac{B}{\overline{W}_{15\sim 49}} \times 1\,000‰$$

式中,GFR 为计算期内的一般生育率;B 为同期出生人口数;$\overline{W}_{15\sim 49}$ 为 15～49 岁的育龄妇女平均人数。

一般生育率综合地反映了一定时期、一个地区育龄妇女的生育强度和水平。在其计算中,分母为有生育

可能的育龄妇女,这样不仅消除了人口性别结构的影响,而且在一定程度上也消除了人口年龄结构的影响,较之人口出生率能够更精确地表现人口生育水平。从一般生育率与人口出生率的定义及计算可以看出,两者之间有着密切关系,人口出生率是一般生育率与育龄妇女占总人口比重的乘积,可见,一定时期人口出生率的高低受同期育龄妇女数量及其生育水平的共同作用和影响。

3. 年龄别生育率 由于不同人口或同一人口的不同时期育龄妇女的年龄结构存在着差异,而不同年龄妇女在生育率或生育强度上表现明显不同,一般生育率不能反映这种生育率在不同年龄之间的差异分布。要反映不同年龄育龄妇女的不同生育水平,需要用到年龄别生育率或按龄生育率,其定义为一定时期内某一年龄或年龄组妇女生育的活产婴儿数与同期该年龄或年龄组妇女平均人数之比,单位用千分比表示。计算公式为

$$F_a = \frac{B_a}{W_a} \times 1\,000‰$$

式中,F_a 为计算期内 a 岁育龄妇女的生育率;B_a 为同期 a 岁育龄妇女生育的活产婴儿数;W_a 为 a 岁育龄妇女的平均人数。a 可以是 15～49 岁中的某一具体年龄,也可以是某一年龄组,通常是 5 岁一组,将育龄妇女从 15～19 岁至 45～49 岁分为 7 个年龄组。

年龄别生育率是研究妇女生育率变化规律及其差异的重要指标,它不是一个单一的指标,而是一组数,表达的是各年龄或年龄组妇女的生育率。一般地,20～24 岁和 25～29 岁两个年龄组的妇女处于生育旺盛期,生育率最高。通过生育率峰值年龄的变动,可以了解生育水平的变动。

4. 总和生育率 总和生育率是某一时期内育龄妇女各年龄生育率之和,计算公式为

$$\text{TFR} = \sum_{a=15}^{49} F_a$$

式中,TFR 为总和生育率;F_a 为 a 岁育龄妇女生育率,a 的取值范围通常是 15～49 岁。

总和生育率是生育率分析中最常用的一个指标,它的人口学含义是:一批进入生育年龄的妇女,如果按照当年的年龄别生育率度过育龄期,她们每个人平均生育的子女数。这一指标完全排除了人口性别、年龄结构和育龄妇女年龄结构对生育率的影响,因而也是人口预测和人口控制中一个极为重要的控制变量。

总和生育率相当于一对夫妇平均一生所生育的子女数,一般认为,处于更替水平的 TFR 是 2.1,它意味着每对夫妻平均生育 2.1 个子女,人口总量规模保持平稳;当 TFR 大于 2.1 时,人口总量将趋于膨胀;当 TFR 小于 2.1 时,人口总量最终将趋于减少。

5. 生育模式 生育模式指育龄妇女分年龄生育率在年龄序列上差异分布的表现方式。在考察育龄妇女生育水平及其变动趋势时,生育模式分析是常用的一种方法,生育模式的变化通常表现为育龄妇女年龄别生育率相对比重的变化。对生育模式的描述可以直接采用育龄妇女年龄别生育率分布曲线来实现,标准的数学表达是育龄妇女年龄别生育率除以总和生育率,其计算式为

$$H_a = \frac{F_a}{\text{TFR}} \quad (a = 15, 16, \cdots, 49)$$

式中,H_a 代表生育模式;F_a 和 TFR 代表年龄别生育率与总和生育率,进而有 $\sum_{a=15}^{49} H_a = 1$。

通过生育模式中生育高峰期年龄的大小、年龄区间的长短,可以判断一个国家或地区人口生育是"早婚、早育、多育"还是"晚婚、晚育、少育"。

二、人口出生水平的影响因素

人口的生育就其本身而言是一种自然的生理现象与过程,受到生物规律(生物遗传规律和妇女生育能力等)的影响和制约。相关研究资料显示,理论上人类最大出生率可超过 60‰,总和生育率可达 17。但在实际生活中,人口的生育水平要大大低于生理上的最大值,这是由于人口具有自然和社会双重属性,生物因素只是为人的生育提供了可能,而这种可能性要通过一定社会生产方式下的婚姻制度、家庭关系及生育观念等来实现。可以说,人口生育是一种受诸多因素综合作用和影响的复杂人口现象,而决定人口生育水平的最终还

是社会经济因素。从宏观层面来看,影响人口生育水平的因素主要有以下几个方面。

(一) 经济发展水平

经济发展水平对人口生育水平有着决定性的影响,主要表现在,它决定着人口的供养能力以及对劳动力的需求状况。一般情况下,当人口数量不能满足经济发展对劳动力的需求时,生育率将受到刺激而上升;当人口数量超越了经济发展所能提供的消费总量时,生育率将受到遏制而下降。

纵观人类社会的发展历程,可以发现,随着经济发展水平的提高,人口生育水平呈现出有规律的变化趋势。在落后的生产力水平下,人类生产活动以手工劳动为主,对劳动者的技术要求不高,劳动力培养费用低廉,参加劳动的时间较早,经济增长主要依靠劳动力数量的增加,两者之间表现出同步同向的关系,因此人口的生育率和出生率偏高。19世纪60年代以前的世界各国及第二次世界大战之前的发展中国家,经济的发展总是伴随着人口的多生多育。在现代生产力水平下,经济的发展越来越取决于科学技术水平的提高,对劳动力数量的依赖不断下降,即随着科学技术的进步,劳动生产率水平日益提高,经济发展对劳动力数量的需求会相对或绝对地减少,而对劳动力素质的要求不断提高,劳动者需要接受较长时间的教育和技术培训,培养费用大幅增加,参加劳动的年龄相应地推迟,这时人口的出生率和生育率会随着经济的发展而逐渐下降,两者之间表现出明显的负相关关系。在产业革命之后的发达国家及第二次世界大战之后的多数发展中国家,与经济发展随行的是人口的少生优育。

随着现代经济的发展,人们的生活水平不断提高,与之相应的消费需求亦日益多样化、现代化。人们已不再局限于获得充足的生存资料,而是追求更多更好的享受与发展。在生育子女与享受生活的博弈中,其结果趋向于少育、晚育和优育,人口生育率下降。现代经济的发展还将通过产业结构的改变、城市化进程的推进、教育水平的提高、妇女健康状况的改善及社会保障制度的完善等方面,影响并改变着人们的价值观念和生育观念,使人口生育率趋于下降。

(二) 人口政策

人口政策是一个国家或地区用于影响和干预人口发展过程的法令、法规及措施的总和。通过人口政策来引导和约束人们的生育行为,是人类控制人口增长的具有战略意义的有效手段。人口政策通常是立足于人口、经济、社会、资源与环境的现状,着眼于未来人口发展的规模和趋势来制定的。不同的国家或地区往往根据各自发展特征制定相应的人口政策或带有明显趋向性的人口发展目标,以提高或降低人口生育水平,促使其人口增长同社会经济发展的要求相协调。人口政策对生育的干预表现在鼓励生育和节制生育两个方面。

1. 鼓励生育 第二次世界大战之前的世界各国各地区奉行的人口政策,目标几乎都是鼓励生育、鼓励人口增殖。这是由于人口增长过快、人口数量过多的压力尚未充分显现,或者未被人们充分认识和关注,在生产力发展水平较低的情形下,人口是反映国家实力强大的一个重要因素。现今世界上实行鼓励生育政策的国家大多是长期受低生育率困扰、劳动力资源不足及人口老龄化严重的发达国家,也有部分生产力水平很低的发展中国家。联合国人口基金会2007年的《世界人口状况报告》显示,全球平均每个妇女生育2.6个孩子,发达国家只有1.5个,欧洲国家更低,平均1.4个,大大低于人口更替水平,有些国家人口的绝对数量已经开始下降。生育率的持续低下使欧洲正在经历一个"人口萧条期",成为一个"老龄化的欧洲"。为了缓解劳动力资源的不足及人口严重老龄化的趋势,欧洲许多国家把提高生育率作为一项重要国策,采取了发放结婚购房贷款、生育补贴和延长带薪产假等奖励政策,鼓励多生多育。在非洲,许多国家普遍认为生孩子是扩大财富的保障,"多子多福"成为非洲人对待子女问题的信条,在一些非洲宗教观念中,堕胎和流产是对生命的亵渎和残杀。

2. 节制生育 当今世界上更多的国家尤其是发展中国家因人口生育水平偏高、人口增长过快,构成了对经济、社会、资源和环境的压力或威胁,为缓解人口过多的压力,实现经济社会的可持续发展,许多国家通过开展家庭计划方案或计划生育工作,积极推行节制生育政策。我国自20世纪70年代以来实行的计划生育政策,其核心内容是"控制人口数量,提高人口素质",这一人口政策在降低人口生育水平、控制人口数量增长方面发挥了巨大作用,为我国经济社会持续稳定快速发展、也为世界人口的稳定做出了显著而积极的贡献。

(三) 文化教育水平

文化教育水平的高低对人口生育率有着直接而显著的影响,大量研究表明,两者之间呈现出明显的负相关关系,即文化教育水平越高,往往生育率水平越低;反之,文化教育水平越低,生育率水平就越高。由于妇女是生育的主体,其文化水平的高低对人口生育率的影响尤为明显。现代社会条件下,随着教育的普及、科学文化水平的提高,人口生育水平呈现出明显的下降趋势,究其原因,主要有以下几个方面:① 人们由于受教育年限的延长,平均婚龄也会相应推延;② 文化水平愈高,人们的生理知识、育儿知识、保健知识就愈丰富,出生婴儿存活率就愈高,可以避免为保有一定数量的成年子女而过多生育;③ 妇女的文化水平愈高,参加社会工作的机会和比例就愈大,意味着她们管理家务、照料子女的时间和精力减少,相应的人口出生率就愈低;④ 人们的文化水平愈高,愈易摆脱传统生育观念的影响,人们会愈加注重自身及后代各项素质的提高,少生优育,把有限的收入用于将子女培养成具有更高科学文化素质的现代人上。

(四) 医疗卫生水平

医学的进步和医疗卫生事业的发展对人口生育水平有着直接影响,它不断提高着人类的健康水平,从长期来看,良好的健康状况可以降低婴幼儿的死亡率,从而对人口生育率产生抑制作用。更为重要的是,医疗卫生水平的提高在控制生育和实行优生优育方面起着积极的作用,20世纪下半叶以来,由于医学及避孕药具的生产更加发达,科学避孕方法和节育措施的日益普及,使得人口生育水平下降已成为不可逆转的客观趋势。

(五) 其他因素

婚姻家庭状况、养老保障制度、政局的稳定与否、宗教信仰、风俗习惯伦理道德等因素,对人口生育率均有不同程度的影响。

婚姻家庭状况对人口出生率变动有将直接的影响,早婚往往伴随着多生多育,晚婚则一般表现为少生优育;婚姻状况的不稳定,如离婚和分居会使两性关系解体,导致生育率下降;家长制或封建制大家庭会带来人口的早生、多育,而与现代的双职工小家庭相应的则是少生、优育。社会保障制度尤其是养老保障制度的健全与否,会影响到人们的生育意愿,老年人生活保障程度愈高,晚年对子女的依赖程度就愈低,人们自然倾向于少育、晚育和优育;反之,必然会受"养儿防老""多子多福"的影响,倾向于多生多育。

当一个国家或地区政局不稳、战争频繁的时候,战争迫使众多的年轻男子参军,家庭关系受到破坏,对人口生育会起到抑制作用。

宗教信仰、风俗习惯通过支配人们的生育观念而对生育行为产生影响。天主教和伊斯兰教把婚姻和生育看作是上帝和真主的安排,而佛教则推崇出家遁世。在我国,历来就存在着"传宗接代""多子多福""重男轻女"等传统观念,导致长期的多育和对男性的偏好。

三、人口出生水平的变化及社会经济意义

(一) 人口出生水平的变化趋势

1. 世界人口出生率的变动趋势　产业革命以前,世界人口出生率长期保持在40‰乃至更高的水平上,只有这样才能略微超过死亡率,使人口总量得以缓慢增长。19世纪后半期,欧美主要国家相继完成产业革命后,世界人口出生率第一次出现下降势头,起先缓慢,尔后加速,1965年跌破35‰,用了大半个世纪的时间才降低了5个千分点。此后,由于中国等一批发展中国家在控制生育上取得显著进展,加上许多发达国家

人口趋于老龄化,世界人口出生率降低5个千分点的时间缩短至大约十几年,1976年跌破30‰,1993年跌破25‰,预计2045~2050年将降至14.4‰。从总和生育率看,20世纪50年代初为4.99,90年代后半期为2.82,要到2050~2055年才可望降至世代更替水平的2.10(张善余,2004)。

2. 世界人口出生率的主要地区差异 世界人口出生率的地区差异主要表现在发达国家和发展中国家之间,充分体现出生产方式和生产力水平对生育状况的制约作用。

作为一个整体,发达国家人口出生率的下降始于19世纪后半期。到20世纪40年代,受第二次世界大战影响,出生率已降到20‰,比1850~1900年间下降了18个千分点。由于战后补偿性生育高峰的作用,50年代其出生率回升至21.5‰。此后又呈连续下降趋势,1995~2000年仅为11.2‰。总和生育率则从20世纪50年代前半期的2.84降到90年代后半期的1.57,已显著低于世代更替水平。预计从20世纪末叶起将缓慢地回升,2045~2050年可达1.92,但由于老龄化程度加深,未来半个世纪的出生率还将继续下降,2015~2020年将降至10.0‰。在发达国家内部,出生率的下降以作为产业革命策源地的西欧以及北欧国家为最早,南欧、东欧和日本则最晚。但近几十年来,后一类国家的下降势头更猛,至90年代,拉脱维亚、捷克已成为世界上出生率和生育率最低的国家(1995~2000年两国的总和生育率分别仅为1.12和1.14)。而前一类国家由于鼓励生育,又接纳了不少外国移民,反而在较低水平上稳定下来,甚至还略有回升,如瑞典在1970~1975年综合生育率为1.89,1990~1995年已回升至2.01,同期美国亦由2.02升至2.05。

发展中国家作为一个整体,直到20世纪40年代人口出生率仍高达40‰,50年代由于一大批国家获得民族独立或解放,社会经济环境改善,出生率竟增至44‰,直至进入70年代才出现显著的下降势头,90年代后半期为3.10,至2055~2060年可望降至2.10。在发展中国家,中国、韩国、泰国、古巴等出生率较低,而非洲特别是撒哈拉以南的非洲的高出生率则非常引人注目。1995~2000年,全世界出生率超过50‰的6个国家有5个在撒哈拉以南的非洲,最高的尼日尔达到55.4‰(张善余,2004)。

3. 中国人口出生率的变动趋势和主要差异 20世纪50~60年代,除1959~1961年的经济困难时期外,出生率多年保持在30‰~40‰的高水平上,其中带有补偿性的1963年竟高达43.4‰,直到1970年仍达33.4‰。大约从1971年开始,计划生育工作得以逐步展开,加上婚龄推迟,促成出生率大幅下降,到1979年已降至17.8‰。不到10年时间,竟下降了16个千分点,这在世界人口史上也是罕见的。进入80年代,由于前一次生育高峰的惯性作用使育龄人口激增,加上《新婚姻法》的颁行使婚龄提前,导致出生率出现反弹,1987年达到21.0‰。此后即重新进入下降轨道,至2002年已降至12.9‰,成为发展中国家里出生率最低的国家之一。这一下降趋势预计将持续下去,2050年可望降至10‰的极低水平上。上述期间内,我国的总和生育率也大幅下降,即从50~60年代的5.7左右降至90年代末期的1.7~1.8,已低于世代更替水平,2050年可望进一步降至1.6左右。

根据1990年第四次人口普查结果,我国大陆(不包括福建省的金门、马祖等岛屿,下同)共有人口113 368万人。同1982年第三次全国人口普查的100 817万人相比,八年间共增加了12 550万人,增长12.45%,平均每年增加1 568万人,年平均增长率为1.48%。而根据2000年第五次人口普查,中国大陆的人口共126 583万人。同第四次全国人口普查相比,十年零四个月共增加了13 215万人,增长11.66%,平均每年增加1 279万人,年平均增长率为1.07%。根据2010年第六次全国人口普查结果,我国大陆的31个省、自治区、直辖市和现役军人的人口为137 054万人,与第五次全国人口普查相比,十年间增加了10 471万人,增长8.27%,年平均增长率为0.827%。

我国人口出生率的迅速下降,一方面是社会经济生活加速迈向现代化的成果,而20世纪70年代起坚持不懈的、高强度的计划生育工作更起了举足轻重的作用,至90年代已使我国累计少生了大约3亿人,这一历史性成就的伟大意义是怎样估计也不为过分的。否则,增加如此巨量的青少年人口,会使我国承受远比现在沉重的人口压力,并成为实现现代化和可持续发展难以化解的消极因素。

现阶段我国人口出生率的地区差异主要表现为:乡村高于城镇,少数民族地区高于汉族地区,生产力发展水平低的地区高于较发达地区,人口迁入区高于人口迁出区,计划生育强度小的地区高于强度大的地区。所有这些差异的综合表现即西部省区高于中部省区,更高于东部省区。事实上,上述差异反映的正是影响人口出生率的一些基本因素。2002年全国出生率最低的上海仅为5.4‰,比世界各国中最低的拉脱维亚的7‰还低得多;最高的西藏为18.8‰,也低于发展中国家25‰的平均数,这表明我国已从整体上向低出生率国家演进。

表3-1 第六次人口普查分省出生人口数据(2000.11.1～2010.10.31)　　　(单位：人)

地 区	出 生 人 数			性别比 (女性=100)	总和生育率
	合 计	男	女		
合 计	1 190 060	652 073	537 987	121.21	1.18
北京市	13 013	6 879	6 134	112.15	0.71
天津市	8 562	4 572	3 990	114.59	0.91
河北省	76 893	41 736	35 157	118.71	1.31
山西省	29 429	15 617	13 812	113.07	1.10
内蒙古自治区	19 928	10 387	9 541	108.87	1.07
辽宁省	23 607	12 519	11 088	112.91	0.74
吉林省	15 528	8 328	7 200	115.67	0.76
黑龙江省	20 931	11 200	9 731	115.10	0.75
上海市	16 310	8 598	7 712	111.49	0.74
江苏省	63 515	34 825	28 690	121.38	1.05
浙江省	45 483	24 654	20 829	118.36	1.02
安徽省	55 698	31 594	24 104	131.07	1.48
福建省	34 425	19 173	15 252	125.71	1.12
江西省	45 698	25 679	20 019	128.27	1.39
山东省	84 373	46 753	37 620	124.28	1.17
河南省	92 626	51 936	40 690	127.64	1.30
湖北省	53 568	29 647	23 921	123.94	1.34
湖南省	66 182	36 869	29 313	125.78	1.42
广东省	94 985	53 596	41 389	129.49	1.06
广西壮族自治区	56 207	30 889	25 318	122.00	1.79
海南省	10 290	5 805	4 485	129.43	1.51
重庆市	19 413	10 333	9 080	113.80	1.16
四川省	59 380	31 499	27 881	112.98	1.08
贵州省	37 076	20 685	16 391	126.20	1.75
云南省	48 929	26 023	22 906	113.61	1.41
西藏自治区	2 567	1 284	1 283	100.08	1.05
陕西省	30 274	16 265	14 009	116.10	1.05
甘肃省	24 709	13 717	10 992	124.79	1.28
青海省	5 932	3 143	2 789	112.69	1.37
宁夏回族自治区	6 838	3 648	3 190	114.36	1.36
新疆维吾尔自治区	27 691	14 220	13 471	105.56	1.53

从表3-1与图3-1可以看出,第六次人口普查显示中国的出生人口呈现出显著的地区差异,河南、广东、山东在普查时点年份出生人口都超过8万,天津、宁夏和青海则低于1万。从性别比来看,我国多数省份的出生人口性别比的压力较大,全国达到119.92,江西、河南、广东等省甚至超过了130,远超出102～107的合理范围。从总和生育率来看,在经济发展和计划生育的共同作用下,人口生育率降到了非常低的水平,全国约为1.22,北京和上海则仅分别为0.71和0.74。鉴于此,当前国家实施全面放开二孩政策,以促进人口长期均衡发展。

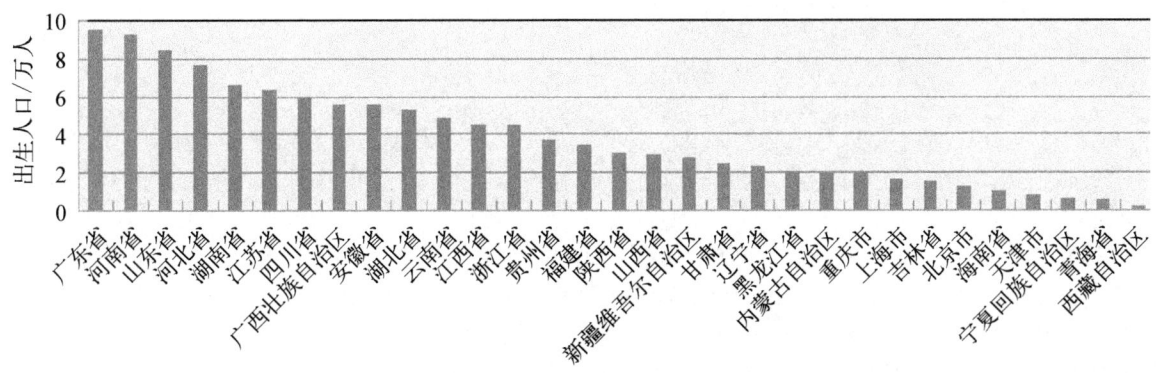

图 3-1　中国第六次人口普查分省出生人口

(二) 人口出生水平的社会经济意义

人口出生水平的社会经济意义在于：① 在人口死亡水平相对稳定的情况下，人口出生水平决定着一个国家或地区人口数量的自然变动(增长)，受"人口惯性"的作用，其变化影响着未来人口的演变趋势，也是预测人口数量变化的重要参数；② 人口出生水平的高低直接影响着一个国家或地区未来一定时期内的劳动力供给状况，进而对其经济发展产生一定的影响；③ 人口出生水平的高低决定着一个国家或地区未来婴幼儿及青少年数量的变化，对适龄人口的教育等相关事业的发展具有重要影响，掌握其变化趋势，可为政府部门制定相应的政策提供重要依据；④ 人口出生水平往往能够映射出一个国家或地区的经济发展水平，在当今经济社会发展背景下，人口出生水平较低的国家或地区，其经济发展水平一般较高，反之亦然。

第二节　人口死亡水平分析

人类的死亡就是其机体生命活动和新陈代谢的终止。死亡人数指一定时期内永久失去生命现象人数的总和。如果说出生只涉及人口中有生育能力的那部分人口，那么，死亡便涉及所有人口，无论其年龄、性别如何。它在人口自然变动过程中，同出生一样起着极其重要的作用。

一、人口死亡水平的测度指标

衡量一个国家或地区人口的死亡状况，可以通过人口死亡的绝对数量和相对数量来表示，前者反映的是人口死亡规模，后者反映的是人口死亡强度。常用的统计指标有人口死亡率、婴儿死亡率、年龄别死亡率、平均预期寿命等。

1. 人口死亡率　　人口死亡率(也称人口粗死亡率)是研究人口动态特征的一个重要指标，它指一定时期(通常为一年)的死亡人口与该时期平均总人口之比。该指标反映人口死亡的强度，适于进行空间、时间上的对比，具有计算简便、所需资料易得等优点，能比较准确地反映死亡对人口总量增长的影响，是计算人口自然增长率的重要组成部分。

人口死亡率的计算公式为

$$\mathrm{CDR} = \frac{D}{P} \times 1\,000‰$$

式中，D 为某地区某时期全部死亡人数；P 为该地区该时期内的平均人口数。

除对一个地区的总死亡率研究外，还可以根据某种需要分年龄、分地区、分部门考察死亡率。人口死亡率受人口年龄性别结构的影响。一般情况下，在大多数年龄组，男性死亡率高于女性。当然，在社会经济条件及卫生水平落后的地区，处于育龄期和更年期的妇女死亡率可能会高于男性。

2. 年龄别死亡率　　年龄别死亡率亦称年龄组死亡率。其定义为一定时期内(一年)某年龄组死亡人

数与同年该年龄组平均人口数之比,单位用千分比表示,其计算公式为

$$MR_a = \frac{D_a}{P_a} \times 1\,000‰$$

式中,MR_a 表示计算期内 a 岁人口死亡率;D_a 表示 a 岁人口死亡人数;P_a 为同期该年龄组平均人口数。

年龄别死亡率消除了人口的年龄构成不同对死亡水平的影响,故不同地区同一年龄组的死亡率可以直接进行比较。

3. 婴儿死亡率 婴儿死亡率是年龄别死亡率中具有特殊意义的一个指标。因为婴儿出生后由于机体发育尚未成熟,对外界环境的适应能力差,因而死亡可能性就比其他年龄组高,故降低婴儿死亡率是降低总人口死亡率的关键。同时,婴儿死亡率一向被认为是反映居民健康水平、社会经济及卫生服务水平,特别是妇幼卫生服务质量的敏感性指标。因此,单独计算婴儿死亡率具有极为重要的意义。

婴儿死亡率的计算公式为

$$\text{IMR} = \frac{D_0}{1/3 B' + 2/3 B''} \times 1\,000‰$$

式中,D_0 指本年内死亡的未满周岁的婴儿数;B' 指去年出生人数;B'' 指本年出生人数。

婴儿死亡人数在总的死亡人数中的比重是相当高的,尤其是在死亡率高的地区,婴儿死亡人数可占到总死亡人数的 30%~40%。

由于某年内死亡的婴儿可能是该年份出生的,也可能是上一年份出生的,同时活产数也涉及两个年份,很多详细数据无法获得,因此常采用经验方法计算婴儿死亡率。婴儿死亡率与许多因素有关,如新生儿体重、孕期长短、婴儿性别、习俗、喂养方式等。

4. 人口平均预期寿命 人口平均预期寿命是从另一个侧面综合反映人口死亡率的动态指标,具体指一个人能够期望继续活下去的平均估计年数。由于平均预期寿命是根据某时期的分年龄死亡率计算的,故不受某时期、某地区人口年龄结构的影响。一般而言,死亡率越低,平均预期寿命越长。它以当前分年龄死亡率为基础计算,但实际上,死亡率是不断变化的,因此,平均预期寿命是一个假定的指标。

寿命的长短受两方面的制约。一方面,社会经济条件、卫生医疗水平限制着人们的寿命,所以不同的社会,不同的时期,寿命的长短有着很大的差别;另一方面,由于体质、遗传因素、生活条件等个人差异,也使每个人的寿命长短相差悬殊。因此,虽然难以预测具体某个人的寿命有多长,但可以通过科学的方法计算并告知在一定的死亡水平下,预期每个人出生时平均可存活的年数。

5. 标准化人口死亡率 前述的人口死亡率指标掩盖了人口年龄结构的差异影响,有时难以反映真实的人口死亡水平,尤其是当国家之间、地区之间的人口年龄结构存在较大差异时,该指标往往缺乏可比性。为消除年龄结构的影响,便于对不同国家、地区之间的人口死亡水平进行比较分析,可以采用标准化人口死亡率这一指标。其计算方法是,选择一个参照区域,将对比国家或地区的年龄别死亡率按照参照区域的人口年龄结构,转换得到各个年龄或年龄组的死亡人数,进而计算得出各对比国家或地区具有可比性的标准化人口死亡率。计算公式如下:

$$SD = \frac{\sum (MR_a \times \text{参照区}_a \text{年龄人口数})}{P} \times 1000‰$$

式中,SD 为标准化人口死亡率;MR_a 为对比区域 a 年龄(组)人口死亡率;P 为参照区域平均人口数。

表 3-2 2010 年江苏省与宁夏回族自治区人口年龄别死亡率比较 (单位:‰)

年龄组/岁	江 苏	宁 夏	年龄组/岁	江 苏	宁 夏
0	2.20	11.11	25~29	0.40	1.12
1~4	0.43	1.25	30~34	0.55	1.30
5~9	0.20	0.48	35~39	0.89	1.50
10~14	0.24	0.53	40~44	1.40	1.95
15~19	0.27	0.71	45~49	2.02	2.82
20~24	0.31	1.00	50~54	3.76	4.70

续　表

年龄组/岁	江　苏	宁　夏	年龄组/岁	江　苏	宁　夏
55～59	5.28	6.66	75～79	45.24	64.85
60～64	8.46	11.62	80～84	81.06	113.34
65～69	14.62	20.09	≥85	156.55	182.65
70～74	26.51	37.19	全省(区)	6.23	5.06

资料来源：根据第六次人口普查资料整理、计算得出。

根据第六次人口普查资料，江苏省的人口死亡率为6.23‰，高于宁夏回族自治区的5.06‰，但江苏省各年龄组人口死亡率均明显低于宁夏回族自治区(表3-2)，形成这一现象的原因在于两地之间的人口年龄结构存在较大差异。要对两地人口死亡水平进行比较，需要采用标准化人口死亡率指标。在此以全国为参照区域，依据全国人口年龄结构计算出两地的标准化人口死亡率，江苏省为5.10‰，宁夏回族自治区为7.17‰，显然江苏省真实的人口死亡水平明显低于宁夏回族自治区。

二、人口死亡水平的影响因素

世界人口死亡水平变动，主要取决于生物规律、自然环境、卫生医疗水平和社会经济因素的综合作用。

（一）生理因素

人作为生物，有其自身遗传和变异以及出生、成长、死亡的过程。这些过程是以生物学规律和制约生物运动的自然环境等自然因素为基础的。因此，人类的死亡也同样要受到自然因素的影响。人的一般寿命大约为70岁左右，最长不过120～130岁。从生命过程看，有生就有死，即人的寿命是由人的内因决定的。也就是说，人的寿命是由生理机能决定的。按照死因，人的死亡可以分为生理死亡、病理死亡和意外死亡三大类型。除了人类生命的有限性这一尽人皆知的生物学规律外，生物学因素对人口死亡水平影响最为显著的方面，表现在男女两性的死亡水平差异及不同年龄组死亡水平的不同。

1. 性别　　世界上绝大多数国家男性死亡率都高于女性，只有非洲和亚洲少数国家妇女死亡率略高于男子。同时，经济发达国家的男女死亡率的差别又大于发展中国家。各国男性在各个龄组的死亡率，几乎都超过女性。

男女之间死亡率的差别是由多种原因造成的，既有生理方面的因素，如染色体的组成；又有后天因素，如工作压力、生活习惯及兴趣爱好、抵抗力等因素。

不同地区，性别对死亡率的影响也不同。经济发达地区，男性死亡率与女性死亡率差别较大，平均寿命在性别上的差异也大。而在发展中国家，由于生产力不发达，中青年妇女从事繁重体力劳动所占的比重高，加以早婚、多育、生活条件和保健条件差，分娩死亡多，同时思想意识落后，由于"重男轻女"而弃婴或者进行选择性对女胎流产，因此各年龄段女性死亡率仅略低于男性；同时，由于年龄结构轻，老年人口少，平均寿命短，女性的平均预期寿命与男性差别较小。

2. 年龄　　一般来说，婴幼儿和老年人口的死亡率较高，中青年及少年的死亡率较低，即人口死亡率与人口年龄构成有较大关系。儿童死亡率与一些基本的遗传因素很大关系。这些遗传因素，如染色体异常和基因突变将会造成婴儿生理上的各种先天缺陷，可能造成心血管、神经系统、消化系统以及其他系统中的缺陷。那些具有先天缺陷的婴儿一般生命力很低，进而导致了婴儿死亡率的升高。

如果一个国家或地区的人口年龄结构较为老化，则总人口死亡率就较高；相反，若年龄较轻，则人口死亡率就较低。

（二）地理环境因素

世界上有的地方地球化学元素平衡失调，某些微量元素缺乏或者过多，通常会引起这些地方居民的死亡率增高。因为居住在这种地方的人类，往往要患某些地方病，如克山病、大骨节病、地甲病和克汀病等。凡地方病患者一般寿命较短，故导致这种地方人口死亡率的增高。

自然灾害（地震、火山、洪水和山崩）对人口死亡率的影响也是非同小可的。它可能使灾区人口突然大批死亡和死亡率空前提高。例如，中国1976年唐山大地震就使二十多万人丧生，2008年的汶川大地震致使六万多人遇难。

环境问题对人口死亡水平的影响日益明显。由于现代工业的发展和交通工具的增多所造成的废气、废水和废渣以及噪声的大量排放，严重污染了人类的居住环境，提高了某些疾病的发病率和死亡率。环境污染在发达国家尤其严重，已危及亿万人口的健康状况。英国伦敦在1952年发生了一次震惊世界的烟雾事件，4天内就有4 000余人死亡。

世界上一些长寿地区的情况也助于说明自然环境与人口死亡水平的关系。目前世界上公认的三个长寿地区是前苏联的高加索地区、厄瓜多尔的维尔卡姆巴村、克什米尔地区的巴勒提特。这些地方的社会经济条件是有差别的，但居民生活都不富裕，有的还相当穷，卫生条件也不是很优越，显然自然环境和遗传的因素起了巨大的作用，不过对具体的作用机制尚需进一步研究。

（三）社会经济因素

教育、医疗、婚姻等社会因素对人口死亡水平的影响也是不容忽视的，而且随着社会的发展，这些因素在降低人口死亡水平、延长寿命方面起着越来越重要的作用。

人口的受教育程度与死亡率和平均预期寿命有着密切的联系。一般地，受教育程度高的人群的死亡率比相对受教育程度低的人群要低，其平均寿命比相对较高。一般来说，受教育程度高的人群能获得较好的职业，经济条件较好，同时比较了解营养、卫生、防病、体育与身体素质的关系，能按照科学的方法生活、工作和锻炼，积极地消除有害因素的影响，增加生存机会。

医疗卫生水平是与人口死亡水平关系更为直接的社会因素。在人类死因谱上，传染病曾经是第一位的死亡原因，随着医学的进步，一些烈性传染病如霍乱、天花等得到控制，使人口死亡率大幅度下降。

人口的婚姻状况也是影响死亡水平的重要社会因素。婚姻状况分为未婚、有配偶、丧偶和离婚四种。国内外已有的研究表明，在这四种状况中，有配偶人口的死亡率无论男女均明显低于其他三种婚姻状况人口的死亡率。一般说来，未婚、丧偶和离婚对人们的心理、生活和生理都会产生不利影响，有损于身体健康，从而导致死亡率偏高。稳定的婚姻关系、和睦的婚姻生活可促进夫妇心理、生理的健康，减少患病的机会，死亡率亦会降低。

（四）其他因素

众所周知，战争对人类生命的危害是巨大的，一方面它直接造成大量人口的死亡；另一方面它所引起的饥荒、传染病、公共卫生系统的破坏、环境污染以及难民人口的增加，都会间接地导致人口死亡。因此，战争使当地人们的身体健康状况恶化，死亡率上升，平均寿命缩短。阿富汗连绵不断的战争，使其人口平均寿命只有43岁。

近代以来，世界上规模大小不同的战争持续不停，造成人口死亡数常以百万、千万计。战争除了造成人口直接死亡以外，还造成了人口间接死亡。例如，由战争而引起的灾荒、饥饿和疾病流行等，导致平民百姓死亡率的升高。这种间接的死亡人数甚至可超过战场死亡人数。

影响人口死亡水平的因素还有很多，诸如饮食结构习惯、心理情绪、交通事故、疾病传染、从业状况、生活节奏、工作压力、恐怖事件等。

三、人口死亡水平的变化及社会经济意义

（一）人口死亡水平的变化

人口死亡水平的变化研究是目前国际人口学界研究共同感兴趣的课题之一。比较和分析不同国家、不

同地区及不同年龄组人口死亡水平的变动,可从中发现异同之处,从而找出一般趋势,最终为各国各地区人口政策的实施提供必要的信息。

1. 发达国家与发展中国家　　发达国家人口死亡水平的演变经历了三个阶段:第一个阶段为高死亡率阶段,经历时间最久,从人类产生一直到欧洲爆发产业革命的18世纪;第二个阶段是总死亡率从高水平持续地、不可逆转地走向低水平,大致包括了19世纪~20世纪60年代这段历史时期;第三个阶段属于总死亡率水平稍稍回升的时期,始于20世纪60年代中期。

发展中国家目前的人口死亡水平处在第二个阶段,即已经完成第一次人口革命,正常死因变成死因主因,总死亡率开始从高水平不断向低水平过渡的阶段,如印度,其总死亡率从1881~1890年间的41.3‰降低至1980~1985年的13.6‰。迄今发展中国家的人口仍属于年轻型,60~65岁以上老年人口占总人口的比例仅为4%,所以,人口死亡水平的第三个阶段——死亡率回升阶段仍未到来。据联合国1980年所做的预测,发展中国家及地区到2015~2020年年平均死亡率将进一步降到7.6‰的低水平;但自此之后,由于人口老龄化开始,总死亡率也将呈下降趋向,并预测2020~2025年年平均死亡率可能稍有回升,至7.7‰的水平。

1949年之前,由于战争、饥荒和瘟疫的影响,人口死亡率相当高,其人口死亡水平属于高死亡、低寿命阶段。据有关资料分析,20世纪初至1949年,中国人口死亡变化似乎没有什么规律性,高死亡的状况一直得不得有效地控制。死亡率的性别差异大多为女性高于男性,且呈现出较大的区域差异。自1949年以来短短几十年的时间,由于中国社会经济的发展、医疗卫生保健水平以及文化教育水平的提高,人口死亡模式发生了迅速转变,死亡模式变为低死亡、高寿命的模式,其死亡水平接近于大部分发达国家,远远超过大部分发展中国家。据统计,1949年全国人口死亡率为20‰,人口平均预期寿命为35岁,2008年人口死亡率降低至7.06‰,人口平均预期寿命为73岁。

2. 不同年龄组　　综合各国各地区人口死亡水平的研究,可以发现,不仅各个年龄组的死亡率水平不同,而且各个年龄组死亡率降低的幅度也不相同。一般是,死亡水平随着年龄递增而呈递减趋势,根据东欧若干国家20世纪70年代与50年代死亡水平资料比较可以发现,婴幼儿死亡水平降低的幅度最大,儿童少年人口次之,青壮年人口又次之,老年人口死亡率降幅最小。这主要是生物运动规律发生作用的结果,表明随着年龄愈益增长,死亡率降低的可能性呈愈益减弱趋向。

3. 不同性别结构　　迄今,在南亚、非洲等一些发展中国家仍存在女性死亡水平在每个年龄组上都高于男性的现象。这是妇女家庭地位和社会地位都低、经济上不能独立的一种反映。自从父系氏族取代了母系氏族,一直到中世纪,在死亡率的性别结构上大致都保持着这样的景况。

发达国家在产业革命前,人口死亡水平的性别结构都是女性高于男性。但是,产业革命以来,尤其是进入20世纪,死亡水平的性别结构出现了一反往昔的变化,在每个年龄组上男性死亡率基本都高于女性。这既是生物学因素作用的结果,也是社会因素作用的结果。从生物学因素上讲,女性是强者,其机体、器官无论在适应外界环境的能力方面,或在耐力、忍受力方面,抑或在抵抗病菌的侵袭方面都天然地强过男性,表现在人口学上则是存活率高于男性,死亡率低于男性。从社会因素上讲,一是妇女的家庭地位和社会地位比起推进现代化事业以前有了提高,妇女在经济上有了一定的自主权,第三产业的发展也为妇女获得经济独立创造了客观前提,表现在死亡率上则是大大下降。二是现代化事业推进的过程中,生产节奏大大加快,工伤事故增多,交通事故频发,而男性经济活动人口在生产第一线的又占绝大多数,以致他们因社会原因而死亡的概率大大多于女性。此外,在发达资本主义国家,酗酒和其他不良习惯也多半与男性有关,致使男性人口因此而致死的概率大于女性。尽管社会因素可以改变,但生物学因素却是致使男性死亡水平高于女性的自然规律,所以男性死亡率水平超过女性可以视为死亡率变动的客观规律之一。

(二) 人口死亡水平变化的社会经济意义

人口死亡水平的社会经济意义表现在:① 人口死亡水平是影响一个国家或地区人口自然变动(增长)的重要因素之一,其中婴儿死亡率和平均预期寿命是预测人口数量自然变化的重要参数;② 人口死亡水平是衡量和评价居民健康状况、福利水平、社会经济水平和医疗卫生进步的客观依据;③ 人口死亡水平与经济发展水平之间存在着明显的负相关,即人口死亡水平较高的国家或地区,其经济发展水平往往较低,反之亦然。

第三节 人口自然变动的度量与分析

一、人口自然增长率

人口的自然增长是人口出生和死亡变动的结果。人口自然增长率指一定时期内人口自然增长数(出生人数减死亡人数)与该时期内平均人口数之比,通常以年为单位计算,用千分比来表示,计算公式为

$$人口自然增长率 = \frac{年内出生人数 - 年内死亡人数}{年平均人口数} \times 1\,000‰$$
$$= 人口出生率 - 人口死亡率$$

其中,

$$年平均人口数 = \frac{年初总人口 + 年末总人口}{2}$$

不同国家或地区,人口出生率和死亡率不同,人口自然增长率也不同。当全年出生人数超过死亡人数时,人口自然增长率为正值,当全年死亡人数超过出生人数时,则为负值。因此,人口自然增长水平取决于出生率和死亡率两者之间的相对水平,它是反映人口再生产活动的综合性指标。

二、人口再生产类型

人口再生产是社会再生产的一个重要组成部分。它是指由不同年代出生的、不同性别的个体组成的一个国家或地区的人口总体,随着时间的推移,老一代陆续死亡、新一代不断出生、世代更替,使人口总体不断地延续下去。人口再生产类型是与社会生产力发展的一定阶段相适应的人口出生率和死亡率以及人口自然增长率三者相结合而形成的人口再生产的特征。因此,其变化取决于人口出生率和死亡率以及由这两者的变化所决定的人口自然增长率。由于人口出生率、死亡率和自然增长率的发展变化是受一定的社会生产方式制约的,按照一般分法,人类历史上人口再生产类型可以分成原始人口再生产类型、传统人口再生产类型、过渡人口再生产类型和现代人口再生产类型四种,每一种类型都与一定的经济、社会和文化发展水平相联系。

(一) 原始人口再生产类型

在人类社会发展早期,生产力水平极为低下,人们主要依靠天然食物来维持生存,抵御疾病和自然灾害的能力很低,加上战乱频繁,人口死亡率高,而且变化较大。这一时期人口的死亡率异常之高,人的寿命很短。为了种族的延续和扩大,这时的生育表现为人的本能行为,只能是很高的出生率才能基本维持在人口简单再生产水平。这种和原始采集、捕鱼和狩猎相对应的人口极高死亡率、可补偿死亡率的高出生率和极低自然增长率的人口再生产类型,我们称它为原始的人口再生产类型。原始型的人口自然增长率几乎为零,世代更替迅速,人均寿命极短,人口规模基本不变,人口再生产长期处于停滞状态,所以早期的人口发展过程主要是简单的人口再生产。目前,这一类型仅见于一些发展中国家的个别地区。

(二) 传统人口再生产类型

随着生产力的发展,采集、渔猎为主的经济转化为以手工劳动为基础的农业、畜牧业生产经济。农民和手工业者出于发展个体经济、增加劳动力的需要,倾向于早婚生育,因而人口出生率高,妇女生育率几乎接近生理的最高限,生育水平由简单再生产向扩大再生产发生转变。这种与奴隶社会和封建社会以手工劳动为基础的农业生产经济相适应,其表现为高出生率、高死亡率和较低的人口自然增长率的人口再生产类型。我们称它为传统的人口再生产类型。传统型的人口出生率除了补偿较高的人口死亡率以外,仍有增长,世代更

替速度下降,人口再生产过程具有阶段性起伏。这主要表现在一个较长的历史时期,总的人口规模无论扩大和缩小,都有可能包含若干个较短期的扩大人口再生产过程。

(三) 过渡人口再生产类型

产业革命带来了人类历史上生产力的大发展。人们的生活质量不断改善,特别是医疗卫生事业不断进步,导致人口死亡率持续下降,而且降幅较大。随着工业化和城市化水平的提高,加上节育措施的出现,出生率也有所下降,但是下降速度较慢,使得同期的出生率大大高于死亡率,自然增长率保持在较高水平上,人口增长迅速。总体上表现为高出生率、低死亡率和高自然增长率。目前,这一类型的代表性国家多为发展中国家,如巴基斯坦。

(四) 现代人口再生产类型

随着工业的不断发展,以现代科学技术为基础的工业化生产经济逐步代替手工劳动为基础的农业生产经济。现代科学技术的发展和医学、医疗卫生事业的进步,使人口死亡率随之下降。由于科学技术在生产中的运用,发展生产主要依靠提高劳动生产率,而不是增加劳动力数量,所以对劳动力数量的需求相对减少,对劳动力的质量要求有所提高。这样导致人们生育观念和行为的改变,使妇女生育率下降,生育水平由扩大再生产向人口可持续发展发生转变。这样与现代科学技术为基础的工业化生产经济相适应,其表现为低出生率、低死亡率和低人口自然增长率的人口再生产类型,我们称它为现代人口再生产类型。现代型的人口自然增长率较低,总和生育率处于更替水平,人口规模基本不变。这就为可持续发展创造了较好的人口数量控制环境。另外随着人口再生产类型的现代化,不管是人口的身体素质、思想道德素质还是科学文化素质都有显著的提高,这就为可持续发展创造了较好的人口质量环境。人口数量及其质量问题与可持续发展密切相关,可持续发展的最终目的是提高人的生活质量,使人生活得更加幸福和美好。人口的可持续发展要求控制人口增长、提高人口素质、调整人口结构和保护环境、永续利用资源的条件下进行经济和社会建设。

人口再生产类型的依次更替,是不以人们意志为转移的客观规律。由于各国的社会经济条件发展程度存在着差异,人口变动特点不尽相同。所以,并不存在一个可以标志人口再生产类型开始转变的明确的经济发展水平指标及相应的出生率和死亡率水平值。不同国家、不同发展时期的人口再生产类型的转变各有其特征。

发达的资本主义国家一般是在机器大生产时期便逐步实现了向低出生、低死亡、低自然增长类型的转变。这基本上是一种随着经济发展程度的不断提高而产生的自发性的人口转变。目前,欧洲的人口自然增长率为-0.1%,德国、匈牙利等国人口连续多年为负增长。日本的人口自然增长率已降到0.2%的低水平。美国、加拿大、澳大利亚等国的人口自然增长率稍高,在0.4%~0.8%之间。

大多数发展中国家人口再生产类型的转变表现为在经济不发达的条件下,医疗卫生事业的发展使死亡率首先开始大幅度下降,传统的高出生率却难以随死亡率的下降而相应下降,从而出现高出生、低死亡、高自然增长的人口快速增长时期,然后再逐步向现代类型转变。而在向现代类型的转变中,一般都要借助于对生育行为的诱导与干预。例如,我国的计划生育国策及新加坡、泰国等国家开展的家庭计划等政策,从而推动人口再生产类型转变。

目前,发展中国家人口再增长类型的特点表现为:除澳大利亚和新西兰外的大洋洲其他国家、非洲国家是"过渡型"的典型。非洲国家2005年的出生率和自然增长率分别高达3.8%和2.4%,其中一些国家的出生率接近或超过5%,自然增长率接近或超过3.5%。亚洲和拉丁美洲的许多国家人口出生率高达2%以上,自然增长率超过2%。某些国家的人口再生产正在或者已经进入"现代型",例如韩国、古巴等。中国由于大力开展计划生育工作,人口转变速度较快,目前人口再生产类型已属于低出生、低增长的"现代型"。

三、人口再生产类型的转变

从以上人口再生产类型的划分中可以看出,这种类型的分布和演变并不是杂乱无章的,而是有其一定的客观规律性。1934年，法国人口学家兰德里在《人口革命》一书中第一次提出人口再生产类型随生产力发展的历史阶段而转变的观点，他认为西欧人口再生产类型的转变经历了三个序列或历史阶段。第一个序列又称原始阶段，特点是人口出生率和死亡率均极高，自然增长率又极低，简称为"高高低"类型，这一阶段覆盖了整个古代。第二个序列又称中间过渡阶段，出生率和死亡率均稍有下降，但自然增长率仍然很低，其延续时间为中世纪。第三个序列又称现代阶段，它由产业革命揭开序幕，特点是死亡率持续下降，但在一段时期内出生率却维持不变，故人口加速增长，这时属于"高低高"类型。此后，出生率也转为持续下降，人口增速大减，演变为"低低低"类型（表3-3）。

表3-3 人口转变模式的划分标准　　　　　　　　　　　　　　　　　　（单位：‰）

指　标	原始静止时期	前现代时期	转变时期	现代时期	现代静止时期
出生率	50.0	43.7	45.7	20.4	12.9
死亡率	50.0	33.7	15.7	10.4	12.9
自然增长率	0	10.0	30.0	10.0	0

1944年，美国人口学家诺特斯坦发展了兰德里的"三个序列"理论，第一次提出了"人口转变"的概念，并将它推广应用到发展中国家，对这些国家将经历一次人口高速增长作了准确的预言。诺特斯坦将兰德里的第三个序列划分为三个阶段，即"高低高"阶段、过渡阶段和"低低低"阶段。后来诺特斯坦的学生寇尔对他的理论做了深化，并对人口转变模式提出了如表所示的定量划分标准（张善余，2004）。

英国人口学家布莱克提出的人口转变五阶段模式，融会了兰德里和诺特斯坦的观点，在国际上影响很大。

（1）高位静止阶段　　出生率基本被死亡率抵消，人口增长极为缓慢。
（2）早期扩张阶段　　死亡率先于出生率下降，人口增长逐渐加速。
（3）后期扩张阶段　　在死亡率继续下降的同时，出生率也开始下降，人口增长势头趋缓。
（4）低位静止阶段　　出生率和死亡率均降至低水平，人口出现零增长。
（5）绝对衰减阶段　　出生率极低，死亡率因人口老龄化而回升，人口出现负增长。

布莱克划分的前四个阶段得到广泛的认同，第五个阶段在一部分发达国家中也已出现，但它是否会成为全球性的长期趋势，人们尚有不同的看法。

上述理论统称为人口转变论。不同类型国家的经验都表明，这个理论的基本观点是符合实际的，对于人们科学地认识人口运动的客观规律起了不可磨灭的积极作用。伴随着人类社会的进步、经济的发展，人口再生产类型存在着由低级向高级不断转变的客观趋势。决定人口转变过程的经济基础是生产力发展水平，与生产力水平相适应的经济发展阶段则构成了人口转变的社会基础。此外，不同的历史背景和上层建筑特点，对人口转变也有加速或延缓的作用（张善余，2004）。

第四章 人口素质

第一节 概述

一、人口素质的含义

人口作为兼具自然属性和社会属性的一种客观存在,也包含数量和质量两方面的内容。它们彼此之间有着密切的联系,且有相互制约的关系,共同构建了人口这一"具有许多规定和关系的丰富的总体"(马克思语)。

对于一个国家来说,人口素质是综合国力的重要体现,是国际竞争的重要方面,是国家经济和社会发展的基础。纵观世界各国的发展,可以清楚地看到,国家的强大、民族的振兴,取决于多方面的因素,而良好的国民素质,无疑是其中最重要和最具潜力的因素。现代国家之间的竞争,涉及政治体制、经济规模、科技水平、军事实力等许多方面,而所有这些归根结底都是人的素质的竞争。一个孱弱、封闭、愚钝的人群,同另一个强健、开放、聪慧的人群之间,事实上不可能展开势均力敌的竞争,在这种情况下,人口数量的多少反而成为次要因素。在一个国家内部,发展水平的高低与历史基础、地理区位、自然资源等条件都有关系,而人口素质无疑是其中一个非常重要且最具能动性的方面(张善余,2001)。

人口素质,总是受一定的社会制度和历史条件所制约。所以,不能离开一定的社会制度和历史关系来考察人口素质。人口素质是一个历史的产物,是与社会制度和历史条件相联系的。人口素质,又是一个综合性的概念。人口素质指在一定的生产方式下,一个国家或地区人口群体所具有的德、智、体各种特质的总和。具体来讲,就是人们认识自然和改造自然的一种能力。

人口素质就其内涵来讲,是由多层次、多侧面、多要素组成的各种规定的组合。从不同的层次来讲,可分为生理素质、心理素质、社会素质;从不同的侧面来讲,可以分为内潜素质(心理深层的文化意识)、外显素质(外部表现出来的从事社会活动的能力);从构成人口素质的要素来讲,大体可以分为身体素质、科学文化素质、思想道德素质等;从人口素质的属性来讲,可以分为自然属性和社会属性两个方面。马克思说:"我们把劳动力或劳动能力,理解为人的身体即活的人体中存在的、每当人生产某种使用价值时就运用的体力和智力的总和。"这就是说,要有德、智、体全面发展的人才。人口素质的高低指人的社会活动能力的大小,亦即认识、改造客观世界能力的大小。人的这种活动能力的程度,是在作用于客观物体的过程中表现出来的。

随着科学技术的进步和发展,人们已经认识到影响人口素质的各个方面。人口素质是随着社会生产力的发展而增进的。它是一个历史范畴。从原始社会到今天,人口素质有一个不断进步和逐步完善的过程,是逐步地提高和增进的过程。

"控制人口数量,提高人口素质",是我国人口政策的两个方面,也是实行计划生育基本国策的两项主要任务。控制人口数量和提高人口素质的根本目的是完全一致的,都是为了国家的富强、民族的繁荣昌盛、人民的利益和幸福。所以,提高人口素质,就很自然地成为我国贯彻基本国策的重要内容。

人口素质包括了人的自然属性和社会属性两重含义。要提高人口素质,就必须从自然属性和社会属性两方面努力。自然属性指人的神经系统、感觉器官等先天素质,以及人的体质状况和适应自然的能力。社会属性指经过培养训练而形成的后天素质,以及人的认识世界和改造世界的能力。因此,要提高人口素质,就必须抓好优生优育、教育、技术培训三个基本环节(吴进义,1991)。

二、构成人口素质的要素

从人口素质的外延来看,包括了身体素质、科学文化素质和思想道德素质这三个方面;并认为身体素质是人口质量的自然条件和基础,科学文化素质和思想道德素质是人口质量的中心。

人口的身体素质指组成人体的各个部分和构成人体的各种功能器官与系统的发育成长状况。人口的身体素质是人口质量的自然前提和基础，没有一个健全和合格的身体，也就有碍提高人口的文化水平和思想道德水准。衡量人口身体素质主要是看：发育是否健全、智力是否完好、体力大小、体质强弱、耐力的持久状况、动作的敏捷程度等。人口身体素质是可以测定和比较的。一般的常用性指标有：平均身高、体重、胸围以及平均增长速度、相对的平均体力和耐力水平、呆残低能人口占总人口的比重、传染病患者占总人口的比重、婴儿死亡率、总死亡率、平均预期寿命等。这些指标中，最主要的是人口平均预期寿命指标，它是各年龄组平均死亡率的综合反映。

人口的文化素质是人口的社会属性。人口的科学文化素质指一个人口群体的文化知识、科学技术水平、生产经验和劳动技能等。它与人口的其他素质互相联系、互相促进、互相影响，是人口素质的核心。人口文化素质是各民族文明程度的重要标志。因为人口文化素质不仅决定着作为人口主体实践的范围和程度，而且还标志着人口主体改造客体的成功率。人口的科学文化素质一方面受历史的、现实的政治和经济各种条件的制约，另一方面又对社会政治、经济及人类自身的发展有重要影响。衡量人口科学文化素质的一般常用性指标有：在校大学生占总人口的比重，知识分子占总人口的比例，文盲率，成年人中不同文化教育程度者所占比重，大、中、小学入学率，生活质量指数(PQLI)以及人文发展指数(HDI)等。

人口的思想道德素质属于人口的社会属性，一般指人们的思想意识形态，其中包括人生观、道德观、思想品质和传统习惯。它是人口素质的灵魂，渗透于人口的文化素质和身体素质之中，起着精神支柱的作用，也是衡量一个国家或民族发达与文明程度的重要标志之一。直接或间接进行衡量的指标主要有：忠诚的爱国者占总人口的比重、尊老爱幼者占总人口的比重、模范遵守公共秩序者占总人口的比重、吸毒者占总人口的比重、青少年犯罪率及刑事犯罪率等。

三、人口素质的社会经济意义

人口素质是建设和谐社会的重要条件和保证。社会人口素质的高低，既依赖于每个社会成员个体素质的高低，也依赖于不同素质个体人口的构成比例，以保持社会的整体功能。

首先，人口的身体素质是建设和谐社会的重要保障。人们身体素质的提高，才能保证劳动者在工作中保持旺盛的精力，从而提高工作效率，创造更多的劳动价值。拥有良好的健康状况，不仅能够保持工作、生活的良好状态，又可以减少医疗费用的支出，使家庭收入的再分配向智力投资和提高生活质量转移，也有助于个人素质的全面提高，有利于卫生医疗和体育事业的良性循环。健康资本作为人力资本的重要内容，在现代社会显得越来越重要，它已经成为建设和谐社会的重要支撑力。

其次，人口的科技文化素质是建设和谐社会的推动力。改革开放三十年来，我国突出了高新技术产业领域的自主创新意识和能力。这无疑说明，国民素质的提高，促进了经济的发展、社会的进步，起到了"加速器"的作用。提高全民的科学文化水平是经济社会发展的基础，是积累强大发展后劲的基础工程。提高自主创新能力，不仅是保持经济长期平稳较快发展的重要支撑，而且能够刺激经济结构调整、转变经济增长方式。它还是建设资源节约型、环境友好型社会的重要保障，更加能够提高经济的国际竞争力和抗风险能力。

再次，人口的思想道德素质是建设和谐社会的凝聚力和稳定力。人是社会关系的总和，建设和谐社会的核心是人的素质的全面提升。如果没有社会全体成员思想道德素质的提高，和谐社会只是一种美好的理想。作为社会政治经济活动的主体，人口的思想道德素质在调节各种社会矛盾、稳定社会秩序中发挥着重要的作用。和谐社会是经济社会发展的重要条件。但是，在社会发展的进程中，各种矛盾纵横交错，其中有许多事情涉及个人利益，需要付出代价，甚至牺牲；容易引发和激化矛盾，影响社会安定和发展。而全民族人口的思想道德素质较高，更多的人时时、事事以国家、民族利益为重，服从大局，自觉地维护社会的稳定，为社会发展创造良好的环境，就容易平衡和化解各种矛盾，有利于建立良好的市场秩序和改善投资环境，获得显著的社会效益，进而转化为强大的物质力量，推动经济社会发展。良好的道德风尚是社会主义优越性的重要体现，也是社会主义和谐社会的重要特征。

一个地区的经济发展状况，与该地区人口素质的高低显然有密切的关系。从实际情况来看，经济发展水平是人口素质水平的综合体现，人口素质是发展经济和增强国家实力的必要条件，是参与国际竞争的根本资本。据有关研究表明，目前在我国，人口素质状况对经济的增长产生重要作用，如学龄儿童入学率每增长

1个千分点,人均GDP增长率提高0.4~0.6个百分点(郭尚明等,2003)。

在经济学中认为人就是劳动力,人口素质也成为劳动力素质。劳动力素质具有产出效应和替代效应。假设,平均劳动时间为一定量,随着劳动力素质的提高,即使就业中劳动者的人数不变,投入生产的实际劳动供给也是增长的;如果劳动者人数增加,则在劳动力素质提高的情况下,实际劳动供给的增长要比劳动力数量增长得更快,这样就会使产出增加并增大其中劳动贡献的份额,提高按劳动力人数计算的劳动生产率。另一方面,劳动者素质的提高,既增加了劳动的复杂程度,使劳动者能够更加自如地运用各种现代技术和设备进行生产,从而改善物质资本的使用效率;同时又可以推动节省资本的知识技术密集型产业,以被称为第四产业的信息技术产业为代表和第三产业的发展,从宏观上降低资本与劳动的投入比,提高资本的生产率,实现劳动对稀缺资本的替代。

联合国教科文组织的研究成果显示,劳动生产率与劳动者文化程度呈现出高度的正相关。与文盲相比,小学毕业可提高生产率43%,初中毕业提高108%,大学毕业可提高300%。各国学者的研究表明,通过教育提高人口素质对一国的经济发展的贡献越来越大:1925~1957年美国经济增长的21%和原西德经济增长的50%左右、1930~1955年日本国民收入增长的25%、1940~1969年原苏联国民收入增长的30%都归于教育水平的提高(姚旭等,2007)。18世纪产业革命的核心问题,就是在生产中广泛地以机器代替手工工具,从而出现了机器大工业和一些新的制造业部门,产业结构发生了根本的变化。到19世纪,又有电力技术和电力工业的发展以及电能的普遍应用,进一步推动了产业结构的变化,经济有了长足的发展。而这一切都是与各个相关领域的人口素质的提高分不开的。第二次世界大战后,由于电子计算机、核能、航天、激光、生物工程以及其他高新技术突飞猛进地发展,推动了许多新兴产业部门的形成和壮大,这更是与相关科技领域的人口素质提高、人才资源开发分不开的。

生态环境意识同人口素质也密切相关。一般地讲,人口素质高,则认识和掌握自然规律、经济规律、生态经济规律的自觉性会相应增强,从而有利于人们掌握保护资源、环境的知识和技能,生态环境意识随之提高。实践证明,在生态经济问题的发生和发展过程中,庞大而素质低下的人口,总是扮演着推波助澜的主要角色。

人口素质影响控制人口增长。人口激增使人们对资源需求与供给的矛盾日益尖锐化。人口素质影响出生率进而影响生态环境。人口素质对控制人口数量增长、缓解人口压力,具有举足轻重的作用。

人口科学文化素质影响环境容量。所谓环境人口容量就是在一定的地域范围内,在一定生产力条件下,资源相对稳定所能承受人口规模的大小。环境人口容量实质上是相对于生产力而言的。在不同生产力水平及社会经济条件下,客观上存在着大小不同的环境容量。从整个历史进程来看,人口科学文化素质是生产力发展水平的重要标志。就人口生态学意义来讲,科学文化素质是认识和开发利用环境的能力。低人口素质,会影响生产力的发展,降低环境容量;而科学文化素质的提高,必然会带来生产力的进步,从而使社会抚养能力上升,使环境容量大幅度提高。可见,人口素质直接影响着社会生产力的发展,进而影响到环境承载力的大小。

第二节 人口身体素质及其影响因素

一、人口身体素质的指标

1. 人口死亡状况的指标 如死亡率、平均期望寿命等。死亡率通常指"粗死亡率",是一国或一地区在一定时期(通常为一年)内死亡人数与同期平均人口数的比值,一般按每千人平均计算。人口平均预期寿命指假若当前的分年龄死亡率保持不变,同一时期出生的人预期能继续生存的平均年数。它以当前分年龄死亡率为基础计算,但实际上,死亡率是不断变化的,因此,平均预期寿命是一个假定的指标。这个指标与性别、年龄、种族有着紧密的联系,因此常常需要分别计算。平均预期寿命是我们最常用的预期寿命指标,它表明了新出生人口平均预期可存活的年数,是度量人口健康状况的一个重要的指标。

2. 人口生存质量的指标 如营养水平、发病率(尤其指慢性病和遗传性疾病)以及残疾人比重等。还有一些社会经济指标,特别是人均国民生产总值,以及反映医疗保健、公用事业、住房、环境保护、文体娱乐方面的指标也有一定参考意义。

3. 人口体质和体格发育形态的指标 如身高、体重、胸围、肩宽、血压、脉搏、肺活量、速度、耐力、臂力、柔韧性等,以及综合性指标如体质指数[体重(kg)除以身高(m)的平方]。

二、人口身体素质的影响因素

人口身体素质的形成,主要受两类因素影响:一类是自然因素和遗传、变异等人类生物学因素;另一类是后天教育和影响因素,如各种社会经济因素。两类因素对人口身体素质的影响都是必然的,但两类因素的影响孰重孰轻,却难以做定量的区分。

(一) 人类生物学影响因素

在人类生物学因素中,主要包括遗传和变异两个方面。它通过生殖过程对人的后代的身体素质产生很大影响。目前已知的遗传性疾病多达 4 000 余种,其共同的特点是难以治愈(按当代医疗科技水平),特别是在婴幼儿的死亡原因中占有很大比重(全世界婴儿活产总人数中,先天缺陷者约占 3.0%,遗传生化异常者占 1.0%,染色体异常者占 0.5%),对后天的体格和智力发育也有多方面的影响。据调查,父母均智力正常者,其子女的智力正常率较高;父母双方或其中有一方智力低下或有缺陷者,其子女智力正常率则较低。

由于遗传因素与人口素质的密切关系,人们早就注意到实行合理的婚姻生育制度的重要性。除了夫妇双方都应有健康的体格以及育龄不宜过早或过迟外,很重要的一条就是应当排斥血亲和近亲婚配。据研究,近亲婚配所生育子女的遗传异常率比随机婚配高十几倍、新生儿死亡率高 1.5 倍、婴儿死亡率高 0.8 倍、少年儿童死亡率高 0.4 倍。因此,人口的迁移流动性大,活动范围广,对降低近亲婚配率以及提高人口素质是很有利的,这是工业国与农业国相比、城镇与乡村相比、平原与山区相比、中原与边陲相比、大陆与海岛相比、人口的身体素质通常较优的一个重要原因(张善余,2001)。

男性的平均死亡率比女性高,这是全世界的普遍现象,中国现阶段也是如此。从内因上看,女性的免疫力比较强,她们身体内产生免疫抗体的基因比男性多 1 倍;这种免疫基因载于 X 染色体上,女性有一对,男性只有一个(另一个是 Y 染色体),所以男子较易受到病毒或病菌感染,在许多主要疾病上的发病率和死亡率都比女性高。如 20 世纪 80 年代中国的疾病减寿年数在大城市中男性比女性多 0.40 倍,在中小城市多 0.54 倍,在农村也要高 0.32 倍,因此男子的平均寿命普遍比女子短。此外,吸烟、喝酒、赌博等不良嗜好也主要同男子有关。值得注意的是,近十余年来中国进行了大幅度的体制转轨,不少人因此下岗失业,中年人相比于青年人在年龄和文化上明显处于劣势,再就业难度大,其家庭负担又重,其中的中年男性可能在心理上和生理上会承受更大的压力。

此外,年龄也是重要的自然因素之一。人的死亡概率通常以 12 岁前后为最低,死亡率曲线从出生到 12 岁逐渐降低,其中度过婴儿期以后的一段时间下降速度最快。自 12 岁往后,死亡率即逐渐上升,起先缓慢,而后加速,进入老年期后逐年加速的趋势特别明显。这一规律在世界各国都是普遍的,中国也完全类似。由于这一不可改变的规律,使得粗死亡率与年龄结构关系非常密切。不同年龄对死亡率的影响还表现在某几个特殊的年龄段上。首先是婴儿期,目前,中国不足 1 周岁的死亡人口占总死亡人口 8% 以上,婴儿的死亡率在 69 岁以前的所有年龄中是最高的。在成人阶段,对死亡率的影响较大的特殊年龄段还有女性的分娩期。

(二) 社会经济影响因素

包括城乡人口比重、居民的文化教育程度、生产方式、人口分布特点、婚姻状况和婚姻习俗等,这些社会经济因素对人口死亡率都有直接、间接的影响,它们一般均与生产力发展水平有密切的关系,其中最有代表性的就是城乡之间的差异。

生产力发展水平决定了一个国家或地区人民平均的营养状况、卫生保健和科学、文化、体育事业的发达程度以及总的生活质量,对人们的身体素质的后天发育起着基本的制约作用,其水平较高者,对一些先天性的不利因素也有较强的抑制能力。故人口身体素质的高低与生产力水平大体成正比例的关系,这是全世界的一个普遍现象。

与平原相比,山区高原确实存在着一些不利于抑低死亡率的因素,除了经济、文化相对落后外,突出的就是人口分布稀疏而分散,加上地势崎岖、交通不便,均显著增大了人们获得医疗服务的困难,即使按照与平原相同的人均标准配置医生,由于空间的阻隔,人们实际能享有的医疗服务也要打上很大的折扣。某些乡村地区特殊的生产方式也有影响。如在草原牧区,牧民常常要逐水草而居,在这种流动状态下,就更不容易获得医疗服务了。目前,不少牧区大力推广定居放牧,显然是很有必要的。

表 4-1 显示的是我国分地区的每千人医生数和每千平方千米医生数,分别考虑了人口基数和土地面积基数的差异。数据显示,全国每千人医生数为 1.79 人,对比各省份发现,除个别省份外,超过全国平均数的省份基本集中于东部沿海,而中西部地区多数省份低于全国平均值。对于每千平方千米医生数,全国平均值为 248.4 人,分省份来说,西部多数省份低于全国平均值,而东中部多数省份高于平均值,差异非常明显,比如上海达到 13 614.4 人,而西藏只有 3.7 人。

表 4-1 2010 年中国内地各地区医生分布密度　　　　　　　　　　　　　　　(单位:人)

地区	每千人医生数	每千平方千米医生数	地区	每千人医生数	每千平方千米医生数	地区	每千人医生数	每千平方千米医生数
全 国*	1.79	248.4	浙 江	2.54	1 358.0	重 庆	1.45	507.6
北 京	5.24	6 114.6	安 徽	1.27	541.3	四 川	1.61	267.4
天 津	2.92	3 342.0	福 建	1.66	504.5	贵 州	1.04	205.3
河 北	1.84	707.0	江 西	1.32	352.5	云 南	1.4	163.3
山 西	2.53	579.2	山 东	1.94	1 183.7	西 藏	1.52	3.7
内 蒙	2.29	47.8	河 南	1.43	805.2	陕 西	1.7	308.3
辽 宁	2.28	673.5	湖 北	1.62	498.8	甘 肃	1.45	81.6
吉 林	2.28	334.0	湖 南	1.56	483.9	青 海	1.92	15.0
黑龙江	2.09	176.1	广 东	2.05	1 201.4	宁 夏	1.91	232.3
上 海	3.75	13 614.4	广 西	1.33	259.4	新 疆	2.27	29.8
江 苏	1.73	1 326.3	海 南	1.61	398.9			

* 1949 年为 0.67 人,1978 年为 1.07 人,2000 年为 1.68 人

此外,食物供给是重要的社会经济因素之一。食物中的营养是人类生存和身体素质发育的物质基础。世界银行专家(1996)指出:"充分的营养和健康的体魄提高了儿童的学习能力。""降低蛋白能量营养不良的程度,增加铁和锌等微量元素的摄入,可以通过提高精神和身体的能力来促进劳动生产率。对印度和菲律宾农村家庭的分析发现,体重/身高比(测量长期营养状况的指标)和身高(儿童营养状况的集中代表)都与每位劳动者更高的成年时的产出密切相关。"联合国儿童基金会发表的《1997 年世界儿童状况》也明确指出,营养不良是每年七百多万 5 岁以下儿童夭折和几百万儿童致残、弱智的重要原因。这些都十分清楚地说明了物质条件对人口身体素质的重要作用。

将现代与历史时期相比,人类的平均营养状况已大为改善,对提高人口素质起了显著的促进作用,在由贫穷走向温饱、小康的发展阶段中,这一作用尤为明显。但在各国各地区之间,营养状况差异悬殊。据世界粮农组织统计,目前营养水平最高的美、荷、新西兰等国与最低的热带非洲国家相比,每天人均从食物中摄入的热量要高 1 倍多、蛋白质高 2 倍多、脂肪超出近 10 倍,而动物性食物竟超出达 30 倍左右。饥肠辘辘与脑满肠肥的对比十分鲜明,人口身体素质出现明显差异也就不足为奇了。发达国家由于收入高,有能力在保健上大量投入。如美国 1990 年人均医疗卫生费用达 2 680 美元,人均购买体育用品 180 美元;对比之下,一些最不发达的国家人均国民生产总值仅数百美元。至于发达国家拥有较高的科学文化水平,有利于改善人口素质,就更不必说了(张善余,2001)。

(三)地理环境影响因素

人类的生活离不开一定的自然环境,不同的自然因素制约着人们的生存条件,对人口死亡率有多方面的直接或间接影响。应指出的是,自然因素的这些影响,一般说来总是通过特定的社会、经济条件而起作用的。在先进和相对完善的社会机制下,在科学技术和生产力水平日益提高的情况下,自然因素对人口死亡率的影

响将趋于缩小,这是肯定的,但在可以预见的将来,这种影响还不会消失。

属于重要自然条件之一的海拔高程与人类的生存发展关系非常密切,高寒缺氧的高海拔环境导致死亡率增高,对婴幼儿尤其是这样。当人进入高海拔缺氧区时,身体会产生代偿性调节,以便能获得更多的氧气来满足消耗。如果氧气的供给与消耗出现失衡,就可能会产生一系列生理性或病理性变化,这就是一般所说的高山反应或高山病。对某些人说来,在1 800 m高程即可能出现高山反应,3 000 m以上就将导致高山病,对健康非常不利。加上在这种环境下社会经济发展必然受到诸多制约,故高原山区人口死亡率普遍偏高,并随高程上升而增大。地形对人口身体素质的影响也很大。在山地和高原,气压较低,致使人体内血氧减少,加上气温随高程递减,均延缓了人的生理发育,其体格一般都比较矮小。但山民肺活量大,血红蛋白含量高,耐力足,身体素质也有某种优势。

气候条件对人口死亡率的影响比较复杂。一般说来,良好的气候总是有利于人体健康的,这一点可以间接地从各地区死亡率的季节差异中反映出来。在多数情况下,南方在炎热季节、北方在严寒季节死亡率都比较高,天气发生激烈变化时以及季节转换期间往往也是这样。婴儿和老人受自身生理条件所限,对气候变化尤为敏感。

现代科学已证明,许多危害严重的疾病同自然环境有关,如克山病、大骨节病、大脖子病、某些癌症等,它们的分布在中国是相当广泛的,一般都属于非传染性的地方病,其发病率在地理上有明显的规律性。关于这一类疾病的病因,迄今多数仍悬而未决,学术界多倾向于生物地球化学说。这种学说认为,包括人在内的一切生物同周围的整个地理环境是一个有机联系的统一整体,生物同周围环境之间的物质代谢,是生命最基本的特征之一。由于各地自然条件的差异,维系生命的化学元素在地理分布上具有显著的不均衡性。某些化学元素过多、过少或比例严重失调,均将引起地方性生物反应——或者是变异,或者是疾病。目前已发现至少有十几种化学元素异常与某些人类疾病有关联,如碘、硫、硒、铍、镁、钼、铜、锰、锌、氟等。在所引起的疾病中,大骨节病"病区的化学地理特征是硫、硒偏低,而锶偏高"(王明远等,1981)。"克山病带与粮食低硒带基本上能很好地吻合"(中国科学院地理研究所化学地理研究室环境与地方病组,1981)。"食管癌高发病区死亡率地理分布都呈不规则的同心圆状",在这些地区"土壤中钼、铜、锰、锌等与植物氮代谢、硝态氮转化以及人体生理代谢有关的微量元素缺乏"(管述奎,1982)。

第三节　人口文化素质及其影响因素

一、人口文化素质的衡量指标

根据《国家中长期教育改革和发展规划纲要(2010—2020年)》,到2020年,基本实现教育现代化,基本形成学习型社会,进入人力资源强国行列。人口文化素质的提高,对于实现国家中长期教育改革和发展规划纲要发展目标将起重要作用。

(一)文盲率

我国第四次人口普查定义的文盲半文盲是指≥6岁(不含小学在读),不识字或识字少于1 500个,不能阅读通俗书报,不能写便条的人。我国第六次人口普查定义的文盲率是指15岁及以上不识字人口所占比例。1990年第四次人口普查、2000年第五次人口普查与2010年第六次人口普查全国文盲率分别为15.88%、6.72%、4.08%。

(二)大、中、小学入学率

指大、中、小学生人数与相应学龄人口数的比率,国际上一般规定小学学龄为6～11岁、中学为12～17岁、大学为20～24岁,学生年龄的实际跨度当然超过这一范围。截至2008年底,大学毛入学率达到23.3%,高中为74%。根据2010年国家统计公报,2010全年研究生教育招生53.8万人,在学研究生153.8万人,毕业生38.4万人。普通本专科招生661.8万人,在校生2 231.8万人,毕业生575.4万人。中等职业教育招生868.1万人,在校生2 231.8万人,毕业生659.2万人。普通高中招生836.2万人,在校生2 427.3万人,毕业生794.4万人。初中招生1 716.6万人,在校生5 279.3万人,毕业生1 750.4万人。普通小学招生1 691.7万人,在校生9 940.7万人,毕业生1 739.6万人。特殊教育招生6.5万人,在校生42.6万人,毕业生5.89万人。学前教育在园幼儿2 976.7万人。九年义务教育巩固率为89.7%,高中阶段毛入学率为82.5%。根据《国家中长期教育改革和发展规划纲要(2010—2020年)》,到2020年,基本普及学前教育;巩固提高九年义务教育水平;普及高中阶段教育,毛入学率达到90%;高等教育大众化水平进一步提高,毛入学率达到40%;扫除青壮年文盲;新增劳动力平均受教育年限从12.4年提高到13.5年;主要劳动年龄人口平均受教育年限从9.5年提高到11.2年。

(三)成年人中不同文化教育程度者所占比重

根据这一比重以及不同文化程度者受教育年限(大学本科可设定为16年、大学专科为15年、中专和高中为12年、初中为9年、高小为6年、初小为4年、扫盲班为2年、文盲为0年),可计算出平均受教育年限。1990年第四次人口普查/2000年第五次人口普查/2010年第六次人口普查全国成年人中不同文化教育程度者所占比重变化情况为:大学1 422人/3 611人/8 930人,高中8 039人/11 146人/14 032人,初中23 344人/33 961人/38 788人(上述数据指每十万人中含有的该文化程度的人数)。预计到2020年,接受高等教育的比例达到20%以上,具有高等教育文化程度的人数比2009年翻一番。

(四)其他指标

如经济活动人口中具有中高级专业技术职称者以及从事智力型职业者所占比重。

1. 生活质量指数(PQLI) 1975年美国学者莫里斯等人设计了一个生活质量指数(the physical quality of life index),即PQLI指数,其本意是反映一个国家人民的生活质量或发展水平,用以弥补国民生产总值指标的不足。但由于他们选用的几个参数与人口素质关系极为密切,因而被普遍地用来作为衡量人口素质的一个综合性指标。

PQLI指数是由成年人口(≥15岁)识字率、婴儿死亡率和出生时平均预期寿命3个指标换算为指数后的算术平均数,其中识字率直接将百分点代入,其余两个指标根据1950~1975年联合国人口机构记录到的各国最低、最高两个数据之间所处的相对位置折算成百分点指数。婴儿死亡率指数与预期寿命指数的计算公式分别为

$$婴儿死亡率指数 = \frac{229 - 婴儿死亡率(千分点)}{2.22}$$

$$预期寿命指数 = \frac{出生时平均预期寿命(岁) - 38}{0.39}$$

识字率定义为一个国家或地区当中,15岁以上成年人能读写文字的人的比率。识字率能反映出一个国家或地区教育普及的程度,也可反映出一个地区的发展水平。另一方面,识字率的增加与国民义务教育的实施以及印刷术的普及等也有着关联。

平均预期寿命为根据年龄死亡率计算出来的假定一批人的死亡年龄,这一批人可以是0岁组,也可以是其他任何年龄组。它反映的不是该时期人口的实际寿命,而是死亡水平(梁中堂,1995)。

一般说来,PQLI指数小于60表明人口素质较低或很低,60~80为中等,80以上为较高或很高。以下选取了代表我国东部和中部的两个典型城市上海和武汉与代表我国西部地区的成都市进行对比。

表4-2 2010年我国东、中、西三个城市的PQLI指数

城 市	识字率指数	婴儿死亡率指数	平均预期寿命指数	PQLI指数
上 海	97.26	101.75	114.59	104.53
武 汉	97.71	101.45	107.79	102.32
成 都	97.22	100.45	100.26	99.31

资料来源:成都市2010年人口普查数据、武汉市2010年第六次人口普查主要数据公报、上海市2010年第六次全国人口普查主要数据公报、2010年上海市卫生计生数据。

从表4-2的对比中可以发现,上海、武汉、成都三个城市的PQLI指数均大于80,处于较高水平。在我国东部、中部、西部城市的对比当中,成都市识字率指数为97.22,婴儿死亡率指数为100.45,平均预期寿命指数为100.26,生活质量指数为99.31。水平稍落后于东部、中部发达城市,但落后程度不大。2010年全国第六次人口普查数据表明,内地31个省、自治区、直辖市和现役军人的人口中,文盲人口(15岁及以上不识字的人)为54 656 573人,同2000年第五次全国人口普查数据相比,文盲人口减少30 413 094人,文盲率由6.72%下降到4.08%,下降2.64个百分点。三个城市的文盲率均低于全国平均水平。其中,成都市15岁及15岁以上人口中,不识字或识字很少的人的比重是三个城市当中最高的,为2.78%。三个城市的婴儿死亡率,上海最低为3.12‰,而成都为6.01‰。平均预期寿命,上海最高,为82.13岁,武汉为80.04岁,成都为77.10岁。

2. 人文发展指数(HDI) 但PQLI指数也存在一些缺陷。首先,对于发达国家反映不灵敏,均有高位钝化现象;其次,反映身体素质的指标在总指数中占2/3,权重太大;第三,婴儿死亡率和平均预期寿命反映的基本上是同一个现象的不同区段,同步性过高。1990年联合国开发计划署提出了人类发展指数(HDI)的概念,用来评估和比较世界不同国家不同时期在健康、知识和收入三个重要领域的进步。自第一份《人类发展报告》发布以来,人类发展指数一直被用来评估世界各国的人类发展水平。它是由1岁预期寿命、成人识字率和按购买力平价计算的人均国内生产总值三项指标分别换算成指数再取算术平均值得出的。1岁预期寿命,反映人的寿命和健康状况;成年人识字率反映人的平均知识水平;人均国内生产总值反映体面生活所需资源的满足程度。2010年后,联合国对HDI的指标体系做了进一步改进:用"25岁以上人口平均受教育年限"和"学龄儿童预期受教育年限"取代之前的"成人识字率"和"毛入学率"来测算教育指数;用"人均GNI"代替"人均GDP"来测算收入指数。与此同时,为综合衡量不平等状况对社会进步产生的负面影响,联合国开发计划署还计算了"不平等调整后的人文发展指数(IHDI)"。

HDI的计算方法是:先对上述三项指标分别确定世界各国之间或一个国家内部各地区之间的最大值 $\max X_{ij}$ 和最小值 $\min X_{ij}$,然后把各国或各地区的数值 X_{ij} 代入公式计算指数 I_{ij},可得出三个指数 I_{1j}、I_{2j}、I_{3j} 然后求得HDI。具体计算公式为

$$I_{ij} = \frac{\max X_{ij} - X_{ij}}{\max X_{ij} - \min X_{ij}}$$

$$\mathrm{HDI} = 1 - \frac{I_{1j} + I_{2j} + I_{3j}}{3}$$

表4-3 2010年我国各省(区、市)的HDI指数

省(区、市)	健康指数	教育指数	收入指数	HDI	排名
全 国	0.868	0.678	0.571	0.693	
北 京	0.952	0.837	0.694	0.821	1
上 海	0.953	0.808	0.699	0.814	2
天 津	0.932	0.779	0.692	0.795	3
江 苏	0.896	0.719	0.650	0.748	4
浙 江	0.892	0.700	0.645	0.744	5
辽 宁	0.892	0.737	0.618	0.740	6
广 东	0.894	0.696	0.624	0.730	7
内蒙古	0.861	0.689	0.634	0.722	8
山 东	0.893	0.686	0.613	0.721	9
吉 林	0.889	0.715	0.576	0.715	10
福 建	0.882	0.676	0.610	0.714	11
黑龙江	0.886	0.710	0.554	0.704	12
湖 北	0.868	0.696	0.558	0.696	13

续 表

省(区、市)	健康指数	教育指数	收入指数	HDI	排名
陕　西	0.865	0.699	0.554	0.695	14
山　西	0.869	0.699	0.547	0.693	15
河　北	0.870	0.676	0.561	0.691	16
重　庆	0.881	0.667	0.556	0.689	17
湖　南	0.866	0.677	0.539	0.681	18
海　南	0.891	0.660	0.536	0.680	19
河　南	0.864	0.664	0.540	0.677	20
宁　夏	0.845	0.658	0.552	0.674	21
新　疆	0.828	0.660	0.542	0.667	22
江　西	0.866	0.645	0.520	0.662	23
四　川	0.860	0.651	0.519	0.662	24
安　徽	0.871	0.640	0.516	0.660	25
广　西	0.872	0.634	0.516	0.658	26
青　海	0.791	0.613	0.637	0.638	27
甘　肃	0.826	0.631	0.480	0.630	28
云　南	0.784	0.604	0.476	0.609	29
贵　州	0.809	0.586	0.452	0.589	30
西　藏	0.762	0.498	0.487	0.569	31

资料来源：国家统计局科研所. 2014. 中国人文发展指数比较分析. http://www.stats.gov.cn/tjzs/tjsj/tjcb/dysj/201402/t20140220_513674.html.

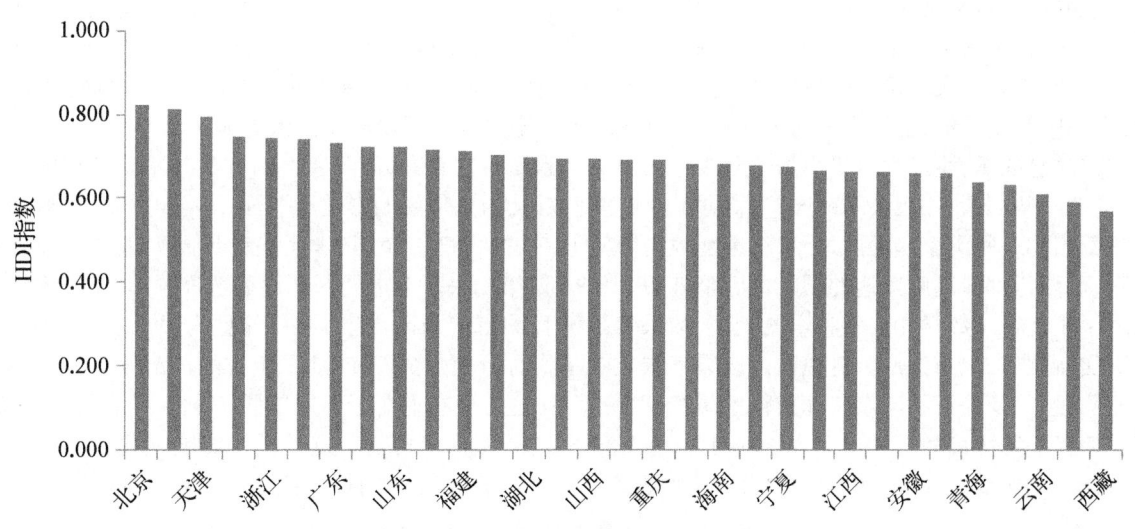

图4-1　2010年我国部分省(区、市)的HDI指数

根据表4-3，属于第一集团(HDI值＞高人文发展组别平均值0.758)的是北京、上海、天津；属于第二集团(高人文发展组别平均值0.758＞HDI值＞全国平均值0.693)的是江苏、浙江、辽宁、广东、内蒙古、山东、吉林、福建、黑龙江、湖北、陕西、山西；属于第三集团(全国平均值0.693＞HDI值＞中等人文发展组别平均值0.640)的是河北、重庆、湖南、海南、河南、宁夏、新疆、江西、四川、安徽、广西；属于第四集团(＜中等人文发展组别平均值)的是青海、甘肃、云南、贵州、西藏。

二、影响人口文化素质的主要因素

(一) 经济发展水平

生产力发展水平和经济收入决定了对劳动者文化素质的需求程度,以及培育这种素质的社会能力和家庭能力,因而对一个国家或地区人口文化素质的高低起着基本的制约作用。在这方面,发达国家与发展中国家之间有着一道清晰的鸿沟。目前,前者小学、中学教育早已普及,文盲率接近于零,而大学入学率也平均高达50%(美国超过80%)。相比之下,发展中国家平均文盲率仍达30%,大学入学率一般仅在1%~10%。这种状况造成了各国各地区人口平均文化素质结构的悬殊差距,尚停滞于农业社会的国家文盲仍占人口的大部分,处于工业化初、中期的国家(如中国)以中、低文化素质者为主,进入后工业化阶段的国家则以中、高文化素质者为主。

2010年第六次人口普查时,中国13~18岁6个年龄的总人口约为10 946万,中等学校在校学生为7 363万,入学率仅为67.3%;同年19~23岁5个年龄的总人口共有约12 630万,但在校大学生只有3 162万,比重只有25%,也就是说绝大部分人在读完小学、初中或高中后就不再就学而从此进入经济活动,这对提高全民族的文化素质显然是很不利的。1999年中国高等教育的毛入学率为9.5%,经过大学扩招,2010年达到了26.5%,但与先进国家50%~80%的高等教育毛入学率仍有很大差距。一个十几岁、二十几岁的青年,是正在学校接受教育,是在务农做工经商,还是闲散在家中、游荡在社会上,对他本人及其家庭固然不是小事,而对国家和民族来讲,就更是有关未来国运的大事。

在当今经济全球化的大趋势下,劳动者的科学文化素质实际上决定了一个国家或地区在国际劳动分工中所处的地位。那些文盲占多数的国家在全球化中已经被"边缘化",中国只能置身于分工链的低端,主要靠劳动力的量大价廉赚些"辛苦钱",而主要的利益则被拥有智力优势的发达国家所占有。这就更加凸显了提高科学文化素质的重要性。

(二) 对教育的重视和投入程度

受总的经济水平制约,中国各地区之间按人口平均对教育事业的投入差异很悬殊。一些相对后进的中西部省份,尽管主观上很重视,教育经费占财政总支出的比重高于东部地区,但若按学生人数分摊,仍相差很远。如1999年学生人均预算内教育事业费最高与最低省份之间的差距,普通小学为9.7倍、普通初中为8.6倍、普通高中为6.1倍、普通高校为3.9倍,这种差距不能不对人口素质产生巨大影响。

值得注意的是,生产力水平高虽然对改进人口文化素质非常有利,但两者之间有时并不是简单的正比例关系,其他一些因素,如社会和政府对教育的重视程度,以及历史传统的影响也不小。人们发现,东亚所谓儒家思想圈内的一些国家和地区,历来有重视教育、尊师重道的优良传统,其学生在世界同龄人中学业往往最为优秀,而西方那些高度发达的国家却瞠乎其后。1991年第二次教育进展国际评估选择了15个国家和地区的同龄学生进行了数学和自然科学的测试,结果韩国和我国台湾省高居前两位,约旦为最末一位,美国和西班牙则居倒数第二、第三位。这说明发达国家依靠雄厚的财力、物力可以使几乎所有的适龄人口都达到较高的学业阶段,从而保证了国家总体文化素质的高水平。在这方面它们对于发展中国家确实具有显著的优势,但若在接受同等程度教育的单个人之间对比,发达国家则并无优势可言。这是由于影响文化素质的除了社会经济方面的客观条件外,还有历史传统与家庭、个人的主观能动性的问题(吴进义,1991)。

表4-4 2010年各地区教育经费情况 (单位:万元)

地 区	合 计	国家财政性教育经费	预算内教育经费	社会团体和公民个人办学经费	社会捐资和集资办学经费	学费和杂费	其他教育经费
北京市	6 134 448	5 136 580	4 693 182	6 529	48 389	578 991	134 950
天津市	2 920 970	2 270 774	2 103 847	1 163	6 218	364 134	89 685
河北省	7 192 734	5 647 497	5 178 041	14 598	8 285	1 211 145	99 629

续 表

地 区	合 计	国家财政性教育经费	预算内教育经费	社会团体和公民个人办学经费	社会捐资和集资办学经费	学费和杂费	其他教育经费
山西省	4 508 195	3 529 544	3 193 060	26 046	9 295	699 279	89 033
内蒙古自治区	4 143 731	3 584 765	3 344 758	4 755	2 017	395 818	64 943
辽宁省	6 242 615	4 834 720	4 367 511	40 605	1 677	1 019 217	103 975
吉林省	3 445 611	2 747 077	2 605 373	7 690	4 103	537 994	34 472
黑龙江省	4 048 565	3 183 150	2 901 742	17 051	2 739	735 480	22 614
上海市	5 582 736	4 407 376	3 935 045	7 583	9 541	736 562	256 843
江苏省	13 146 233	9 234 608	8 142 866	14 591	169 548	2 312 625	609 676
浙江省	10 625 688	7 336 561	5 884 177	33 772	147 053	1 919 052	621 325
安徽省	5 990 868	4 488 332	4 172 046	63 061	21 938	995 547	111 627
福建省	5 341 118	3 913 350	3 603 658	100 520	36 973	903 345	101 038
江西省	4 494 597	3 175 331	2 984 350	65 600	20 595	878 067	162 524
山东省	10 395 900	8 029 725	7 180 596	29 561	33 420	1 677 026	141 521
河南省	9 111 164	6 800 265	6 481 601	99 621	8 250	1 581 738	222 495
湖北省	5 869 164	3 838 175	3 584 633	31 095	16 254	1 282 738	285 491
湖南省	6 497 608	4 585 048	4 227 052	33 200	16 087	1 288 148	207 319
广东省	15 327 348	10 440 230	9 808 383	216 728	106 776	3 310 218	329 549
广西壮族自治区	4 941 416	3 990 786	3 739 829	23 755	10 620	673 105	69 037
海南省	1 422 673	1 133 239	1 045 956	15 426	13 628	185 043	25 802
重庆市	4 068 437	2 893 208	2 687 127	61 406	42 150	587 059	229 775
四川省	8 951 781	6 816 497	6 355 855	70 443	111 231	1 127 335	103 596
贵州省	3 669 550	3 139 157	2 954 220	15 861	6 827	327 349	55 652
云南省	5 336 317	4 480 463	4 226 247	17 631	23 499	533 736	142 904
西藏自治区	662 293	641 638	625 959	678	1 155	15 583	180
陕西省	5 143 635	3 766 663	3 516 784	14 464	8 757	989 373	112 116
甘肃省	3 106 736	2 648 616	2 532 466	7 953	18 745	331 816	30 183
青海省	1 062 206	985 919	949 172	1 485	2 596	45 326	12 843
宁夏回族自治区	994 671	843 802	789 385	9 119	4 947	90 675	20 850
新疆维吾尔自治区	3 655 998	3 256 626	3 045 655	2 266	14 596	226 675	68 678

资料来源：中国统计年鉴(2011)。

（三）性别状况

人口文化素质的性别差异也很明显,男性的平均文化素质高于女性,从母系氏族社会之日起,就一直是这样。目前在发达国家中,这一差异经过长时期的缩小后已基本弥合,在某些最发达国家中,女性甚至已有后来居上之势。如美国,中、小学两性入学率的差异早就不复存在,长期显著落后的女性大学入学率在20世纪70年代也得到了扭转,1979年获得学位的女学士人数第一次超过男学士,1981年女硕士又超过男硕士,目前美国男性的文化优势仅存于博士学位中,但差距也正在迅速减小。在发展中国家,上述性别差异虽也趋于缩小,但迄今仍很明显。相对而言,在小学、中学阶段该差异较小(入学率相差5～40个百分点),大学阶段则较大。要改变这种状况,既要发展生产力,又要扭转社会传统观念,实际上这两者也是相辅相成、紧密联系的。

由于受经济收入和教育资源不足的限制,加上历史原因形成的重男轻女的传统意识,中国女性受教育的机会显著低于男性,近几十年来这一差别逐渐缩小,但迄今依然存在,从而在文化程度构成上形成明显的男女差异。2000年全国6岁及以上男性人口的平均受教育年数为8.14年,女性为7.10年;15岁及以上人口的文盲率,男性为4.86%,女性为13.47%,都充分说明了男女文化素质的差异。2010年全国6岁及以上男性人口的平均受教育年数为9.11年,女性为8.39年;15岁及以上人口的文盲率,男性为2.52%,女性为7.29%。与十年前的数据相比较,全国6岁及以上男性人口、女性人口的平均受教育年数都有所上升。而15岁及以上人口的文盲率,男性和女性文盲率都有所降低,而且男性文盲率与女性文盲率之间的差距正在缩小。需要指出的是,虽然男性、女性文盲率表面上看相差不大,仅为4.67%,但根据2010年人口普查相关数据,全国15岁及以上女性文盲人口要比男性文盲人口多2 583万人,这种状况显然不是在短时期内可以改变的。在有文化的人口中,性别比随文化层次的升高而迅速增大,表明在初等教育阶段两性差别还不大,而教育层次越高,男性就越来越多地超过了女性。此外,生产力发展水平较低的地区,上述差异就愈加明显。例如,2000年上海市6岁及以上男性平均受教育年数为9.83年,女性为8.71年,相差约1/8;而贵州省分别为7.00年和5.28年,相差已达1/3。这种性别差异说到底乃是出于在教育资源紧缺的情况下如何达到效益最大化的考虑。而在教育资源相对充足的情况下,人们就会较少考虑效益,而把受教育看作是一种对于两性都是当然的权利。而家庭子女数量的多少也是造成地区差异的一个原因,在上海市独生子女已占了很大比重,父母在其教育上一般是不会(实际上也无法)做出性别选择的,而贵州省户均经济收入大大低于上海,户均子女数却超过上海,在教育上做出一定的性别选择对父母来说恐怕也是不得已的(李竞能,2000)。

女性文化程度偏低,对她们充分发挥社会经济职能及提高自身的社会经济地位显然是不利的,对于控制人口数量、改善人口素质也是突出的消极因素(妇女生育率与受教育程度成反比)。当前,与成年女性的文化教育问题相比,如何进一步提高学龄女性人口的入学率,降低其辍学率,尤其具有紧迫性。据统计,1990年全国10岁儿童中,男性在校率为96.3%,女性为92.3%,表明相对于男性,有4%的10岁女童被"额外"剥夺了学习机会。由于全社会的重视,到2000年10岁儿童的两性在校率分别提高至99.5%和99.4%,性别差异已经消除,这无疑是很可喜的。但到15岁,男性在校率为74.6%,女性为69.8%,差距达5个百分点(1990年为15个百分点),这意味着全国有数以万计的少女相对于男性过早地离开了学校,对她们本人,对整个社会,这无疑都是一个损失。因此,今后不仅要努力提高全体学龄人口的入学率和巩固率,还要尽快消除其中长期存在着的性别差异。由于母亲的素质高低对子女影响极大,这对改善未来的中国人口素质无疑具有很重要的意义。

在不同的年龄组中,青年的文化程度高于中年,更高于老年,反映了社会的进步。2010年全国30岁人口平均受教育10.3年,50岁为8.9年,就说明了这一点,且两性的差异随着年龄上升也越来越大。值得注意的是,由于20世纪50~70年代全国的社会经济形势屡有起伏,对相关年龄段,尤其是在三年困难时期和"文化大革命"中正当中学、大学入学年龄的那批人的受教育程度颇有影响。2000年58~59岁人口中达到大学本科程度的比重达到1.5%左右,对比之下,49~53岁人口仅为0.6%左右,这就是由"文化大革命"造成的"文化大断层"(张善余,2003)。

第四节 人口素质综合评价案例分析

第二节和第三节重点介绍了人口身体素质和人口文化素质及其影响因素,本节主要以四川省成都市为实证研究对象,研究人口素质综合评价的方法——因子分析法对成都市人口素质水平综合评价。

在多元统计分析当中,当观测数据指标太多,且众多变量间可能存在着相关性时,实测数据包含的信息可能是重复的。因子分析法就是在尽可能不损失或少损失信息的情况下,将多个变量减少为少数几个潜在因子,是降维的一种方法(data reduction)(张羚广,2006)。

因子分析的基本思想是通过变量(或样品)的相关系数矩阵(对样品是相似系数矩阵)内部结构的研究,找出能控制所有变量(或样品)的少数几个随机变量去描述多个变量(或样品)之间的相关(相似)关系,但这少数几个随机变量是不可观测的,通常称为因子。然后根据相关性(相似性)的大小把变量(或样品)分组,使得同组内的变量(或样品)之间相关性(相似性)较高,但不同组的变量相关性(或相似性)较低。它是主成分分析法的一种推广与发展,但区别在于因子分析可作为一个模型来描述,且较主成分分析更为灵活,更易解释。运用这种分析方法,看人口素质水平不断提高的过程中有哪些因素在起主要作用,其影响程度如何,进行有效测评与分析,把握各地区人口素质水平的现状及差异,并在此基础上发现问题和提出相应的对策措施。

一、指标体系及模型建立

一个地区的人口素质水平如何,直接关系到该地区经济、社会发展的方向和发展的速度。根据人口素质的构成,应遵循评价指标的可比性原则来选取评价指标。

针对成都市本身的特点,在综合素质方面,选取城市人口数(X_1)和人均国内生产总值(X_2)两个指标。城市人口数在一定程度上反映了该地区的城市化水平,它指人口向城市地区集中或农业人口变为非农业人口的过程。城市化的程度是衡量一个国家和地区经济、社会、文化、科技水平的重要标志,也是衡量国家和地区社会组织程度和管理水平的重要标志。城市人口的发展速度和水平能反映出一个国家人口素质发展的进程,而且这一发展进程越快,产生的效应一般也越大。人均国内生产总值,是以某地区一定时期国内生产总值(现价)除以同时期平均人口所得出的结果。作为一个经济指标,它是一个地区教育科研、医疗卫生投资的基础。国内生产总值的增长是提高人口素质的物质基础。因为只有国内生产总值增长,才有综合国力的提高、教育事业的发展、科学技术的进步和城市经济的发展。

在身体素质方面,选取计划生育率(X_3)和人口死亡率(X_4)两个指标。计划生育率指某地区某时期内(通常为一年)符合计划生育政策出生的所有活产婴儿数与该地区同期出生活产婴儿总数的比率。人口死亡率在一定程度上体现了人口身体素质状况,同时它还由社会政治经济条件、医疗卫生水平和生活水平所决定。

在科学文化素质方面,选取学龄儿童入学率(X_5)、中小学校数(个)(X_6)、在校生人数(X_7)、中小学专任教师数(X_8)四个指标。由于识字率在成都市19个区市县当中的普及率均较高,缺乏可比性,因此选择学龄儿童入学率作为评价指标。同时,由于成都市的高校都集中在主城区,本节选择了更具普遍性的中小学数目、在校生人数和专任教师数作为评价指标,更为客观。

在思想道德素质方面,由于难以量化,因此不予计量。

1. 原始数据 利用《成都市2007年统计年鉴》资料,列出成都市19个区、市、县人口素质指标的样本数据(表4-5)。

表 4-5 样 本 数 据

区、县	X_1/万人	X_2/(元/人)	X_3/%	X_4/‰	X_5/%	X_6/个	X_7/人	X_8/人
全 市	571.5	24 927	92.9	4.65	93.3	1 063	1 388 937	75 505
锦江区	39.95	65 159	97.9	4.07	98.7	45	50 722	3 076
青羊区	51.24	49 317	98.9	3.1	98	55	57 975	3 139
金牛区	69.53	44 863	98.4	3.3	98.4	82	101 579	4 864
武侯区	57.57	43 467	98.7	2.3	98.8	60	75 535	3 905
成华区	61.57	34 229	98.4	3.3	96.1	42	70 302	3 358
龙泉驿区	21.81	20 214	95	4.89	91.2	49	68 992	4 142
青白江区	14.19	23 548	86.4	6.1	90.8	30	49 740	2 458
新都区	23.64	23 130	95.1	5.2	90.6	56	89 249	4 361
温江区	18.8	28 579	96.9	4.2	92.5	35	45 069	2 781
金堂县	21.8	7 474	81.9	5.96	86.5	87	100 780	5 137
双流县*	34.88	24 785	93.2	5.42	91.7	71	127 214	7 241
郫 县**	22.14	20 681	94.5	6.2	94	43	60 215	3 399
大邑县	18.96	10 617	93.1	9.76	90.1	46	56 412	3 272
蒲江县	6.99	11 188	93.1	3.6	94.2	30	31 854	1 750
新津县	9.49	19 419	92.3	6.83	94.7	34	37 946	2 035
都江堰市	17.12	15 814	96	6.5	91	62	73 963	4 686
彭州市	24.62	11 418	92.9	7.2	91.1	68	90 819	4 619
邛崃市	18.34	9 856	91.5	2.0	89.5	77	78 693	4 102
崇州市	16.87	9 889	91.8	5.1	93.5	70	74 699	4 379

*今双流区;**今郫都区。

2. 评价模型 考虑到各指标数据的差异以及使分析结果更加有效,首先将样本数据进行标准化处理,标准化公式为

$$Z_i = (x_i - x_{均})/S$$

其中,$x_{均}$为算术平均值;S为标准差(样本方差)。

$$S = [1/(n-1)\Sigma(x_i - x_{均})^2]^{1/2}$$

经标准化处理后的数据消除了量纲之间的差异,如表4-6所示。

表4-6 标准化后的样本数据

区、县	X_1	X_2	X_3	X_4	X_5	X_6	X_7	X_8
锦江区	0.601 13	2.531 14	0.901 98	−0.486 31	1.561 48	−0.558 87	−0.824 94	−0.593 09
青羊区	1.216 53	1.534 42	1.133 25	−0.992 68	1.361 6	0.008 97	−0.524 23	−0.543 3
金牛区	2.213 47	1.254 19	1.017 61	−0.888 27	1.475 82	1.542 12	1.283 64	0.819 84
武侯区	1.561 56	1.166 36	1.087	−1.410 3	1.590 04	0.292 88	0.203 83	0.062 01
成华区	1.779 59	0.585 14	1.017 61	−0.888 27	0.819 06	−0.729 22	−0.013 14	−0.370 24
龙泉驿区	−0.387 64	−0.296 64	0.231 28	−0.058 25	−0.580 11	−0.331 73	−0.067 45	0.249 3
青白江区	−0.802 98	−0.086 87	−1.757 7	0.573 41	−0.694 33	−1.410 62	−0.865 66	−1.081 45
新都区	−0.287 89	−0.113 17	0.254 4	0.103 58	−0.751 44	0.065 75	0.772 43	0.422 36
温江区	−0.551 7	0.229 66	0.670 7	−0.418 45	−0.208 9	−1.126 7	−1.059 32	−0.826 21
金堂县	−0.388 18	−1.098 19	−2.798 44	0.500 32	−1.922 17	1.826 03	1.250 51	1.035 57
双流县	0.324 78	−0.009 05	−0.185 02	0.218 43	−0.437 34	0.917 5	2.346 5	2.698 22
郫县	−0.369 65	−0.267 26	0.115 64	0.625 61	0.219 42	−0.672 43	−0.431 35	−0.337 84
大邑县	−0.542 98	−0.900 45	−0.208 15	2.484 04	−0.894 21	−0.502 08	−0.589 03	−0.438 2
蒲江县	−1.195 44	−0.864 52	−0.208 15	−0.731 67	0.276 53	−1.410 62	−1.607 23	−1.640 93
新津县	−1.059 17	−0.346 66	−0.393 17	0.954 49	0.419 3	−1.183 48	−1.354 65	−1.415 72
都江堰市	−0.643 28	−0.573 47	0.462 55	0.782 22	−0.637 22	0.406 45	0.138 65	0.679 18
彭州市	−0.234 47	−0.850 05	−0.254 4	1.147 64	−0.608 66	0.747 15	0.837 52	0.626 24
邛崃市	−0.576 78	−0.948 32	−0.578 19	−1.566 91	−1.065 53	1.258 2	0.334 76	0.217 69
崇州市	−0.656 9	−0.946 25	−0.508 81	0.051 38	0.076 65	0.860 72	0.169 17	0.436 58

3. 样本方差的解释 选择标准化数据的相关系数矩阵(表4-7)进行因子分析,利用SPSS 13.0得出的特征值和方差贡献率如表4-8所示。

表4-7 相关系数矩阵表

		Zscore(X_1)	Zscore(X_2)	Zscore(X_3)	Zscore(X_4)	Zscore(X_5)	Zscore(X_6)	Zscore(X_7)	Zscore(X_8)
Correlation	Zscore(X_1)	1.000	0.737	0.597	−0.513	0.681	0.302	0.367	0.258
	Zscore(X_2)	0.737	1.000	0.661	−0.490	0.822	−0.124	−0.080	−0.110
	Zscore(X_3)	0.597	0.661	1.000	−0.408	0.759	−0.186	−0.125	−0.097
	Zscore(X_4)	−0.513	−0.490	−0.408	1.000	−0.512	−0.144	−0.035	0.038
	Zscore(X_5)	0.681	0.822	0.759	0.512	1.000	−0.213	−0.248	−0.284
	Zscore(X_6)	0.302	−0.124	−0.186	−0.144	−0.213	1.000	0.841	0.804
	Zscore(X_7)	0.367	−0.080	−0.125	−0.035	−0.248	0.841	1.000	0.962
	Zscore(X_8)	0.258	−0.110	−0.097	0.038	−0.284	0.804	0.962	1.000

续 表

		Zscore(X_1)	Zscore(X_2)	Zscore(X_3)	Zscore(X_4)	Zscore(X_5)	Zscore(X_6)	Zscore(X_7)	Zscore(X_8)
Sig. (1-tailed)	Zscore(X_1)		0.000	0.003	0.012	0.001	0.105	0.061	0.143
	Zscore(X_2)	0.000		0.001	0.017	0.000	0.307	0.372	0.327
	Zscore(X_3)	0.003	0.001		0.042	0.000	0.223	0.305	0.346
	Zscore(X_4)	0.012	0.017	0.042		0.013	0.279	0.444	0.439
	Zscore(X_5)	0.001	0.000	0.000	0.013		0.190	0.153	0.119
	Zscore(X_6)	0.105	0.307	0.223	0.279	0.190		0.000	0.000
	Zscore(X_7)	0.061	0.372	0.305	0.444	0.153	0.000		0.000
	Zscore(X_8)	0.143	0.327	0.346	0.439	0.119	0.000	0.000	

表 4-7 的上半部分为各变量之间的相关系数矩阵,下半部分为各变量不相关的单尾显著性水平,显著性检验矩阵中的空格表示 0。由此表可以看出多数变量之间存在高度的相关关系,因此有必要进行因子分析。

表 4-8 总方差分解表

因子序号	初 始 特 征 值			总和荷载提取值			总和荷载旋转值		
	全部特征值	方差贡献率	累积贡献率	全部特征值	方差贡献率	累积贡献率	全部特征值	方差贡献率	累积贡献率
1	3.532	44.148	44.148	3.532	44.148	44.148	3.506	43.821	43.821
2	2.928	36.604	80.751	2.928	36.604	80.751	2.954	36.931	80.751
3	0.672	8.395	89.146						
4	0.368	4.604	93.750						
5	0.216	2.701	96.451						
6	0.159	1.986	98.437						
7	0.109	1.360	99.797						
8	0.016	0.203	100.000						

注:提取公共因子的方法为主成分分析法。

以主成分方法作为因子提取方法,选定的因子提取标准是特征值大于1。从表 4-8 的特征值和各成分所占的比例可以看出,有两个满足条件的特征值,分别为 3.532 和 2.928。第一个特征值解释的方差即贡献率为 44.148%,第二个特征值的贡献率为 36.604%,前两个特征值的累计贡献率达到了 80.751%。而后 6 个成分对方差的贡献率均小于 10%。因此,可以说,前两个变量已经概括了大部分信息,提取两个因子便能够对所分析的问题进行很好地解释,遂将前两个成分作为人口素质的主成分。

4. 因子载荷矩阵 同样利用 SPSS13.0,求得因子载荷矩阵如表 4-9 所示。从因子载荷矩阵和建立的因子模型看到,各因子的典型代表变量(除个别变量外)并不突出,不能对因子做出很好的解释。因此,对因子载荷矩阵施行旋转是非常必要的。故选择方差最大化方法进行因子旋转,得到的因子载荷矩阵如表 4-10 所示。

表 4-10 是对表 4-9 的因子载荷矩阵施行方差最大正交旋转后的结果。

由此不难建立旋转后的因子模型。可以看出,第一主因子主要由变量 X_1(城市人口数)、X_2(人均国内生产总值)、X_3(计划生育率)、X_4(人口死亡率)、X_5(学龄儿童入学率)决定,第二主因子则主要由变量 X_6(中小学校数)、X_7(在校生人数)、X_8(中小学专任教师数)决定。

可以认为,第一因子是度量一个人对社会贡献的大小;一个人具有的知识程度越高、身体状况越好,对社会的贡献就越大。它在一定程度上体现了人口知识水平、身体素质状况。因此,将第一主因子命名为人力因子。而第二主因子是对一个地区教育投入的度量,代表一个地区人们的科学素养。而一个地区的人们所受教育程度越高,其科学素养也越高,说明整体素质越好。所以将第二主因子命名为教育因子(表 4-11)。

表 4-9　因子载荷矩阵

	因子	
	1	2
Zscore(X_5)	0.942	−0.054
Zscore(X_2)	0.897	0.100
Zscore(X_3)	0.835	0.032
Zscore(X_1)	0.761	0.536
Zscore(X_4)	−0.642	−0.227
Zscore(X_7)	−0.208	0.958
Zscore(X_8)	−0.254	0.921
Zscore(X_6)	−0.207	0.899

注：提取公共因子的方法为主成分分析法。

表 4-10　旋转后的因子载荷矩阵

	因子	
	1	2
Zscore(X_5)	0.911	−0.249
Zscore(X_2)	0.899	−0.089
Zscore(X_1)	0.856	0.366
Zscore(X_3)	0.823	−0.143
Zscore(X_4)	−0.675	−0.088
Zscore(X_7)	−0.004	0.981
Zscore(X_8)	−0.056	0.954
Zscore(X_6)	−0.015	0.923

注：提取公因子方法是主成分分析法；旋转方法为方差最大正交旋转法；旋转经三步迭代得到。

表 4-11　主因子分析

因子	F_1	F_2
被解释指标	X_1、X_2、X_3、X_4、X_5	X_6、X_7、X_8
因子命名	人力因子	教育因子

因子得分系数矩阵如表 4-12 所示。根据因子得分系数和原始变量的观测值可以计算出各个观测量的因子得分为

$$F_1 = 0.249X_1 + 0.256X_2 + 0.233X_3 - 0.194X_4 + 0.257X_5 \\ + 0.007X_6 + 0.010X_7 - 0.005X_8$$

$$F_2 = 0.134X_1 - 0.019X_2 - 0.039X_3 - 0.038X_4 - 0.073X_5 \\ + 0.313X_6 + 0.332X_7 + 0.323X_8$$

根据因子载荷矩阵可计算得到每个样本（即每个地区）相对于两个主要因子的得分情况。为了综合反映各地区的人口素质状况，本文以第一个特征值的贡献率 0.441 48 作为第一主因子的权重，以第二个特征值的贡献率 0.366 04 作为第二主因子的权重，得出各地区的人口素质综合指标（表 4-14）。从而得到每一地区的总因子得分，即各地区的人口素质综合指标为 $F = 0.441\,48F_1 + 0.366\,04F_2$，并可按总得分情况进行排序（表 4-13）。

表 4-12　因子得分系数矩阵

	因子	
	1	2
Zscore(X_1)	0.249	0.134
Zscore(X_2)	0.256	−0.019
Zscore(X_3)	0.233	−0.039
Zscore(X_4)	−0.194	−0.038
Zscore(X_5)	0.257	−0.073
Zscore(X_6)	0.007	0.313
Zscore(X_7)	0.010	0.332
Zscore(X_8)	−0.005	0.323

表 4-13　因子得分与地区排名表

区、县	F_1 得分	按 F_1 排名	F_2 得分	按 F_2 排名	总得分	总排名
锦江区	1.493 56	4	−0.739 61	15	0.388 65	6
青羊区	1.499 31	3	−0.319 31	12	0.545 035	4
金牛区	1.680 42	1	1.331 94	3	1.229 415	1
武侯区	1.626 59	2	0.260 95	9	0.813 625	2
成华区	1.209 70	5	−0.190 08	11	0.464 481	5
龙泉驿区	−0.260 28	10	−0.056 08	10	−0.135 44	12
青白江区	−0.935 27	17	−1.086 53	17	−0.810 62	19
新都区	−0.248 00	9	0.418 56	6	0.043 723	7

续表

区、县	F_1 得分	按 F_1 排名	F_2 得分	按 F_2 排名	总得分	总排名
温江区	0.090 83	6	−1.044 02	16	−0.342 05	15
金堂县	−1.601 81	19	1.519 90	2	−0.150 82	13
双流县	−0.101 79	7	2.011 95	1	0.691 516	3
郫县	−0.205 48	8	−0.551 25	13	−0.292 49	14
大邑县	−1.132 76	18	−0.569 85	14	−0.708 68	16
蒲江县	−0.372 41	11	−1.632 83	19	−0.762 09	17
新津县	−0.536 39	15	−1.464 11	18	−0.772 73	18
都江堰市	−0.513 33	14	0.316 37	8	−0.110 82	11
彭州市	−0.703 34	16	0.710 03	4	−0.050 61	9
邛崃市	−0.480 49	12	0.675 62	5	0.035 177	8
崇州市	−0.509 06	13	0.408 34	7	−0.075 27	10

二、评价结果分析

对于各区、市、县来说，人口素质的发展水平是有差异的。从综合指标的排序情况看，金牛区的人口素质水平最高，青白江区最低。排名在前六位的区县分别是：金牛区、武侯区、双流县、青羊区、成华区和锦江区，主要集中在中心五城区内。排名在后六位的区县分别是：郫县、温江区、大邑县、蒲江县、新津县和青白江区。其余七个区位于排名中部。用因子分析法对成都市19区县人口素质水平进行的统计分析，排名结果与实际成都市三大圈层的地理分布情况基本相吻合。

而若以主因子 F_1，即人力因子排名结果来看，与成都市三大圈层的实际地理分布特征更为接近。按人力因子排名，金牛区、武侯区、青羊区、锦江区和成华区位列前五名，即三大圈层中的中心城区。排名靠后的依次是：温江区、双流县、郫县、新都区和龙泉驿区，即三大圈层中的近郊区。其余8市县：蒲江县、邛崃市、崇州市、都江堰市、新津县、彭州市、青白江区和金堂县，即为远郊区。在人力因子中，包含了社会发展因子（城市人口数和学龄儿童入学率）。同时，它们也反映了一个地区发展政策的实施效果。经济发展因子有人均GDP。从实际情况来看，由于经济发展水平是人口素质水平的重要基础，所以就全市而言，中心城区的经济发展水平较高，近郊区的经济发展速度已经加快，而远郊区相对较低。人力因子还包括代表人民生活水平和医疗卫生水平的因子（人口死亡率与计划生育率）。不难看出，人力因子其实是一个综合因子，它体现了社会发展，经济增长与人口素质水平间的紧密关系。而三大圈层是根据成都市各县（市、区）经济水平、地理位置、人口数量和密度等因素来划分的，所以，两者的排名结果会极为接近。

再以主因子 F_2，即教育因子排名结果来分析，位于前六名的区县分别是：双流县、金堂县、金牛区、彭州市、邛崃市和新都区。位于最后六名的区县分别是：大邑县、锦江区、温江区、青白江区、新津县和蒲江县。教育因子主要包括各区县中小学校数、在校学生数和专任教师数三个因子，它体现的是一个地区对教育的投入和教育的发展情况。从排名来看，双流县等六个区县对科研教育的重视度是很高的，文化教育事业较发达。相比而言，后六个区县对教育的投资力度相对较小。这也直接影响了其总体人口素质水平在全市的排名，说明教育因子对人口素质水平的综合得分影响较大。

从整体来看，分析结果与实际结果还是比较吻合的。一个地区人口的综合素质取决于一个地区的科教投入及该地区整体的科技实力。从三个圈层不同人口素质水平情况来看，各区县之间存在较大差异，主要有以下三方面原因。

1) 各地区经济发展的不平衡，是产生人口素质差异的根本原因。经济的发展水平不但直接影响人口素质的各个方面，而且还会改变自然条件对人口素质的影响。经济发达，其人口素质的提高便有了可靠的基础；相反，经济落后，自然会阻碍人口素质的提高。

2) 文化教育事业的发展对人口素质的形成和发展起着决定性的作用。教育是培养和发展人的体质、知识、思想的主要途径之一。无论是基础教育,还是高等教育或其他教育形式,对于人口素质的水平,都有着极为密切的制约关系。

3) 医疗、卫生事业的发展以及自然环境条件对改善人类的生存环境、提高人口的身体健康素质有着不可忽视的作用。

综上所述,新中国成立60余年间,在全社会的共同努力下,成都市的人口身体素质、科学文化素质、思想道德素质均取得了较大提高。目前,从全国来看,成都市的总体人口素质处于中等水平。但就城市内部而言,存在较大的区域差异。

第五节 提高我国人口文化素质的重要性

一、提高人口文化素质是面向2020年国家全面建设小康社会的根本要求

不断提高人口文化素质是人类社会向前发展的必然要求,在当代中国人口,一方面是要历史地承担起把一个贫穷落后的中国建设成为富强、民主、文明、和谐的社会主义现代化强国;另一方面是人口文化素质偏低,还不能满足所承担的历史重任的要求。因而在控制人口数量的同时,要努力提高我国人口的文化素质。在《国家中长期人才发展规划纲要(2010~2020)》中,提出了我国人才发展的指导方针是:服务发展、人才优先、以用为本、创新机制、高端引领、整体开发。到2020年,我国人才发展的总体目标是:培养和造就规模宏大、结构优化、布局合理、素质优良的人才队伍,确立国家人才竞争比较优势,进入世界人才强国行列,为在21世纪中叶基本实现社会主义现代化奠定人才基础。

——人才资源总量稳步增长,队伍规模不断壮大。人才资源总量从现在的1.14亿人增加到1.8亿人,增长58%,人才资源占人力资源总量的比重提高到16%,基本满足经济社会发展需要。

——人才素质大幅度提高,结构进一步优化。主要劳动年龄人口受过高等教育的比例达到20%,每万劳动力中研发人员达到43人,高技能人才占技能劳动者的比例达到28%。人才的分布和层次、类型、性别等结构趋于合理。

——人才竞争比较优势明显增强,竞争力不断提升。人才规模效益显著提高。在装备制造、信息、生物技术、新材料、航空航天、海洋、金融财会、生态环境保护、新能源、农业科技、宣传思想文化等经济社会发展重点领域,建成一批人才高地。

——人才使用效能明显提高。人才发展体制机制创新取得突破性进展,人才辈出、人尽其才的环境基本形成。人力资本投资占国内生产总值比例达到15%,人力资本对经济增长贡献率达到33%,人才贡献率达到35%。

二、提高人口文化素质是全面加强我国人口政策的要求

1. 提高人口的文化素质有利于控制人口数量 我国人口数量居世界首位,控制人口数量是我国当前解决人口问题的重要一环。有计划地控制人口数量,有利于提高人口文化素质。而提高人口文化素质,反过来又有利于控制人口数量。首先,提高人口文化素质,有利于促使生产技术构成的完善和产业结构的优化,从而改变发展社会主义经济对劳动力的需求,提高对劳动力文化素质的要求,这样就为控制人口增长提供了有利条件。其次,提高人口文化素质,有利于改变人们传统的生育观。

2. 人口文化素质对人口思想素质有重要影响 首先,科学文化知识是帮助人们形成正确世界观的重要条件。科学文化知识是前人通过辛勤劳动而获得的对客观世界的正确认识,它不仅能帮助人们较快地掌握客观世界发展规律,掌握改造客观世界的正确手段,而且有助于人们提高思考和分析问题的能力,从而树立尊重客观,按规律办事的唯物主义观点。其次,科学文化知识也是帮助人们接受马克思主义、树立共产主义崇高理想的重要条件。马克思主义不仅是科学理论,而且是科学的世界观和方法论。

3. 人口文化素质对人口身体素质有一定影响 首先,提高人口文化素质,有利于优生优育。文化素质较高的家庭,容易做到对婴儿的科学喂养和智力开发。据对上海城区调查资料表明,父母的文化程度增

高,少儿的智商也增高。其次,提高人口文化素质,有利于建立科学的、健康的、文明的生活方式,有助于加强卫生保健和科学地锻炼身体,提高人们的健康水平。

4. 提高人口文化素质是人类自身发展的客观要求　　马克思主义认为,自人类从事生产劳动,就与动物区别开了。只有当社会占有了生产资料,人便在一定意义上最终地脱离了动物界。而人离开动物界愈远,就愈是有意识地自己创造自己的历史。人不仅要成为社会的、自然的主人,而且还要成为自己本身的主人——自由的人,人类能力的发展不仅仅是为了征服自然,以满足生存的需要,而将成为目的的本身。提高人口文化素质也是人类自身发展的客观要求,是实现全人类彻底解放的客观要求。

三、提高人口文化素质是建设创新型国家的需要

从国际形势看,美国、日本等二十几个主要发达国家把科技创新作为基本发展战略,在世界市场上获得了突出的竞争优势,成为世所公认的创新型国家。

增强自主创新能力,建设创新型国家,全面建设小康社会,关键是人才。这就要求我们必须转变资源开发观念,由注重开发自然资源转向着重开发人力资源。我国人口文化素质在国际范围内虽然总体上处于偏低水平,但在国际竞争中仍然具有一定的优势,并在国际事务中起着至关重要的作用。然而在人口文化素质的比较中,我国尚处于劣势。发达国家人口文化素质较高,为提高劳动生产率及其产业结构的变化,高科技和新兴工业的发展提供了高质量的劳动力和各类专门人才,是这些国家在经济和科技竞争中处于优势的重要支柱,为了在经济及其他各方面赶上发达国家,增强在国际竞争中的实力,为了给人类进步事业作出更大的贡献,必须树立提高人口文化素质的紧迫感。

"全民科学素质行动计划纲要"以当前影响全民族科学文化素质水平提升的重点人群和关键环节为着力点,积极开展四大行动计划:① 实施未成年人科学素质行动,通过提高学校科学教育质量,开展多种形式的科普活动,增强中小学生对科学技术的兴趣和爱好,培养创新精神和实践能力;② 实施农民科学素质行动,提高农民获取科技知识和依靠科技脱贫致富、发展生产和改善生活质量的能力,提高农村富余劳动力向非农产业和城镇转移就业的能力,建设"生产发展、生活宽裕、乡风文明、村容整洁、管理民主"的社会主义新农村;③ 实施城镇劳动人口科学素质行动,提高第二、第三产业从业人员的学习能力、职业技能和技术创新能力,提高进城务工人员的职业技能水平和适应城市生活的能力,为走新型工业化道路和发展现代服务业提供人力资源支撑;④ 实施领导干部和公务员科学素质行动,弘扬科学精神,提倡科学态度,讲究科学方法,增强科学决策和科学管理的能力。

第五章 人口自然结构

人口的自然结构是按人口的自然标志将人口划分为各个组成部分而形成的人口结构,主要包括人口的性别结构、年龄结构、人种结构等。它是人口自然属性的反映,是最基本的一种结构。

第一节 人口年龄结构

一、人口年龄结构的定义及其意义

(一) 人口年龄结构的定义及其度量

人口年龄结构(age structure of population)是人口自然结构的基本要素,它以年龄大小来分析人口内部的组成状况,指一定时点、一定地区各年龄组人口在全体人口中的比重,又称人口年龄构成,通常用百分比表示,反映了人口总体中不同年龄人口的分布状态。

人口的年龄组可以逐龄计算,如 0 岁(未满 1 足岁),1 岁,2 岁,……;也可以按 5 年分档,如 0~4 岁,5~9 岁,10~14 岁,……;国际上更通常的做法是把全部人口划分为三大类,即 0~14 岁为少年儿童,15~64 岁为青年和壮年,65 岁及以上为老年。与社会经济活动状况结合起来,还可以做一些特殊的分组,常用的有育龄妇女年龄组、0 岁婴儿组、1~6 岁学龄前儿童或托幼组,以及各国标准不一的劳动年龄组、兵役年龄组等。

度量和分析人口年龄结构特征的指标很多,主要有以下五个。

1. 人口比重　少年儿童、老年等人口占总人口的比重称为人口比重,也称人口系数。

$$少年儿童比重(少儿系数) = \frac{0\sim14\ 岁人口数}{总人口数} \times 100\%$$

$$老年人口比重(老人系数) = \frac{\geq 65\ 岁人口数}{总人口数} \times 100\%$$

2. 老少比　总人口中老年人口与少年儿童人口之比,称为老少比。

$$老少比 = \frac{\geq 65\ 岁人口数}{0\sim14\ 岁人口数} \times 100\%$$

3. 抚养比　抚养比又称负担系数,指人口中非劳动年龄人口与劳动年龄人口之比。按国际常用的划分方法,有以下三种指标,公式分别为

$$少年儿童扶养比 = \frac{0\sim14\ 岁人口数}{15\sim64\ 岁人口数} \times 100\%$$

$$老年抚养比 = \frac{\geq 65\ 岁人口数}{15\sim64\ 岁人口数} \times 100\%$$

$$总抚养比 = 少年儿童扶养比 + 老年抚养比$$

4. 年龄中位数　年龄中位数指一个人口集团年龄序列的中间值。具体说,将全体人口按年龄从小到大的序列进行排列,把人口分成相等两部分的年龄值就是年龄中位数。计算公式为

$$年龄中位数 = 中位数所在组的年龄下限 + \left[\frac{\frac{总人口}{2} - 中位数组之前各组人口累计数}{中位数所在年龄组人口数}\right] \times 组距$$

年龄中位数表示的是 50% 人口的年龄界限,其值上移,意味着人口向老龄化方向发展;其值下移,意味着

人口向年轻化方向发展。

以上几个指标均可从不同侧面反映人口年龄结构的特点,可视情况多选用几个指标进行综合对比,以减少单一指标有时可能带来的片面性。

5. 人口年龄性别结构金字塔　　在人口学研究中,常用年龄、性别金字塔(也可简称为"人口金字塔")来反映不同的人口年龄结构类型。人口金字塔通常是将年龄与性别分组结合起来,形象直观地用几何图形的形式表示出来的方法。该金字塔由位于中轴两侧的许多横条组成,男性人口在左,女性人口在右,每一条代表一个等距年龄组,横条长短与实际人口数量成比例,年龄从小到大按由下往上顺序排列。根据不同的分析目的,可以用人口绝对数或相对数编绘金字塔。这里所说的相对数是每一性别年龄组占两性合计总人口的比重。

人口的年龄结构是一段长时期内自然变动和迁移变动综合作用的结果,根据它可以大致上判断出未来人口再生产的发展趋势。为此国际上常依据前述几项指标,将各种年龄结构划分为三种类型,其中属于静态的为年轻型、成年型和老年型,属于动态的为增长型、稳定型和减少型(表5-1)。它们之间是相互依次对应的,其含义指属于年轻型者人口数量将逐渐增长,成年型则相对稳定,老年型将趋于减少。

表5-1　人口年龄结构类型划分标准

类　型	0～14 岁/%	≥60 岁/%	≥65 岁/%	老少比/%	年龄中位数/岁
年轻型(增长型)	>40	<5	<4	<15	<20
成年型(稳定型)	30～40	5～10	4～7	15～30	20～30
老年型(减少型)	<30	>10	>7	>30	>30

(二) 人口年龄结构类型的划分

以上三种类型在人口年龄结构金字塔的图形上差异很大,年轻型塔形下宽上尖,呈典型的金字塔状;成年型塔形较直,仅顶部急剧收缩;老年型金字塔下窄上宽,呈矩形甚至钟形。图5-1所示的即是不同类型的人口年龄性别结构金字塔。

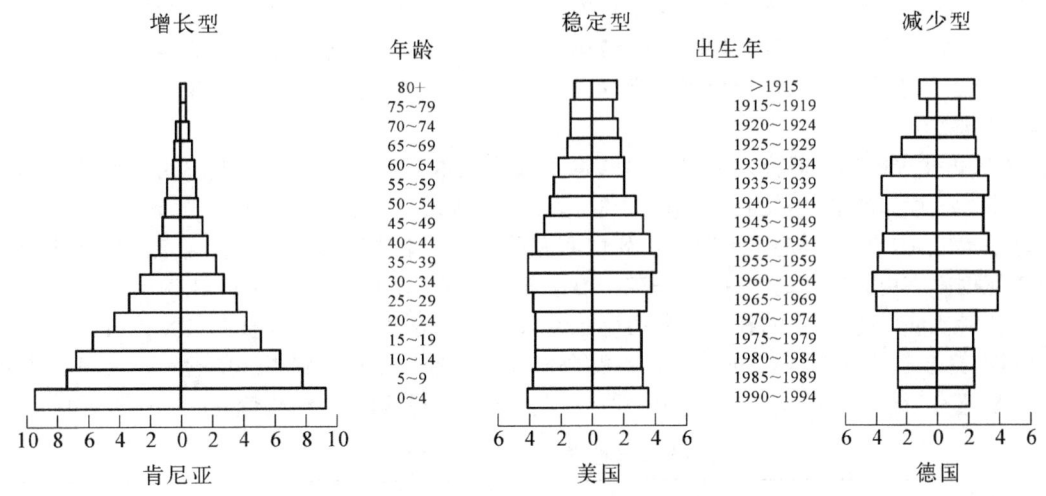

图5-1　用人口金字塔所表示的不同类型的人口年龄结构

(三) 人口年龄结构的意义

人口年龄结构既是过去几十年、甚至上百年自然增长和人口迁移变动综合作用的结果,又是今后人口再生产变动的基础和起点。它虽然受到人的自然属性影响,但本质上是一种社会现象,不仅对未来人口发展的类型、速度和趋势有重大影响,而且对今后的社会经济发展也将产生一定的作用。年龄结构不同,相应产生的人口问题也不同。因此研究人口的年龄结构,对于合理安排人口再生产和物质资料再生产具有重要意义。

二、影响人口年龄结构的主要因素

（一）经济发展水平

从人口经济角度看,经济发达国家和地区的老年型人口年龄结构的形成和发展,主要是由于随着生产力水平的提高以及科学技术和文化教育事业的发展,社会对劳动力的需求由量的增加转变为质的提高;儿童抚养费用增高以及社会养老保障体制日益健全等一系列社会经济因素,使人们自动放弃了生育愿望从而导致生育率大大降低;同时伴随人口预期寿命的延长,老年人口比重不断增加。经济欠发达国家或地区的成年型人口年龄结构的主要原因是生产力发展水平以及科学技术和文化教育发达程度较低,劳动力数量对社会生产和经济收入还具有相当的作用,从而使传统的高生育率得以维持。在非洲撒哈拉沙漠以部分极不发达地区,儿童存活率低也是导致生育率畸高的原因之一。

（二）人口政策

人力资源不足或严重老龄化的国家,往往会制定鼓励生育的政策以促进生育率的提高;而那些人口压力较重的国家则会制定节制生育的政策以遏制人口快速增长。不同的人口政策不仅直接影响到人口的增长速度,也会间接影响到人口的年龄结构。如果人口政策的影响力过大,人口转变会脱离自然轨迹,从而导致年龄结构出现突变,如二战后日本采取了强有力的节育措施,使人口出生率在较短时间内如人所愿地大幅降低,但此后的约三四十年后,日本老年人口比重迅速增加,猛然降临的人口老龄化对日本的社会经济产生巨大压力。

（三）其他社会经济因素

人口迁移状况对人口年龄结构的影响,是由于不同年龄人口的迁移率不同而造成的。由于参与迁移的主要是青壮年,因而青壮年人口本身的迁入、迁出会对迁入地和迁出地的年龄结构产生影响,而且还会影响迁入地和迁出地的生育状况,使迁入地参与生育的人数增多,迁出地参与生育的人数减少。由此可见,迁移会使迁出地的年龄结构变老,使迁入地的年龄结构变轻,影响的程度视迁移量大小而定。

此外,医疗卫生水平以及女性受教育程度等,均从不同侧面通过影响人口的出生率和死亡率而间接影响人口的年龄结构。

总之,人口再生产的水平是决定人口年龄结构变动的根本因素。任何时期人口的年龄结构均直接取决于人口出生率和死亡率的变动。当出生率上升时,人口总量膨胀,少年儿童比重上升,老年人口比重则下降,年龄结构趋于年轻化;反之,则趋于老龄化。死亡率变动对年龄结构的影响则比较复杂。由于少年儿童死亡率比老年人死亡率有更大幅度的下降,在一定程度上延缓了人口的老化。但老年人口死亡率的下降仍旧是推动人口向老龄化演化的主动力,在儿童死亡率已经降至很低水平的发达国家尤其是这样。当几大老年性疾病的防治取得突破后,这些国家的平均寿命将进一步延长,老龄化将达到更深的程度。而部分发展中国家的儿童死亡率还有着较大下降余地,在未来一段时期内,这将是影响年龄结构变动的一个重要原因。

表5-2　世界人口分性别的平均预期寿命(1950～2050年)

性　　别	男					女				
年　份	1950～1955年	1970～1975年	1995～2000年	2020～2025年	2045～2050年	1950～1955年	1970～1975年	1995～2000年	2020～2025年	2045～2050年
世界	45.1	56.8	63.0	68.6	73.1	47.8	59.9	67.4	73.2	77.8
发达地区	63.5	67.8	71.1	75.7	79.4	68.6	74.7	78.5	82.4	85.4
发展中地区	40.0	54.2	61.6	67.4	72.1	41.6	55.8	64.9	71.4	76.5
中国	39.3	62.5	69.0	74.0	77.4	42.3	63.9	72.0	77.8	81.3

资料来源:United Nations(2007)。

三、世界人口年龄结构的地区差异大势

从原始社会直到17世纪后期的漫长时期,世界人口的年龄结构大致属于年轻型与成年型之间的中间类型,在漫长时期内其变化十分缓慢。据西方人口学家估计,从原始社会直到资本主义初期,人类的年龄结构平均大致是14岁及以下人口在36.2%～37.8%之间变动,15～64岁的人口在58.8%～60.9%之间变动,65岁以上人口仅占2.9%～3.4%。产业革命后,发达国家相继进入人口转变期,促使世界人口年龄结构开始发生巨大变化并产生明显的地区差异。

表5-3 世界人口年龄结构的变化及预测

时 期	少儿系数	老人系数	老 少 比	总抚养比
史前时代	36.2	2.9	8.0	64.2
18世纪	37.8	3.4	9.0	70.0
1950年	34.3	5.2	15.2	65.6
1965年	37.7	5.3	14.0	75.4
1998年	30.6	6.7	21.9	59.5
2000年	30.2	6.9	22.8	59.0
2005年	29.0	7.0	24.1	56.3
2008年	28.0	7.0	25	53.8
2050年	19.7	16.4	83.2	56.5

资料来源:United Nations(2008)。

第二次世界大战后,各参战国进入补偿性生育高峰期,许多原殖民地国家相继赢得民族独立,社会经济环境显著改善,加上医疗保健事业的进步,不少严重威胁人类特别是儿童生命的疾病得到显著抑制,使得世界人口年龄结构重新走向年轻化。这一势头到20世纪60年代中后期达到顶峰。此后,由于中国等一大批国家的人口出生率显著下降,发达国家老龄化程度加深,从而促使世界人口年龄结构最终摆脱年轻化趋势,完全进入成年型。大约从20世纪90年代起,老龄化的势头日渐明显。根据第二届世界老龄大会公布的数据,2002年全世界60岁以上的老人占世界人口总数的10%;美国人口普查局发表报告指出,全球65岁及以上老人的数量已在2008年中达到5亿600万人。20年前只是欧洲发达国家老龄问题比较严重,而今天,这个问题在发展中国家也日益突出。当前,在全世界190多个国家和地区中约有60多个已经进入老年型,全球60岁以上老年人约7.05亿人,这个比例正在飞速增长。美国人口统计局2009年7月发布的一份报告表明,到2040年时全球人口将达93亿,其中65岁以上人口所占比例将提高一倍,由7%提高到14%,全球人口老龄化将在2010年后不久加速。

在世界人口加速老龄化的进程中,特别应予注意的是,老年人口本身也在老龄化,80岁以上的高龄老人比重急剧增大,他们以每年3.8%的速度增长,是目前世界上增长最快的年龄组。这种越往高龄人口增长越快,越往低龄增长越慢的现象,将在不长时间内从根本上改变世界人口年龄分布模式。第二次世界大战以前,世界范围内高龄老人尚为数甚少,此后逐渐增多,早在1998年全世界80岁以上老人已多达6 600余万,其中90岁以上为640多万,100岁以上为13.5万。这群高龄老人预计将在2008～2040年间增加233%,预计到2050年将有五分之一的老年人是高龄老人,中国、印度、美国等国家高龄老人的绝对数将超过1 000万。

世界人口年龄结构的变化,不同区域之间存在显著的差距。老龄化进程首先是从产业革命的源地西北欧开始的。如以老年人口比重达到7%为标准,则法国于1865年成为第一个进入老龄化的国家。其余大部分发达国家在第二次世界大战前的一二十年中也相继进入这一阶段,最晚的是俄罗斯、波兰、日本等国,时间是20世纪60年代后半期,比法国晚了一个世纪。到20世纪80年代,几乎所有的发达国家老年人口比重均已超过10%,最高的瑞典1985年已经达到17.9%。发展中国家人口年龄结构的变动与发达国家不同。20世纪50年代以前,人口年龄构成的变动呈现明显的年轻化趋势,少儿比重上升,老年人口比重下降,其原因主要与婴儿及儿童死亡率的迅速下降有关。20世纪50年代以后,绝大多数发展中国家出生率都在不同程度

地趋于下降,但婴儿和儿童死亡率由于医疗卫生事业的普及却下降得更快,增加了低年龄段人口的存活人数,从而使少儿比重上升。由于发展中国家人口众多,人口老化速度明显低于发达国家,20世纪80年代人口年龄结构整体上开始由成年型向老年型过渡,少数工业化开始较早的国家如乌拉圭、阿根廷等在80年代已达到老龄化阶段。

目前发展中国家正处在老龄化进程的加速发展中,较发达国家而言,发展中国家缺乏充分的时间和社会经济条件来调整适应人口老龄化的结果。目前,世界的中位数年龄为26岁。人口最年轻的国家是也门,其中位数年龄为15岁,最年老的国家是日本,其中位数年龄是41岁。到2050年,预期世界中位数年龄将会增多十岁,到达36岁。届时,人口最年轻的国家预期将是尼日尔,其中位数年龄为20岁,预期最老的国家是西班牙,其中位数年龄为55岁。

四、中国人口年龄结构的现状

(一)中国人口年龄结构的历史变化

新中国成立前缺乏有关人口年龄构成的系统资料,根据张善余的研究,当时的中国人口总体上是属成年人口型的初期,年龄构成大致相当于所有发展中国家的平均水平。新中国成立后中国人口再生产形势发生了显著变化,但不同时期的起伏很大。20世纪50年代人口出生率一度上扬,死亡率则锐降,结果少年儿童比重和老年人口比重都上升了。在三年自然灾害时期,出生减少,死亡率大幅度升高,成为影响人口年龄构成的重大事件。随后又紧接着出现了罕见的补偿性生育高峰,使得中国由成年型退回到年轻型。到60年代中后期,中国人口的年轻化达到了全部历史上的最大值,少年儿童比重最高时估计达到41%左右。从70年代起,随着计划生育的全面推进,人口出生率显著下降,年龄构成经成年型迅速向老年型转变。2000第五次人口普查时,少年儿童比重已经降至22.89%,老年人口比重则上升到6.96%。到2001年,老年人口比重超过7%,中国整体上步入老年型人口国家的行列。五年后的全国1%人口抽样调查表明:2005年,0~14岁的人口比重进一步降低到20.27%,65岁及以上的人口比重已经达到7.69%,与第五次全国人口普查(以下简称"五普")相比,少年儿童和老年人口的比重分别下降2.62和上升了0.73个百分点。

表5-4 新中国成立后中国人口年龄结构的演变

年 份	少儿系数(%)	老年人口系数(%)	老少比
1953	36.3	4.4	12.1
1957	38.8	4.7	12.1
1964	40.4	3.5	8.7
1975	36.8	4.8	13.0
1982	33.5	4.9	14.6
1990	27.7	5.6	20.2
1995	26.7	6.7	25.0
2000	22.9	7.0	30.6
2005	20.3	7.7	37.9
2010	16.6	8.92	53.4
2015	16.5	10.5	63.3

注:1953年、1964年、1982年、1990年、2000年和2010年数据来自全国人口普查;2005年、2015年数据来自全国1%抽样调查;其余年份数据来自国家统计局统计年鉴。

综上所述,新中国成立后中国人口年龄结构的演变大致经历了两个阶段:① 20世纪70年代以前,人口年龄结构明显地呈现出年轻化的趋势;② 90年代初期以后,少儿比重迅速下降,老年人口比重逐渐增大。人口年龄结构沿着年轻型—成年型—老年型的运动轨迹演变。造成中国人口年龄结构发生上述变化的直接原因在于人口死亡、生育和迁移的状况,间接原因则在于诸多社会经济因素。下面分别就中国人口死亡、生育及迁移对当前人口年龄结构的形成及变化所起的作用进行分析。

首先,1949年以后,随着中国卫生医疗条件的改善和人民生活质量的提高,人口死亡率迅速下降,逐渐稳定在较低水平上。这种变化起到了使人口年龄结构向低年龄比重缩减而高年龄比重增加的方向变化,但这种影响的幅度有限。在20世纪50~60年代人口高生育水平和高速增长的影响下,人口年龄结构更趋向于年轻化而掩盖了人口死亡率下降所带来的影响。与此同时,人口死亡率在50年代开始急剧下降,主要表现在婴幼儿方面,这种变化起到了使少儿比重增加、老年组比重下降的作用;而自60年代以来,主要死因由传染病移到心脑血管和癌症等中老年疾病,每年的死亡人数更多地集中于高年龄段,人口死亡率的下降也主要发生在老年人方面,故人口死亡率的下降会导致老年人口比重增加,使人口逐步趋于老龄化。

其次,20世纪50年代在人口死亡率不断下降基础上的出生率居高不下,必然导致中国人口发展的基本态势呈现出典型的年轻化特征。但1969年后出生率和自然增长率开始缓慢下降,1973年后由于大力推动计划生育而陡然急剧下降,从而带来少儿比重的必然降低,相应地青壮年及老年组的比重上升,人口开始老化。因此,生育水平对中国人口年龄结构的演变起到了决定性影响。

此外,20世纪80年代前中国人口的国际迁移量很小,对全国人口年龄结构未产生显著影响,但省际人口迁移数量较大,对迁出地、迁入地的年龄、性别结构有很大影响。就流向而言,20世纪50~60年代国家有组织的大规模集体移民及部队转业屯垦,绝大多数是从经济发达的东南地区移向大西北和东北。但从80年代以后,人们在一般迁移规律的作用下开始自发地从内地迁往沿海,从农村迁往城镇,从经济文化落后地区迁往相对发达的地区,因而出现了沿海、城镇、相对发达地区的人口中15~34岁青年组比重较高的现象。而年龄较大的成年人,特别是老年人则滞留在内地、农村及欠发达地区,从而提高了这些地区的老龄化程度。

(二)中国人口年龄结构的地区差异

1. 城乡差异 中国年龄结构的城乡差异随清末民初近代城市的发展即存在。青壮年人口从乡村大量向城镇迁移流动,其中一小部分人仍在乡村娶妻生子,到达老年后往往返回乡村,从而造成许多城镇年龄结构上两头小、中间大的特点,即少年儿童和老人的比重小,而青壮年比重大,乡村则这个好相反。新中国成立后,上述特点在一定程度上被保持下来,此后由于城乡二元结构的形成,城乡之间失去了天然的流动性,上述特点有所减弱,但城乡之间不同年龄组的人口交流仍然存在。20世纪60年代的三年自然灾害,城乡少儿组和老年组的比重都有明显下降,乡村甚于城镇,但此后乡村出现了强劲的补偿性生育高峰,城镇则受计划生育和人口迁移等因素影响,补偿性生育高峰并不明显。70年代后,在新人口政策的背景下,城乡间的生育率差异进一步拉大,人口年龄结构出现更大差异。

2010年第六次人口普查数据显示(表5-5),乡村少年儿童和老年人口比重明显高于镇,而镇少年儿童和老年人口比重又明显高于城市,总抚养比在乡村、镇和城市分别达到41.29%、33.07%和24.86%。造成这种城乡差异的原因除了20世纪80年代以来中国乡村劳动年龄人口的大规模流向城镇外,乡村之间的生育率差异、特殊的户籍政策(子女户口只能挂靠留乡父母)、乡村老年人口寿命延长以及部分城镇劳动年龄人口退休返乡等,都在不同程度上加大了现阶段城乡间人口年龄结构的差异。因此,更应该关注乡村的少年儿童和老龄化问题。

表5-5 2010年中国城乡人口年龄结构差异 (单位:%)

地 区	0~14岁	65岁及以上	老少比	总抚养比
城 市	12.23	7.68	62.8	24.86
镇	16.87	7.98	47.3	33.07
乡 村	19.16	10.06	52.5	41.29

资料来源:2010年第六次全国人口普查。

2. 民族差异 由于生育率较高而平均寿命较短,目前中国大部分少数民族人口的年龄构成都比汉族年轻,属于成年型和年轻型的民族数量大致相当。总人口数较少的一些山地民族的年龄结构相对最轻,如居住在青藏高原高山区的珞巴族和门巴族的少年儿童比重在全国所有的民族中最高,而老年人口的比重则以赫哲族最低。由"五普"数据得知,汉族与少数民族年龄构成的变化几乎完全同步,老少比都有明显提高,但少数民族老少比增幅很大的只是壮族、朝鲜族等个别民族,大部分少数民族的变动增幅都明显小于平均数。总的来说,根据老少比的增大,可以认为绝大部分的民族人口都不同程度地显示出向着老龄化方向的演变,只有珞巴族老年人口比重及老少比有所下降。

3. 省份差异 若以老年人口比重占7%为标准,中国内地的31个省份中在1990年只有上海市的年龄结构属于老年人口型,但到2000年此类省份已快速增加到12个,大部分位于东部地区。2010年老年人口比重超过7%的省份已达到26个,遍及东、中、西三个地带,标志着中国进入全面老化阶段。老年人口比重最低的西藏自治区也超过5%,进入成年型年龄结构阶段。

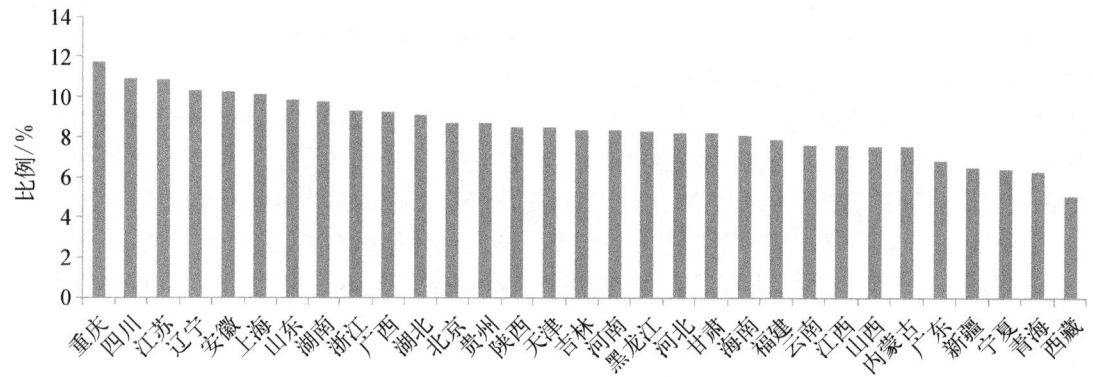

图5-2 2010年各省老年人口比重
资料来源:2010年全国人口普查。

目前中国所有省份中老龄化程度最深的是重庆市;最年轻的省份,如果按老年人口比重计是西藏自治区,而按少年儿童比重和少儿抚养比计则是贵州。老年人口比重在7%以下的五个省区中,广东是唯一的非西部边疆省,这与近年广东省接纳大量以年轻劳动力为主体的流动人口有很大关系。西藏、云南、宁夏和新疆等少数民族聚居地区,也有部分偏远或环境条件较差的地区存在少年儿童比重偏高现象,这类地区少儿比重高的原因应该归结为生育率高和平均寿命低。

东、中、西三大经济地带老年人口系数基本相同,但东部经济地带少儿系数较明显地低于其他两个经济地带。

(三)积极应对中国人口老龄化问题

关于中国未来人口年龄结构的演变,一个显著的趋势就是快速老龄化。2001年中国老年人口比重已超过7%,进入老龄化阶段,2015这一比重进一步增加到10.5%,预计这一进程今后将明显加速。2000年联合国经济和社会事务部预测,中国老年人口比重在2025年为13.2%,2050年将进一步升至22.7%。根据这一预测,中国的少年儿童人口数量将持续减少,半个世纪的累计减幅达1/4;15~64岁人口的数量在2025年以前还会有缓慢增长,此后就将绝对减少;而老年人口无论绝对数还是相对比重均将长期保持快速上扬,2025年以后将是唯一保持正增长的人群。据预测,在21世纪前半期世界总人口的增量中,中国约占6%,其中在15~64岁的增量中不过仅占了1%,而在老年人口的增量中所占的比重却高达23%。这说明在21世纪世界人口的老龄化中,中国将扮演一个主力军的角色。2000年中国人口的老龄化程度在世界所有国家中大约居第60位,明显低于所有的发达国家,而2050年将上升到大约第44位,届时将超越美国、澳大利亚等一批进入老龄化比中国早60年左右的发达国家。同时必须引起注意的是,在当前中国老龄化的浪潮中,高龄化的势头日渐明显,意味着未来其他人群将承受较重的负担。1953年中国高龄化系数仅为4.47%,2000年为9.23%,2010年该系数已达到13.46%,预计2050年将上升到22%以上。2000~2050年,中国的60~80岁低龄老人将增长1.8倍,而80岁及以上的高龄老人将增长7.6倍,这一态势确实应该引起全社会的高度重视。

综上所述,中国在21世纪上半叶将面临的人口老化这一挑战,既表现在老年人口的庞大数量上,也表现在老龄化的程度和加速上,还表现在这种变化趋势和特征是在较薄弱的社会经济条件下迅速扩展的。人口年龄结构迅速变化的特殊性必将对中国社会变迁、经济发展产生深远而重大的影响,必须采取积极的应对措施。

1. 调整人口生育政策 与世界其他国家相比,中国人口老龄化的进程有其与众不同的特征。始于20世纪70年代的计划生育政策,一方面使中国高生育率水平转向低生育率水平,大大缓解了人口数量高速增长的压力;另一方面,也迅速地改变了人口年龄结构,加快了人口老龄化的进程速度。虽然计划生育不是中国人口老龄化的根本原因,因为即使没有计划生育的实施,中国人口也会伴随着社会经济的发展而转变进入老龄化,但计划生育是中国人口加速老化的直接原因。中国强有力的计划生育使人口生育率迅速下降,快速的人口老化必然相伴出现。因此,从人口学的角度讲,须从调整人口自身发展战略入手。从具体人口政策上看,调整现行生育政策是协调好人口自身再生产内部的数量和结构关系,以及稳定人口年龄结构变化的必要条件。必须尽可能避免或减缓未来人口年龄结构迅速老化对我国社会经济可持续发展产生的消极影响,同时还必须为未来长远的可持续发展准备后续的充足劳动力队伍。这也正是当今西方发达国家积极鼓励生育、遏制低生育率状况的人口意义所在。2013年12月28日,第十二届全国人大常委会第六次会议表决通过了《关于调整完善生育政策的决议》,一方是独生子女的夫妇可生育两个孩子的"单独二孩"政策依法启动实施,并明确全国不设统一时间表,由各地根据实际情况确定具体实施时间。2015年12月27日,全国人大常委会表决通过了对《人口与计划生育法》的修改,"全面二孩"政策于2016年1月1日起正式实施。

2. 充分发挥"人口红利"效应 所谓"人口红利",指一个国家的劳动年龄人口占总人口比重较大,抚养率比较低,为经济发展创造了有利的人口条件,整个国家的经济呈高储蓄、高投资和高增长的局面。一国人口生育率的迅速下降在造成人口老龄化加速的同时,少儿抚养比亦迅速下降,劳动年龄人口比例上升,在老年人口比例达到较高水平之前,将形成一个劳动力资源相对丰富、抚养负担轻、于经济发展十分有利的"黄金时期",人口经济学家称之为"人口红利"。中国目前的人口年龄结构就处在人口红利的阶段,2015年劳动适龄人口超过10亿人,比重达73%。由于人口老龄化高峰尚未到来,社会保障支出负担轻,财富积累速度比较快。从人口年龄结构变动的角度看,未来十多年中国仍处在人口转变的"人口红利"开放最宽的时期,因此,充分发挥人口结构优势,利用人口老化前期总抚养比比较低的有利形势,充分发挥现有的人口数量规模潜力优势,加速推进社会经济各项事业的平稳发展。但近年出现的劳动适龄人口下降和总抚养比上升的现象值得关注。

3. 适当调整退休年龄,降低社会抚养比 从人口学角度看,人类目前所面临和即将面临的席卷全球的老龄高龄化既是不可避免的也是此前未曾经历过的,以现行社会的标准来度量未来社会的一切,难免有失偏颇。若我们从人口自身再生产出发对老龄高龄社会进行再认识,前景未必十分悲观。一般人们普遍担忧在老龄和高龄社会里,随着老年人口的增加,社会将失去活力,总抚养负担会加重,经济发展也将随之停滞。进入21世纪,随着医学领域的科技进步和遗传基因科学的发展,人类的寿命有望继续延长。当今世界最长寿的国家是日本、瑞典等发达国家,目前平均预期寿命都超过80岁。中国人口的平均预期寿命目前还没有达到发达国家的水平,据联合国人口方案的预测,到21世纪中叶,中国男女人口的平均预期寿命将分别达到77.4岁和81.3岁。目前中国人口老龄化对经济发展所带来的压力还不是十分突出,劳动力市场还有拓宽的余地。根据中国具体国情和劳动制度,如果21世纪某个时期出现劳动力短缺,则可以重新界定劳动退休年龄,以降低老年抚养比和总抚养比。如提高退休年龄,或者调整三大年龄组的划定标准等措施,都将会有效地降低社会抚养比,缓解人口老化的压力。

五、人口年龄结构的影响

(一)对人口增长的影响

人口再生产包括人的出生、婚姻、生育、死亡等几方面的内容,它们与年龄结构均有直接的关系。在相同的社会经济环境下,青少年比重大的,必然死亡率低、出生率高;老年人口比重大的,必然死亡率高、出生率低,这是由人的自然属性制约的。年轻型人口意味着少年儿童比例高,未来育龄人群大,在生育率不变的情况下,未来人口增长速度必然较快;反之,老年型人口意味着老年人口比例较大,未来育龄人群较小。在生育率不变的条件下,未来人口增长速度也必然较慢。由于人口出生率是育龄妇女比重与其生育率的乘积,因此该比重就成了对当前人口再生产形势影响最大的年龄结构因素。如中国在严格实施计划生育政策后,生育率下降幅度很大,但出生率降幅则相对较小,原因就在于育龄妇女比重居高不下,由此可见年龄结构对人口再生产的重要影响。

(二) 对经济发展的影响

任何国家任何时代,社会生产劳动基本上都是由劳动适龄人口承担的,他们创造的社会财富,被抚养人口也要分享一部分。对于老人,这种分享是过去劳动的分享,对于少年儿童,则是一种提前支付。很显然,两者之间必须要有一个适当的比例,过高或过低都对经济发展不利。如果劳动适龄人口比重过低,生产者和消费者相差过于悬殊,就难以增加积累;但如果该比重过高,社会又无法充分满足他们的就业需求,也会成为消极因素。年轻型人口面临的主要问题是少年儿童抚养比较高,青少年的抚养、教育、就业及住宅等问题较为突出;老年型人口面临的问题主要是老年抚养比较高,老年人的照顾、医疗和未来劳动力是否充裕等问题较为突出,此外还涉及老年人退休与新增劳动力就业的矛盾、劳动适龄人口老化是否有利于生产力发展等。与此相对应,应采取不同的社会经济政策和措施。

目前多数发达国家都面临老年抚养比过高的问题,与日俱增的养老负担令一些国家不堪重负。其问题的严重性表现在:① 交纳养老保险基金的人越来越少,享受者越来越多;② 随着人口平均预期寿命的延长,退休人员领取养老金的年限也在不断延长;③ 养老保健的费用上涨,开支越来越大。面对上述问题,一些发达国家采取了如推迟退休年龄、变相减少养老金、鼓励个人储蓄养老等。但只要青少年的比重越来越低,这个问题就难以得到根本解决。相当一部分发达国家中,日趋严重的老龄化对经济发展的负面影响还表现在人们对未来的收入预期降低,由于老年人的消费需求总体上不如中青年人那样旺盛,尤其在教育、住房、旅游、汽车、娱乐等方面,加上日趋长寿的前景,人们不得不为养老而增加储蓄,所有这些均抑低了现实的消费力,成为经济萧条的重要原因。而部分发展中国家,尤其是那些尚处于早期或后期扩张阶段的国家,则面临青少年儿童抚养比过高的问题,这对加速经济发展也很不利。

(三) 对社会环境建设的影响

主要表现在社会的物质消费结构、各类文化教育设施的配置、医疗保健、住房、就业、入托、交通建设等。人们处在不同的生长发育阶段,对社会环境有不同的要求和影响。社会的物质消费结构、各类文化教育设施的配置、医疗保健工作的重点以及住宅、交通建设等,无不与年龄结构有关。当年龄结构发生变动时,有关的一切社会职能都要随之做相应的变化调整。例如,中国许多地区从 20 世纪 90 年代初期起学龄前人口开始减少,90 年代中期小学年龄组人口也开始减少,目前这种减少已经推移到中学年龄组,其影响必将延展到大学年龄组,因此整个文化教育事业必须适应这一变化适时进行调整。另一方面,随着中国老年人口数量与比重的迅速增加,与养老有关的机构、设施、专业人员和资金等资源显得供不应求,甚至影响到地区产业结构的调整。由此可见,年龄结构对若干社会职能具有不容忽视的重要意义和指导作用。

第二节 人口性别结构

一、人口性别结构的定义及其意义

(一) 人口性别比的定义及其度量

人口的性别结构,指一个国家或地区两性人口数量在总人口中的比例关系,通常用人口性别比来表示,常用的度量方法有两种:① 计算 100 个女性所相应的男性人口数量,如大于 100,表明男性人数多于女性,小于 100 则说明男性人数少于女性;② 分别计算男、女人口各自占总人口的百分比。

以上两种计算方法所对应的公式分别如下:

$$人口性别比 = \frac{男性人口数}{女性人口数} \times 100$$

$$男(女)性比例 = \frac{男(女)性人口数}{总人口数} \times 100\%$$

(二) 人口性别比的意义

性别是人最基本、最明显、最恒定的特征之一。对于一个社会的人口状况而言,性别结构在其中始终起着举足轻重的影响。性别结构是影响人口的婚姻、家庭和生育状况的一个基本因素,与人口再生产、人口的分布和迁移以及包括劳动就业结构在内的其他人口结构也均有直接的关系。性别比过高或过低显然都是不正常的,由此可能会导致一系列的社会问题。当发现性别结构出现明显失衡时,首先应判断这种失衡主要出现在什么年龄段,及其人口学含义;其次应分析导致失衡的原因,并由此探寻改善性别结构的对策措施。在控制人口增长,对人口实行科学管理的过程中,性别结构无疑是一个必须加以掌握的重要方面。

除了总人口的性别结构外,不同地区、不同人口类型、不同年龄组也都有性别结构的问题。相对于作为一个整体的平均性别比而言,这种局部的性别比往往具有更为直接的社会经济意义。

二、影响人口性别结构的主要因素

人口的性别结构受到人口的自然属性和社会属性的双重制约,其中既有生物学因素,又有社会经济因素。前者决定了受胎和出生时性别的原始差异,而对整个人口过程中的性别结构而言,后者的影响往往处于主导地位。具体说来,一个国家或地区总人口的性别结构主要受以下几个因素影响。

(一) 出生婴儿性别比

出生性别比主要由生物学因素决定。在正常情况下,其取值在 102~108 之间。据研究,受胎时性别比为 120 左右。由于死胎、流产的几率以男胎较大,故到出生时性别比降至 105 左右。无论古今中外,出生婴儿性别比都是基本恒定的,而且在一般情况下,总是男性多于女性。在大样本和准确登记的条件下,一个国家的出生性别比是相当稳定的,它关系到人口性别结构的平衡和社会的稳定。换言之,世界上每出生 100 个女婴,将同时对应着出生 105 个左右的男婴,这种对男性稳定的生育倾斜,被视为是对于出生后男性死亡几率高于女性的一种生物学上的平衡。当然,也有某些人口学因素和社会经济变量可能会对出生婴儿性别比产生某些影响。不少国家的研究表明,生育率的下降,特别是流产率的下降,会提高出生婴儿性别比。此外,黑种人的出生婴儿性别比略低于黄种人和白种人,也是一个较普遍的现象。

(二) 两性保存几率的差异

由于生理机能的差异,女性一般具有比同年龄组的男性死亡率低、寿命长的生理特征。同时,社会上的高危职业多由男性承担,各种事故死亡率高于女性;再加上男性具有相对突出的攻击性心理和性格特征,吸烟、酗酒以及犯罪的比率也远高于女性。在上述因素的综合作用下,男性的死亡率在一般情况下均高于同年龄组的女性,越往高龄,差别越大。因此,随着年龄的增长,同龄人的性别比呈连续下降趋势,中年以后尤为明显,这是全世界的一个普遍规律。

一般说来,上述规律在发达国家中表现得较为典型,而在发展中国家,受经济、文化发展水平限制,重男轻女意识影响较大,往往会使两性保存几率的差异及性别结构受到干扰。一些发达国家也存在着某种程度的重男轻女意识,但主要表现在参政、就业和劳动报酬等方面,对女性保存几率尚不至于产生消极影响。以中美两国的对比为例,美国的 33 岁性别比即跌破 100;而中国则要到 65 岁,且变动曲线远不及美国平滑。这说明中国性别结构的变动更多地受到非生物学因素的影响。尤其是旧中国的女性比例很低,与重男轻女、妇女地位低下、遗弃女婴等封建陋习有很大关系。20世纪80年代以来出生婴儿性别比大大高于正常水平,也与根深蒂固的重男轻女思想有关。

(三)总人口的年龄结构和育龄妇女生育率

由于性别比随年龄的推移而降低,低年龄组性别比通常都高于高年龄组,因此一个国家或地区的人口年龄结构对总人口的性别结构影响很大。育龄妇女生育率较低、人口较为老化者,出生率低,少年儿童比重小,平均寿命长,均会降低总人口的性别比;相反,育龄妇女生育率高、人口较为年轻者,出生率高,少年儿童比重大,加上其平均寿命较短,不利于女性充分发挥愈往高龄相对于男性保存几率愈大的优势。因此,其总人口性别比都比较高。这是发达国家人口性别比普遍低于发展中国家的基本原因。

(四)人口迁移

人口迁移对人口性别比也会产生深刻的影响。同总人口一样,迁移人口也有性别结构。迁入人口中男多于女者,将使迁入区性别比上升,反之则下降;迁出人口中男多于女者,将使迁出区性别比下降,反之则上升。在迁出区和迁入区之间,存在着此消彼长的关系。例如,如果是劳动力迁移,因以青壮年男子为主,故使迁入区性别比升高,迁出区性别比下降;如果是婚姻迁移,则女性占绝大多数,且多由贫困地区向富裕地区迁移,从而使富裕地区的性别比下降,贫穷区性别比上升。

(五)其他社会经济因素

其他如经济水平、经济结构、战争、卫生保健条件等也会对人口性别比产生影响。经济结构特别是工业结构有时会对某一地区人口的性别构成产生重要影响。一般说来,在采掘、冶金、重型机械等重工业集中的城市,一般都需要大量男性劳动力,往往容易产生性别比偏高的现象,如20世纪50年代的抚顺、鞍山、包头等,70年代的汉口、黄石等。相反,拥有以妇女劳动力为主的纺织工业城市,如咸阳、周村等,性别比偏低。战争所造成的大量人口死亡,其中主要是男性,而在武装部队的伤亡中,则基本上全为男性。因此,一场大战之后,相关国家的人口性别结构将严重失调,在青壮年中尤为明显,原苏联就是这样一个典型实例。该国在20世纪前半期相继卷入第一次世界大战、第二次世界大战等多场战争,生命财产的损失极为惨重,所导致的性别比失调在世界上是罕见的。从图5-4中可见,俄罗斯与美国在50岁以前性别比十

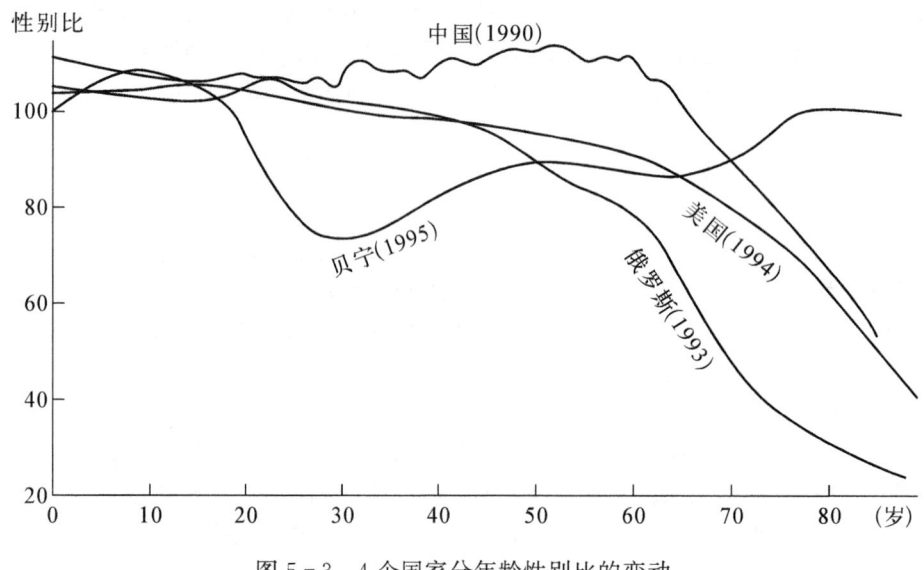

图5-3 4个国家分年龄性别比的变动

分相似,以后则差别极大。俄罗斯70~74岁和75~78岁年龄组(第二次世界大战时为20岁左右和25岁左右)的性别比分别仅为38和32;对比之下,美国则分别为77和68,相差竟达1倍以上。一般说来,战争所造成的人口总量上的损失比较容易弥补,而所造成的性别比畸形偏向女方的状况却很难恢复,并将逐年向后传递。

三、世界人口性别结构的地区分布

世界人口的性别比长期以来一直微幅波动在100上下,保持着自然的平衡状态。就20世纪后半期而言,性别比略有上升,据联合国统计,1950年世界人口性别比为98.9、1960年为99.8、1980年为100.6、1995年为105.5,2015年为101.8,全球男女比例总体来说处于平衡的状态。这主要由于一些国家受第二次世界大战影响而过低的性别比逐渐得到了恢复。此外,20世纪50~60年代全球平均年龄结构的年轻化对此也有影响。从90年代后半期起,上述相对高值已随着出生率下降和老龄化程度加深而趋于回落,到2050年可望降至99.5,但总的说来上述变动十分平缓。

世界人口性别结构的地区差异主要表现于发达国家与发展中国家之间,这是由双方不同的人口经济态势造成的。发达国家较早完成了人口转变,出生率低,老龄化程度深,平均寿命长,加上两次世界大战的影响,均抑低了性别比,1950年仅为91.0,存在明显失衡,此后渐趋得到恢复,1995年已回升至94.6,目前约为94.5,其中数以千万计的来自发展中国家的高性别比移民在这一过程中发挥了不小的作用。在欧美国家,普遍女性多于男性,尤其是东欧。前苏联是目前世界上性别比最低的地区,俄罗斯为86.8,立陶宛只有84.8,女性明显多于男性。而在中东、北非很多阿拉伯国家,男性人口则普遍多于女性,如沙特每100名女性人口对应的男性数量为130,而在阿联酋这一数字更是高达274。

各大洲人口性别比以亚洲最高,欧洲最低,其余各大洲介于两者之间。造成这种差异的原因主要在于各地区不同的人口年龄构成及其社会、经济、政治等因素。亚洲人口性别比最高,其基本原因是人口年龄构成较轻,另外也与有些国家重男轻女思想严重有密切关系。欧洲和北美洲,男性人口远小于女性人口,如果以性别比的平衡区间96~106为标准,欧美许多国家属于性别结构失调的国家,形成这一状况的主要原因是人口年龄结构老化。此外,战争、移民等因素也是不容忽视的,如原苏联、德国、波兰等国在二次世界大战中有大量男性人口死亡,影响到本国几代人上百年的性别结构。预计到22世纪,人类最终全部完成人口转变,进入稳定人口状态时,发达国家与发展中国家之间已持续了一两个世纪之久的性别结构差异将不复存在。从世界上各个国家来看,绝大多数性别比均在正常或基本正常范围以内,明显偏低或偏高的仅为少数。

四、中国人口性别结构现状

(一)中国人口性别结构的演变和预测

新中国成立前关于人口性别结构的统计资料虽然不够完整和可靠,但大致可反映当时的基本状况,总的说来性别比明显偏高。其主要原因就在于重男轻女的社会通病,使女婴和妇女死亡率甚高。据调查,1910年中国人口性别比为121.7,1946年发表的全国人口统计中性别比为109.6。新中国成立后,社会经济环境发生极大变化,受妇女社会地位提高以及医疗卫生事业蓬勃发展和人口年龄结构等影响,总人口性别比从20世纪60年代初期呈下降趋势,此后40余年变化不大,基本上在105~106上下徘徊,相当于发展中国家的平均水平。今后将进一步下降,预计到2040年前后,中国总人口达到历史最大峰值时,性别比将小于100。

与其他国家相比,中国人口的性别比显著高于发达国家(2000年为94.71),即便与发展中国家相比(103.25)也属偏高。尤其是中国人口的年龄构成比发展中国家的一般水平相对偏于老龄化,这本应有利于降低性别比,而实际情况却并非如此。除中国外,所有人口逾亿的发展中国家,如印度、印度尼西亚等,性别比全都低于甚至远低于中国,其中最高的印度和孟加拉国也比中国低大约0.3个百分点,且均呈下降趋势,而中国却在上升。根据以上情况可以认为,中国目前的性别比虽然总的说来仍在正常范围之内,但偏高及逐渐上升的趋势均值得引起重视。特别是性别比上升伴随着迅速老龄化而发生,这在世界上是少见的。近年中国人口性别比的上升,根源在于儿童组,如表5-6所示。

表5-6 中国几个年龄组性别比的变动

年 龄 组	1982年	1990年	2000年	2010年	2000～2010年
0～4岁	107.14	109.78	120.17	119.13	−1.04
5～9岁	106.18	108.04	115.42	118.66	3.24
10岁及以上	105.15	105.28	105.18	103.29	−1.89
全部人口	106.28	106.60	106.74	105.20	−1.54

资料来源：1982年,1990年,2000年,2010年全国人口普查。

(二) 当前中国人口性别比存在的突出问题

1. 全国出生性别比时空变化　过高的出生性别比,这是当前中国人口性别比存在的突出问题。出生性别比指一定时期内(通常指一年)出生婴儿中男婴和女婴之比,一般以每100个女婴对应着多少男婴来表示。出生性别比是决定人口性别结构的基础。前已述及,从生物学的意义上讲,出生性别比应该是稳定在105左右的常数。

中国人口自20世纪80年代初期以来,出生性别比开始偏离正常值(103～107)范围。1982年人口普查出生性别比是108.5、1990年为111.36,到2000年第五次普查时出生性别比为116.86。直到2009年中国出生人口性别比持续上升的势头才被遏制住,开始出现下降趋势,2010年普查数据为117.94,仍然偏离正常范围。

表5-7 1990～2010年中国出生人口性别比变化

年　　份	1990年	2000年	2006年	2007年	2008年	2009年	2010年
出生人口性别比	111.36	116.86	119.25	120.22	120.56	119.45	117.94

资料来源：国家统计局网站。

目前我国学者对于出生人口性别比现状、变化趋势及其分布特征的研究主要有以下结论：2000～2010年,中国乡村的出生性别比依然高于镇,而镇高于城市,但由于城市和镇出生性别比均有不同程度的上升,而乡村出生性别比略有下降,导致城乡间出生性别比差距缩小;地区间、汉族和少数民族间以及孩次间的出生性别比差距缩小;出生性别比严重偏高和极端严重偏高的省市区增多;出生人口性别比在地理上表现为空间集聚格局,且空间集聚倾向越来越明显。

尽管2009年全国的出生性别比整体出现了转增为降的历史转折,但从地区结构上看,出生性别比失衡的局面依旧严峻。就省级层面而言,2010年,9个省份的出生性别比超过120,出生人口占到全国出生人口总数的39.9%;15个省份的出生性别比在115以上(包含超过120的省份),出生人口占到全国出生人口总数的近3/4(73.6%);13个省份的出生性别比在110～115,出生人口占全国出生人口总数超过1/5(22.9%);西藏、新疆和北京3个出生性别比正常或略高的地区,出生人口仅占全国出生人口总数的3.5%。也就是说,全国绝大多数的省份出生性别比失常,超过95%的出生人口生在出生性别比失衡的地区。

表5-8 "五普"和"六普"各省、自治区和直辖市的出生性别比

出生性别比范围	2000年	2010年
103−	西藏	
103～107	新疆、贵州	新疆、西藏
108～109	内蒙古、云南、宁夏	北京

续表

出生性别比范围	2000年	2010年
110～119	黑龙江、青海、北京、上海、吉林、山东、天津、山西、辽宁、河北、浙江、江西、甘肃、重庆、四川、江苏、福建、河南	辽宁、山西、上海、吉林、四川、云南、内蒙古、青海、黑龙江、重庆、天津、宁夏、河北、陕西、江苏、甘肃、河南、浙江、山东
120+	陕西、广西、湖南、安徽、湖北、广东省、海南	广东、贵州、广西、江西、湖南、湖北、海南、福建、安徽

资料来源：国务院人口普查办公室，国家统计局人口和社会科技统计司.中国2000年人口普查资料.北京：中国统计出版社，2002.

全国地级行政区出生性别比的分布状况同样堪忧。2010年，在全国333个地级行政单位中，出生性别比高于120的有95个，占到全部地市总数的28.5%；出生性别比在110～119的有141个，占地级行政单位总数的42.3%；还有35个地区的出生性别比在108～109，占总数的10.5%。这意味着在地级行政区层面，全国出生性别比正常的地区不到总数的1/6；绝大部分地区处于失衡状态。

中国的出生性别比失衡已逾30年。为扭转这一局面，政府从行为、制度和意识形态等不同层面采取了一系列社会干预行动之后，中国的出生性别比自2009年开始已连续下降，国家统计局发布的2014年经济数据，出生性别比为115.88，达到了21世纪以来的最低值。但是这一指标值与世界公认的出生性别比105±2的正常值范围仍相差甚远。我国出生性别比失衡的形势"依然严峻"，出生性别比的高位震荡表明"性别失衡的严重局面并未得到根本性扭转"。

2. 出生性别比偏高的原因分析 关于导致出生性别比偏高的原因，多数学者和政府部门认为这是多因素相互作用的共同结果，但对于什么是主要原因却存在很大的争论，大致可归结为政策论、制度论、生产方式论、文化论以及技术论等观点。如在《记者观察——专访国家人口计生委宣教司司长张健》一文中指出："我国出生性别比升高的原因很复杂，既有经济原因，也有社会原因，还有文化原因，以及现实生活中男女不平等的原因……有人把性别比失衡说成是中国现行计划生育政策造成的，这没有道理。南亚和东南亚的一些国家和地区如印度、韩国、中国台湾等，并没有实行计划生育，却也不同程度地存在人口出生性别比偏高的问题。客观地说，出生性别比与计划生育政策有一定的关系，但充其量也只是加剧了出生人口性别比升高的状况，不能说实行计划生育政策就必然导致性别比的偏高。"这种表述已成为目前的主流观点。但有的学者则认为，严格的计划生育政策是导致20世纪80年代以后中国出生性别比长期严重失衡的主要原因。

五、人口性别结构的影响

（一）对婚配平衡的影响

前已述及，对任何一个社会而言，性别结构是影响人口的婚配和再生产的一个基本因素，男女正常婚配的人口学前提是婚龄期男女人口性别"均衡"。如果婚配年龄人群的男女性别比不平衡，男性人口大大超过女性或女性人口大大超过男性，都将直接带来婚姻挤压问题。所谓婚姻挤压也称婚姻拥挤，指由于婚姻市场上可供选择的男性与可供选择的女性之间比例失调并导致部分男性或部分女性不能按传统的偏好和习惯择偶的现象。如二战结束后的原苏联和日本都曾出现过以婚龄女性"过剩"为特征的婚姻挤压。目前无论是发展中国家还是发达国家，绝大多数国家的年龄性别结构在婚龄期间20～39岁间都是基本均衡的，保持在100左右。但中国人口的年龄性别结构则存在反常情况，由于出生性别比长期偏高，不仅低龄组的性别结构严重失衡，而且婚配年龄人群的男女性别也不均衡，男性人口大大超过女性人口。可见中国婚配人群的性别结构失衡而导致的婚姻挤压将是一个长期而严重的问题。

（二）对社会稳定与安全的影响

无论婚姻拥挤所导致的是男性过剩还是女性过剩，对社会的稳定和安全都将产生负面的影响甚至威胁。过剩的婚龄女性无法正常步入婚姻以及生育，其总体生命质量也就无从谈起，若社会上积累了相当数量的过剩婚龄女性，则整个社会的和谐和幸福指数必将受到影响。相比较婚龄女性人口过剩，婚龄男性人口的过剩则有可能成为社会稳定的巨大隐患。由于婚姻市场上存在的选择和淘汰机制,婚龄期剩余男性往往是那些自身经济文化资源处于劣势、被社会排挤和歧视的人群,他们的婚姻权和生育权包括正常的生理需要得不到实现和满足。这样的个体累计成群,极易滋生各种社会犯罪,如和女性有关的买卖婚姻、拐卖妇女和性犯罪等,从而影响社会的正常秩序与和谐安定。

第三节 人口种族结构及其地区差异

一、三大种族的确定及其分布

种族又称人种,是在体质形态上具有某些共同遗传特征的人群,这些自然体质特征主要包括肤色、眼色、发色、发型、头型、身高等。此外,血型、指纹、掌纹、体毛、牙齿结构等对人种的区分也有一定的意义。可见,人种概念居于生物学和体质人类学范畴,它是人类自然属性的一种表现。

(一)三大种族的划分及其特征

最早进行人种分类的,是瑞典生物分类学家林奈。1735年他在《自然系统》一书中把人类划分为四个人种类型,即亚洲黄种人、欧洲白种人、非洲黑种人和美洲红种人。此后随着研究的深入,不少学者提出了一些新的划分方法。例如,有人根据血型不同而将人类分为十几个人种类型,这些都是不全面的,无助于追踪人种的起源。1950年联合国教科文组织在关于种族问题的声明中,提出三大人种的划分,分别是蒙古利亚人种、尼格罗(尼格鲁)人种和欧罗巴人种,与根据肤色特征划分的黄种人、黑种人和白种人相互对应,在国际上得到了较普遍的接受。在此基础上,近年中国学者采用了两个层次的人种分类法。第一层次为三大人种,即蒙古人种、赤道人种和欧罗巴人种,以下再分成20多个类型,如蒙古人种即分为东亚、南亚、北亚、北极、印第安等几个类型,较好地反映出人种的差异性。

(1)*蒙古人种*　皮肤呈黄色或黄白色、黄褐色,面部扁平,颧骨较高,鼻梁的高度和宽度居中等,嘴唇厚度适中,胡须和体毛不发达,头发为黑色直发,眼睛的颜色较深,两眼内角有特别的内眦褶遮盖泪阜。集中分布于亚洲东半部。蒙古人种中还包括美洲印第安人,后者面部长相没有一般蒙古人种那样典型,其鼻梁略高,内眦褶较少见。

(2)*赤道人种*　又称尼格罗-澳大利亚人种。皮肤呈黑色或深棕色,头发为黑色卷发,鼻梁宽扁,嘴唇厚而凸出,体毛发达程度中等。广泛分布于撒哈拉以南的非洲、大洋洲,以及南亚、东南亚部分地区。

(3)*欧罗巴人种*　皮肤颜色浅淡,头发为柔软的波状发或直发,其颜色多呈金黄、亚麻、灰褐等色。嘴唇薄,鼻梁高,鼻尖突出,有的呈鹰钩状,眼睛的颜色较淡,多为蓝色或灰褐色,体形较高大,胡须和体毛发达。主要分布于欧洲、北非、西亚、中亚及南亚部分地区。

虽然各个人种类型在体型和某些遗传特征上确有一定差异,但一般并无截然的界线,彼此之间的交叉和过渡现象是相当明显的,就是在一个人种的内部,差别也不小,身材、肤色、眼色、鼻腔、嘴唇、头发、头部形状等差不多都是如此。以划分人种最明显的特征——肤色来说(因此有黄种人、白种人、黑种人之通称),蒙古人种和欧罗巴人种之间区别就不大,后者有一部分肤色比前者更深,不同血型出现频率的地理分布与基本人种的分布地区也不大相同。从人类的生物学特征来看,各个人种之间的共同点是本质的和大量的,如许多器官的构造和生理机能都完全一样,而差异则是次要的和少量的,不过只占人的全部生物学特征的1%,因此,决不能以这些少量区别来否认人类种属上的统一性。

(二)三大种族的起源及其分布

所有的人类都属于同一个物种,有共同的祖先。既然如此,为什么在不同人群之间会出现某些体形特征上的明显差异呢?现在一般认为,人种的形成开始于旧石器时代晚期,距今约5万年,这正是最早的现代人出现的时间。在漫长的历史时期内,人类的生活受着自然条件的强烈影响。由于地理环境的显著差异,生活在各地的不同人群通过遗传和变异产生出一系列人种上的特征,它们具有明显的适应周围环境的意义。此后,由于自然选择的作用,这些特征被逐步固定下来。

蒙古利亚人种约于旧石器时代晚期起源于亚洲中部和东部,而后逐渐向欧洲和大洋洲方向扩展。古代蒙古人种主要生活在亚洲东部草原和半荒漠的环境中,为了对大风、灰沙和冬雪反照起保护作用,他们的眼裂细小,并发育了内眦褶,肤色发黄看来也同这种自然环境有关。印第安人的祖先最初由亚洲迁往新大陆时,蒙古人种基本的体形特征尚未充分发展,因此他们现在的体形特征与亚洲蒙古人种有一定的区别。目前分布以亚洲为中心,扩散至周围各岛,在北美洲也有分布。蒙古利亚大种族包括三支小种族:① 北蒙古利亚小种族,又称大陆蒙古利亚小种族,主要分布在蒙古、西伯利亚、中国等地区;② 南蒙古利亚小种族,又称太平洋蒙古利亚小种族,主要分布在中南半岛及东南亚一带,与北蒙古利亚小种族的区别,除地区分布差异外,在体态特征上,有肤色较浅、脸部较窄的特点;③ 阿美利加小种族,即美洲蒙古人种,包括分布在北美及南美的印第安人、爱斯基摩人,他们是早年从亚洲大陆越过阿拉斯加移入美洲的。由于蒙古利亚大种族分布在亚、美两大洲,故又称亚美人种。

尼格罗人约在旧石器时代晚期在南亚首先形成黑种人祖先类型,然后向西南方迁移,经阿拉伯半岛进入非洲东北部,然后散居在撒哈拉沙漠以南广大非洲地区。古代尼格罗人种主要生活在东半球的热带地区,这里日晒强烈、炎热潮湿,黑色素较多的深色皮肤和浓密的卷发能对头部和身体起保护作用,宽大的鼻腔和外黏膜发达的厚嘴唇也有助于适应水汽蒸发和急促呼吸的需要。目前尼格罗大种族的分布,以撒哈拉以南的非洲大陆为中心,在美洲、印度、大洋洲等地也有分布。尼格罗大种族包括两支小种族:① 阿非利加小种族,是黑色人种的主体,分布于非洲。由于体形和肤色的差异,又可分为尼格罗大黑人和俾格米小黑人小系统。大黑人主要指苏丹黑人和班图黑人;小黑人身材矮小,分布于马拉维、赞比亚、纳米比亚、津巴布韦等地。② 澳大利亚小种族,又称大洋洲小种族,包括澳大利亚、美拉尼西亚、密克罗尼西亚三地区人种。他们可能于旧石器中期起源于南亚大陆,然后逐渐向东南方迁移,从印度半岛经南洋群岛到达大洋洲各地。

欧罗巴人种约于旧石器时代晚期开始形成于地中海沿岸,然后逐渐散居到整个欧洲、北非和亚洲广大地区。地中海沿岸的气候寒冷潮湿,日照比较弱,人们的皮肤、头发和眼睛的颜色很浅,体毛发达,看来都是对当地自然生态条件的适应。目前分布以欧洲为中心,还广布于南美洲、北美洲、大洋洲、亚洲和非洲。欧罗巴大种族也包括三支小种族:① 北欧罗巴小种族,又称大西洋-波罗的海小种族,毛发较浅,分布于斯堪的纳维亚半岛、西北欧以及前苏联欧洲部分;② 南欧罗巴小种族,又称印度-地中海小种族,其肤色较深,深灰色头发,浅褐色眼睛,分布于南欧、西亚、南亚以及北非等地;③ 中欧罗巴小种族为南、北两者之间的过渡性,欧洲的大部分地区为过渡类型地带。

在旧石器时代,人类在地理上总的说来是彼此隔离的,而交流和融合则极少。这种隔离不仅由于空间上的距离和地形上的阻隔,也由于生产力水平的落后、人口总量的稀少以及社会组织的孤立性所导致。在这种隔离状态下,世世代代的自然淘汰和内部通婚,加上生活方式特别是饮食上的差异,使控制人种特征的基因组合得到突出发展,这大概是某些与适应周围环境没有明显关系的生理和体形特征(血型、指纹等)逐渐形成差异的原因。很显然,如果几万年以前的人类能够像近代这样广泛地相互交流和融合的话,各人种之间就绝不会出现如此显著的体形差异。随着社会的进步,适应环境、自然选择和孤立隔离状态在人种形成中的主导作用趋于减弱,相反却出现了一个新的因素,即人口迁移和异族通婚,由此产生的血缘混杂日趋普遍,近几百年来尤为显著,对世界人种类型的形成和发展产生极大影响。

在古代,人种之间的混杂主要发生在亚洲大陆的中部、西部和非洲的东北部,这一地带正当三大人种分布范围的交接处,由此产生出一批过渡型的人种类型,这在埃塞俄比亚、苏丹、印度及中亚国家中比较普通。近代以来人种混杂的主要事件是欧洲人向美洲、大洋洲和非洲的大规模移民,以及奴隶贩卖使许多非洲黑人来到美洲。这一过程中形成了一系列新型的混血种人,其中人数较多的,在美洲有美斯蒂索人(印第安人与欧洲人的混血种)、姆拉托人(非洲黑人和白种人的混血种)和萨姆博人(印第安人和非洲黑人的混血种),在非洲有开普有色人(欧洲人和非洲黑人的混血种)。

二、世界各大洲种族结构类型

人种差异是人的自然属性的表现,而现代人种类型结构,即不同人种的人口数量比例及其分布,受到社会经济因素的强烈影响(尤其是不同的自然增长率、人口迁移和异族通婚)。因此,各人种不仅人口比例经常变化,而且统计中必然带有较大的模糊性,特别是在过渡型和混血类型中尤为明显。中国学者对三大人种人口比例的估算如下:蒙古人种占世界总人口的41%,赤道人种占16%,欧罗巴人种占43%。这反映了当代人种结构的基本态势。

各大洲居民的种族结构差异很大。欧洲结构最为单纯,欧罗巴人种占绝对优势,占总人口的99.6%,其余多为近二三十年迁入的新移民。大洋洲亦相类似,欧罗巴人种占到77.7%,其他基本上全属澳大利亚人种。非洲的居民分属于尼格罗和欧罗巴人种,两者以撒哈拉沙漠为界,前者主要居住在撒哈拉以北的广大地区,占非洲人口一半以上;后者占总人口的1/4,主要居住在北非和南非。亚洲历史古老,是各大人种的起源地,目前人种结构呈鼎足三分之势,即蒙古人种、欧罗巴人种、蒙古人种和赤道人种的混合类型各占1/3。美洲是个新大陆,在400年前人种结构还较单一,主要是由蒙古利亚人种的美洲支居民居住,后来由于大规模移民,遂成为世界上人种构成最为复杂、人种混杂程度最高的地区,其中被称为"人种十字路口"的拉丁美洲尤为典型。该洲的一个显著特点是混血人种类型多、数量大,几乎占全洲总人口一半,其余依次为欧罗巴人种、蒙古人种和赤道人种,可以预知,该洲今后混血的程度将趋于增大。北美洲由于大量接纳了来自世界各地的移民,导致欧罗巴人种所占的绝对优势逐年削弱,而其他人种在总人口特别是低龄组人口中的比重则逐年上升。

三、反对种族不平等论

种族的划分是一个纯自然的特征划分,从某种意义上来说,其只有相对的意义。20世纪90年代以来,基因体学以及分支系统学研究中新出现的数据和模型也使科学界对人类起源有了新的认识。许多进化学以及社会学家认为,任何对于人类种族的定义,都缺乏科学分类的严谨性和正确性;"种族"的定义是不准确的、随意性的、约定俗成的,随文化视角的差异而变化,种族应该视为一种社会建构。目前,各个学科对于"种族"是什么、是否存在、到底有几个、应该如何定义、如何理解、如何分析等问题,尚无定论或共识。事实上,一直有人对于依据某种或几种纯生物学上的外部特征来把人类分为几种的做法持怀疑态度,主张全球只有一个共同的人类。对人类的人为划分只是为了区别居住在不同地方的人在外在的一些生理特征的差异,这种差异是长期自然选择和环境适应与变异的结果。要以这些外在的生理特殊性状来说明有的种族比别的种族优越或高级的论点,或试图以这种纯表现型生理特点的差异来作为在世界上存在的文化差异的根据和理论都是极端错误的。科学研究已经表明,在生物学上并没有某种种族比其他同时代的种族更优越,在智力上也没有什么差异,所有的种族都具有与祖先相似的特征。1967年联合国教科文组织专家会议通过的《种族宣言》也强调指出:"人类种族的划分只具有相对的意义,世界上并无纯粹的人种。不同种族的遗传天赋没有差别,差别主要来自社会影响和文化影响。"

但种族主义者却忽视这些科学事实,以人在自然形态方面的外在表现的差异来解释世界各种族之间的文化差异,并认为白种人是高等种族,有权统治其他种族。这实在是一种十分荒谬而又极其危险的论调,会对人类的发展与繁荣构成威胁,并且已经在历史上给人类造成极大的灾难。早在15世纪地理大发现以后,欧美殖民主义者就曾把种族主义的论调作为掠夺和侵略新大陆的理论依据,大肆掠夺和屠杀黑人;第二次世界大战期间,法西斯和日本帝国主义也都曾宣称本民族是世界优秀民族,应当领导世界。尽管种族主义给人类带来巨大灾难,但在当今世界,种族主意并未被彻底根除,种族歧视和种族冲突仍然不时在世界各地引发社会问题。对此,必须旗帜鲜明地反对种族不平等论。

第六章　人口经济社会结构及其分布

第一节　人口经济结构及其分布

一、人口产业结构

（一）人口经济活动率及其变动趋势

1. 劳动力人口、经济活动人口和在业人口　　人口作为一个整体，具有社会生产和社会消费对立统一的双重功能。其中消费功能是每一个人都具备的；而生产功能则仅存在于一部分人群中，其主体就是劳动力人口和经济活动人口。劳动力人口和经济活动人口是连接人口过程和经济过程的重要纽带。经济过程通过对不同量和质的劳动力需求及其开发利用程度制约着人口过程，人口过程则通过不断为社会再生产提供劳动力和消费力而对经济过程施加影响。劳动力人口和经济活动人口的数量、质量、结构和分布与社会经济发展都有着十分密切的关系，如果其数量适当、素质优良、结构和分布合理，将对社会经济发展起着积极的推动作用；反之，将成为消极因素。人口地理学着重从空间差异角度，分析劳动力人口和经济活动人口的数量、质量、结构、分布的演变规律、特点与趋势，探求合理开发利用劳动力资源、实现劳动力区域供求平衡的途径，不断促进资源要素的优化配置，对于人口与经济的协调发展，具有重要的意义。

劳动力人口、经济活动人口是研究人口经济构成时必须要明确的概念，两者既有联系，又有区别。前者属于社会范畴，以年龄段内是否具有劳动能力作为划分标准；后者属于经济范畴，以是否参加或要求参加从事经济活动为划分的标准。劳动人口和经济活动人口的数量、质量、结构和分布对经济发展将产生重要的影响。

要解释劳动力人口的概念，需要将其与劳动年龄人口区分开来。通常意义上的劳动年龄人口指总人口中处于劳动年龄阶段的人口，既包括具有劳动能力的人，也包含了部分在劳动年龄之内而丧失劳动能力的人。国际上关于劳动年龄人口的界限，没有统一规定，一般把15～64岁规定为劳动年龄，我国规定为男16～59岁，女16～54岁。随着社会生产力的发展、文化教育事业的普及，以及卫生条件的改善、寿命的延长，劳动年龄人口的下限和上限有可能推迟和提高。

劳动力人口有广义和狭义之分。广义上的劳动力人口(labor resources)，或称为劳动力资源，指具有劳动能力的那部分人，以是否具有劳动能力或可能性作为区分标准，而不涉及是否参加劳动。劳动年龄人口(A)减去年龄段内丧失劳动能力的那部分人口(B)，加上劳动适龄人口之外参加劳动的人口(C)，就是劳动人口，即 $L=A-B+C$。而狭义的劳动力人口，指排除了具有劳动能力的人口中的不参与或不要求参与劳动的人口(D)，如家务劳动者、在校学生、待升学者、赋闲者和在劳动年龄内退休者，即 $L=A-B+C-D$。一般情况下，把劳动年龄人口视为劳动力人口。

经济活动人口(economically active population)指在某一年龄下限以上，已经参加或者要求参加各种获得劳动报酬和收入的活动的人口，由在业人口(employed population)和失业人员(unemployed population)组成。在业人口指从事一定的社会劳动并取得劳动报酬或者经营收入的全部劳动力，失业人口则指尚未获得或者正在丧失工作职位而没有固定劳动报酬的人员。

人口经济活动率、劳动力参与率、在业率是分析地区劳动力资源配置的有效指标。人口经济活动率指经济活动人口占总人口的比例。劳动力参与率(the labor force participation rate)即经济活动人口占劳动适龄人口的比例，又称为劳动力利用率。劳动参与率比人口经济活动率更能反映对劳动力的利用程度，由于它是减去了与参加社会生产经济活动无关的非适龄人口以后计算的，在一定程度上消除了出生率对经济活动人口率的影响。

自1987年以来我国15～64岁劳动年龄人口的比重一直占总人口的65%以上。根据《中国统计年鉴

(2016)》,2015年我国15~64岁劳动年龄人口达10.04亿人,占总人口的比重为73.0%;16岁及以上的经济活动人口数为8.01亿人,其中就业人口为7.75亿人。无论从数量还是比重来看,我国的劳动力资源都是十分丰富的。

在业率指在业人口占经济活动人口的比例,失业率是失业人口占经济活动人口的比例。1999~2000年,我国城镇登记失业率一直保持在3.1%左右,在2002年底升至4%,此后直至2008年基本维持在4%。中国社科院2002年度《人口与劳动绿皮书》披露中国城镇的实际失业率已高达7%的警戒线,也就是说失业人数在1亿人口左右。这一结论大大超过官方历年公布的登记失业率,而且首次提出失业率已达警戒线的判断。此外,清华大学国情研究中心主任胡鞍钢认为,1993年以来,中国城镇实际失业率呈迅速上升趋势,由3.5%上升至2001年的8.5%,(而日本和美国2001年失业率分别为4.9%和5%);当中国城镇真实失业率超过5%的自然失业率时,其造成的经济损失占GDP比重约为6%~8%,因此提出要实施"以就业为中心"的经济增长模式。

就业问题是关系民生、保持社会稳定发展的重要问题,中国政府采取积极措施创造就业机会。最近几年,随着经济增长速度的放缓、产业结构的升级和劳动力成本的提高,就业形势面临着紧张局面,大学生就业难的问题比较突出。2017年我国普通高校毕业生795万人,中等职业教育毕业生500多万人,海外留学归国人员超过40万人,另外还有煤炭、钢铁"去产能"带来的100多万分流安置职工,以及三四百万新增农民工,就业压力仍然较大。

2. 经济活动人口和劳动适龄人口的区域差异 人口地理学经济研究的问题之一,是按一定的政区界限统计经济活动人口的年龄、性别、文化程度等数据,进而说明各地区之间经济活动人口的差异和特征,并分析这种差异和特征形成的原因。一般情况下,一个地区的经济活动人口数量与人口总量呈正相关。人口数量越多,经济活动人口的数量就越大;相反,人口数量越少,经济活动人口数量也就越少。由于人口的出生率、死亡率以及人口的迁移状况等因素的地区差异,各国家和地区的年龄结构、性别结构也差别较大,这种差异直接影响了经济活动人口的数量。

从全世界来看,经济活动人口的数量差异主要表现在不同收入的国家之间。2006年全世界经济活动人口达30.71亿,其中,高收入国家经济活动人口为5.02亿,占16.35%,创造了全球生产总值的75.83%;中低收入国家经济活动人口为25.69亿,占83.65%,仅创造了全球生产总值的24.17%。并且,经济发展水平越高,经济活动人口总量增加越发缓慢:1990~2006年低收入国家经济活动人口年均增长2.19%,中等收入国家年均增长1.45%,高收入国家仅增长0.91%。

表6-1 世界经济活动人口和劳动生产力的地区差异

年份	指标	世界总计	低收入国家	中等收入国家	高收入国家	其中:经合组织成员国	中国
1990	经济活动人口/万人	238 580	69 940	125 192	43 449	41 631	65 014
	比重/%	100	29.32	52.47	18.21	17.45	27.25
2000	经济活动人口/万人	279 352	86 201	145 348	47 803	45 480	73 893
	比重/%	100	30.86	52.03	17.11	16.28	26.45
2005	经济活动人口/万人	302 397	96 504	155 936	49 957	47 296	77 605
	比重/%	100	31.91	51.57	16.52	15.64	25.66
2006	经济活动人口/万人	307 123	99 066	157 851	50 206	47 497	78 250
	比重/%	100	32.25	51.4	16.35	15.47	25.48
2006	生产总值/亿美元	482 449	16 118	100 495	365 830	348 962	26 681
	比重/%	100	3.34	20.83	75.83	72.33	5.53

注:世界银行根据2008年不同国家的人均国民收入,进行经济类型分组。低于$975为低收入国家,$976~$3 855为中下等收入国家,$3 856~$11 905为中上等收入国家,高于$11 906为高收入国家。
资料来源:中国统计局(2008)。

由表6-1看出,世界经济活动人口的地区分布与生产力的分布是大相径庭的。这一事实说明,劳动固然是生产力的必要要素,但必须在一定的技术经济条件下,将劳动力资源和自然资源相结合才能形成现实的生产力。联结两者的基本环节是受资本和智力开发因素制约的生产工具和其他技术手段,在这方面,发展中国家和发达国家确实存在着很大的差距。其次,资本、技术、自然资源等要素与生产力发展之间只是一种单向的正比例关系,不存在过多或过于先进的问题;而劳动力资源数量过少固然对生产力发展不利,但过多超出了一定历史条件下与资本、技术、自然资源的合理比例,将加重就业压力,延缓产业结构的调整,很多发展中国家包括中国,都不同程度地存在着这样的问题。最后还要看到,劳动力资源应是数量与质量的辩证与统一,劳动力的素质优势在很大程度上可以弥补数量劣势,但素质劣势却很难由数量优势弥补,发展中国家必须把提高劳动力素质放在极端重要的位置上,才能缩小同发达国家的差距。

劳动适龄人口及其所占比重在不同经济发展水平国家之间同样存在显著差异。发达国家与发展中国家比较,2007年发达国家15~64岁劳动适龄人口占总人口的67%,65岁及以上老年人口占总人口的16%,已步入严重的人口老龄化;发展中国家(不包括中国)15~64岁劳动适龄人口占总人口的61%,65岁及以上老年人口占总人口的5%。当然,相对年轻的人口年龄结构类型更有利于适应新技术的发展和经济结构的调整,更容易实现人口行业、职业结构的调整。我国由于人口增长快,1990~2000年劳动适龄人口增长了3.17%。根据中国人口与就业统计年鉴,2014年我国25~49岁(包括5个组距为5岁的年龄组)各年龄组就业人口均超过10%,合占63.1%。我国当前劳动适龄人口年龄结构与发达国家20世纪70年代相当。

表6-2 1975年劳动适龄人口的地区差异(以总人口数为100)

	15~44岁占总劳动适龄人口/%	45~64岁占总劳动适龄人口/%
全世界	74.1	25.9
发达国家或地区	67.7	32.3
发展中国家或地区	76.7	23.2
中 国*	67.32	32.68

* 2010年第六次人口普查数据。
资料来源:周之桐等(1992)。

一国人口生育率的迅速下降在造成人口老龄化加速的同时,少儿抚养比亦迅速下降,劳动适龄人口比重上升,在老年人口比重达到较高水平之前,将形成一个劳动力资源相对丰富、抚养负担轻、于经济发展十分有利的"黄金时期",人口经济学家称之为"人口红利"。中国目前的人口年龄结构就处在人口红利的阶段,劳动力供给总量充足,劳动人口比例较高,保证了经济增长中的劳动力需求。由于人口老龄化高峰尚未到来,社会保障支出负担轻,财富积累速度比较快。我国劳动适龄人口自2014年开始下降,对中国经济将产生多方面的影响。

3. 人口经济活动率的区域差异及其影响因素　　由于经济活动人口数量的地区差异,受到地区人口规模的影响。为此,采用人口经济活动率指标分析经济活动参与的地区差异及其成因。

影响人口经济活动率的因素很多,自然方面主要有人口数量和人口年龄结构,社会经济方面有经济发展水平、经济技术结构、产业结构、经济政策、政治体制、教育发展状况、社会风气、社会习俗、社会福利水平、就业政策的影响。总体来看,以社会、经济方面的影响最为显著。

一个地区经济、文化、教育事业发达、生活富裕,社会保障体系较完善,劳动适龄人口中正在接受教育的人员所占比重必然较大,老年人也必然会按照退休年龄较完全地退出经济活动,这样就会降低人口经济活动率;反之,就会相应提高。但另一方面,经济发达、生活富裕,因健康原因不能参加经济活动的劳动适龄人口相对较少;而在偏僻、穷困的落后地区,人口身体素质差,残疾人多,因健康原因不能参加经济活动的劳动适龄人口可能相对较多。此外,如果经济部门结构比较均衡合理,就有利于不同性别、不同年龄、不同文化技术素养的劳动适龄人口广泛就业;反之,如果部门结构比较畸形,过于偏向于某一专门化部门,如纯林、纯牧或纯采矿业,就不利于劳动适龄人口普遍就业。最后,与一些民族和地区的生产特点及风俗习惯也有关系。世界上各伊斯兰教国家妇女经济活动率都极低,这种宗教或民族因素在中国也有一定影响。

世界人口经济活动率在各国间的差异主要表现在两个方面。

1) 人口经济活动率没有随着经济发展水平的提高呈现上升或下降的趋势(表6-3)。主要原因在于发达国家虽然经济结构相对均衡有利于充分就业,但教育普及、退休制度完善、社会保障机制完善等降低了人口经济活动率。全世界人口经济活动率尤其是女性经济活动率最低的地区是中东和北非,主要是由于宗教因素所致。我国自新中国成立后,在经济领域长期实行普遍就业、男女平等的政策,显著提高了经济活动率。

表6-3 两类国家各年龄组人口经济活动率对比 (单位:%)

	2000年	2005年	2006年
世 界	45.98	46.80	46.97
低收入国家	77.77	77.75	78.10
中等收入国家	36.69	37.32	37.40
高收入国家	47.54	47.94	47.84
中 国	58.52	59.70	59.65
美 国	52.40	52.45	52.48
日 本	53.27	52.12	51.72
英 国	50.42	50.87	50.94
印 度	39.00	39.74	39.93

资料来源:中国统计局(2009)。

2)性别差异。男性人口经济活动率大于女性,其主要原因在于生理因素和社会原因等。男性经济活动率在各国之间差别不大,女性则差别很大。男子以30~50岁为就业高峰,任何国家均概莫能外,这部分人堪称"社会中坚";60岁以后,经济活动率即迅速下降。女性经济活动率呈现马鞍形,待子女长到一定年龄后,为增加家庭收入或实现自我价值往往重新参加职业活动,如日本和韩国表现得最为明显(图6-1)。

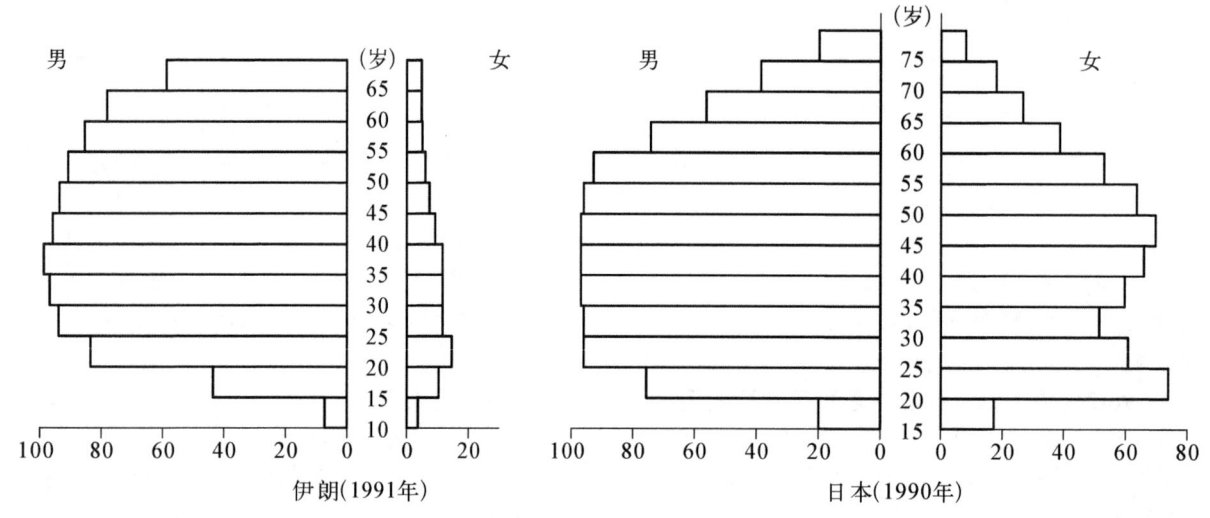

图6-1 人口经济活动率的年龄金字塔

(二)经济活动人口的产业结构

1. 经济活动的部门分类 生产力和社会劳动分工的不断发展,促使人类的经济活动在内容上逐渐由简单、狭窄走向复杂、广泛,形成越来越多的被称为产业或行业的部门。"产业"一词,在不同的场合和不同的语言环境下存在各种不同的解释。一般理解为产业(industry)是生产相似或相同产品的一系列企业。

划分产业类型是产业结构研究的基础。由于研究的角度和目的的多样性,产业分类法有许多种。

(1)克拉克三次产业分类法 英国著名经济学家和统计学家克拉克基于澳大利亚经济学家费夏的研究成果,将整个产业划分为三类:第一次产业的子产业有种植业、畜牧业、林业和狩猎业等;第二次产业的子产业有制造业和建筑业等;第三次产业的子产业有商业、金融及保险业、运输业、服务业、公务和其他公益事业以及其他各项事业。概括地说,第一次产业就是广义的农业,第二次产业是广义的工业,第三次产业是广义的服务业。从理论经济学上来看,三次产业分类法并不很严谨,但对研究伴随经济发展的资源配置结构的变化趋势十分有用。

(2) **库兹涅茨的划分方法**　库兹涅茨在分析产业结构演变的动因时,基于配第和克拉克的研究,把产业结构划分为农业部门、工业部门和服务业部门三部分。这是与克拉克的划分相对应的。农业部门就是第一次产业,是劳动力比重和实现国民收入比重不断下降的部门;工业部门就是第二次产业,是劳动力比重和实现国民收入比重不变或略有上升的部门;服务业就是第三次产业,是劳动力比重和实现国民收入比重都在上升的部门。

(3) **联合国的标准分类法**　由于各国自然、历史、社会条件的差别以及生产力发展水平和经济体制的不同,对经济活动的部门分类也各不相同,为使各国的分类在国际具有一定的可比性,并有利于国际经济交往,联合国统计委员会于1948年第一次制定了《全部经济活动的国际标准产业分类(ISIC)索引》,并于1958年、1968年和1989年做了三次修订。其把全部经济活动划分为十个大项,其中每个大项又细分为若干小项。十个大项是:① 种植业、狩猎业、林业和渔业;② 矿业和采石业;③ 制造业;④ 电力、煤气、供水业;⑤ 建筑业;⑥ 批发与零售业、餐馆与旅店业;⑦ 运输业、仓储业和邮电业;⑧ 金融业、房地产业、保险业及商业性服务业;⑨ 社会团体、社会及个人的服务;⑩ 不能分类的其他活动。

(4) **生产要素密集程度分类法**　根据不同产业在生产过程中对生产要素的依赖程度将产业划分为:资源密集型产业、劳动密集型产业、资本密集型产业和技术密集型产业等。此类方法可以说明区域产业结构的素质,解释区域产业结构的发展趋势。

(5) **农轻重分类法**　此类方法把社会生产划分为农业、轻工业和重工业三大部门,这里划分轻重工业的依据通常是产品单位体积的相对重量,大的就是重工业部门、轻的就是轻工业部门。此类方法在研究工业化的程度、过程、阶段及其特点时效果比较好。

(6) **功能分类法**　依据各个产业在区域产业系统的地位、作用和功能,将区域全部产业划分为主导产业、关联产业和基础产业。

总之,依据不同的标准,产业结构划分方法多种多样。我国通常采用三次产业划分方法,具体范围如下:第一产业指农业(包括种植业、林业、牧业和渔业);第二产业指工业(包括采矿业、制造业、电力、热力、燃气及水的生产和供应)和建筑业。第三产业指除第一、第二产业以外的其他各业,包括以下15个门类:批发和零售业,交通运输、仓储和邮政业,住宿和餐饮业,信息传输、软件和信息技术服务业,金融业,房地产业,租赁和商务服务业,科学研究和技术服务业,水利、环境和公共设施管理业,居民服务、修理和其他服务业,教育,卫生和社会工作,文化、体育和娱乐业,公共管理、社会保障和社会组织,国际组织。

产业结构指国民经济部门按三次产业划分后彼此之间及其内部各个部门之间的比例关系和结合状态。这种按照三次产业来划分的比例关系,可以用它们的产值占国内生产总值(GDP)的比重来表示,也可以用它们的在业人数占在业人口的比重来表示。人口产业结构指在业人口按三次产业划分所构成的比例关系和结合状态,严格地说,它是在业人口的产业结构。

2. 经济活动人口产业结构的基本演替规律　人口的产业、职业结构是社会发展和国民经济结构的共生相。在经济学理论的发展过程中,人们很早就注意到人口产业结构变革的历史顺序及其与人均收入之间的规律性联系。最早阐述这种联系的是英国经济学家威廉·配第,后来,亚当·斯密、科林·克拉克、西蒙·库兹涅茨、W. G. 霍夫曼、瓦西里·里昂惕夫、霍利斯·钱纳里等大批经济学家都对产业结构演变规律进行过研究,做了许多精辟的实证性分析,得出了许多富有指导意义的结论。下面通过介绍他们的研究成果,来认识产业结构的演变规律及其原因。通过对人口产业结构演变规律的认识,可以能动地促进区域人口产业结构及时和顺利地转换,从而推动区域经济以尽可能快的发展。

英国经济学家威廉·配第最早观察产业结构演变及其动因,早在17世纪,配第在其著名的《政治算术》一书中描述了不同产业之间的收入差异,并将收入差异与劳动力就业结构联系起来,指出产业间的相对"收入差"推动劳动力由低收入产业向高收入产业转移,劳动力就业层次的提高,使人均国民收入增加,进而使农业份额下降。这一关于产业的相对收入差推动劳动力就业结构变化的论断,在经济学史上被称为配第定律。20世纪50年代,英国经济学家克拉克收集了20多个国家各部门劳动投入和总产出的时间序列数据,研究了经济发展过程中产业结构的演化规律,从而揭示了劳动力就业结构和经济发展程度之间的深刻关系。这是经济史上一项著名的、开创性的统计研究,具有三个特征:① 以现实经济的统计时序资料为依据;② 以劳动就业结构表示产业结构;③以三次产业分类法为基础。通过对随着经济发展劳动力的就业取向所发生的规律性变化的实证研究,克拉克得出如下结论:随着人均收入水平的提高,劳动力首先由第一次产业向第二次产业转移;当人均国民收入水平进一步提高时,劳动力变向第三次产业转移。这一结论在经济学史上被誉为克拉克定理。

克拉克认为,他的发现只不过是印证了配第的观点,所以经济学史上把配第的观点和克拉克发展的观点统称为配第-克拉克定理。即将人口产业结构的变动趋势表述为:随着经济的发展,第一产业国民收入和劳动力的相对比重逐渐下降;第二产业国民收入和劳动力的相对比重上升,经济进一步发展;第三产业国民收入和劳动力的相对比重也开始上升。配第-克拉克定理不仅可以从一个国家经济发展的时间序列分析中得到印证,而且还可以从处于不同发展水平的不同国家在同一时点上的横断面比率中得到类似的验证。即人均国民收入水平越低的国家,农业劳动力所占份额相对越大,第二、三产业劳动力所占份额相对越小;反之,人均国民收入越高的国家,农业劳动力在全部就业劳动力中的份额相对越小,而第二、三产业的劳动力所占份额相对越大。

在克拉克研究的基础上,被誉为"GDP之父"的美国经济学家库兹涅茨进一步搜集和整理了欧美主要国家的长期统计数列,不仅从劳动力分布,而且从国民收入方面对结构变革与经济发展的关系进行了分析,使结构变革的研究由投入(劳动力)结构发展到产出(国民收入)结构,从而大大推进了经济产业结构理论的发展。库兹涅茨研究的一个显著特征是对截面资料和时间序列资料进行统计回归,以人均国民收入作为"基准点",得出了在一定的"基准点"上经济产业结构的格局及其变化,因此,其结论更具一般性。表6-4和表6-5分别列出了库兹涅茨得出的人均国内生产总值基准点上的产值结构和劳动力结构。从表6-4可以看出在不同的经济发展水平上国民产值结构和劳动力就业结构的变化趋势。

表6-4 1953年和1965年人均国内生产总值基准点价值上的产值结构 （单位:%）

不同人均GDP的区域		A部门(1)	I+S部门(2)	I部门(3)	S部门(4)	制造业部门(5)
65美元	1953	50.3	49.7	17.9	31.8	8.6
	1965	46.7	53.3	21.4	31.9	11.0
135美元	1953	40.7	59.3	23.9	35.4	12.8
	1965	38.0	62.0	26.3	35.7	14.2
270美元	1953	28.5	71.5	34.1	37.4	20.1
	1965	26.3	78.7	35.1	38.6	20.0
450美元	1953	20.2	79.8	41.7	38.1	24.9
	1965	18.1	81.9	43.0	38.0	26.0
900美元	1953	12.6	87.4	50.1	37.3	29.1
	1965	11.1	88.9	51.7	37.2	31.4

注:A部门代表农业部门,I部门代表工业部门,S部门代表服务部门。
资料来源:西蒙·库兹涅茨(1985)。

表6-5 1950年人均国内生产总值基准点价值上的劳动力结构 （单位:%）

不同人均GDP的区域		A部门(1)	I+S部门(2)	I部门(3)	S部门(4)
65美元	1950	71.8	28.2	11.0	17.2
	1960	—	—	—	—
135美元	1950	64.8	35.2	17.6	17.6
	1960	65.2	34.8	16.6	18.2
270美元	1950	47.2	52.8	26.6	26.2
	1960	49.0	51.0	25.8	25.2
450美元	1950	34.0	66.0	36.0	30.0
	1960	35.8	64.2	34.2	30.0

续表

不同人均GDP的区域		A部门(1)	I+S部门(2)	I部门(3)	S部门(4)
900美元	1950	21.4	78.6	43.7	34.9
	1960	19.8	80.2	44.5	35.7

注：A部门代表农业部门，I部门代表工业部门，S部门代表服务部门。
资料来源：西蒙·库兹涅茨(1985)。

把国民收入和劳动力在产业间的分布结合起来，对经济结构的演进与经济发展的关系进行分析，库兹涅茨得出如下结论：随着经济的发展，在国民生产总值不断增长和按人口平均的国民收入不断提高的情况下，社会产业不论是产值结构还是劳动力结构都在变化，其变化的一般趋势是，农业部门的产值份额和劳动力份额都趋于下降，工业部门和服务业部门的产值份额与劳动力份额都趋于上升，但在这两个部门中，产值份额与劳动力份额的变化趋势略有不同，工业部门在产值份额持续上升的同时，劳动力份额处于大体不变或略有上升的趋势，服务业部门在产值份额处于大体不变或略有上升的同时，劳动力份额呈现上升幅度较大的趋势。库兹涅茨把这种趋势称作产值结构的工业化和劳动力结构的部分工业化和部分服务化。在分析工业、农业、服务业三大产业部门变化趋势的基础上，库兹涅茨进一步深入分析了工业和服务业内部的结构变化趋势：制造业的份额上升幅度最大，大约占工业部门份额上升的2/3。在制造业内部，与现代技术密切联系的新兴部门增长得最快，其在整个制造业产值和劳动力中的相对份额是上升的；相反，一些较老的生产部门的相对份额则是下降的，如纺织、服装、木材、皮革加工等。在服务业内部，教育、科研及政府部门的相对份额趋于上升。在库兹涅茨看来，促进产业结构变化的上述趋势的基本动因有三个：一是需求诱导；二是对外贸易；三是技术革新。

库兹涅茨的分析深化了配第-克拉克定理，使结构变革和经济发展之间的关系更加明晰化，更有助于人们对结构变革规律性的把握。20世纪70年代以来，对结构变革和经济发展之间关系的研究深入到更为广泛的领域。美国经济学家钱纳里的标准结构具有广泛影响。钱纳里基于101个国家1950~1970年间的统计资料进行研究，他使用与库兹涅茨相同的统计归纳法，构造了著名的世界发展模型，由发展模型求出了一个经济发展的标准化结构，即经济发展的不同阶段所具有的经济结构的标准数值。表6-6是钱纳里标准结构的一部分。

表6-6 钱纳里标准产业结构

	<100美元	100美元	200美元	300美元	400美元	500美元	800美元	1 000美元	>1 000美元
1(Vp)	0.522	0.452	0.328	0.266	0.228	0.202	0.156	0.138	0.127
2(Vm)	0.125	0.149	0.215	0.252	0.276	0.294	0.330	0.347	0.379
3(Vu)	0.053	0.061	0.072	0.079	0.085	0.089	0.098	0.102	0.109
4(Va)	0.300	0.338	0.385	0.403	0.411	0.415	0.416	0.413	0.385
5(Lp)	0.712	0.658	0.557	0.489	0.438	0.395	0.300	0.252	0.159
6(Lm)	0.078	0.091	0.164	0.206	0.235	0.258	0.303	0.325	0.368
7(Ls)	0.210	0.251	0.279	0.305	0.327	0.347	0.397	0.423	0.473
8(URB)	0.128	0.220	0.362	0.439	0.490	0.527	0.601	0.634	0.658
9(S)	0.103	0.135	0.171	0.190	0.202	0.210	0.226	0.233	0.233
10(I)	0.136	0.158	0.180	0.203	0.213	0.220	0.234	0.240	0.234
11(EOEXP)	0.026	0.033	0.034	0.035	0.037	0.041	0.043	0.039	0.013
12(E)	0.172	0.195	0.218	0.230	0.238	0.244	0.255	0.260	0.249
13(Ep)	0.130	0.137	0.136	0.131	0.125	0.120	0.105	0.096	0.058
14(Em)	0.011	0.019	0.034	0.046	0.056	0.053	0.056	0.057	0.059
15(Es)	0.028	0.031	0.042	0.048	0.051	0.053	0.056	0.057	0.059
16(M)	0.205	0.218	0.234	0.243	0.249	0.254	0.263	0.267	0.250
17(Cr)	0.414	0.392	0.315	0.275	0.248	0.229	0.191	0.175	0.167

资料来源：H.Chenery(1975)。

在表 6-6 中,第一行所列数字是人均国民收入水平,以美元计算,代表经济发展水平或经济发展的不同阶段。第一列是各个经济指标名称的英文缩写,各自的含义是:1、2、3、4 分别为初级产业、制造业、基础设施、服务业的产出占 GDP 的比重,5、6、7 分别为初级产业、制造业、基础设施、服务业的劳动力占总劳动力的比重,8 为城市人口占总人口的比重,9 为国民总储蓄占 GDP 比重,10 为国民总投资占 GDP 的比重,11 为政府教育支出占 GDP 的比重,12 为出口占 GDP 的比重,13 为初级产品出口占 GDP 的比重,14 为制成品出口占 GDP 的比重,15 为劳务出口占 GDP 的比重,16 为进口占 GDP 的比重,17 为食品消费占 GDP 的比重。其中 1、2、3、4 项之和等于 5、6、7 项之和等于 1。由标准结构可以看出,在经济发展的不同阶段,有着不同的产业结构与之相对应,如当人均国民收入达到 400 美元时,农业、工业、服务业、基础设施的产值份额依次为 22.8%、27.6%、41.1% 和 8.5%,农业、工业、服务业的就业份额分别为 43.8%、23.5% 和 32.7%。随着经济的发展,产业结构呈现出有规律的变化,如当人均国民收入由 400 美元飞跃到 1 000 美元时,农业的就业份额将至 25.2%,工业、服务业的就业份额分别升至 32.5% 和 42.3%。

3. 各产业部门经济活动人口的人口学特征　　人口产业结构大致经历了以下四种模式。

(1) Ⅰ＞Ⅱ＞Ⅲ(前工业化时期,也称传统农业社会)　　这是前工业化时期社会产业结构的典型模式。在这一时期,由于生产力水平低下,科学技术水平落后,大部分的劳动人员都从事于农业,农业部门是社会的主导部门,对社会总产值和国民收入的贡献起着极为重要的作用,而作为第二产业的手工业和第三产业的商业、运输业的发展力量薄弱,只能以农业部门的附庸形式存在。这种模式下的经济结构比较单一,商品经济不发达,地区间的联系较少,经济发展缓慢。而由于土地的固定性,该时期人口流动性差,并且分散分布,人口的自然生产率很低。目前,在一些尚未进入工业化进程的发展中国家,该模式仍然存在。

(2) Ⅱ＞Ⅰ＞Ⅲ(工业化初期)　　生产力的发展、技术的革新,使很多地区从传统农业社会逐步进入到工业社会,社会的产业结构、人口的就业结构和人口空间结构发生了急剧的变化,第二产业迅速增长,相对收入的差别使大批农民从农村流入城市,为工业发展提供了后备劳动力,工业的迅速增长使农业在国民收入以及就业人员中的比重逐渐降低,并最终超过了农业的比重。第二产业是一个社会化的物质生产部门,它的发展势必要求第三产业与之相适应,尤其是商业、交通运输、金融等服务业的发展,从而也带动了第三产业的就业人口比重的增加。这种产业结构模式,是工业化初期的典型模式,是传统社会向工业化社会过渡必经的阶段。

(3) Ⅱ＞Ⅲ＞Ⅰ(工业化后期)　　工业的发展,特别是工业重工业化和加工工业深度化,对基础设施的要求进一步加大,产业由劳动密集型向知识密集型过渡,也要求科研文教事业的超前发展,人民生活水平的提高,对满足人们物质和文化需求的服务业提出了更高的要求,这一切都促使了第三产业的迅猛发展,创造的国民收入和从业劳动力的比重的不断增大,并最终超过农业。

(4) Ⅲ＞Ⅱ＞Ⅰ(后工业化社会)　　当进入后工业化社会,农业的劳动生产率提高,解脱了大批劳动力,形成人口城市化的第二个高潮,由于第三产业涉及范围广、部门多,吸纳了较多的劳动力,与信息业相关的服务业也有了很大发展,在产业结构中的比例迅速增大,最后超过了第二产业,成为规模最大的产业部门。这种现象称为经济服务业,或消费需求超物质化。

由于各个国家发展条件和自身特点不同,人口产业结构模式并不一定按照这三种模式发展,在某些特殊条件下,产业结构发生变形,出现特殊的人口产业结构模式。

1) Ⅰ＞Ⅲ＞Ⅱ:这是第一种模式在特殊条件下的变形,在若干小的国家或地区,在第一产业所占比例极大的情况下,以手工业为主的第二产业尚未得到发展,但由于种种原因,商业或旅游业所占比重略大。

2) Ⅲ＞Ⅰ＞Ⅱ:出现这种产业结构模式,主要是一些范围较小的个别地区,是整个世界经济社会高度发达的产物。由于独特的社会、历史、地理位置与自然条件等因素的组合,在后工业化时期,该地区的旅游业、服务业、商业与金融业得到了突出发展,比重超过了第二、第一产业,如夏威夷、百慕大等地。

另外,有学者根据人口产业结构与社会经济发展的一定阶段相适应的人口产业分布的状况和特征,将人口产业结构划分为传统型、发展型和现代型等三种基本类型。

(1) 传统型的人口产业结构　　主要特征是从事物质生产的经济活动人口在 85% 以上,非物质生产领域人口在 15% 以下;产业部门中农业人口占绝对优势,且文化素质较低,文盲人口多,劳动生产率低;三次产业分布中第一产业占 50% 以上,第二产业占 25% 左右,第三产业很不发达,在 25% 以下。

(2) 发展型的人口产业结构　　主要特征是从事物质生产的经济活动人口占 65%～85%,非物质生产领域人口占15%~35%;第二产业有较快发展,约占26%~40%,劳动生产率有较大提高,人口文化素质有所提高,第三产业有所发展,占26%~49%。如表6-7中的中国和印度尼西亚。

(3) 现代型的人口产业结构　　主要特征是从事物质生产的经济活动人口在65%以下,非物质生产领域人口在35%以上,整个社会劳动生产率大幅度提高,人口文化素质大大提高;第一产业人口比重大幅度下降,在15%以下,第二产业相对稳定在35%左右,第三产业经济活动人口急剧上升,占就业人口比重达50%以上。如表6-7中英、法、日、美等四个国家。

表6-7　代表性国家经济活动人口产业结构的对比　　　　　　　　　　　　　　　(单位:%)

国家	第一产业		第二产业		第三产业	
	2000年	2005年	2000年	2005年	2000年	2005年
中国	50.0	44.8	22.5	23.8	27.5	31.4
印度尼西亚	45.1	44.0	17.5	18.0	37.3	38.0
英国	1.5	1.4	25.3	22.0	72.8	76.3
法国	0	3.8	0	24.3	0	71.5
日本	5.1	4.4	31.2	27.9	63.1	66.4
美国	2.6	1.6	23.2	20.6	74.2	77.8

资料来源:中国统计局(2008)。

(三) 世界人口产业结构及其区域差异

1. 世界人口产业结构的区域差异　　表6-8反映了美国、日本、印度等国家经济活动产业结构的演变趋势。美国直到19世纪初仍属于农业社会,第一产业占了极大比重。进入20世纪后,美国成为高度工业化的国家,产业结构明显地向第二、第三产业倾斜。第二次世界大战以后,美国进入后工业化时期,第三产业的主导地位愈来愈突出,第一产业比重则降至极低,其结构转变过程历时近两个世纪。日本工业化的进程比美国晚得多,但速度更快,在结构转变上只用了大约一半的时间就达到了与美国相似的程度。与美、日等发达国家相比,大多数发展中国家直到第二次世界大战以后才陆续开始实施工业化,实质性的结构转变迄今只有短短几十年时间,要实现产业结构的现代化,仍然任重道远(至20世纪90年代中后期,发展中国家第一产业的平均比重仍未跌破50%,仅相当于美国1870年或日本1920年的水平)。

表6-8　美、日、印经济活动人口产业结构的变化比较　　　　　　　　　　　　　(单位:%)

国家	美国				日本			印度		
年份	1820	1880	1950	2005	1880	1950	2005	1901	1970	1991
第一产业	72.4	49.4	12.5	1.6	82.3	48.3	4.4	71.8	72.6	66.9
第二产业	12.3	25.5	37.0	20.6	5.6	21.9	27.9	10.0	11.0	12.6
第三产业	15.3	25.1	50.5	77.8	12.1	29.8	66.4	18.2	16.4	20.5

资料来源:中国统计局(2008)。

正是由于各国人口产业结构的转变历程存在差异,并且产业结构的变革直接影响着人均国民生产总值、农业和工业及服务业等部门的发展水平、非农业和城镇化水平等,目前产业结构在不同收入水平的国家之间存在较大差异。一般来说,工业化、农业现代化、非农化和城市化的发展水平越高,人口产业结构也愈加现代化。低收入发展中国家以第一产业人口比重占多数、高收入发达国家则以第三产业人口比重占多数,是最显著的差异。

2. 人口产业结构的国家类型　　如前所述,人口产业结构主要取决于生产力发展水平,而反过来,它又是反映生产力发展水平的重要指标之一。据此,将现阶段世界各国各地区人口产业结构划分为以下类型。

第一类:工业化尚未开始,经济活动人口的产业结构与古代没有实质性区别,第一产业所占比重极大,包括布隆迪等地处撒哈拉以南非洲和南亚的几十个最不发达国家,它们的人均国民生产总值(按购买力平价计算,下同)仅为美国的3%左右。

第二类:处于工业化的起步阶段,这一类国家的人均国民生产总值大约相当于美国的5%左右。经济活动人口的产业结构已发生一定变化,但第一产业仍占绝对优势,包括科特迪瓦等一批发展中国家。其中一些国家经济发展速度并不慢,造成产业结构转换速度慢的主要原因是人口的增长过快,导致了产业结构转换阻滞作用明显。

第三类:处于工业化的中途,生产力水平有明显提高,经济活动人口的产业结构发生很大变化,第一产业比重降至50%上下,人均国民生产总值达到美国的10%左右,处于半工业化状态。其典型代表就是中国。

第四类:处于工业化的中后期,第一产业明显地退居次要地位,第二、三产业则上升为主导部门,人均国民生产总值达到美国的20%左右,主要包括罗马尼亚、马来西亚等一批已达到或接近中等发达水平的国家。

第五类:工业化已经完成,不同程度地进入了后工业化时代,第一产业比重降至很低或极低,第二产业比重在达到峰值后也趋于回落,而第三产业则逐步占据绝对优势。这一类国家基本上均属发达国家,其典型代表是美国。

各个国家经济活动人口产业结构的地区差异,除了受总的生产力发展水平的影响外,还与地理与历史条件、经济结构、人口数量和人口素质与经济发展相适应的程度等因素有关。例如,有的国家受特殊的地理位置影响,某一产业特别突出,新加坡、加勒比海地区等一些岛国,由于气候宜人、风光明媚,旅游业成为一枝独秀,第三产业在国民经济中占据特殊地位,百慕大第三产业占经济活动人口的比重竟高达83.7%。再如,世界上多数国家第一产业均以种植业为主,但是索马里、蒙古等国因地理条件则是畜牧业占优势;一些矿产资源丰富的发展中国家,采矿业就业人员占经济活动人口的比重会大大超过世界各国的平均数,如南非高达8.6%(1985)。

总之,人口产业结构主要取决于以下几个因素:

1) 生产力发展水平直接制约着社会劳动分工的发达程度、社会平均劳动生产率的高低以及人们物质和精神的消费水准和特征。

2) 人口数量和人口素质与经济发展相互适应的程度对产业结构有很大影响,实际上与生产力发展水平也是有所联系的。

3) 地理位置、自然条件、资源赋存状况、传统的产业特色等,与国内、国际劳动地域分工关系非常密切。

(四) 中国人口产业结构及其区域差异

1. 中国人口产业结构变动趋势及特点 中国人口产业结构在新中国成立后发生巨大变化,尤其是改革开放以来发生了显著的变化,表现为社会经济由传统农业社会向现代工业社会的转变。目前正处于经济结构调整时期,随着工业化进程和经济结构调整步伐加快,就业结构不断改善,进一步趋于合理,到1999年非农产业人员所占比重首次超过农业,并保持至今。1979~2001年,我国第一产业从业人员所占比重下降了20个百分点以上,正在经历有史以来规模最大的从农业到工业、服务业的劳动力大转移。

图6-2说明了自1990年以来我国就业人员三次产业构成情况,从图中可以看出,受农业人口众多的影响,第一产业仍然是我国劳动力的主要就业部门,无论是从绝对数还是相对数量上来看,第一产业的从业人员都占有绝对的比重,但自1991年来开始缓慢回落,比重一直呈稳定下降趋势,从1990年的60.1%下降到2006年的42.6%;第二产业的就业人员比重从20世纪90年代来稳步增长,但增幅较少,仅增长了3.8%;第三产业的从业人员比重增长较快,1978年我国第三产业的就业人员比重仅为12.2%,到1990年上升到18.5%,12年的时间增长了6.3%,而从1992年的19.8%到2006年的32.2%,14年的时间增长了12.4%。到2015年就业人员三次产业构成进一步演变为28.3:29.3:42.4。可见我国的就业结构发生了重要变化,第三产业逐渐成为我国农村剩余劳动力转移的主要部门,就业人员的产业构成接近转型的转折点。

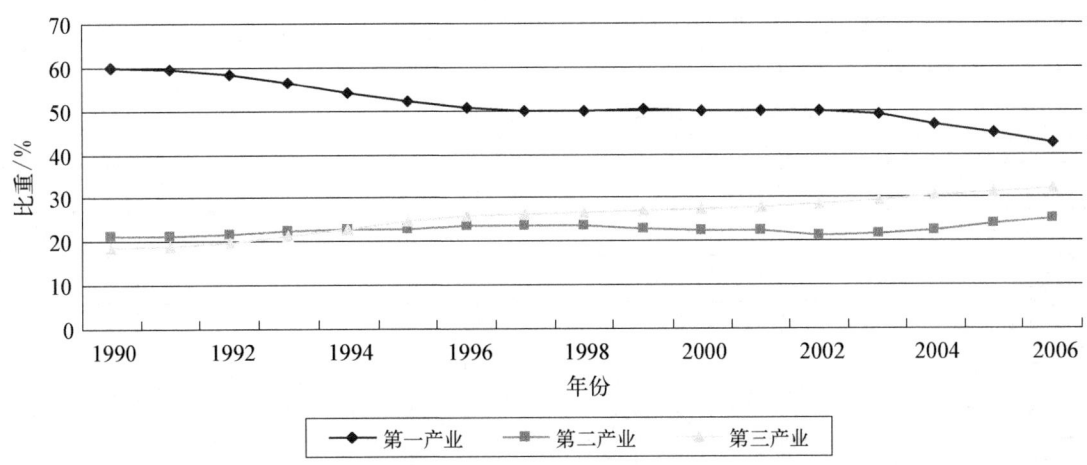

图6-2 1990年以来我国就业人员的产业构成

尽管我国的产业结构与就业结构比重发生了很大变化,但相对于发达国家以及从产业结构与就业结构的关系上看,仍然存在突出的问题。表6-9比较了我国与世界其他国家的产业结构与就业结构。我国目前产业结构仍处于工业化中期阶段,从国际比较来看,我国的三次产业结构水平是世界下中等收入国家的典型代表。

表6-9 中国GDP与就业结构的国际比较

国家或地区	GDP结构(2015年)			国家或地区	从业人员产业构成(2014年)		
	农业	工业	服务业		第一产业	第二产业	第三产业
中国	9.0	40.5	50.5	中国	29.5	29.9	40.6
世界	3.9①	27.6①	68.5①	印度	49.7②	21.5②	28.7②
高收入国家	1.5①	24.7①	73.9①	巴基斯坦	43.5	22.5	34.0
中等收入国家	8.4	33.6	57.6	巴西	14.5②	22.9	76.6
中等偏下收入	16.3①	31.2①	51.8①	西班牙	4.2	19.5	76.3
中等偏上收入	7.1	34.1	58.6	德国	1.3	28.3	70.4
低收入国家	30.5	21.3	47.9	意大利	3.5	27.1	69.5
最不发达地区	26.7①	23.2①	50.0①	俄罗斯	6.7	27.5	65.8
重债穷国	27.4	23.2	49.2	日本	3.7②	25.8②	69.1②

资料来源:国际统计年鉴(2016)。注:①为2014年数据;②为2013年数据。

产业结构与就业结构是一对矛盾的统一体,无论是发达国家还是发展中国家,产业结构应与人口的就业结构的变动呈现出正相关关系。即某一产业产值比例下降,该产业劳动力比例也下降,反之亦然。然而,由于就业结构受体制、教育等多方面的影响,就业结构与产业结构并不完全保持一致,结构偏离度反映了某产业的就业比重与增加值比重的偏离程度,当出现正偏离时,意味着该产业的劳动生产率较低,存在着劳动力转出的可能性就越大;相反,结构负偏离的产业劳动生产率较高,存在着劳动力转入的可能性。当就业结构与产业结构发生较大偏差时,就会造成大量的失业。

我国长期存在较高的结构偏差,就业结构严重滞后于产值结构,即第二次产业的产值份额偏大而就业份额偏低与第一次产业的就业份额偏大而产值份额偏小形成对照,第三产业的就业偏离度相对较低。这表明我国各产业的劳动生产率表现出高度的不协调,说明我国第一产业存在过剩的劳动力,而第三产业的劳动生产率低于第二产业,各产业间劳动生产率呈现出高度的不协调,劳动力资源未得到有效配置,必将造成隐性或显性的失业人口的增加。

表 6-10 中国就业结构滞后于产值结构 (单位:%)

	1978年	1990年	2000年	2015年
就业人员的产业结构				
第一产业	70.5	60.1	50.0	28.3
第二产业	17.3	21.4	22.5	29.3
第三产业	12.2	18.5	27.5	42.4
国内生产总值的产业结构				
第一产业	28.2	27.1	15.1	8.9
第二产业	47.9	41.3	45.9	40.9
第三产业	23.9	31.6	39.0	50.2

资料来源:中国统计局(1979~2016)。

我国的结构偏差大且趋向均衡的速度慢,在一定程度上说明我国劳动力就业的困难所在:第一产业吸纳过多的劳动力,而二、三产业接受劳动力能力不足,劳动力从第一产业向第二产业,再向第三产业转移的趋势过慢,这与我国第二、三产业的内外部结构有关,也与我国长期推行城乡严格隔离下的工业化政策不无直接关系。因此,完善我国的产业发展政策,优化产业结构,推动就业结构的转变,迫在眉睫。

2. 中国人口产业结构的区域差异及其影响因素 我国地域辽阔,各省市社会经济条件发展迥异,地区差异明显,发展很不平衡,在城市化水平高和市场经济发达地区,特别是大中城市地区的人口产业结构已经属于或基本属于现代工业社会类型。而在其他西部地区,社会发展水平落后,人口产业结构处于传统农业社会类型。

以我国东、中、西三大地带的比较为例,东部地区包括12个省、自治区、直辖市,分别是辽宁、北京、天津、河北、山东、江苏、上海、浙江、福建、广东、广西、海南;东部地区的面积占全国国土面积的13.5%,2007年人口占全国总人口的42.79%,区内国内生产总值占全国的61%。中部地区包括山西、内蒙古、吉林、黑龙江、安徽、江西、河南、湖北、湖南等9省、自治区,土地面积占全国的29.5%,承载了全国的人口33.49%,是我国主要的动力和原材料输出地区。西部地区指陕西、甘肃、青海、宁夏、新疆、四川、重庆、云南、贵州、西藏10个省、直辖市、自治区,土地面积约540万平方千米,占全国陆地国土面积的56%,总人口为29 125万人,为我国少数民族主要聚居区。自1996年以来,东部地区的产业结构明显优于中西部地区,2007年,三次产业的就业比重依次为31.4%、34.0%、34.6%,中西部两大区域第一次产业的就业比重远大于东部地区,其中西部地区达50.7%,第一次产业就业比重偏高(表6-11)。按照库兹涅茨和钱纳里的工业化阶段划分,中部九省区和西部开发区的工业化进程还处于中前期,工业化水平大大低于东部发达地区,并远低于全国水平。工业化水平的低下直接影响到该地区吸纳就业能力,从而导致中西部地区失业人员迅速增加,第一产业就业比重的偏高,对该区域未来的就业构成造成极大的难题。

表 6-11 中国三大地区人口产业结构比较 (单位:%)

地 区	第 一 产 业			第 二 产 业			第 三 产 业		
	1996年	2001年	2007年	1996年	2001年	2007年	1996年	2001年	2007年
东 部	42.8	42.1	31.4	29.9	28.1	34.0	27.3	29.8	34.6
中 部	56.3	57.3	46.7	19.8	17.1	23.5	24	25.5	29.8
西 部	64.1	61.1	50.7	14.8	12.9	17.5	21.1	26.1	31.8
全 国	50.5	50	40.8	23.5	22.3	26.8	26	27.7	32.4

资料来源:根据1997、2002、2007年中国统计年鉴中的相关数据计算而得。

二、人口职业结构

(一) 人口职业结构基本演变趋势

职业指从业人口所从事的工作种类,是按特定的工作手段(服务设施)作用于特定的劳动对象这种具体活动特征来划分的,而不考虑该活动属于哪个产业或行业。人口职业结构就是指从业人员在各种职业中分布的状况和比例关系。经济活动人口中的职业构成,反映了经济活动人口的社会分工状况,是衡量一个国家或地区社会生产力发展水平及社会分工发达程度的重要标志。

在古代,受生产力水平限制,人们的职业分工很简单,绝大多数都是农业劳动者。随着社会经济的发展,职业分工日趋复杂化。据估计,当今世界上的职业已多达5 000多种,国际上(包括中国在内)一般把它们归纳为七大类,其中前三项通常认为属于脑力劳动,其余则属于体力劳动,另外有的国家还有"蓝领职业"和"白领职业"的说法。

我国在业人口职业的现行分类,划分为大、中、小三类。2010年第六次人口普查时,七个职业大类为:① 国家机关、党群组织、企事业单位负责人;② 专业技术人员;③ 办事人员和有关人员;④ 商业、服务业人员;⑤ 农、林、牧、渔、水利业生产人员;⑥ 生产、运输设备操作人员及有关人员;⑦ 不便分类的其他劳动者。

经济活动人口的职业与产业、行业是两种不同的范畴,属于同一职业的人可以分属不同的产业、行业,人口职业结构和人口产业结构有很大区别,但也存在着密切的联系。产业结构决定了职业结构的变化,相反,职业结构的变化也对产业结构产生影响,其影响主要是通过配置在各职业岗位上的劳动力进行的,劳动力作为职业结构与产业结构互动作用的媒介,发挥着重要的作用。进入20世纪以来,随着社会生产力水平的发展,经济活动人口中的职业构成,不断发生新旧更替,职业结构越来越向脑力劳动和商业、服务业倾斜,当今世界从工业社会向服务业和信息业转变的同时,促成人口职业结构的巨大变化。如仅在1983~1991年的短短8年中,美国的电话安装维修人员就剧减了74%,农业工人减少了23%,缝纫工减少了16%,而同期内计算机系统分析人员却猛增了1.45倍。专家认为,人类的职业现在大约每15年更换20%,在未来二三十年里,发达国家大部分体力劳动的职业将被机器取代。自动化操作系统的采用,也将使许多辅助性脑力劳动职业失去存在意义,只有那些独特的、高层次的脑力劳动职业以及像教师、护士等难以完全被机器取代的职业,才能经得住新科技革命浪潮的淘汰。

人口职业结构的变化具有一定的规律性,主要受社会经济和人口等因素的影响和制约。

一方面,社会分工的发展程度制约着人口职业结构的类型。社会分工是各种职业形成的前提条件,任何职业类型的产生都是社会分工的结果。而社会分工又是社会生产发展的水平和特点决定的。以共同劳动和简单协作作为主要特征的社会生产,社会分工较粗,人口职业类别较少。随着社会大生产的发展,社会分工越来越细,人口职业类别也越来越多。

另一方面,社会生产力是人口职业结构的物质基础。在任何社会形态下,社会分工的变化都是以生产力水平为基础的。因此,一定历史时期的人口职业结构变化是不能超越当时的生产力水平的。一般来说,有什么样的社会生产力水平就会有什么类型的人口职业结构。在其他条件一定的情况下,社会生产力发展速度决定人口职业结构变化速度。社会生产力发展速度缓慢,人口职业结构变化也缓慢;社会生产率发展迅速,人口职业结构变化也就迅速。在一个国家的不同历史时期,或在同一历史时期的不同国度中,人口职业结构的变化具有明显的规律性。具体表现在以下五方面。

1) 人口职业结构呈现明显的更替层次性。人口职业结构的产生和发展是一个历史进程。自劳动分工产生之日起,人们经济活动逐渐分化,分离出相对独立的经济活动,构成不同的职业。随着生产力的进一步发展和分工的加深,低效率的职业逐渐让位于复杂的高效率的现代化职业,如古老的采集职业让位于现代的农林工种,粗放的畜牧饲养让位给规模化、集约化的机械作业,人口职业的这种兴衰更替、发展变化,总是沿着效率上升的轨迹合乎规律地不断更替,促进人口职业结构不断向新的、更高层次发展。

2) 人口职业结构演变的阶段性特征明显。人口职业结构变化受社会经济因素的制约,在客观上形成了人口职业结构规律性的发展变化,人口职业结构逐渐由以农业为主的人口职业结构阶段,向与工业相联系的人口职业结构演化,最后演化成以服务业为主的人口职业结构阶段,这是社会生产力发展和人们需求结构变化的必然结果。

3) 智力型职业结构逐渐代替体力型职业结构。由于科技的发展,智力型职业从无到有、从少到多,在人口职业结构中所占的比重越来越大,体力型职业从业人员比重不断下降,从业人口素质也越来越高,科学技术推动生产力发展过程中以直接或间接方式所起的作用十分显著,科技技术成为影响和制约人口职业结构变化的最重要因素之一。例如,美国智力型职业人口占总在业人口比重1960年为34.7%、1991年为46.4%;我国智力型职业人口占总从业人口的比重也由1982年的7.93%,增大到1990年的8.8%、2010年的12.93%。人口职业结构由体力型向智力型的过渡,是社会发展的客观趋势。

4) 人口职业结构的地区差异明显,演进进程与生产力水平正相关。人口职业结构的变化受社会生产力发展水平以及其他社会、经济等因素的共同制约,而各国各地区的社会发展并不是按照相同的速度发展的,必然造成人口职业结构的地区差异,而生产力水平作为人口职业结构形成的物质基础,必然决定了一个地区人口职业结构状况及特点。生产力水平与一个国家的人口职业现代化程度呈明显的正相关关系。

5) 国家的产业政策、不同职业的技术装备水平及就业人口数量与质量状况都影响着人口职业结构变动的方向。在其他条件一定的情况下,国家宏观投资政策将会带来人口职业结构的变化,被重点支持的产业的职工人数和比例会相应提高。同样,职业的技术装备水平与某一职业结构比例呈反比例关系,即某一职业技术装备水平越高,其职业人数在整个职业结构中的比例也就越小。另外,就业人口量大质低,其人口职业结构就多以体力型职业为主,人口职业结构也就难以达到优化的程度。

(二) 世界人口职业结构的区域差异

世界上各国生产力发展的进程很不平衡,有的已进入到工业化社会,有的还处于农业社会,有的处于由农业社会向工业社会过渡的阶段,因此,造成了各国、各地区人口的职业结构产生明显的地区差异。

在不同生产力发展水平的国家之间,职业结构差异悬殊,生产力水平与一个国家的人口职业现代化程度呈明显的正相关关系。以美国、韩国、中国、马拉维分别作为世界发达国家、较发达国家、发展中国家和最不发达国家的代表,分析不同发展水平国家人口职业结构(表6-12)。

表6-12 不同发展水平国家人口的职业结构 (单位:%)

职 业 分 类	美 国			韩 国	中 国	马拉维
	1900年	1960年	1991年	1990年	1990年	1987年
各类专业技术人员	4.3	11.3	17.8	7.5	5.3	1.4
行政和管理人员	5.9	8.5	12.3	2.1	1.8	0.1
办事人员或职员	3.0	14.9	16.3	15.4	1.7	1.1
小计:脑力劳动者	**13.2**	**34.7**	**46.4**	**25.0**	**8.8**	**2.6**
商业工作人员	4.5	7.5	11.8	15	3.0	2.2
服务性工作人员	9.1	11.7	13.2	8.8	2.4	7.3
农、林、牧、渔劳动者	37.5	6.3	2.4	19.6	70.6	85.0
生产工人和运输工人	35.8	39.7	26.2	31.6	15.2	2.9
小计:体力劳动者	**86.9**	**65.2**	**53.6**	**75.0**	**91.2**	**97.4**

资料来源:张善余(1999)。

由表6-12中可以看出:① 职业结构的变动趋势是随着从工业社会迅速向服务业和信息业社会转变,促使职业结构越来越向脑力劳动和商业、服务业倾斜。② 在不同生产力发展水平的国家之间,职业结构差异很悬殊,以属于脑力劳动的三大类职业为例,马维拉合计只占2.6%,中国占8.8%,韩国占25.0%,而美国接近一半。一般来说,目前发展中国家尚处于工业化的早、中期,职业结构的变动以从农、林、牧、渔劳动者向生产工人和商业、服务业人员的转变为主流,有不少在发达国家中减少最快的职业,在现阶段的发展中国家却增长最快。

（三）中国人口职业结构及其区域差异

1. 人口职业结构变动趋势及特点 随着我国经济和社会的发展，市场化程度的提高，各项产业都有了迅速的发展，经济增长方式逐渐由粗放型向集约型转变，与此相适应，我国职业结构也发生了很大变化，技术含量高的产业逐渐兴起，替代原始的劳动技术含量低的职业。对于同一职业来说，原有的职业内容发生变化，对劳动力的素质等提出更高的要求，劳动者也从较低要求、较低收益的职业流向较高要求、较高收益的职业。人口职业结构的变化主要体现在总量、结构、在业人员的教育程度，以及各地区人口职业结构的差异等方面。

从人口职业结构的总量和结构上看，2010年我国在业人口中，从事农、林、牧、渔、水利业生产的人口约占总人数的48%，而专业技术人员在业人口中的比重不足7%。男女性人口的职业构成也存在一定的差异，突出表现为：从事农、林、牧、渔、水利业生产的女性人口比重较男性高出近9个百分点，而从事生产、运输设备操作等的女性人口比重则较男性低了近12个百分点。并且，女性人口从事国家机关、党群组织、企事业单位负责人工作的比重远低于男性，表明我国女性参政议政的能力和妇女的社会经济地位尚待提高（表6-13）。

表6-13 2000、2010年我国分职业的人口构成情况 （单位：%）

职业类别	合计		男性		女性	
	2010年	2000年	2010年	2000年	2010年	2000年
国家机关、党群组织、企事业单位负责人	1.77	1.67	2.40	2.54	1.00	0.62
专业技术人员	6.84	5.7	6.04	5.04	7.82	6.51
办事人员和有关人员	4.32	3.1	5.23	3.95	3.19	2.06
商业、服务业人员	16.17	9.18	14.10	8.39	18.74	10.12
农、林、牧、渔、水利业生产人员	48.31	64.46	44.33	60.72	53.24	68.97
生产、运输设备操作人员及有关人员	22.49	27.78	27.78	19.28	15.92	11.67
不便分类的其他劳动者	0.10	0.06	0.11	0.08	0.08	0.05
合计	100.00	100.00	100.00	100.00	100.00	100.00

资料来源：国务院人口普查办公室（2002，2012）。

职业构成中，从业人员的教育程度是衡量职业结构质量的一个重要方面，不同职业对于从业人员的教育程度要求不一，专业对应的岗位上的从业人员的受教育程度直接影响着职业功能的发挥。从表6-14中可以看出，我国从业人员的教育程度每年都在提高，1982年从业人员的教育程度主要以小学和文盲、半文盲为主，高中、中专及大专以上的人口只占从业人员的11.37%，在之后的几年里，文盲和半文盲人口逐渐减少，2000年只占总从业人员的8.14%，从业人员的教育程度主要以初中学历为主，占到了41.71%。1982~2000年初中教育程度的从业人员的比重逐渐增大，增幅达15.7个百分点，而高中教育程度的从业人员比重也有所增加，但增幅较小，仅为2.11个百分点。至2010年，大专及以上教育程度的就业人口已占到10%以上。

表6-14 1982~2010年中国从业人员的教育程度构成 （单位：%）

类别	1982年	1990年	2000年	2010年
文盲半文盲	28.20	16.92	8.14	3.41
小学	34.38	37.83	32.84	23.86
初中	26.01	32.31	41.71	48.80
高中、中专	10.54	11.07	12.65	13.87
大专及以上	0.87	1.87	4.66	10.05
总计	100.00	100.00	100.00	100.00

资料来源：郭宇强（2007）；第六次人口普查资料。

2. 中国人口职业结构的区域差异 利用布局系数考察不同地区的职业分布情况即不同地区不同职业人数的集中程度,来说明我国人口职业结构的地区差异。布局系数表示为

$$LQ_{ij} = \frac{L_{ij}/L_j}{L_i/L}$$

其中,LQ_{ij} 表示第 i 地区 j 职业的布局系数;L_{ij} 是第 i 地区 j 职业的从业人数;L_j 是全部地区所有 j 职业的从业人数;L_i 为 i 地区的所有职业的从业人数;L 是全部地区所有职业的从业人数。

如果某个地区某个职业类别就业人数的布局系数为1,说明该地区这一职业的就业人口分布处于我国的平均状态;如果 $LQ>1$,说明这一地区这一职业的就业人口的分布相对集中,就业人口主要向这一职业集聚,超过全国的平均状态;如果 $LQ<1$,说明这个地区这一职业的就业人口的分布相对分散,低于全国的平均状态。

表 6-15 东西部职业结构的布局系数

	负责人	技术人员	办事人员	商业服务人员	农业人员	生产人员	不便分类
东部地区	1.235	1.096	1.207	1.230	0.833	1.447	0.692
中部地区	0.915	0.978	0.898	0.869	1.095	0.724	1.489
西部地区	0.679	0.850	0.757	0.756	1.176	0.559	0.871

资料来源:国务院人口普查办公室(2002)。

从表 6-15 中可知,我国东部地区从业人员主要为国家机关、企事业单位的负责人、技术人员、办事人员以及商业服务人员和生产人员,都高于全国平均水平,而农业人员的分布分散,低于全国平均水平。并且,东部地区的生产人员集中程度排在第一位,农业人员的集中程度排在最后一位,说明东部地区制造业较发达。

中部地区的负责人、技术人员、办事人员、商业服务人员、生产人员的布局系数都小于1,分别为 0.915、0.978、0.898、0.869、0.724,说明该地区技术力量薄弱,制造业、服务业不发达,而农业从业人员超过了全国平均水平,该地区仍以农业为主。

西部地区和中部地区类似,但各职业的布局系数都处于最低水平,各职业比较分散,仅农业超过了全国平均水平,布局系数达 1.176,说明该地区仍以农业为主,农业人员的分布比较集中。

三、人口收入分配结构

(一)人口收入分配结构度量指标

收入分配问题是世界各国的一个敏感问题,而发展中国家的收入分配问题更是经济学家高度关注的问题。一般认为只有国家收入分配状况改善,收入和财产的不平等程度下降,贫困人口减少,才能达到经济可持续增长的目的。

测度和描述收入分配结构常常采用基尼系数、库兹涅茨指数、阿鲁瓦利亚指数、收入不良指数以及绝对极值比等数量指标。

基尼系数(Gini coefficient)是意大利经济学家基尼(Corrado Gini,1884~1965)于 1912 年提出的,是使用最广泛的定量测定收入分配差异程度的指标,国际上通常将基尼系数值达到 0.4 作为收入分配差距的警戒线。

基尼系数的经济含义是:在全部居民收入中,用于进行不平均分配的那部分收入占总收入的百分比。基尼系数最大为"1",最小等于"0"。前者表示居民之间的收入分配绝对不平均,即 100% 的收入被一个单位的人全部占有了;而后者则表示居民之间的收入分配绝对平均,即人与人之间收入完全平等,没有任何差异。但这两种情况只是在理论上的绝对化形式,在实际生活中一般不会出现。因此,基尼系数的实际数值只能介于 0~1 之间。

基尼系数是根据洛伦茨曲线计算而得。设实际收入分配曲线和收入分配绝对平等曲线之间的面积为 A,实际收入分配曲线右下方的面积为 B。并以 A 除以 $(A+B)$ 的商表示不平等程度。这个数值被称为基尼

系数或称洛伦茨系数。如果 A 为零,基尼系数为零,表示收入分配完全平等;如果 B 为零则系数为 1,收入分配绝对不平等。收入分配越是趋向平等,洛伦茨曲线的弧度越小,基尼系数也越小,反之,收入分配越是趋向不平等,洛伦茨曲线的弧度越大,那么基尼系数也越大。

库兹涅茨指数是最富有的 20% 人口的收入占总收入的比重。该指数下限为 0.12,此时意味着收入分配的绝对平均;指数越高,表明收入差别越大。

阿鲁瓦利亚指数为最贫穷的 40% 人口的收入占总收入的比重。该指数上限值为 0.14,此时意味着收入分配的绝对平均;指数值越低,表明收入差别越大。

收入不良指数为最富有的 20% 人口与最贫穷的 20% 人口各自收入占比之比。这一指数的最低值为 1;指数越高,收入差别越大。

(二)倒"U"形假说及其检验

1. 收入分配的倒"U"形假说　1955 年,美国经济学家库兹涅茨提出了经济增长与收入分配平等长期变动趋势的倒"U"形假说(inverted-U hypothesis)。库兹涅茨在引证了普鲁士 1854~1875 年的数据资料,论证了经济增长早期阶段收入分配不平等恶化的趋势之后,利用历史上的美国、英国和德国萨克森地区以及二战后一些国家的数据,阐述了经济发展初期收入分配不平等随经济增长得以改善的趋势:"收入分配不平等的长期趋势可以假设为:在前工业文明向工业文明过渡的经济增长早期阶段迅速扩大,尔后是短暂的稳定,增长的后期阶段则逐渐缩小。"

2. 倒"U"形曲线的实证研究　鲍克特(F. Paukert)、阿鲁瓦利亚利(M. Ahluwalia)进行的横截面数据检验支持了库兹涅茨的倒"U"形假说(表 6-16、表 6-17)。鲍克特通过比较分布在不同收入组的 56 个国家基尼系数平均值时发现,当一个国家的人均 GDP 进入 301~500 美元组之前,经济增长将导致收入分配不平等恶化,而当人均 GDP 超过这一组之后,收入分配差距将逐步缩小。阿鲁瓦利亚利用 60 个国家的样本资料的验证表明,库兹涅茨指数、阿鲁瓦利亚指数和基尼系数三个数据都支持了"先恶化后改善"的趋势。

表 6-16　鲍克特检验:不同国家人均收入水平与基尼系数

收入等级(人均 GDP*)	平均基尼系数	基尼系数范围	国　家　数
100 以下(78.3)	0.419	0.33~0.51	9
101~200(147.6)	0.499	0.26~0.50	11
201~300(244.4)	0.530	0.36~0.62	8
301~500(426.9)	0.494	0.30~0.64	9
501~1 000(723.3)	0.438	0.38~0.58	6
1 001~2 000(1 485.2)	0.401	0.30~0.50	10
2 000 以上(2 572.3)	0.365	0.34~0.39	3

* 以 1965 年美元计算,括号内为各组平均数。
资料来源:Paukert(1973)。

表 6-17　阿鲁瓦利亚利检验:不同类型国家的收入分配差距

项　　目	收入份额		基尼系数	1970 年人均 GNP/(美元/人)
	最低 40%	最高 20%		
低收入国	14.2	50.9	0.427	256
中低收入国	11.3	53.5	0.505	867
中上收入国	14.0	49.1	0.428	2 623
工业化市场经济国家	18.8	40.2	0.331	8 664
非市场经济国家	20.5	35.5	0.284	1 309

资料来源:Ahluwalia(1976)。

但被横截面数据的检验所支持的倒"U"形轨迹并没有被时序数据检验所支持。钱纳里(H. Chenery)等人检验了18个国家和地区在20世纪50~70年代经济增长与收入分配的不平等相关性,其间,有6个国家和地区40%的低收入者的收入增长快于整个经济的增长,11个国家40%的低收入者的收入的增长慢于整个经济的增长,而韩国在1964~1970年的经济高速增长时期,40%的低收入者的收入份额是与GNP同步增长的。这一事实表明,经济增长早期的收入分配不平等恶化并非唯一的规律。菲尔兹(G. S. Fields)根据对"亚洲四小龙"经济高速增长过程中的经验指出,收入分配不平等并非经济增长必须付出的代价(表6-18)。

表6-18 "亚洲四小龙"的基尼系数

项 目	中国香港	韩 国	新加坡	中国台湾
20世纪50年代				0.5
1964年	0.487		0.499	
1968~1972年				0.3
1970年		0.33		
1971年	0.411			
1975年			0.452	
1976年	0.438	0.38		
1976~1978年				0.27
1980年			0.455	
1981年	0.447			

资料来源:Fields G. S. (1984)。

倒"U"形假说指出的在经济增长到一定阶段后收入分配不平等的改善也未被时序数据检验证明;很多发展中国家经济增长过程中反而出现了收入分配不平等持续扩大的局面。威尔伯引用伊尔玛·阿德尔曼等人对42个发展中国家的时序数据考察结果指出,经济增长对收入分配的主要影响在于减少穷人的绝对收入和相对收入,"那里的发展好处非但没有自动地间接流下,发展过程却反而典型地使好处间接流上,受惠的是中产阶级和富人"。这种情况在以巴西为代表的执行着"经济增长第一,社会公平第二"主张并有着突出的经济增长成就的国家中表现得尤为突出(表6-19)。

表6-19 巴西的经济增长与收入分配差距

项 目	1960年	1970年	1976年	1980年	1988年	1999年	2000年
人均GNP/(美元/人)	—	1 235	—	2 266	2 241	3 401	—
最低的50%	17.7	14.9	11.8	—	—	—	—
最高的5%	27.7	34.9	39.0	—	—	—	—
基尼系数	0.5	0.56	0.60	—	—	—	0.601

资料来源:基思·格里芬(1992)。

(三)现阶段中国人口收入分配结构的特殊性

1. 尚未形成"橄榄形"收入分配结构 居民收入分配呈现两头小、中间大的"橄榄形"收入分配结构是现代的相对符合社会稳定和发展要求的一种状态,即最富裕和最贫穷的人口相对偏少,而中间的比例很大。有学者指出:"社会逐步转变成中等收入者占多数的一个结构,才是现代的相对符合社会稳定和发展要求的一种状态,但是我国目前还没有形成这样的一个结构。"目前,我国居民收入分配结构呈现明显的金字塔形状。富者和中等收入的人口相对偏少,低收入人口数额巨大。2015年我国农村人口占到44%,农村人口绝对数在6亿以上,农村除了部分的富裕户和富裕地区外,大部分收入都处于低位,同时,我国目前城市就业压力巨大,显性失业和隐形失业的人口均在增多,造成低收入人口数量巨大。

目前,政府正积极采取相关措施,制定发展改革收入分配的目标,"橄榄形"的收入分配结构一直是努力的方向。党的"十六大"强调扩大中等收入者比重,加大税收调节力度,扩大中等收入阶层比重,努力形成"橄榄形"的收入分配格局。党的"十八大"进一步提出,要努力实现"收入分配差距缩小,中等收入群体持续扩大,扶贫对象大幅减少"的新要求。

2. 居民收入来源结构决定人口收入分配结构 改革开放后我国城镇居民收入结构发生了显著的变化,突出表现在:收入结构由原来单一的工资收入扩展到其他多种收入;居民储蓄和投资能力的增强,扩大了经营性收入和财产性收入的来源,成为个人收入分配中愈来愈重要的影响因素。城镇居民可支配收入的快速提高是工资性收入、经营性收入、财产性收入和转移性收入共同提高的结果,2007年对可支配收入的贡献(比重)排序依次为工资性收入、转移性收入、经营性收入和财产性收入,分别为74.2%、24.5%、6.8%、2.5%。不同来源收入增长速度不同:1990~2007年的17年间依次分别增长7.9倍、9.3倍、40.8倍、21.34倍,其中,增长最快的是经营性收入和财产性收入。同时,伴随经济发展水平的不断提高,各种来源的收入在城镇居民可支配收入中的重要性也在悄然变化:工资性收入虽然仍是城镇居民的主要收入来源,但它在总收入的比重正逐年下降;转移性收入和经营性收入的比重在不断提高,且转移性收入日益成为城镇居民可支配收入的重要来源之一,2000年以来占可支配收入的比重均在22%以上;财产性收入的绝对量在逐年提高;经营性收入无论从绝对量还是相对量都有较大提高,在城镇居民可支配收入中的重要性日益提高。

伴随着居民收入来源结构的不断变化,居民财产差距也在不断扩大,根据国家统计局的数据,到2002年上半年,城市居民家庭财产差距情况是最低收入10%的家庭其财产总额占全部居民财产的1.4%,而最高收入10%的富裕家庭其财产总额占全部居民财产的45%。城市居民家庭财产的基尼财产差距扩大的原因,与生产要素按贡献参与分配有关。例如,居民家庭所拥有的住房差异,会在一定情况下转化为财产差距。又如由于劳动复杂程度的差别、企业产权的拥有与否等都会造成个人收入分配和家庭财产差距的扩大。

3. 二元经济结构转型困难扩大了城乡居民收入 中国城乡居民收入差距的存在及其扩大趋势已是社会各界普遍公认的事实,其中大多数学者认为二元经济结构是造成城乡居民收入差距的最主要原因。二元经济结构的强化之所以会扩大城乡居民收入差距,主要原因在于由二元经济结构所派生的就业机会、社会福利机会的不均等进而造成收益机会的不均等,以及工农业产品的剪刀差所导致的城乡居民收益关系的扭曲等。

发达资本主义国家人口规模相对较小,土地资源相对丰富,在转型过程中工业产品对全球扩张,人口流动又没有人为的城乡壁垒障碍,农村人口主要向大中城市实质性转移(改变居住地),这样工业化对第三产业的带动作用强,第三产业发展很快,又创造了更多的就业机会,很快形成了二元经济结构的良性循环。而我国一方面人口规模大,土地资源稀缺,需要转移的农村剩余劳动力也多;另一方面,我国又人为地设置了城乡壁垒障碍,转移主要依靠乡镇企业和农村中的非农产业的就地转移,农村人口向大中城市实质性转移很少,造成工业化对我国第三产业的带动小,二元经济结构转换没有形成良性循环,其直接影响就是城乡居民收入差距的继续扩大。

四、人口消费结构

(一)人口消费结构的内涵及变动趋势

1. 人口消费结构的内涵及度量指标 消费结构指不同商品或劳务消费支出占总消费支出的比例,包括食品消费、衣着消费、居住消费、交通通信消费、医疗消费、家庭设备用品及服务消费、文娱教育消费和其他消费等八个支出子项。考察消费结构是衡量居民生活水平、生活质量的一条重要途径,可以从侧面反映一国宏观经济发展的基本状况,是联合国划分一国经济发展阶段的重要手段之一。对于企业来讲,居民消费结构的分析对于企业市场营销管理十分重要,是挖掘市场营销机会核心而永恒的主题。同时,优化消费结构对扩大居民消费需求,从而拉动我国经济持续、健康增长具有深远意义。

人口消费结构的度量指标主要有恩格尔系数、边际消费倾向、需求收入弹性等。不同的指标测度的方法不同,表征的内容也不同。

恩格尔系数被广泛用来评价一个国家或地区的消费水平,指食品消费支出占总消费支出的比重。一般来说,一个国家或家庭生活越贫困,恩格尔系数就越大;反之,生活越富裕,恩格尔系数就越小。根据联合国粮农组织提出的划分贫困与富裕的标准,恩格尔系数在59%以上为贫困,50%~59%为温饱,40%~50%为小康,30%~40%为富裕,低于30%为最富裕。

边际消费倾向指居民新增加的每单位收入中用于增加消费支出的份额。居民对各类消费品的边际消费倾向,反映了居民各类消费需求的顺序和新增购买力的投向。需求收入弹性指当所有商品的价格不变时,收入变化1%所引起的第i种商品需求量变化的百分比。其计算公式为

$$\eta_i = b_i Y/V_i$$

其中,b_i为第i种商品的边际消费倾向;Y为各地人均可支配收入;V_i为各地对第i种商品或劳务人均实际支出数。由需求收入弹性定义可知,若$0<\eta_i<1$,表明随着收入的增加,第i种商品的需求量将增加,但这类商品支出占总收入的比重在下降;若$\eta_i=1$,表明随着收入的增加,第i种商品的需求量与收入同步增加;若$\eta_i>1$,表明随着收入的增加,第i种商品的需求量将增加,且这类商品支出占总收入的比重也增加。

2. 人口消费结构的良性变动趋势　　消费结构是随着需求与供给的矛盾运动而不断变动。考察消费结构的合理性,还应该考察它的变动性质。消费资料的良性变动反映为:生存资料在消费支出中的比重逐步下降,发展资料和享受资料的比重逐步上升;在各种消费形式的支出中,食品比重逐步下降,衣着、用品的比重逐步上升;食品的支出比重中,主食品的比重下降,副食品的比重上升;在穿用的消费支出中,购买中档、高档消费品和耐用消费品的支出比重上升,低档品比重下降;在住房建设中,新建扩建投资比重上升,维修投资比重下降;商品性消费比重增加,自给性消费比重下降;在消费总量中,服务性支出比重上升,商品性支出比重下降;用于精神消费比重上升,用于物质消费比重下降等。在总的良性变动趋势中,不排除个别时期内某个局部的逆向转化,如由于供应条件的改善和需求质量的提高而使食品支出增大。

(二) 不同国家人口消费结构的差异及其影响因素

1. 人口消费结构的国际比较　　不同国家由于发展水平的差异,导致人口消费结构呈现出一定的阶段特点。在表6-20中,比较世界16个国家和地区在人均GDP1 000美元、3 000美元时的居民消费结构,可以得出以下结论。

表6-20　世界16个国家和地区居民消费结构及其变化　　　　　　　　　　　　(单位:%)

人均GDP	食品、饮料烟草	衣着	居住	家用设施	医疗保健	交通费用	文教类支出	杂项商品及服务
1 000美元	41.31	11.4	11.4	9.2	4.26	8.55	6.84	6.95
3 000美元	32.13	9.62	13.33	9.2	4.96	12.11	7.54	10.73
变化情况	-9.18	-1.78	1.93	0.00	0.7	3.56	0.7	3.78

资料来源:徐平生(2005)。

1) 食品、衣着类消费的比重逐渐降低。目前,世界很多发达国家,食品衣着类支出等基本生活资料的费用支出占总消费支出的比重较低,并呈现出逐年下降的趋势。2006年,美国食品支出(食品、烟酒饮料等)为8.96%,衣着类支出为4.56%,法国为16.59%、4.68%,德国为14.42%、5.18%,韩国为17.4%、4.5%。这些发达国家不仅食品消费的比重较低,在消费支出结构的排序上,食品消费支出已由第一位下降到第二、第三甚至最后。以2002年数据为例,日本、法国(2003年)、加拿大的食品消费支出排在第二位,德国排在第三位,英国排在第四位,澳大利亚排在第五位,美国排在第六位。食品消费支出退出第一支出的位置,标志着消费结构发展到一个更新的阶段。

2) 居住、交通通信类消费比重较高。随着食品衣着类消费支出的下降,发达国家居住、交通费用比重相应的不断提高,造成这种现象的主要原因是人们在追求物质享受的同时,注重耐用型消费品的享受,以求达到舒适享受的生活阶段。2006年美国用于住、家用设施的比重达22.27%、交通通信占13.02%,法国为30.8%、17.37%,德国为31.31%、16.81%。

3) 医疗、文教类消费支出比重较低。随着人们生活水平的普遍提高,政府提供各种社会医疗保证制度,

居民用于医疗卫生保健费用逐渐降低。2006年法国医疗保健支出为3.38%、日本(2005年)为4.38%、德国为4.83%、英国最低为1.62%。而美国医疗保健支出占到总消费支出的18.99%，与其他发达国家相差较大，究其原因，是因为美国不存在全民健康保险，政府主要帮助老人、低收入群体、失业人员等一些弱势群体，居民需自己购买商业医疗保险，从而造成美国的医疗保健支出费用较高。

总之，消费结构之所以在世界上各国家呈现出不同的人口消费结构，是因为消费结构的变动受多种因素的影响，主要为社会生产力发展水平、社会经济制度、产业结构、消费者的收入水平、消费品价格与消费决策(引导)、人口的社会结构和自然结构所决定的需求结构、消费者心理和消费行为、自然环境等。这些因素相互制约、相互作用，共同制约着人口消费结构的变化。

2. 人口老龄化对消费结构的影响 按照经济学理论，市场是由人口、消费意向和购买力构成的，市场取决于消费，消费市场的规模是由人口数量的大小决定的，人口是消费的主体，人口的年龄结构的变化将影响消费结构。在人口老龄化的国家，老年人口的数量和比重相对较高，老年人口的消费占整个消费市场的份额较高，造成了消费结构的变化。随着老龄化趋势的不断加大，老年人的收入水平相对下降的变化、主要消费支出及开支模式、供养制度等因素将对消费结构产生一定的影响，老年人口数量与相对比重的增加会促使老年人专用商品的需求量增多。

克拉克和斯彭格勒认为，在人的生命周期的不同阶段，消费具有不同的特点，个人消费受家庭生命周期的影响，消费随着消费者的年龄、生理、职业和收入的变化而变化。对于老年人消费模式而言，老年人口数量与相对比重的增加会促使老年人专用商品的需求量增多，特别是对衣服、食品和其他日用消费品需求的上升；而对于住宅建筑、汽车等耐用消费品的需求往往不会增多。这样，在人口老龄化形成的社会消费结构中，对日常用品，特别是老年人的日常用品的消费增加，对耐用消费品的消费则保持不变，或使其所占比重有所下降。

老年人口的消费结构之所以呈现出独特的特点，也有其收入水平变化的影响。在人口老龄化的国家，老年人口的收入水平通常随着年龄的升高而呈现下降趋势。据1992年美国人口统计，如果以55岁的准老年人的经济收入为100计算，那么55～64岁老年人的收入水平为158,65～74岁的低龄老年人为99.1,75～84岁老年人与55岁的准老年人相比，降低了近一半。因此老年期中的平均消费随着年龄的衰老而减少，购买力下降，但对于医疗服务和药品，特别是保健药品的消费需求明显增加。据统计，20世纪80年代初期，英国医院的病床有一半以上为老年人所占用，日本由于高龄化社会的迅速发展，老年病人迅速膨胀。根据预测，到2025年，日本65岁以上的病人要比1980年时大约增加3倍。1980年日本有医院8670个，到2025年将增加到16100个。目前，日本需要全日护理的老年人达到50万人左右，相当于政府医疗中心病床的3倍。与此相对照的是青少年人口比重下降，青少年人口数量的减少，对儿童用品的需求减少，出现供过于求现象。正是这种消费结构的变化，引起了生产结构的变化，一部分原来生产青少年人口用品的行业转产其他商品，而生产老年人用品的产业逐渐兴旺发达，供不应求。

总的来说，在人口老龄化的国家，人口老龄化形成的消费结构对于经济发展是不利的。消费主要是由经济的因素与年龄变化发展的。从居民的消费来看，老龄者的住房、食品、家庭用品、保健费、医疗费等支出的比重显著提高。随着人口老龄化的发展，由于收入水平相对较低的老龄者人均消费额减少，汽车、电视机以及电冰箱等耐用消费品部门的需求量减少，这样人口老龄化的消费减退效果在某种程度上抑制了经济发展。

3. 我国城乡居民消费结构 消费是社会再生产的重要环节，是社会经济活动的出发点和归宿，生产决定消费，消费反作用于生产，从消费结构的状况及变化趋势可以看出社会经济发展的水平及其动向。改革开放以来，我国的消费结构伴随着国民经济的迅猛发展，发生了巨大的变化，然而受城乡收入水平的差距，城乡居民消费结构表现出不同的变化。

由图6-3可知，自1978年以来，我国城镇和农村居民恩格尔系数呈现出较大的波动，在整体下降的趋势下，个别年份出现反弹，农村居民的恩格尔系数高于城镇居民。20世纪80年代初期，由于我国农村居民收入水平的提高，城乡居民的恩格尔系数差距在缩小。1978年农村居民高于城镇居民近10.2%,1992年下降到3.9个百分点。此后，由于城镇经济体制改革的深化，城镇居民收入增长率快于农村居民，导致城乡居民的恩格尔系数的差距再次拉大,1999年达到10.5个百分点。尽管之后政府出台各种政策缩小城乡居民收入的差别，但仍存在着差距,2007年农村居民高于城镇居民6.8个百分点,2015年这一差距缩小到3.3个百分点。

我国城乡居民消费结构变化的另一个显著特点是在恩格尔系数下降的同时，居住、交通、教育文化娱乐

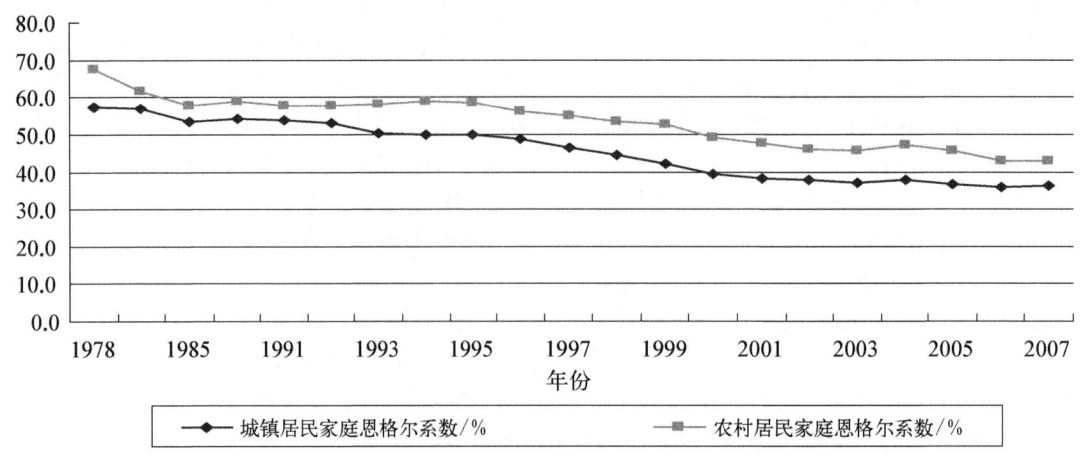

图 6-3 1978年以来城镇和农村居民的家庭恩格尔系数

在城乡居民生活消费支出中均已占较大比重(表6-21),城乡居民生活消费支出结构开始出现较大的相似性。

表 6-21 城镇居民与农村居民平均每人消费性支出构成 (单位:%)

	城镇居民	农村居民		城镇居民	农村居民
食品烟酒	29.73	33.05	交通通信	13.53	12.61
衣 着	7.95	5.97	教育文化娱乐	11.14	10.51
居 住	22.09	20.89	医疗保健	6.75	9.17
生活用品及服务	6.11	5.92	其他用品与服务	2.70	1.89

资料来源:中国统计年鉴(2016)。

第二节 人口社会结构及其分布

一、社会阶层结构

(一)社会分层与人口社会阶层结构

社会分层(social stratification)属于社会学范畴,指按照一定的标准将人们区分为高低不同的等级序列。"分层"原为地质学家分析地质结构时使用的名词,指地质构造的不同层面。社会学家发现社会存在着不平等,人与人之间、集团与集团之间,也像地层构造那样分成高低有序的若干等级层次,因而借用地质学上的概念来分析社会结构,形成了"社会分层"这一社会学范畴。人们习惯于运用"阶级"和"阶层"来描述社会分层的状况。

社会分层结构(social stratification structure)指社会系统中不同社会成员之间的构成方式与比例关系,它是依据某些特定的原则、标准和方法,对社会成员阶层归属的划分,从而确定各社会成员在社会结构中的位置。

(二)关于社会阶层结构的理论

1. 马克思主义关于社会阶层结构的理论 在社会分层问题上,马克思主义阶级分层理论揭示了私有制下社会不平等的根源,对阶级与阶层做出了全面的阐述和深刻的分析,其要点可以归纳为以下几个方面。

(1)划分阶级的标准 划分阶级的标准是人们在生产关系中所处的地位,主要指生产资料的占有关系,以及由此决定的人们在生产方式中所起的作用与获得社会财富的方式、数量等。

(2) **阶级的内部关系**　　阶级内部成员具有共同的经济地位与共同的利益,他们的行为表现一致性程度较高。阶级有一个从自在到自为的发展过程。在阶级斗争中,同一阶级的成员有着共同的阶级意识;同时,阶级内部成员之间越来越紧密地联系起来,采取共同行动以维护自己的利益。

(3) **阶级与阶层**　　每一阶级内部又分为若干阶层。各个阶层之间的利益、价值观和政治倾向有所不同。在社会改革和社会革命的过程中,不同阶层对革命的态度也不同。

(4) **私有制社会中各阶级之间的关系**　　阶级存在是私有制社会中不平等的主要表现形式。在私有制社会中,由于各阶级的地位与利益不同,存在着阶级之间的经济剥削与政治压迫关系,阶级斗争与阶级冲突从来就没有停止过。阶级斗争与社会革命构成社会发展的动力。

2. 西方社会学者关于社会阶层结构的理论　　西方社会学史上,最早提出社会分层理论的是德国社会学家韦伯。韦伯提出划分社会层次结构的三重标准,即财富-经济标准、威望-社会标准、权力-政治标准。韦伯认为,财富指社会成员在经济市场中的生活机遇,这就是个人用其经济收入来交换商品与劳务的能力,即把收入作为划分社会阶级、阶层结构的经济标准。社会标准指个人在他所处的社会环境中所获得的声誉与尊敬。在西方分层理论中,常常按照这个标准把社会成员划分成不同的社会身份群体。所谓社会身份群体是指那些有着相同或相似的生活方式,并能从他人那里得到等量的身份尊敬的人所组成的群体。政治标准指权力,韦伯认为,权力就是"处于社会关系之中的行动者即使在遇到反对的情况下也能实现自己的意志的可能性"。权力不仅取决于个人或群体对于生产资料的所有关系,也取决于个人或群体在科层制度中的地位。以上三条标准既是互相联系的,又可以独立作为划分社会层次的标准。

西方社会学家对社会分层的研究,大多继承了韦伯的上述观点,并在此基础上提出了各种分层模式和理论,归纳起来有以下三类。

(1) **把社会划分成几个大的阶级**　　由于划分阶级的标准不同,曾提出过许多的阶级模式,其中影响比较大的有:

1) 三个阶级理论:把人分成上等阶级、中等阶级与下等阶级。

2) 林德的两个阶级模式:美国社会学家 R. 林德与 H. 林德在《中镇》(1929)与《过渡的中镇》(1937)等著作中提出了"企业家阶级"与"工人阶级"的模式。企业家阶级由商业与工业管理者以及通常被称为专家的人组成,其他人则属于工人阶级。

3) 米尔斯的阶级模式:美国社会学家 C. W. 米尔斯在《权力精英》(1956)一书中,把工人分成白领与蓝领两个阶级。白领指从事脑力劳动的技术熟练的工人,其中包括管理者阶层;蓝领则是非熟练的体力劳动者。

(2) **把社会成员划分成若干个层次**　　20 世纪 40 年代美国社会学家 W. L. 沃纳等人依据多重标准曾提出 6 个层次的划分方法。这实际上是把上、中、下三个阶级各分两层。

1) 上上层:由世世代代的富有者所组成,这些人既拥有大量的物质财富,又有上流社会特有的生活方式。

2) 下上层:他们虽然在财产上并不逊色于上上层,但他们还没有具备上流社会的生活方式。有人称之为"暴发户"。

3) 上中层:他们是一些成功的企业家和专业技术人员,居住的环境优美的郊区,有自己舒适的住宅。

4) 下中层:主要包括一些小店员、神职人员等。

5) 上下层:他们的收入并不比上中层和下中层的人少,但他们主要从事体力劳动。

6) 下下层:主要是指无固定收入者、失业者以及只能从事一些非熟练劳动的人。

(3) **续谱排列**　　根据人们在职业分工、工资收入与身份声望等方面的具体而细致的差别,把社会成员划分成连续排列的多个小层,即续谱。美国社会学家、结构功能主义的代表 T. 帕森斯主张以职业作为分层的标准。他认为,在美国社会中最重要的分层标准是职业,财富与声望都依赖于职业。职业的等级是代表个人成就的,是社会对个人成就的一种认定与酬赏。结构功能主义的分层理论在美国长期占统治地位,采取这一分层方法的社会学家通过社会调查,把美国 100 多种职业按社会声望的高低排出名次来。具有代表性的是 1964 年美国进行的职业评分,这次评定的职业上至联邦最高法院的大法官、医生,下到清洁工、擦鞋童,共 87 种,所得的分数最高为 94 分,最低只有 34 分,共列出 40 多个层次。

（三）社会阶层结构的变动与趋势

1. 国际社会阶层结构的变动与趋势　第二次世界大战结束以来，世界主要的发达国家大都实行了资本输出和国内产业结构调整政策，随之而来，这些国家的国内社会分层结构也相应地发生了两方面的变化：① 工人阶级规模和比重不断萎缩；② 中产阶级规模和比重不断膨胀。

以德国为例（邢来顺等，2009），1950年有工人1 196.7万人，占从业总人数的50.9%；1980年下降到1 137.2万人，占从业总人数的42.3%；1990年下降到1 097.4万人，占从业总数的37.4%；1999年进一步下降到975.8万人，占就业总人数的32.9%。传统意义上的工人阶级正在变成德国社会的"少数"；与此相反，在德国具有中间阶层职业特点的就业人数却呈现攀升态势。1970年官员和职员等新中间阶层就业人数为924.9万人，1980年相应的统计数据为1 226.3万人，1990年相应数据则增长到了1 520.1万人。

2. 中国社会阶层结构的变动与趋势　1949年中华人民共和国成立，我国结束了半殖民地半封建社会，进入新民主主义社会，阶级、阶层和社会关系发生了近代以来的第一次根本变化，形成了与新民主主义社会经济关系相适应的阶级关系。这个阶段的主要阶级类型是工人阶级、农民阶级、民族资产阶级和小资产阶级。

1956年，国家在农业、手工业和资本主义工商业等领域的社会主义改造基本完成，标志着我国进入了社会主义社会，原有的阶级、阶层和社会关系发生了近代以来的第二次根本性转变，形成了我国社会主义初期的社会分层结构。1956~1978年，国内基本维持着"两阶一层"的社会分层结构，即工人阶级、农民阶级和知识分子阶层。

改革开放以来，我国的经济基础和上层建筑都进行了重大的改革和调整，确立了以公有制为基础、多种所有制共存的生产资料所有制形式，并将发展生产力作为社会主义初级阶段的首要任务来抓，我国经济社会呈现出空前繁荣发展之势，随之而来，社会阶层结构发生了近代以来的第三次重大变化。这种正在形成和发展的变化呈现以下几个特点：① 农民阶级和工人阶级正处在不断融合之中。农民工是改革开放以来中国出现的一个重要特殊群体，专家估计这个群体多达上亿人，且呈逐年上升趋势，正是这个不断壮大群体推动着我国城乡二元制社会的不断瓦解，农民阶级和工人阶级的界限正在逐渐淡化。② 现代化社会分层结构组成已经具备。改革开放以来，中国的产业结构不断优化，与此相伴，职业结构也在不断丰富和发展，其中专业技术人员阶层、商业服务业员工阶层、经理人员阶层和私营企业主阶层等现代社会阶层已经出现并不断扩张，呈现出与现代化建设和市场经济发展相适应的变化趋势。③ 现代化社会流动机制已见雏形。改革开放后，中国改变了以"身份"论阶层和划分阶层的做法和机制，社会流动的渠道越来越开放，尽管在某些区域或领域还存在一些制度性限制和障碍，但是通过个人努力，每个人都有改变其社会地位的机会和可能，更加尊重个人奋斗价值的社会流动机制已见雏形。

二、婚姻结构

（一）婚姻类型与婚姻结构

1. 婚姻　古时又称"昏姻"或"昏因"。汉朝的郑玄说，婚姻指的是嫁娶之礼。在中国古代的婚礼中，男方通常在黄昏时到女家迎亲，而女方随着男方出门，这种"男以昏时迎女，女因男而来"的习俗，就是"昏因"一词的起源。换句话说，婚姻是指男娶女嫁的过程。

2. 婚姻类型　从纵向演变来看，婚姻类型经历了血缘婚、群婚、对偶婚和单偶婚等多种形式。每一种婚姻形式与人类文明的进步程度是相适应的。在现代文明社会里，主流的婚姻类型是一夫一妻的单偶婚，并且目前的绝大多数国家都将一夫一妻制规定为合法的婚姻形式。在人口学上使用"婚姻"一词，通常情况下指法律上所承认的婚姻，研究婚姻类别时，也主要围绕着一夫一妻制下的已婚、离婚、再婚和丧偶等类型展开。

3. 婚姻结构　婚姻结构指不同婚姻类别的人口比例关系。在进行人口学分析时，根据研究需要婚姻结构还可以与年龄、性别、文化程度、城乡等属性交叉，进而衍生为已婚人口年龄结构、已婚人口学历结构、已婚人口城乡结构、已婚人口性别结构、离婚人口年龄结构、离婚人口学历结构等。

（二）婚姻统计与婚姻结构分析

1. 已婚人口 由于婚姻习俗不一，不同国家或地区对已婚的界定略有区别。就世界范围来看，通常以下人口属于已婚人口：① 男女双方已经通过注册取得政府有关部门颁发的结婚证书；② 男女双方在教堂或亲友间公开举行结婚仪式；③ 虽没有取得结婚证书或公开履行仪式，但是男女双方已经同居多年并已为社会所公认为夫妻。我国所承认的已婚人口主要指第一类和第三类婚姻人口，第一类属于注册婚姻，第三类属于事实婚姻（我国自1994年2月1日起不再承认事实婚姻）。

广义的已婚人口相对于未婚而言，包括初次结婚有配偶人口、离婚人口、再婚人口和丧偶人口。狭义的已婚人口仅指有初次婚史的人口，或称之为初婚人口，可以与离婚、再婚、丧偶并列。

2. 离婚人口 对于离婚的认定，不同的国家或地区有不同的认定标准。一般而言，离婚人口是指这样一些人：① 已经经过政府有关部门注册取得离婚证书的人口；② 已经通过法律程序最后被判定离婚的人口；③ 夫妻双方协议离婚的人口；④ 虽未经以上程序，但已与配偶分居多年并被社会公众认为离婚的人口。离婚人口又可以分为初婚离婚人口和再婚离婚人口。

3. 再婚人口 再婚人口指那些有过两次及以上婚姻史的人口。

4. 丧偶人口 丧偶人口指那些有过婚史并且配偶已经离世的人口。

在进行婚姻人口分析时，要注意婚姻统计指标之间的交叉关系。例如，离婚与再婚之间存在交叉，再婚人口一定是离过婚的人口，但是离婚人口不一定是再婚人口。再如，丧偶人口可能是初婚丧偶，也可能是再婚丧偶。根据人口分析的目的，必要的情况下要对如上婚姻人口指标做出相对明确的界定。

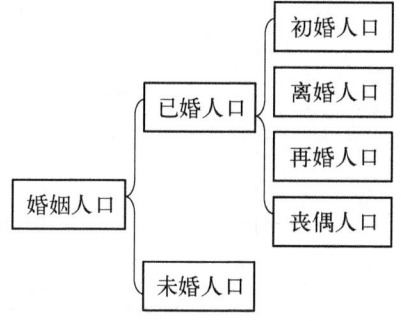

图 6-4 婚姻人口统计指标间的一般关系

（三）婚姻变动与社会发展

生育是婚姻的附属功能之一，因此婚姻结构变动与人口再生产关系密切。初婚人口（只有初次婚史的人口）是婚姻人口的主要群体，也是影响人口代际间隔的最重要群体。初婚人口的初婚年龄越早，初次生育孩子的年龄就有可能越早，人口的代际间隔就会越短；相反，初婚年龄越晚，初次生育孩子的年龄就会越晚，人口的代际间隔就会越长。从控制人口总量过快增长来看，我们希望初婚年龄越晚越好。但是，根据人的生理规律，生育孩子有最佳年龄区间，过早或过晚都不利于人口素质的提高，所以国家应当提倡在最佳生育年龄区间内晚婚晚育。

抚育子女是婚姻的另一个重要附属功能，婚姻变动直接影响家庭成员的生存与发展，尤其表现为父母一代对未成年子女一代的影响。离婚人口比例的增加，将不可避免的导致单亲家庭的增加，进而可能会影响下一代人口的健康成长。尽管离婚是婚姻文明进步的标志，但是它给人口和社会发展所带来的消极影响也是不可低估的。

丧偶人口也是值得关注的重要群体。丧偶人口尤其是老年丧偶人口是老龄社会中必须积极面对的重大人口问题。按照世界惯例，我们国家已经于21世纪初进入老龄社会，老年人口总量和比重还将进一步持续增长。在女性寿命较高的生命自然规律支配下，女性丧偶人口将大大高于男性丧偶人口，如何进一步照顾好日益增多的老年丧偶人口，将是摆在我们面前的一项重大社会课题。

（四）婚姻结构变动与分布

1. 世界婚姻结构变动与分布 随着物质生活的不断丰富，人们愈加崇尚精神方面的自由和释放，这种变化也正在不断冲击着婚姻和家庭。据联合国统计，近年来，世界许多国家的离婚率都有迅速上升的趋势。美国和欧洲许多国家的离婚率长期居高不下，亚洲许多国家的离婚率已有接近美欧国家的趋势，如韩国的离婚率已经飙升至排名世界第三。2003年韩国统计厅发表的《2002年结婚和离婚统计结果》显示,离婚件数每年都在刷新历史最高纪录,2003年约30.6万对夫妇结婚,竟然有14.5万对夫妇离了婚。2004年5月《印度教徒报》的一篇文章便形容"印度离婚率像坐了火箭一样直线上升"。一些致力于妇女权益的社会组织专家估计,在2004年,印度全国离婚率为5.8‰,比10年前增长了一倍有余。

根据美国人口咨询局提供的数字分析,美国结婚率持续下降已经是不争的事实。如表6-22所示,无论是白人、黑人、西班牙裔、亚裔还是印第安人,2000年与1980年相比,都呈现不同程度的下降,其中黑人下降最为明显,平均下降7个百分点;其次为印第安人,平均下降6个百分点;白人、西班牙裔和亚裔都分别平均下降3个百分点。

表6-22 美国不同群体结婚率变动情况(1980年/2000年)　　　　　　　　(单位:%)

年　份	白　人		黑　人		西班牙裔		亚　裔		印第安人	
	1980	2000	1980	2000	1980	2000	1980	2000	1980	2000
合　计	72	69	58	51	69	66	71	68	68	62
15～19岁	9	5	5	5	13	10	5	5	12	6
20～24岁	52	33	33	17	55	42	39	23	54	33
25～29岁	81	68	63	38	80	68	76	59	79	58
30～34岁	91	83	78	56	89	80	89	81	90	73
35～39岁	95	89	86	66	92	85	92	89	93	79
40～44岁	96	91	89	72	93	88	93	92	94	85
45～49岁	96	93	92	80	93	91	95	94	95	89
50～54岁	96	95	93	85	94	92	95	94	96	92

资料来源:美国人口咨询局(PRB)连续出版物(2003)。

2. 中国婚姻结构变动与分布　　改革开放以来,全国历年的结婚率基本维持在15‰上下波动。1988～2002年,全国结婚率呈现下降态势,这种下降是两种力量的叠加,一是结婚适龄人口比重的变化,另外一个不可忽视的力量是初婚年龄的不断推迟。2002年以来全国结婚率呈现波动上升趋势,这种上升可能的原因也有两个,一是年龄结构原因,另外一个是前期婚龄推迟存量的不断释放。不管什么原因造成了结婚率的波动,有一点是可以肯定的,结婚率的波动将直接影响人口出生率的波动。

与结婚率变动相比,离婚率的走向趋势要明显得多。1978年,全国离婚率仅有0.35‰,到2006年这个

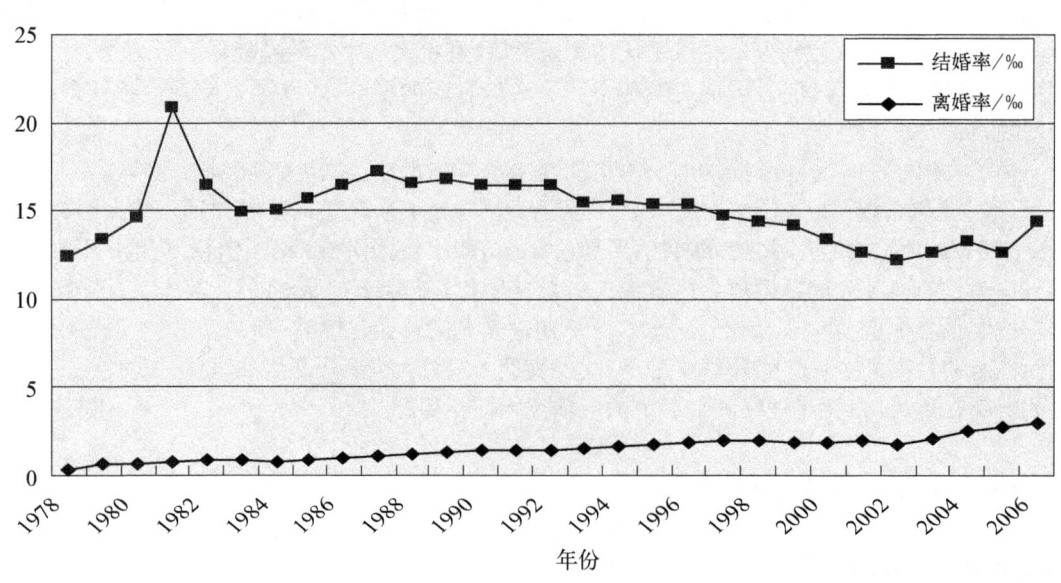

图6-5　1978～2006年全国结婚率与离婚率变动

资料来源:中国人口年鉴(2007)

数字已经攀升到 2.92‰,2006 年的离婚率比 1978 年翻了三番多。当然,大家要辩证的分析和看待国内离婚率的上升问题,一方面,这是婚姻自由的具体反映,是婚姻文明的进步;另一方面,要警惕和预防离婚可能会给子女成长带来各种危害。

三、人口家庭结构

(一) 家庭类型与家庭结构

"家庭"这个词对大家而言是再熟悉不过了,但是不同的国家对家庭的界定不同,所以到现在为止也没有一个十分权威而明确的定义。

1. 家庭　　通常被认为是两个或两个以上的人由血缘、婚姻或领养关系结合起来的共同居住的集体。但是,随着独居人口群体的不断增加,家庭的概念进一步扩大到独居家庭。

2. 家庭户　　家庭户为统计概念,指由家庭维系的户,兼指人口与住所。户中也可以包括没有家庭成员关系的长期居住人员。我国人口普查对家庭户的定义是:以家庭成员关系为主的人口,或还有其他人口居住一处共同生活,作为一个家庭户;单身居住独自生活的也作为一个家庭户。

3. 家庭类型　　按照家庭成员的居住地可分为从妻居、从夫居和单居。按照家庭传承系统可分为父系、母系和父母双系。现在我们一般按照代际层次和婚姻亲属的关系将家庭类型分为核心家庭、主干家庭、扩大家庭、联合家庭、残缺家庭、单身家庭和隔代家庭。人口分析中经常按照户规模或户代际数进行分类,如一人户、二人户、一代户、二代户等。

(二) 家庭类型的统计与家庭结构分析

1. 核心家庭　　指由父母及其未婚子女所组成的家庭模式。美国人类学家 G. P. 默多克首先提出了核心家庭的概念。核心家庭中包含两种最基本的家庭关系——夫妇关系和亲子关系,所以又称夫妇家庭或血缘家庭。核心家庭从已婚夫妇离开父族、母族独居为开端。没有子女的核心家庭也被称为"丁克"(double income no kid, DINK)家庭。

2. 主干家庭　　指父母与一对已婚子女生活在一起的家庭模式。通常包括祖父母、父母及未婚子女等直系亲属三代人。法国社会学家 F. 勒普累首先提出了主干家庭概念。这种家庭多与封建宗法制度下的长子继承权密切相关。

3. 扩大家庭　　扩大家庭是主干家庭在代际纵向上的延伸,一般有四代及以上的家庭成员共同居住。

4. 联合家庭　　联合家庭是主干家庭在同辈横向上的扩展,子代一般由两对及以上已婚兄弟姐妹及其未婚子女构成。

5. 残缺家庭　　残缺家庭指家庭内的骨干成员配偶一方不存在的家庭或子女亡故的家庭。单亲家庭和独生子女亡故家庭就属于残缺家庭。

6. 单身家庭　　独自一人居住和生活的家庭被称为单身家庭。

7. 隔代家庭　　家庭成员代际不连续的家庭被称为隔代家庭。目前我国农村大量出现的"留守老人"和"留守儿童"组成的家庭就属于隔代家庭。

(三) 家庭结构的变动与分布

1. 世界人口家庭结构的变动与分布　　工业革命以来,生产力水平不断提高,人们的生活方式和生活理念发生了很大变化,这种变化对家庭的组织方式产生了很大影响。近百年来家庭类型和家庭规模变化呈现以下几个特点:① 随着劳动生产率的不断提高和青年夫妻自由意识的不断增强,核心家庭的比重不断增加,并且已经成为当今社会主流的家庭组织方式;② 随着世界离婚率的不断提高,单亲家庭的比重明显增加;③ 随着部分国家结婚率的明显下降,独身家庭的比重也呈上升趋势。这种现象在美国表现得较为典型,根据美国人口咨询局提供的数据,1960 年美国单身家庭的比重不到 15%,到 2000 年单身家庭的比重已经超过30%。前三种趋势直接决定了世界家庭规模的小型化趋势和代际简化趋势。

2. 中国人口家庭结构的变动与分布 1982年以来人口普查的数据显示,我国家庭户规模呈现萎缩趋势。1982年户均规模约为4.5人/户,2015年为3.1人/户。对于这种萎缩的解释来自两个方面:① 扩大型家庭比重的减少,1982年近20%的家庭户内有三代及以上的家庭成员,到了2005年三代及以上家庭户的比例也随之降至不足17%左右;② 计划生育政策导致的代际人口萎缩。另外,国内家庭户规模也存在着很大的不平衡性。首先是地区间的不均衡,如全国人口变动情况抽样资料显示,2015年北京家庭户均人口只有2.54人,而西藏的家庭户均人口却仍旧高达4.13人。其次表现为城乡间的不均衡,2006年城市家庭户均规模为2.9人,乡村家庭户均规模为3.3人。值得关注的是,这种城乡间的家庭规模差距正在呈现缩小趋势。

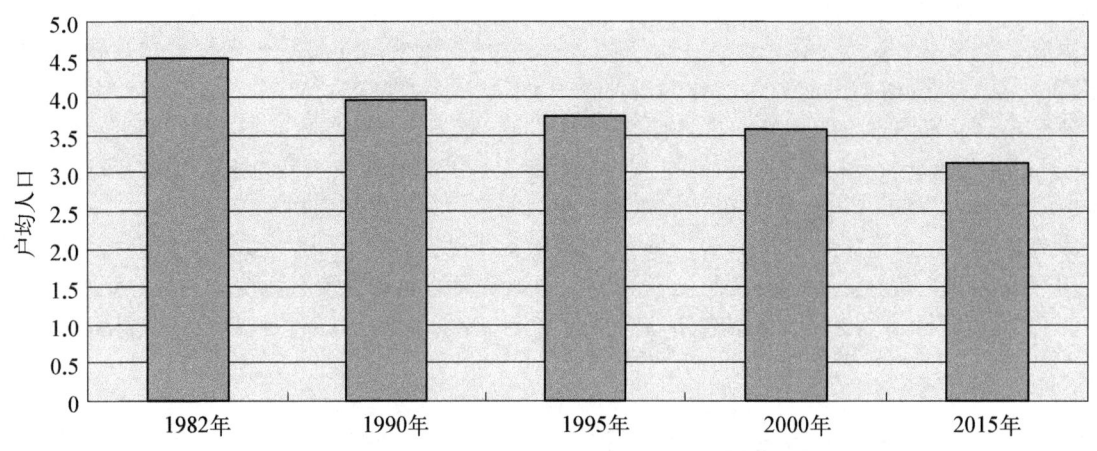

图6-6 1982年以来我国家庭户规模变动趋势

资料来源:中国历次人口普查资料;中国统计年鉴(2016)。

王跃生(2006)经过对历次人口普查数据进行比对分析,得出了当代中国家庭结构变动三大特点:① 总体来看三代直系家庭略有下降,但是农村三代家庭户有所增加,原因是农村老年人无固定经济收入且子女数量较之以往减少,不得不与已婚子女共同生活;② 夫妇核心家庭提高幅度显著,但是标准核心家庭(有未成年子女的核心家庭)略有下降,这与青年夫妇生育年龄推迟有关;③ 单身家庭、单亲家庭明显增加,这与婚龄推迟和离婚率提高有关。

四、其他人口社会结构

(一)民族结构

1. 民族与民族结构 民族是人们在历史上经过长期发展而形成的稳定共同体。中国古代无此词,只用"族"、"族类"等形式来表达相同或相似的含义。西方印欧语系各种文字的"民族"一词,多源于希腊文"ethnos",意即依靠历史、语言或种族的联系而被视作整体的人群。日本明治维新以后,借用汉语文的"民"、"族"两字翻译西方语言中的"nation"一词,并于19世纪末20世纪初传入中国,随着中国民族民主革命运动的兴起而被普遍使用。

(1) 民族 有广义和狭义之分。广义的或泛指人们在历史上形成的、处于不同历史阶段的各种共同体(如原始民族、古代民族、近代民族、现代民族等),或作为一个区域内所有民族的统称(如美洲民族、非洲民族、阿拉伯民族等),或作为多民族国家内所有民族的总称(如中华民族)。狭义的民族专指斯大林于1913年给民族下的定义:"民族是人们在历史上形成的一个有共同语言、共同地域、共同经济生活以及表现于共同文化上的共同心理素质的稳定的社会共同体。"

(2) 民族结构 民族结构指不同民族人口占总人口的比例关系。

2. 民族的分布与融合

(1) 世界民族结构与分布 亚洲民族约有1 000多个。其中,人口上亿的民族有4个,即汉族、印度斯坦人、孟加拉人、日本人;人口在5 000万以上的民族有6个,即旁遮普人(印度)、比哈尔人(印度)、爪哇人(印度尼西亚)、朝鲜人(韩国、朝鲜)、泰卢固人(印度)、马拉地人(印度)。

非洲约有700多个民族。人口千万以上的有5个,百万以上的有11个。较大的民族有埃及阿拉伯人、豪萨人(尼日利亚)、约鲁巴人(尼日利亚)、阿尔及利亚阿拉伯人、富拉尼人(埃塞俄比亚)等。

欧洲约有80多个民族。民族人口在1亿以上的只有俄罗斯人,人口在千万以上的民族有13个,即德意志人、意大利人、英格兰人、法兰西人、乌克兰人、波兰人、西班牙人、罗马尼亚人、匈牙利人、葡萄牙人、荷兰人、希腊人和捷克人。

南北美洲共划分为50个国家和地区,大多数国家由多民族组成。人口百万以上的民族有40多个,占美洲人口的90%,其中人数最多的民族是美利坚人、巴西人、墨西哥人、哥伦比亚人、克丘亚人、委内瑞拉人、古巴人等。

大洋洲的居民,主要是欧洲、美洲和亚洲的移民及其后裔,约占该州人口的三分之二强。土著居民多属澳大利亚人种及各种混合类型。

(2) 国内民族结构与分布　　中华民族是中国各民族的总称。"中华"一词,与"中国"、"华夏"相通,兼有族名、国名等多重含义。历史上曾专指汉族,至近代,用以指称包括历史上居住于当时中国境内的一切民族。中华人民共和国成立以后,经过民族识别,中华民族包括汉族和蒙古族、满族、朝鲜族、赫哲族、达斡尔族、鄂温克族、鄂伦春族、回族、东乡族、土族、撒拉族、保安族、裕固族、维吾尔族、哈萨克族、柯尔克孜族、锡伯族、塔吉克族、乌孜别克族、俄罗斯族、塔塔尔族、藏族、门巴族、珞巴族、羌族、彝族、白族、哈尼族、傣族、傈僳族、佤族、拉祜族、纳西族、景颇族、布朗族、阿昌族、普米族、怒族、德昂族、独龙族、基诺族、苗族、布依族、侗族、水族、仡佬族、壮族、瑶族、仫佬族、毛南族、京族、土家族、黎族、畲族、高山族56个民族。其中汉族人口最多,有122 084万人,占总人口的91.60%;少数民族11 197万人,仅占总人口的8.40%(2010年人口普查数据)。在台湾,汉族占总人口的98%;在香港和澳门,汉族分别占总人口的95%和97%(2000年人口普查数据)。从分布来看,汉族聚居中原,遍布全国,少数民族主要分布在边疆地区。56个民族和睦相处,形成了以汉族为主体的大杂居、小聚居的局面。

(二) 语言结构

1. 语言与语言结构

(1) 语言的概念　　语言是思维工具和交际工具。它同思维有密切的联系,是思维的载体、物质外壳和表现形式。语言是符号系统,是以语音为物质外壳,以语义为意义内容,音义结合的词汇建筑材料和语法组织规律的体系。语言是一种社会现象,是人类最重要的交际工具,是进行思维和传递信息的工具,是人类保存认识成果的载体。语言具有稳固性和民族性。

(2) 语言结构　　使用不同语言的人口占总人口的比例关系就是语言结构。

2. 语言的分布与变迁

(1) 世界语言结构与分布　　据国内外多数语言学家研究,全世界的语言分属17个语系。其中属一洲独有的语系有10个:美洲1个,即印第安诸语;大洋洲2个,即澳大利亚诸语和巴布亚诸语;非洲3个,即尼罗-撒哈拉语系、尼日尔-科尔多凡语系和科伊桑语系;亚洲4个,即汉藏语系、南亚语系、达罗毗荼语系和古亚语系。属两洲跨界的语系有7个:亚、美1个,即爱斯基摩-阿留申语系;亚、大1个,即南岛语系;亚非1个,即闪含语系;亚欧4个,即印欧语系、高加索语系、乌拉尔语系和阿尔泰语系。

随着近代移民的扩散,语系分布也发生较大变化。印欧语系包括日耳曼、斯拉夫、罗曼、克尔特、伊朗、印度等10个语系,分布于世界各国,约有150个民族使用,使用人数最多,占全世界人口的45.5%。汉藏语系使用人数居第二位,包括汉、藏缅、壮侗、苗瑶等语族,分布在中国和东南亚等地。闪含语系各族主要分布在西亚和北非。尼日尔-科尔多凡语系各族主要分布在非洲撒哈拉以南。高加索语系各族分布在高加索地区。达罗毗荼语系各族分布在印度南部。乌拉尔语系各族散居于从斯堪的纳维亚半岛到乌拉尔山一带。阿尔泰语系各族分布于从东北亚到小亚细亚的广大地区。南亚语系各族分布在中南半岛。南岛语系各族主要分布在太平洋各岛国。尼罗-撒哈拉语系各族分布在苏丹地区。科伊桑语系各族分布在西南非。古亚语系各族分布在东北亚。爱斯基摩-阿留申语系各族分布在东北亚和北美北极圈内。印第安诸语各族分布在美洲大陆。澳大利亚诸语各族分布在澳大利亚。巴布亚诸语各族分布在伊里安岛。

据联合国统计,全世界正在使用的语言有5 651种,其中使用人数超过去5 000万的语言有13种:汉、英、印度、俄、西班牙、德、日、法、印度尼西亚、葡萄牙、孟加拉、意大利和阿拉伯语。按被规定为官方语言或通用语言的国家数目来说,英语占第一位(约44国)、法语第二(约31国)、西班牙语第三(约22国)。被定为联合国正式语言的有六种:汉语、英语、俄语、法语、西班牙语、阿拉伯语。

随着我国综合国力增强和国际地位提高,使用普通话的人越来越多。在联合国发表的《2005年世界主要语种、分布和应用力调查报告》上,汉语被排在第二位,仅次于英语,排在德语、法语、俄语、西班牙语、日语之前。

(2) 国内语言结构与分布　　我国是一个多民族、多语言、多文种的国家,有56个民族,共有80种以上语言,约30种文字。

从语言的系属来看,我国56个民族使用的语言分别属于五大语系:汉藏语系、阿尔泰语系、南岛语系、南亚语系和印欧语系。汉藏语系分为汉语和藏缅、苗瑶、壮侗三个语族。属于藏缅语族的有藏、嘉戎、门巴、仓拉、珞巴、羌、普米、独龙、景颇、彝、哈尼、拉祜、白、纳西、基诺、怒苏、阿侬、柔若、土家、载瓦、阿昌等语言;属于苗瑶语族的有苗、布努、畲等语言;属于壮侗语族的有壮、布依、傣、侗、水、仫佬、毛南、拉珈、黎、仡佬等语言。阿尔泰语系分为蒙古、突厥、满-通古斯三个语族。属于蒙古语族的有蒙古、达斡尔、东乡、东部裕固、土、保安等语言;属于突厥语族的有维吾尔、哈萨克、柯尔克孜、乌兹别克、塔塔尔、撒拉、西部裕固、图佤等语言;属于满-通古斯语族的有满、锡伯、赫哲、鄂温克、鄂伦春等语言。属于南岛语系的是高山族诸语言,还有回族的回辉话。属于南亚语系孟高棉语族的有佤、德昂、布朗、克木等语言。属于印欧语系的是属斯拉夫语族的俄语和属伊朗语族的塔吉克语。

汉语是我国使用人数最多的语言,也是世界上使用人数最多的语言,是联合国六种正式工作语言之一。汉语是我国汉民族的共同语,我国除汉族使用汉语外,有些少数民族也转用或兼用汉语。现代汉语有标准语(普通话)和方言之分。普通话以北京语音为标准音,以北方话为基础方言,以典范的现代白话文著作为语法规范。2000年10月31日颁布的《中华人民共和国国家通用语言文字法》确定普通话为国家通用语言。汉语方言通常分为七大方言:北方方言、吴方言、湘方言、赣方言、客家方言、粤方言、闽方言。各方言区内又分布着若干次方言和许多种土语。其中使用人数最多的北方方言分为北方官话、西北官话、西南官话、下江官话四个次方言。

(三) 宗教结构

1. 宗教与宗教结构

(1) 宗教的概念　　宗教是人类社会发展到一定历史阶段出现的一种文化现象,属于社会意识形态。主要特点为:相信现实世界之外存在着超自然的神秘力量或实体,该神秘统摄万物而拥有绝对权威、主宰自然进化、决定人世命运,从而使人对该神秘产生敬畏及崇拜,并从而引申出信仰认知及仪式活动。在人类早期一些社会中,宗教承担了对世界的解释、司法审判、道德培养和心理安慰等功能。现代社会中,科学和司法已经从有些宗教分离出来,但是道德培养和心理安慰的功能还继续存在。宗教所构成的信仰体系和社会群组是人类思想文化和社会形态的一个重要组成部分。

(2) 宗教结构　　信仰不同宗教人口占总人口的比例关系反映的就是宗教结构。

2. 宗教的分布与发展

(1) 世界宗教结构与分布　　随着社会的发展,世界各地区、各国政治、经济、文化交往日趋频繁,宗教作为重要的社会意识形态之一,在更加宽广的视野下被人们更加关心。在古代属于某些民族或地区的民族性和区域性宗教开始在世界范围内传播,到目前已经形成了超民族和超国家、地区的三大世界性宗教——佛教、基督教和伊斯兰教。

佛教起源于公元前六至公元前五世纪,创始人为释迦牟尼,基本教理有"四谛"、"八正道"、"十二因缘"等。主张依经、律、论三藏,修持戒、定、慧三学,以断除烦恼,得到成佛为最终目的。主要流传在亚洲,如日本、泰国、缅甸、斯里兰卡和中国(喇嘛教也属佛教,圣地在拉萨)。

基督教于公元一二世纪开始流传于罗马帝国统治下的地中海东部、巴勒斯坦一带。信仰上帝(或称天主)创始并主宰世界,耶稣基督是上帝的儿子,降世成人,救赎人类。主要流传在欧洲、美洲和大洋洲各国。内部又分天主教、东正教、新教以及一些较小的派别。天主教的中心是梵蒂冈,主要信徒分布于南欧、美洲各国;正教(或称东正教)信徒以原苏联、东欧为主;新教(也称"基督教")以北欧、北美、大洋洲为主。

伊斯兰教起源于公元七世纪初,由阿拉伯半岛麦加人穆罕默德所创建。其教义主要有:信仰安拉是唯一的神,穆罕默德是安拉的使者,信天使,信《古兰经》是安拉"启示"的经典,信世间一切事物都是安拉的"前定",并信仰"死后复活"、"末日审判"等。主要流传在西亚、北非、南亚、东南亚。圣地是麦加和麦地那。

据联合国统计,2000年全球有宗教信仰人口已达48亿之多,占总人口的比重已经高达78%。其中,基督教徒最多,约为20亿人,占世界总人口的33%;伊斯兰教徒约为12亿人,约占世界总人口的20%;佛教徒约为3.7亿人,约占世界总人口的6%。

(2) **国内宗教结构与分布**　　中国是个多宗教的国家。中国宗教徒信奉的主要有佛教、道教、伊斯兰教、天主教和基督教。中国公民可以自由地选择、表达自己的信仰和表明宗教身份。据不完全统计,中国现有各种宗教信徒一亿多人,宗教活动场所8.5万余处,宗教教职人员约30万人,宗教团体3 000多个。宗教团体还办有培养宗教教职人员的宗教院校74所。

佛教在我国已有2 000年历史。现在中国有佛教寺院1.3万余座,出家僧尼约20万人,其中藏语系佛教的喇嘛、尼姑约12万人,活佛1 700余人,寺院3 000余座;巴利语系佛教的比丘、长老近万人,寺院1 600余座。道教发源于中国,已有1 700多年历史。中国现有道教宫观1 500余座,乾道、坤道2.5万余人。伊斯兰教于公元7世纪传入中国。伊斯兰教为中国回、维吾尔等10个少数民族中的群众所信仰。这些少数民族总人口约1 800万,现有清真寺3万余座,伊玛目、阿訇4万余人。天主教自公元7世纪起几度传入中国,1840年鸦片战争后大规模传入。中国现有天主教徒约400万人,教职人员约4 000人,教堂、会所4 600余座。基督教(新教)于公元19世纪初传入中国,并在鸦片战争后大规模传入。中国现有基督徒约1 000万人,教牧传道人员1.8万余人,教堂1.2万余座,简易活动场所(聚会点)2.5万余处。

国内全国性的宗教团体有中国佛教协会、中国道教协会、中国伊斯兰教协会、中国天主教爱国会、中国天主教主教团、中国基督教三自爱国运动委员会、中国基督教协会等。各宗教团体按照各自的章程选举、产生领导人和领导机构。

第七章 人口迁移与人口城镇化

第一节 人口迁移

随着经济社会的飞速发展,尤其是交通和通信条件的发展,现代社会人口迁移流动日趋频繁,已成为当今世界上一个令人瞩目的人口现象。

一、人口迁移的定义

日常生活中,人口在地理空间上的位置变化,通常称为人口空间移动,一般分为人口流动和人口迁移两大类。

(一) 人口流动

人口流动一般指人们为了某种特定的目的(如务工、经商、娱乐、学习、旅游、投靠亲友等)暂时离开原居住地迁往目的地的行为。就人口流动的分类来说,根据人口流动的距离的长短可以分为省内人口流动、省际人口流动和国际人口流动;根据人口流动的时间长短可以分为长期流动人口和短期人口流动;根据人口流动的目的可以分为公务型流动人口、文化型流动人口、社会型流动人口、经济型流动人口、盲流型流动人口和中转型流动人口。随着世界城镇化进程的加速、城市规模的扩张和空间结构的变迁,城区和城市间的日常通勤行为也是一种重要的人口流动现象。

在中国第五次和第六次人口普查中,将居住在本地,离开户口登记地半年以上的人口称为流动人口。按照这一统计指标,中国第五次和第六次人口普查显示流动人口分别达到 1.44 亿和 2.61 亿。2015 年的全国流动人口动态监测数据显示中国流动人口规模约 2.47 亿,即每六个人口中就有一个是流动人口(中国流动人口发展报告,2016)。表 7-1 显示各省的流动人口差异很大,广东省以 1 531 万的省内流动人口和 2 150 万来自省外的流动人口高居第一,多数都是前往广东省务工的农村人口。

表 7-1 中国 2000 年和 2010 年省际人口流动量 (单位:人)

区域	2000 年			2010 年		
	合计	来自省内	来自省外	合计	来自省内	来自省外
全 国	144 390 748	101 972 186	42 418 562	260 937 942	175 061 605	85 876 337
北 京	4 637 531	2 174 314	2 463 217	10 498 288	3 453 755	7 044 533
天 津	2 181 623	1 446 590	735 033	4 952 225	1 960 724	2 991 501
河 北	4 881 712	3 951 257	930 455	8 297 279	6 892 606	1 404 673
山 西	3 720 553	3 053 196	667 357	6 764 665	5 833 012	931 653
内蒙古	3 827 825	3 279 902	547 923	7 170 889	5 726 708	1 444 181
辽 宁	6 482 242	5 437 077	1 045 165	9 310 058	7 523 528	1 786 530
吉 林	2 949 320	2 640 715	308 605	4 462 177	4 005 678	456 499
黑龙江	3 768 411	3 381 770	386 641	5 557 828	5 051 431	506 397
上 海	5 384 589	2 249 667	3 134 922	12 685 316	3 708 316	8 977 000
江 苏	9 099 849	6 562 960	2 536 889	18 226 819	10 847 566	7 379 253
浙 江	8 598 662	4 909 811	3 688 851	19 900 863	8 076 886	11 823 977

续 表

区 域	2000年			2010年		
	合 计	来自省内	来自省外	合 计	来自省内	来自省外
安 徽	3 558 530	3 328 414	230 116	7 100 608	6 383 145	717 463
福 建	5 911 225	3 765 969	2 145 256	11 074 525	6 760 923	4 313 602
江 西	3 364 797	3 111 702	253 095	5 302 276	4 702 334	599 942
山 东	7 468 014	6 434 801	1 033 213	13 698 321	11 582 728	2 115 593
河 南	5 200 470	4 724 231	476 239	9 764 067	9 171 933	592 134
湖 北	5 704 620	5 094 887	609 733	9 250 228	8 236 616	1 013 612
湖 南	4 395 720	4 046 882	348 838	7 898 815	7 173 833	724 982
广 东	25 304 316	10 239 478	15 064 838	36 806 649	15 308 862	21 497 787
广 西	3 234 513	2 806 325	428 188	6 291 811	5 450 005	841 806
海 南	978 148	596 356	381 792	1 843 430	1 254 967	588 463
重 庆	2 625 102	2 221 943	403 159	5 440 776	4 495 582	945 194
四 川	6 665 628	6 129 382	536 246	11 735 152	10 606 579	1 128 573
贵 州	2 415 486	2 006 967	408 519	4 629 542	3 866 248	763 294
云 南	3 871 640	2 707 238	1 164 402	6 053 805	4 817 256	1 236 549
西 藏	213 777	105 108	108 669	262 005	96 582	165 423
陕 西	2 365 334	1 939 305	426 029	5 894 416	4 920 054	974 362
甘 肃	1 556 891	1 329 003	227 888	3 112 722	2 679 889	432 833
青 海	522 035	397 728	124 307	1 140 954	822 519	318 435
宁 夏	672 486	480 595	191 891	1 534 482	1 166 031	368 451
新 疆	2 829 699	1 418 613	1 411 086	4 276 951	2 485 309	1 791 642

数据来源：中国第五次人口普查和中国第六次人口普查。

（二）人口迁移的定义

1. 人口迁移的定义 人口迁移属复杂社会现象，不同学科学者的研究目的不同，对人口迁移的定义亦会随研究角度不同而有所差异。对于"迁移"的定义归纳起来有四类。

第一类是以居住地的改变为核心的定义，迁移是一个人的住处从一个地区换到另外的地区。这也是大多数人口学家和地理学家所倾向的。该类定义强调人口迁移的空间属性。

第二类是以居住地改变加时间为核心的定义。迁移是人口在一特定时间内，迁移一特定距离以改变其永远性住处。该类定义强调人口迁移的空间与时间属性。

第三类是以时间属性和目的属性对人口迁移的空间属性加以双重限定。如美国W·彼得逊在其论文《人口》中认为："迁移是人们在一定时间内移动一特定距离以改变其永久住处。"我国有学者认为，人口迁移是离开原住地半年以上，常住地发生跨越一定行政边界的改变的人口移动（杨雪，2004）。

第四类是以"社会环境"为核心的定义，迁移是个体或团体从一个社会移到另一个社会，这种改变通常包括放弃旧的社会环境进行另外不同的社会环境。

各位学者对人口迁移的定义都与其具有的三个属性有关，即空间属性、时间属性和目的属性。空间属性主要是距离和界限问题，时间属性主要是迁移时间长短问题，目的属性则主要涉及定居与否的问题。上述四类定义的侧重点各有不同，定义所涵盖的范围也大小不一，但四种说法都强调人口迁移的空间属性，即人口发生了空间位置移动。此外，为了确定迁移者的目的性，还要给这个定义加上时间属性的限制。目的属性可以通过时间属性来反映，在空间属性和时间属性的限制下，人口迁移必须具备三大要素：迁出地、迁入地和时间限度（俞路，2006）。

2. 人口迁移在我国的特定含义　由于我国经济发展水平和历史的原因,新中国成立60多年来,一直采用严格的户口登记制度,其对人口迁移有严格的限制作用。由于这个客观现实,我国的人口学者都把户口是否改变作为迁移定义中的一个标准。这就形成了我国独特的人口迁移概念(王振营,1993)。我国学者对于迁移和流动的定义一方面考虑到我国特有的户口制度的现实;另一方面也考虑到了我国人口迁移资料的特点,官方资料大多是以户口为标准的。

在我国迁移与流动的统计、调查及研究中,较普遍采用的关于人口迁移的定义为:发生在国内不同省区或县(市、市辖区)之间的,各类改变户口登记常住地的人口移动,以及发生在各经济类型地区之间的和各自然类型地区之间的,具有人口学意义的改变户口登记常住地的人口移动。此定义包括组织移民和自发迁移,如新中国成立后国家组织的大规模的开发移民、知青下乡、环境移民及近年的三峡水库移民等。

前文已说明,在中国第五次和第六次人口普查中,将现居地和户口登记不一致、且离开户口登记地半年以上的人口称为流动人口。而我国一般对迁移人口量数据基于人口普查表中"普查当天现居住地不同于5年前常住地"一项得出,按照这一统计指标,2000～2005年和2005～2010年中国跨省迁移人口分别约3 800万和5 500万(表7-2)。具体分省来看(以2005～2010年为例),迁入人口前五位的分别是广东(1387万)、浙江(837万)、上海(490万)、江苏(489万)、北京(383万)几个中国东部最发达的地区;迁出人口前五位的分别是安徽(553万)、河南(543万)、四川(499万)、湖南(459万)、湖北(380万),以中西部欠发达地区为主。而净迁移人口中(迁入人口减去迁出人口),广东省以1 226万的净迁移人口居首位,而安徽以-470万的净迁移人口居末位。

表7-2　中国省际人口迁移量:2000～2005年和2005～2010年

省　份	2000～2005年			2005～2010年		
	迁入人口	迁出人口	净迁移	迁入人口	迁出人口	净迁移
北　京	2 245 358	329 811	1 915 547	3 827 760	405 950	3 421 810
天　津	908 453	106 717	801 736	1 497 120	213 360	1 283 760
河　北	611 849	989 509	-377 660	924 090	2 017 390	-1 093 300
山　西	210 189	345 208	-135 019	498 210	793 680	-295 470
内蒙古	394 038	417 057	-23 019	827 680	647 590	180 090
辽　宁	673 811	416 453	257 358	1 171 870	685 420	486 450
吉　林	217 811	532 453	-314 642	338 420	853 890	-515 470
黑龙江	195 245	1 019 849	-824 604	321 850	1 463 210	-1 141 360
上　海	3 025 057	375 094	2 649 963	4 900 490	401 010	4 499 480
江　苏	3 290 717	1 327 774	1 962 943	4 887 290	1 893 540	2 993 750
浙　江	5 062 189	1 041 132	4 021 057	8 372 910	1 339 400	7 033 510
安　徽	670 642	3 835 774	-3 165 132	822 140	5 525 590	-4 703 450
福　建	1 933 962	802 038	1 131 924	2 449 910	1 113 660	1 336 250
江　西	499 170	2 475 849	-1 976 679	698 350	3 483 280	-2 784 930
山　东	923 472	1 123 019	-199 547	1 335 580	2 014 990	-679 410
河　南	279 547	3 433 358	-3 153 811	429 660	5 430 370	-5 000 710
湖　北	501 132	2 714 868	-2 213 736	843 470	3 804 200	-2 960 730
湖　南	501 057	3 327 849	-2 826 792	688 420	4 591 910	-3 903 490
广　东	11 996 377	1 715 170	10 281 207	13 874 400	1 612 900	12 261 500
广　西	397 208	2 123 094	-1 725 886	597 790	2 820 530	-2 222 740
海　南	190 792	157 962	32 830	337 710	235 900	101 810
重　庆	427 170	1 437 434	-1 010 264	735 590	1 844 060	-1 108 470
四　川	763 245	3 940 755	-3 177 510	1 052 830	4 988 090	-3 935 260

续 表

省 份	2000~2005年			2005~2010年		
	迁入人口	迁出人口	净迁移	迁入人口	迁出人口	净迁移
贵 州	531 094	1 765 660	−1 234 566	591 930	2 680 750	−2 088 820
云 南	469 132	600 906	−131 774	620 880	1 089 070	−468 190
西 藏	25 434	31 396	−5 962	91 970	62 490	29 480
陕 西	254 868	826 943	−572 075	734 020	1 347 490	−613 470
甘 肃	117 736	494 340	−376 604	260 200	1 046 860	−786 660
青 海	73 585	85 358	−11 773	182 540	149 980	32 560
宁 夏	74 566	67 774	6 792	239 030	150 660	88 370
新 疆	577 434	181 736	395 698	839 800	286 690	553 110
合 计	38 042 340		0	54 993 910		0

数据来源：中国第五次人口普查和中国第六次人口普查。

二、人口迁移的类型与特征

人口迁移现象在社会经济规律的作用下，表现出复杂的多样性特点，我们可以从不同角度，用不同指标对其进行分类。基于空间属性、时间和目的属性的不同可将人口迁移划分为不同的类型，如永久迁移、季节迁移、自发迁移、有组织迁移、个人迁移、集体迁移、自愿迁移、被迫迁移，这些迁移都是交叉并存但并不彼此等同的。根据人口迁移的空间属性、时间属性和目的性不同，人口类型有以下划分方法。

1. 根据迁移空间范围划分　　根据人口迁移空间范围的不同，将人口迁移活动划分为国际迁移和国内迁移两种基本类型。

所谓国际迁移，指一个国家的居民进入另一个国家定居的现象，包括永久性（或长期）移民、外籍工人流动、国际难民流动等。目前国际人口迁移具有以下特点：① 世界性国际人口迁移高潮接近尾声，外籍劳工逐渐成为人口在国际迁移的主要形式，由战争和自然灾害等引发的国际难民数量增多、持续时间长，发展中国家智力外流比较严重；② 人口迁移流向发生改变，二战后国际人口迁移大多由穷国流向富国，亚非拉发展中国家向欧美发达国家迁移人口是战后国际人口迁移的普遍现象；③ 在经济全球化和区域一体化的影响下，国际人口迁移受到多种因素的制约（范力达，2003）。

国内迁移则是在一国内部从一个行政区进入另一个行政区定居的移民现象。国内移民的产生常与国家开拓边疆、城市化进程、战争、灾荒、生活水平差异等因素有关。如19世纪沙俄向西伯利亚流放犯人，美国因开拓中西部而形成的移民，以及当今世界普遍存在的从农村流向城市的移民等。根据人口迁入区和迁出区性质的不同及人口的流向，国内人口迁移有省际人口迁移、地区间人口迁移、城乡迁移、乡间迁移及城市间迁移等类型，在不同的国家、不同的时期和发展阶段，其表现特征差别性大。

2. 根据迁入定居时间划分　　根据移民在迁入区定居时间的长短，可划分为永久性迁移、定期迁移、季节性迁移和暂时性迁移等。永久性迁移指人们离开自己原来住地，而在其他地方定居，永远不再返回的人口迁移形式。定期迁移又称周期性迁移，指人们离开居住地较长时间在外工作、读书或参军，然后又重新返回定居地的一种人口迁移形式，如到国外工作的外籍工人、到国外求学进修的学者及应征入伍的军人等。季节性迁移指人们根据不同的目的，随季节变换而迁移，如意大利、西班牙等欧洲国家的农民在南半球农忙季节去阿根廷、巴西帮工，而当北半球农忙季节又返回欧洲的人口迁移形式。临时性迁移指人口因外出度假、探亲、旅游、避难、经商、学术活动等目的进行临时性迁移活动。临时性移动人口活动性较大，多被称为流动人口。

3. 根据迁移组织性和计划性划分　　根据人口迁移有无组织和计划性，可分为有组织移民和自发移民两类。有组织移民指政府或宗教组织、群众团体为了某种目的而组织的有计划的人口迁移，如我国因修建三峡大坝而进行的有组织有计划的人口迁移。无组织移民又称盲流，指在没有组织的情况下，无目的的人口迁移活动。如改革开放以来,大量农民进入沿海发达城市打工,形成民工潮。大多数进城的农民工在家乡和打工城市间季节性流动,少数人群在城市长期定居下来,即在打工城市获得了户口,实现了真正的中国式人口迁移。

4. 根据迁移人口数量划分 根据迁移人口的数量可分为集体迁移和个人迁移两类。集体迁移包括民族大迁移、游牧性迁移、殖民性迁移等。二战前因战争和社会文化等因素影响集体性迁移比较多见,二战后集体性迁移受各国人口政策的影响,国际人口迁移较少。

三、人口迁移的经典理论

1. 拉文斯坦的人口迁移律理论 1885年,英国学者拉文斯坦(G. E. Ravenstein)于《英国皇家学会会刊》发表上一篇叫作"The Laws of Migration"的论文,提出著名的7条"人口迁移规律"理论,时至今日,其对人口迁移理论研究依然有重大影响,堪称经典。即:① 迁移和距离规律。由于长距离的迁移发生在规模较大、工商业较为发达的中心城市,人们常倾向于短距离的迁移,迁移距离越短,迁移人口越多。② 梯度迁移规律。人口迁移具有梯度特征。大的工商业中心、城市往往能吸引附近的城镇人口迁入,从而出现这些人口迁出城镇的人口空缺,由更远的乡村人口来填补这个空缺,这种迁移趋势进而形成了人口从城镇向较大中心城市迁移、人口从较远的乡村向城市附近的城镇迁移的层层递进的梯度状态的人口迁移。③ 迁移流和逆迁移流规律。一般的迁移方向人口流向较大规模的工商业发展中心,但与每个主要迁移流向相反、规模较小的逆迁移流也同时存在,它是主要迁移流产生的一个所谓补偿性的逆向迁移。即迁出地与迁入地是相对的,不存在绝对的迁出地或绝对的迁入地,只是流量大小有差异。④ 迁移的城乡选择规律。城市人口的迁移意愿往往低于农村人口的迁移意愿,即农村人口更倾向于向城市迁移,而城市人口则不然。⑤ 迁移的性别规律。女性倾向于短距离的人口迁移,男性则比女性更倾向于长距离迁移。⑥ 迁移与技术发展规律。工商业的发展、交通运输工具的不断革新,促使人口迁移规模不断增加。⑦ 迁移动机规律。促使人口发生迁移的动机有很多种,苛捐杂税、法律歧视、人口过剩化及恶劣的气候和环境等原因都会引发人口迁移,但人们追求更好的物质生活条件、追求更大的经济利益是最大的迁移动机,由这一动机引发的人口迁移比例也是最大的。

2. 李的推拉理论 20世纪60年代,美国学者李(E. S. Lee)提出了系统的人口迁移理论——"推拉理论"。李氏此文是迄今为止有关人口流动推拉力模式最为系统全面的探讨。他首次划分了影响迁移的因素,并把它分为"推力"和"拉力"两个方面。他认为,人口流动的目的是改善生活条件,流出地的不利的生活条件就是推力,而流入地的那些有利于改善生活条件的因素就成为拉力。人口迁移就由这两股力量前推后拉所决定。其中,前者是消极因素,因为这些因素促使移民离开原居住地;后者是积极因素,因为这些因素吸引怀着改善生活愿望的移民迁入新的居住地。

根据李的解释,影响迁移的因素包括四种,即迁出地的因素、迁入地的因素、中间阻碍因素和个人因素。任何一个地区都同时存在某些吸引人口迁入的因素和某些排斥人口迁入的因素;当然,也有一些因素对某些人来讲,是无关紧要的。人口的迁移正是这些因素综合作用的结果。通常,人们对迁入地和原居住地各种因素的评价,会受到主观感受和客观条件的影响,也受个人生命周期的影响。例如,适宜的气候对每个人都可能是拉力因素;好的教育设施对学龄儿童的父母可能是拉力因素,但对没有孩子的人来说则可能是推力因素。

迁移还受迁入地和原居住地之间各种中间阻碍因素(如距离和迁移成本)的影响。迁移还受到个人因素的影响,一个人的性别、年龄、个性、文化水平、敏感程度、对其他地区的认识程度、与外界接触的方式等,都会影响他对原居住地和迁入地的评价,从而影响其迁移决策。

3. 刘易斯二元经济结构模型下的人口迁移理论 二元经济结构理论是由英国国经济学家刘易斯(W. A. Lewis)于1954年首先提出的。在其《劳动无限供给条件下的经济发展》一文中,阐述了"两个部门结构发展模型"的概念,揭示了发展中国家并存着由传统的自给自足的农业经济体系和城市现代工业体系两种不同的经济体系,这两种体系构成了"二元经济结构"。由于发展中国家农业中存在着剩余劳动力,而耕地数量是有限的,加之生产技术简单而很难有突破性进展,生产的产量在达到一定的数量之后,基本是无法再增加的,所以每增加一个人所增加的产量几乎为零,即农业生产中的边际生产率趋于零,有时甚至是负增长,那部分过剩的劳动力被称为"零值劳动人口"。正是由于大量的"零值劳动人口"的存在,才导致发展中国家经济发展水平长期处于低水平,造成城乡差距。在城市现代工业体系中,各工业部门具有可再生性的生产资料,生产规模的扩大和生产速度的提高可以超过人口的增长,即劳动边际生产率高于农业部门的生产边际生产率,工资水平也略高于农业生产部门,所以可以从农业部门吸收农业剩余劳动力。因此农业剩余劳动力不断从传统农业部口流向较为发达的工业部,也称为农业人口非农化转移,从而引起大量人口从农村向城市迁移,形成了乡—城人口迁移流。但农村人口向城市的迁移并不是一直源源不断的,随着工业部门吸收农业部门迁移过来的劳动力的饱和,以及农业部生产率的提高,最终两部门的劳动生产率相等时,两部门间的人口迁移就会达到平衡状态,促使二元经济结构逐步消减。

4. 费景汉—拉尼斯模型下的人口迁移理论 1961年费景汉(John C. H. Fei)和古斯塔夫·拉尼斯(Gustav Ranis)对刘易斯模型进行了改进,他们认为因农业生产率提高而出现农业剩余是农业劳动力流入工业部门的先决条件,形成了费景汉—拉尼斯模型(Ranis-Fei Model),该模型用一种从动态角度研究农业和工业均衡增长的二元结构理论。费景汉和拉尼斯认为,刘易斯模式有两点缺陷:一是没有足够重视农业在促进工业增长中的作用;二是没有注意到农业由于生产率的提高而出现剩余产品应该是农业中的劳动力向工业流动的先决条件。他们对这两点作了补充,从而发展了刘易斯模式,把农业劳动的流动过程分为三个阶段:第一阶段(即刘易斯第一拐点),劳动生产率等于零的那部分劳动力的流出,这部分劳动力是多余的;第二个阶段(即刘易斯第二拐点),边际生产率大于零且小于不变制度工资的劳动力的流出,这两个阶段的劳动是农业中伪装失业者的劳动;第三个阶段,农业劳动的边际产品的价值大于不变制度工资的劳动流出,因此这部分的农业劳动力已经变成了竞争市场的产品。

5. 托法罗模型下的人口迁移理论 托法罗(M. P. Todaro)于1969年发表了《不发达国家劳动力流动和城市失业模型》一文,提出了"预期收入理论"来解释发展中国家城市高失业率与乡—城人口迁移的矛盾。托达罗模型的基本思想是:人口迁移过程是人们对城乡预期收入差异,而不是实际收入差异做出的反应;只有当一个劳动力估计他在城市部门预期的收益高于他在农村的收入时,迁移才会发生,否则劳动力将会继续留在农村。因此托达罗认为,决定劳动力流动的不是实际收入水平而是以实际收入乘以就业概率的预期收入水平。因为劳动力流入城市后能否找到工作还是一个未知数;并且只有当预期收入大于劳动力在农村中的平均收入水平时才意味着劳动力的迁移是有利可图的。

托法罗模型中关于人口迁移的主要观点有:① 农村人口向城市的迁移量或迁移率与就业概率成正相关,城市就业机会越多,来自农村的劳动力移民规模越大。② 农村剩余劳动力进入城市后,并非全部立即进入现代工业部门,其就业过程分为两个阶段,第一阶段,没有技术的农村劳动力迁入城市后,首先是在所谓"城市传统部门"找工作,如个体商贩、非熟练服务员、手工业者、建筑工人等;而到了第二阶段,他们才能从"城市传统部门"中出来,到现代工业部门中找到固定工作。对此应当研究城市传统部门的规模、比例和城乡实际收入差异等。③ 农村劳动力考虑是否移入城市就业时,主要参考的因素包括人们对城乡间"预期收入"的期望以及城市就业的可能性。

四、人口迁移的影响因素

西方人口学将一般把人口迁移现象归纳为推力和拉力综合作用的结果。回顾人口迁移的历史,人口发展必须与自然生态环境及社会经济发展相适应,是人类社会共有的客观要求。作为一种复杂的人口现象,人口迁移是由许多外部和迁移者只是各种因素的强迫所至,受一系列自然、经济和社会因素的影响。

(一) 自然生态环境

自然生态环境为人类生存提供了不可替代的物质基础。人类生存离不开一定的自然环境和资源条件,同时自然生态环境的地域差异是引起人口从一地向另一地迁徙的重要原因之一,一般来说,人类总是移居到自然环境比较优越、自然资源比较丰富的地区。尤其是在以手工劳动为主的较低生产力水平条件下,人们往往倾向于集中到气候温和、土壤肥沃、水草丰茂、宜于农耕的平原与河谷地带。各种灾害(如洪水、火山喷发、地震、暂时或持续性的气候恶化、病虫害、瘟疫等)或造成大规模的人口迁移,或通过对生产的严重破坏迫使人们不得不成批地离开家园,迁移到异地。

值得强调指出的是以百年和千年为尺度的全球变化所导致的气候变迁,与中国历史上的民族人口迁移有着密切的相关性。尤其是中国北方广阔的草原地带,正处在干旱半干旱气候的过渡区,生态平衡脆弱,对全球变化格外敏感。一旦气候转为干冷,河湖干涸,草原向沙漠退化,农牧交错线南移,常驱使生息在这里的游牧民族向南方较为暖湿的汉族聚居区扩展。相反,气候暖湿期汉族往往由中原向周边扩展(张善余,2013)。

(二) 经济因素

自然条件对人口迁移的影响总是通过对人类的经济活动实现的。因此,经济因素对人口迁移具有特别重要的意义。各国及各地区之间(尤其是城乡之间)经济发展不平衡构成人口迁移的主要原因。通常,经济发展水平高的地区人口迁入率较高,经济落后地区的迁出率高。各国各地区生产布局的变化和新区开发也常常使人口分布和人口迁移的流量、流向发生变化。大型生产项目的新建和新区开发能够提供更多的就业岗位和更多事业成功的机遇,因而具有很强的吸引力,导致大批人口流入。例如,美洲大陆的开发就是与欧洲和非洲大批移民的涌入同时进行的。

经济因素也是西方经济学家在解释构建人口迁移移动的理论——推拉模型的重要因子,受经济因素引发的比较收益差异量引发人口迁移流动,这也是区域间人力资源配置优化的根本创新路径,所以有其特殊的政策含义(俞宪忠,2006)。进入20世纪50年代,发达国家的经济结构信息化、服务化的趋势日渐明显,表现为制造业比重日益下降,信息产业和生产服务业比重日益上升。在后福特制背景下,企业规模两极化态势明显,一方面是超大型的跨国公司,另一方面是更加灵活的富有弹性的小型化公司,经济出现了结构上的多元化和空间上的分散化特征。这些经济转型成为影响西方社会人口区际迁移流动方向和数量规模的重要因素。在这些背景下,经济增长和劳动力需求上升的关系将发生逆转,高级化的产业结构对于劳动力的素质门槛更高,但数量要求很低,不一定需要更多的劳动力投入,从而使一些传统的与区域工资、就业机会相关的人口迁移概念与模式发生变化(俞路,2006)。

对于中国,当前人口迁移流动目的地主要以经济发达的东部沿海为主,尤其是广东、上海、北京,人口迁移流动量十分庞大,这些迁移流动人口主要是基于经济原因,或者说追求更好的经济生活条件和福利。事实上,从第六次人口普查数据的迁移原因归类统计中发现(表7-3),务工经商的跨省迁移人口占全国总跨省迁移人口的74.68%,其中男性更是达到78.51%,女性也达到69.74%,剩余的原因中,包括工作调动、学习培训、随迁家属、投靠亲友等,占比都比较低,说明经济因素是人口迁移的核心原因。

表7-3 中国跨省人口迁移的原因分类(2010年)

迁移原因	迁移数量	男(人)	女(人)	迁移比例	男性迁移比例	女性迁移比例
合　　计	85 876 337	48 357 495	37 518 842	100%	100%	100%
务工经商	64 131 695	37 966 649	26 165 046	74.68%	78.51%	69.74%
工作调动	2 127 968	1 364 177	763 791	2.48%	2.82%	2.04%
学习培训	3 775 325	2 068 064	1 707 261	4.40%	4.28%	4.55%
随迁家属	7 974 468	3 713 316	4 261 152	9.29%	7.68%	11.36%
投靠亲友	2 803 695	1 300 660	1 503 035	3.26%	2.69%	4.01%
拆迁搬家	740 122	383 518	356 604	0.86%	0.79%	0.95%
记挂户口	117 312	69 531	47 781	0.14%	0.14%	0.13%
婚姻嫁娶	2 198 043	315 304	1 882 739	2.56%	0.65%	5.02%
其　　他	2 007 709	1 176 276	831 433	2.34%	2.43%	2.22%

数据来源:中国第六次人口普查。

(三) 社会文化因素

政治因素对人口迁移有时起着十分重要的作用,特别是有关人口迁移政策的实施。合理的政策可促进人口迁移合理正常地进行；不合理的政策，或者政策合理但实施政策的措施不合理，就会产生相反的效果。各国政府通常制定一定的经济和人口政策以限制或鼓励人口迁移。例如，1878年清朝政府撤销禁止移民东北的禁令，致使大批关内人口移入东北；新中国成立初期制定的户籍制度在很大程度上限制了人口迁移流动，尤其是城乡间人口迁移。因政治原因所引起的人口迁移常常有强迫性，如二战期间纳粹驱逐犹太人、南非白人和种族主义政权把城镇黑人赶入"黑人家园"等均属强迫迁移。同时，一个国家政治上的变革、国家或地区政治中心的改变也影响人口迁移，如巴西新首都巴西利亚的建设就吸引了大量的移民。

文化教育的发展改变了人们的生活态度和生活期望，也改变了人们认识外部世界的态度，从而促进了人口的迁移。随着现代科技教育的发展和在经济生活中重要程度的提高，文化教育因素对人口迁移的影响越来越明显。人们为了自己或子女受到良好的教育，总是从文化水平低、教育设施落后的地区迁往文化教育中心地区。而迁入地区也接受具有较高文化素养、有一技之长的人才迁入，这往往导致欠发达地区的人才外流。

人口周期、生命过程、婚姻状况、家庭因素和战争等也是影响人口迁移的重要因素，人口增长在时间序列上表现出一定的周期性，这种人口周期对人口迁移产生重要影响。西方学者认为人口迁移率随着不同年代出生人口规模的变化而变化，代际间的迁移率差异巨大，出生于高峰期的人由于面临更多的就业和住房竞争，人口迁移率下降。生命过程指一个人所经历的出生、成长、受教育、工作、购房、结婚等过程，这一过程对于人口迁移密切联系。婚姻是影响青年人口迁移的主要因素，而家庭因素（如实现家庭团聚）则在未成年人和老年人口的迁移中起着重要作用。战争是对人类正常生活环境和秩序地破坏，并常常引起人口迁移。例如，二战期间，欧洲人口迁移达到3 000万人；20世纪末发生在非洲卢旺达、刚过地区的部族战争，欧洲巴尔干半岛地区的冲突等，引起的人口迁移数量以数百万计。

此外，宗教活动也经常引起人口迁移。例如，西非朝圣者到麦加的历时几个月的长途跋涉；宗教战争（如十字军东征、伊斯兰教徒征服西非、北非的战争）所引起的人口迁移；宗教迫害（如中世纪欧洲天主教对异教徒的迫害）造成的被迫人口迁移。

在不同的历史时期和社会条件下，影响人口迁移的因素有较大的差异性。人口迁移流动不仅仅受单个因素影响，而是多个因素综合作用的结果。安介生（2004）根据大量已有的移民实证研究结果，提出了历史时期发生于中国境内的移民运动的规律。随着社会经济生活的发展和联系日益密切化，影响人口迁移的因素正趋向多元化，但经济、社会文化因素仍然是影响人口迁移流动的主要因素。

五、人口迁移的典型特征

按照"理性人"的假设，人口迁移行为是个体理性思考的结果，而人的行为千差万别，这决定了他们不可能拥有相同的迁移意识和迁移动机，也决定了他们不可能拥有相同的实施迁移、适应迁移的能力，当个体行为累加成整体时，使得人口迁移具有鲜明的选择性，包括性别、年龄、空间方向、距离等。其实，拉文斯坦（G. E. Ravenstein）著名的"人口迁移规律"理论对人口迁移的特征有所概括，这里结合实际数据进行细化分析总结。

1. 性别特征与人口迁移 拉文斯坦的迁移法则指出，女性倾向于短距离的人口迁移，这只是人口迁移性别特征之一。事实上人口迁移的性别选择通常表现为男性优势，这在经济性迁移、远距离迁移以及开拓性迁移中表现得尤为明显，而在婚姻嫁娶、随迁家属等方面，则是女性表现更为明显。

产生迁移性别选择的基本原因在于两性社会经济职能的差异，其中既有生理的因素、又有历史的因素，它造成女性较多地处于从属的或依附的地位，比如婚姻中，女性有"嫁鸡随鸡、嫁狗随狗"式的随丈夫迁移，包括务工就业，很多情况是在丈夫就业稳定后，女性才随其迁移，尤其是农村人口迁移表现明显。因此家庭性迁移往往以女性为主，这在婚姻迁移中尤为明显。

2. 年龄特征与人口迁移 按照生命周期理论，人口是从出生、成长、成年、老年到死亡的周期过程，在每个过程中，人口迁移行为和强度都一样，因此迁移行为和人口迁移律不是均衡地分布于人的生命周期中，而是在某些年龄段上呈现出明显的集中趋向。以中国第六次人口普查跨省迁移人口为例（表7-4），人口迁移的主要年龄段在15～39岁。同前述性别选择一样，不同年龄人群社会经济职能和生理因素的差异，是造成这种集中趋向的主要原因。比如，年龄偏小的少年儿童（14岁以下）完全是从属人口，他们不能自行决定实施迁移行为,有时即使其亲属实施了迁移,考虑到儿童年幼可能不适应迁入地的新环境,或者受教育的限制,不得不暂留原住地,所以通常儿童的迁移率都很低。青年期(40岁以下)是人生可塑性可变性最大的时期,其活力也最充沛,学习、就业、结婚、成家等都可能成为迁移原因,因此其迁移率在人生所有年龄段中是最高的。40岁以后,工作、生活渐趋稳定,加上生儿育女或赡养老人的需要,迁移活动即迅速减少。直到老年期(60岁以上)因退休退职和投亲靠友迁移活动才又有所增多(张善余,2013)。图7-1中青年迁移率高、儿童和中老年迁移率低的特点显示得很清楚。

表7-4 第六次人口普查中国跨省分年龄、性别人口迁移量和迁移率

年龄组别	数量合计	男性迁移量	女性迁移量	迁移率	男性迁移率	女性迁移率
0~4岁	8 888 180	4 839 752	4 048 428	3.41%	3.53%	3.27%
5~9岁	9 590 654	5 270 025	4 320 629	3.68%	3.85%	3.49%
10~14岁	9 520 017	5 182 420	4 337 597	3.65%	3.78%	3.50%
15~19岁	28 305 855	14 217 904	14 087 951	10.85%	10.38%	11.36%
20~24岁	41 415 114	20 510 340	20 904 774	15.87%	14.97%	16.86%
25~29岁	30 947 536	15 593 740	15 353 796	11.86%	11.38%	12.39%
30~34岁	27 191 229	14 302 560	12 888 669	10.42%	10.44%	10.40%
35~39岁	28 262 140	15 357 453	12 904 687	10.83%	11.21%	10.41%
40~44岁	24 537 973	13 495 542	11 042 431	9.40%	9.85%	8.91%
45~49岁	17 152 818	9 582 287	7 570 531	6.57%	7.00%	6.11%
50~54岁	10 243 894	5 670 580	4 573 314	3.93%	4.14%	3.69%
55~59岁	9 061 622	4 787 795	4 273 827	3.47%	3.50%	3.45%
60~64岁	5 968 114	3 163 021	2 805 093	2.29%	2.31%	2.26%
65岁及以上	9 852 796	5 001 373	4 851 423	3.78%	3.65%	3.91%

数据来源:中国第六次人口普查。

不同年龄组中,分性别的迁移率也有所差异,基本特征是适婚年龄段(特别是20~29岁年龄段)女性迁移率高于男性,其他年龄段基本是男性高于女性,主要原因是中国的婚姻模式主要是"男婚女嫁"的形式,即女方嫁到(迁移)到男方的形式,反之则少,导致该年龄段女性迁移率要高,这反映在跨省迁移率中就表现出女性高于男性的特征(图7-1)。

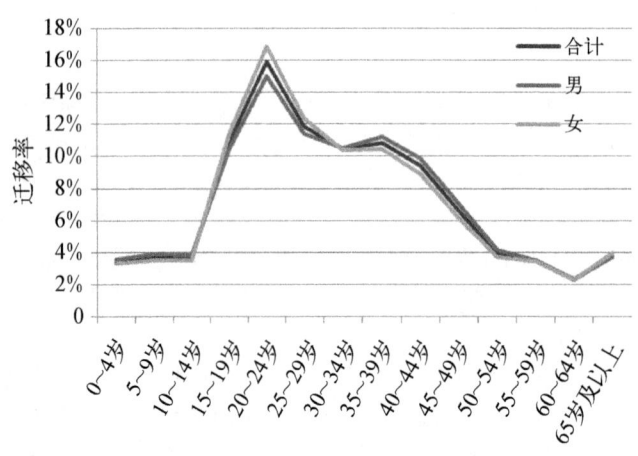

图7-1 第六次人口普查中国跨省分年龄、性别人口迁移率

数据来源:中国第六次人口普查。

3. 受教育程度与人口迁移 受教育程度是人口迁移的一个主因,即受教育程度越高,人口迁移的可能性越大,或者说迁移人口的文化程度一般高于非移民。我国第六次人口普查数据表明,人口迁移率与受教育程度呈高度正相关(表7-5)。可以看出,人口迁移流随着受教育程度呈现越来越高的趋势。

表7-5 第六次人口普查中国跨省分受教育程度、性别人口迁移量和迁移率

	迁移量			迁移率		
	合计	男	女	合计	男	女
未上过学	1 241 698	406 088	835 610	2.00%	2.32%	1.87%
小 学	14 316 396	7 304 217	7 012 179	4.01%	4.34%	3.71%
初 中	43 670 197	25 192 377	18 477 820	8.43%	9.03%	7.73%
高 中	13 856 027	8 231 922	5 624 105	7.42%	7.91%	6.81%
大学专科	5 015 414	2 816 269	2 199 145	7.31%	7.64%	6.93%
大学本科	4 168 242	2 396 276	1 771 966	9.14%	9.50%	8.68%
研究生	385 194	220 634	164 560	9.31%	9.38%	9.21%

数据来源:中国第六次人口普查。

受教育程度较高者更可能成为迁移人口的原因,在于他们的知识和技能在获取学习和就业的机会上有着较好的条件和更多的选择性,特别是对于农村迁移人口,在受到更高更好教育后,他们离开农村,迁移到远方发达区域或城市从事非农工作的可能性也更高。同时他们与文化程度较低者相比,所具有的更广阔的视野、对外界的更多了解、更多的技能,以及更富进取的精神,对进行迁移,特别是远距离迁移也有重要意义。

4. 空间距离、空间邻接关系与人口迁移 由于人口迁移是一种人口在空间中的移动现象,因此距离便构成为衡量和影响人口迁移的一个基本地理要素。距离基本上起阻碍、减小人口迁移的作用,距离越远,迁移强度越弱,这是一个普遍的现象。这一特征可以用人口迁移的引力模型表示,该模型是美国社会学家吉佛提出。其公式为 $Mij = k \dfrac{Pi \times Pj}{D_{ij}^{\alpha}}$。式中,$M_{ij}$ 为两地间的迁移总人口;Pi、Pj 为迁出地和迁入地的人口;Dij 为迁出地与迁入地的距离;k, α 为常数。

模型的含义是:两地间的迁移总人数 M_{ij} 与两地人口数的乘积 $Pi \times Pj$ 成正比,与两地距离 Dij 的 α 次方成反比。这一模型形式上更像牛顿万有引力公式在人口迁移现象中的体现。它的优点在于将阻碍两地之间人口迁移的因素简化到最单纯的地步,即两地间的距离,从而使两地间的人口迁移总量可以用个客观的指标来进行描述,也使拉文斯坦有关距离影响迁移的研究由定性描述转向定量研究。

空间邻接关系则是迁移距离在区域边界上的体现,一般来说,人口迁移趋向于迁往迁出地周边的区域,特别是与迁出地有空间邻接关系的区域,因为空间邻接意味着更可能有相似的属性,包括文化、语言、习俗,使得迁移者能更好地融入迁入地,减少迁移成本和融入成本。

这里以中国第六次人口普查的安徽省迁往其他30个省份的人口迁移数量为例,来说明空间距离与空间邻接关系与人口迁移的关系(表7-6)。数据显示是以安徽省为迁出地的跨省迁移人口数量和比例,显然,安徽省迁入到与其邻接关系或者距离近的省份人口数量较大,主要迁入上海、江苏、浙江等,占比分别达到22.75%、27.97%和27.51%,三个省域占安徽总迁出人口的78.23%,这几个省份都与安徽邻接或者距离近。而同样是发达区域的北京、广东等地接收到的来自安徽省的迁移人口则相对较少,分别为3.64%和4.79%。说明人口迁移除了受经济发展的影响外,空间距离和空间邻接关系也产生重要作用,在相似的经济条件下,人口多数迁往空间距离近和空间邻接的区域。

表7-6 安徽省迁往各迁入地的人口迁移量及占比(2005~2010年)

迁入地	迁移量	比例	迁入地	迁移量	比例
北 京	20 092	3.64%	山 西	2 264	0.41%
天 津	7 101	1.29%	内蒙古	1 992	0.36%
河 北	3 855	0.70%	辽 宁	4 790	0.87%

续表

迁入地	迁移量	比例	迁入地	迁移量	比例
吉 林	1 373	0.25%	广 西	1 492	0.27%
黑龙江	1 340	0.24%	海 南	1 144	0.21%
上 海	125 698	22.75%	重 庆	1 063	0.19%
江 苏	154 555	27.97%	四 川	2 080	0.38%
浙 江	152 020	27.51%	贵 州	1 283	0.23%
福 建	12 020	2.18%	云 南	1 267	0.23%
江 西	4 019	0.73%	西 藏	183	0.03%
山 东	7 993	1.45%	陕 西	2 892	0.52%
河 南	3 982	0.72%	甘 肃	878	0.16%
湖 北	4 018	0.73%	青 海	651	0.12%
湖 南	1 932	0.35%	宁 夏	975	0.18%
广 东	26 465	4.79%	新 疆	3 142	0.57%

六、人口迁移效果

人口迁移流动属于社会经济的复杂现象，其迁移流动过程对于迁入区和迁出区的社会、经济和文化的发展都有着十分重大的影响。不仅影响人口数量、人口结构和劳动力供求关系，还促进了人类文明的传播，人种、民族的同化和融合，同时也对生态环境等产生了影响。当然，在人口迁移过程中也不可避免地产生一些矛盾和问题。

1. 改变区域人口分布和人口构成　人口迁移对各国人口自身发展的影响主要表现在人口总数、人口年龄和性别构成、人口再生产三个方面。从人口总数看，由于人口迁移，迁入区人口总数增加，劳动力得到补充；迁出区的情况恰恰相反。其影响程度取决于迁移规模以及迁入区和迁出区原有的人口规模。例如，澳大利亚在1860年以前、新西兰在1875年以前都是迁入人数大于本国人口自然增长数，大大加快了人口数量的增长速度。人口迁移对迁出国人口总数的影响也不容忽视，如19世纪中叶至20世纪初，爱尔兰人口外迁数超过人口自然增长数，结果是总人口由1851年的500万减少到1926年的300万人。

人口迁移影响迁入地区和迁出地区的人口年龄和性别构成，特别是那些人口总数不多的地区，易造成年龄构成和性别构成的不平衡。因移民以男性青壮年为多，他们的移入则使迁入区的老弱病残人数的比例相对下降，平均年龄下降，人口趋于年轻化，性别比例升高；相反，迁出区的老弱病残人数所占比重升高，平均年龄升高，人口趋向老化，性别比下降。

人口迁移不仅会影响迁入国和迁出国的人口现状，而且将对未来人口再生产、人口素质产生影响。通常，迁移人口以婚育年龄人口居多，这将导致迁入区人口出生率和自然增长率升高；相反，迁出区的人口出生率和自然增长率都将有所下降。另外，人口迁移将改变两地的人口结构和人口素质。我国城市的（人口）规模长期以来受到严格限制，各大城市均制定了明确的人口控制目标。但其限制结果却出现了以下两种情况：一种是城市人口不断突破控制目标，日益膨胀，如北京市；另一种情况却是导致严重的人口老龄化，如上海市。

人口迁移导致的人口分布变化有两种情况：集聚性的迁移将会强化人口分布的不均衡状况，如前几年民工潮涌向东南沿海地区，从而使这些人口分布本来就很稠密的地方更拥挤。而扩散性迁移则使人口分布趋于平均，如在全国范围内的三峡水库移民在一定程度上分散了原库区密集的人口。

2. 促进区域经济的发展　移民对于迁入国经济发展有利的一面在于，移民既弥补了迁入区劳动力的不足，同时还带来了先进的科学知识和生产技术。例如，美国、加拿大、澳大利亚、新西兰等国的开发和发展，首先应归功于来自欧洲、非洲、亚洲等大量移民以及他们的后代。对于迁出国而言，移民对其国家经济发展也有有利的一面。迁出过剩的人口既减轻了政府的沉重负担，又为国家增加了外汇收入。但是，如果科技人才外流，则会给迁出国带来较大损失。我国教育部一项统计数据显示：改革开放以来，我国各类出国留学人员总数达到139万,而至2007年各类回国留学人员总数为31.97万,逾百万留学人员仍滞留在国外。

对于发展中国家而言,城乡间人口迁移所产生的复杂的社会经济效果表现在流入地的收入与消费状况、行为方式的变化,社会冲突与整合等社会经济动态变化,以及劳动力外流对流出地的资金、信息、技术回馈或流失,乃至对流出地的社会经济正向或负向的影响。人口和劳动力的区域流动还可对地区差距产生深远影响等。农村劳动力外流对农村发展产生了正面与负面影响,其中对农村贫困化也有重要影响(杨靳,2003)。人口迁移是城市化的途径之一,人口城市化对吸收农村剩余劳动力,控制人口增长,缓解城市人口老化有重要作用,但是农村青壮劳动力大规模的流向城市却可能导致农村空心化,并加剧农村人口的老化及导致人口过快收缩和城市、农村的进一步两极分化。

3. 促进经济、文化的交流,也带来新的问题 人是知识和文明的载体。在不同的生存环境中,人类发展了适合当地条件和特点的经验、技术和文化。因而,具有一定科学文化知识和专业技能的人口迁移有利于生产经验、劳动技能和文化艺术的交流,有利于科学知识以及宗教的传播,有利于提高迁入地区的生产力水平,促进全社会科学技术、文化的发展和现代文明的建设。

人口迁移在实现均衡的过程中不断地打破旧有的平衡,从而引发了多层面的摩擦(黄晓利,2006)。这一社会整合过程从长远看有利于增强社会的活力,从短期看则有可能带来社会问题,如文化冲突、犯罪、骚乱等,2005年法国巴黎近郊发生的骚乱就是这种摩擦的反映。移民通过多种文化的相互交流融合,形成富有生机的移民文化,而在另一些情况下则可能导致社会冲突。同时,移民带来的就业、教育、交通等问题也在某些国家和城市异常突出,影响了社会的稳定。

4. 促进种族、民族的同化和融合 种族是人类长期在不同的地理环境下生存,因适应特殊的地理环境而形成的生理和形体上具有特殊性的不同的人群。民族则是指生活在同一地域,在语言、风俗、信仰、心理状态等方面具有共同特征的人群集团。人口迁移可以使各种族、民族之间的交流机会增多,并为逐渐打破种族和民族界限提供了条件,使各民族、种族融合并形成新的民族成为可能。

5. 对生态环境产生直接的影响 在生态脆弱地区,人口的迁入可能会加剧生态环境的恶化。当然也有少量因人口迁入后对生态环境加以科学治理而使其得到改善的情况。我国人口对土地资源的压力一直十分沉重,长期以来,我国城市化与工业化过程都被人为地割裂,城市习惯性地向农村、向土地转移人口压力。而转移人口压力的主要途径是由人口密集地区向人口稀疏地区的扩散,号召人们从大城市向小城市、农村转移。近现代向东北、西北地区的移民,以及新中国成立后对内地河湖区、滩涂的大规模围垦、开发等都对资源的利用不合理,已经产生了严重的恶果,其中之一就是严重破坏了植被和生态系统。

对人口密集、耕地资源有限的我国来说,人口城镇化还具有重要的生态效应(黄晓利,2006)。从宏观和发展的眼光来说,城市不仅是"生产有效率"的居住方式,也是"生态有效率"的居住方式。这突出表现在城市人均占用的土地资源大大低于农村。城市化的发展只会提高土地的使用效率,减少对土地的消耗,而不是相反。而且,城市的规模效应也使环境的治理更加有效。当前,农村人口向城市的迁移移动对刺激的国内经济增长有着其内在的发展规律,它不以人的意志为转移,因而农村人口向城市的迁移流动乃是不可抗拒的潮流和必然的选择。随着中国经济发展和各项改革的进一步深入,将会有越来越多的人口加入城市,目前主要由农村人口组成的人口流动迁移大军汇入壮观的城市化大潮。因而人口迁移流动在一个较长的时期内必然会产生更为深远和重大的影响,并产生各种复杂的结果。

第二节 人口城镇化

城镇化,或称城市化、都市化,是英文单词"urbanization"的不同译法。城市(urban)是农村(rural)的反义词,除农村居民点外,镇及镇以上的各级居民点都属城镇地区(urban place),包括不同规模尺度的城市(city)和镇(town),因此将"urbanization"译作"城镇化"可能更为全面,而不应是城市化。然而在很多情况下,中国把"城市"和"镇"也统称"城市",在日本也统称"都市"。因此,同一个词也被翻译为"城市化"或"都市化"。

一、人口城镇化的基本概念与内涵

对于人口城镇化的含义,不同的学科有不同的理解,所下定义各不相同。地理学认为人口城镇化是农村地区转变为城市地区的过程;人口学认为人口城镇化是农村人口转变为城市人口的过程;从社会学角度看,人口城镇化是由农村生活方式转化为城市生活方式的过程;从经济学角度看,人口城镇化则是由乡村自然经济转化为城市社会化大生产的过程。人口城镇化是城镇化水平提高的一个重要表现形式,也是城镇化的一个重要衡量标准。人口城镇化不仅指农村人口变城市人口、农业人口变非农业人口的转化过程,还包括人口的生产方式、生活方式和居住方式的改变过程(张善余,2004;姜爱林,2003)。

美国的弗里德曼将城镇化划分为城镇化Ⅰ和城镇化Ⅱ。他认为城镇化Ⅰ是人口及非农活动在不同规模城市环境中的地域集中过程和非城市景观转化为城市景观的地域推进过程;城镇化Ⅱ是城市文化和城市生活方式和价值在农村地域扩散的过程。作为物化了的实体性过程的城镇化Ⅰ是有限的,而作为抽象的精神过程的城市化Ⅱ则是无限的。因此,总体来看城镇化的核心是人口就业结构、经济产业结构的转化过程和城乡空间社区结构的变迁过程。

人口城镇化实质是一个以人为中心、受众多因素影响的、极其复杂多变的系统转化过程,包括硬件结构和软件结构两大系统的更替和提升,是从传统社会向现代文明社会全面转型和变迁的过程。人口城镇化不仅是农业人口转化为非农业人口,并向城市(镇)集中的聚集过程,而且是城市(镇)在空间数量上的增多、区域规模上的扩大、职能和设施上的完善以及城市(镇)的经济关系、居民的生活方式和人类的社会文明广泛向农村渗透的过程。人口城镇化过程既是越来越多的农民从土地上解放出来的过程,也是广大农村居民物质生活和精神生活得到极大提高,逐步实现城乡协调发展,最终实现消除城乡差别和工农差别的过程(郭楠,2006)。

二、人口城镇化的测度指标

人口城镇化度量指标有单一指标和复合指标两种。单一指标简单、实用,但不能真实完整地反映城镇化的内涵。复合指标多在研究具体城市时应用,不具有普适性。因此,在具体研究过程中,常常是单一指标和复合指标共同使用,互相修正研究结果。

(一) 单一指标

1. 人口比重指标法　　人口比重指标法反映的是人口城镇化的变化情况,包括城镇人口比重指标法和非农业人口比重指标法。这两种方法是世界上比较通用的方法。

城镇人口比重指标法,按传统的定义而言,就是指用某一个国家或地区内的城镇人口占其总人口的比重来表示该国家或地区的人口城镇化水平,公式为

$$PU = \frac{U}{P} \times 100\% \tag{7-1}$$

式中,U 为城镇人口;P 为区域总人口;PU 为人口城镇化水平。

从公式 7-1 中可以看出,用人口指标测算人口城镇化水平时,城镇人口统计口径显得至关重要:① 城镇人口统计的准确程度取决于城镇人口的统计口径是否与实际已经人口城镇化的人口相符合;② 统一的城镇人口统计口径是不同国家或地区之间进行对比分析的重要前提或必要条件;③ 对城镇人口与农村人口的定义如何取舍也是重中之重。

城镇人口比重指标法的优点在于:① 简单明了,易用易学;② 城乡人口分布清楚,容易区分;③ 统计上比较便利。其缺陷在于:① 由于世界各国设市或设镇标准不同,在个别情况下,不能准确反映或比较人口城镇化的程度;② 由于行政区划的变更,可能会导致城镇人口失真,如中国的县改市或市改县、县改区或区改县、乡改镇或镇改乡等都可能引起城镇比重的不准确或无法统计;③ 由于社会政治因素的影响,可能会导致城镇人口的突变,如"大跃进"和人民公社就曾使中国的城市人口发生逆转,从而造成人口城镇化水平忽高忽低,影响了计算的准确性和研究的科学性(许学强,1996;周一星,1997)。

所谓非农业人口比重指标法,就是指用某一个国家或地区的非农业人口占其总人口的比重来表示该国家或地区的人口城镇化水平,公式为

$$PU = \frac{U_r}{P} \times 100\% \tag{7-2}$$

式中，PU 表示人口城镇化水平；U_r 表示非农业人口；P 表示区域总人口。

用非农业人口比重指标法测算人口城镇化水平时，需要准确界定非农业人口与农业人口。非农业人口比重指标法的优点在于：能够较准确地反映出一个地区人口职业结构的变动程度。其缺陷在于：无法判断一个从事非农业的人住在农村还是住在城市。由于我国特殊的人口统计方法，一些学者在研究中国人口城镇化问题时还是采用这一口径。

2. 城镇土地利用比重指标法　　城镇土地利用比重指标法，就是指以某一个国家或地区内的城镇建成区土地利用面积占区域总面积来反映当地的人口城镇化水平。测度方法主要是统计一定时间内非城市用地（如农业、草原、山地、森林、海滩等）转变为城市用地（如工厂、商业、住宅、文教等）的比率，公式为

$$PU = \frac{C}{S} \times 100\% \tag{7-3}$$

式中，PU 表示人口城镇化水平；C 表示建成区土地利用面积；S 表示区域城镇区土地面积。

用城镇土地利用比重指标来测算人口城镇化水平时，统计城镇土地利用的面积与程度就显得比较重要。这一指标的缺陷在于：① 对人口密度大，建城区用地多的地区而言，可能比较合适，而对于人口密度小，建城区用地多的地区则难以反映其真实的人口城镇化水平，如中国南方的个别城市建成区及其他建设用地数量很大，但人口城镇化水平并不高；② 仅仅用建城区来测算人口城镇化水平，并不能全部反映一个地区的人口城镇化水平。

由于近年来中国城市规划区规模扩张迅速，大量农用地快速转化为建设用地，土地城镇化速度超前于人口城镇化速度，因此土地利用指标统计上有困难，使用尚不广泛。目前，随着航空遥感技术的提高和普及，以及"3S"技术的广泛应用，这个测度指标已经在中国沿海发达地区的城镇密集地区得到新的应用。

（二）复合指标法

复合指标法是选用与城镇化有关的多种指标予以综合分析，以考察城镇化的进展水平。选取的指标主要有：① 人口变动指标，主要包括城市人口占总人口比例、城市非农人口比例、非农劳动力占总劳动力的比重、城市等级人口比例等；② 经济变动指标，主要包括城市国内生产总值、城市人均国内生产总值、城市产业结构、城市 GDP 占区域 GDP 的比重、经济聚集能力、城市扩散能力、城市基础设施等；③ 社会变动指标，主要包括城市居民人均可支配收入、城市人均居住面积、住房成套率、人均公共绿地面积、城市公共教育经费和科研与开发经费占 GDP 的比重、城市每千人拥有医生数、社会保障覆盖率以及城市生态环境指标等。然而，指标多，必然与具体地域结合紧，针对性强，通用性差。所以，复合指标法多半是对具体城市地域，或者具体国家地区做城市化分析时使用，而无法进行国际的比较分析（许学强等，1997）。

由此可见，城镇化是一个多维的历史发展过程，衡量城镇化发展水平也应该是由多方面的要素组成的指标体系，很多人据此设计了不同的衡量城镇化水平的综合性指标。但是，一方面由于综合性指标比较复杂，使用不方便，而城镇人口比重使用方便且直观；另一方面我国目前仍然是一个农村人口占 40% 多的社会，实现由农村人口为主向城市人口为主的转变仍将是今后城市化的重要形式，用城镇人口比重来衡量城镇化水平比较切合目前我国城市化发展的主要内容。

三、人口城镇化的类型及规律性

（一）城镇化的分类

城镇化的分类是城镇化研究的重要内容，一般从以下几个方面进行划分。从一般理论上，可以分为人口城镇化、农村城镇化与郊区城镇化、逆城镇化。从城镇化发展模式上，可以分为两类：一类是同步城镇化、过度城镇化、滞后城镇化、逆城镇化或适度城镇化、超前城镇化、低度城镇化、逆城镇化；第二类是集中型城镇

化、分散型城镇化与就地型城镇化(或称农村城镇化)。从城镇化过程中的结构转换上,可以分为人口城镇化、地域城镇化与就业城镇化。从物质与精神的角度,可以分为物质的城镇化和精神的城镇化。从城镇化的推动机制角度,可划分为自上而下型城镇化和自下而上型城镇化。

(二) 城镇化的基本类型

1. 郊区化、郊区城镇化与逆城镇化

(1) **郊区化** 指区域城市化水平达到一定程度(约70%～80%),市区发展速度变得缓和平稳,人们开始追求理想的自然生态环境和良好的社会环境,城市人口、就业岗位和服务业在大城市由市区向外迁移的一种分散化过程。

(2) **郊区城镇化** 指城市郊区的乡村地域向城镇地域转化的过程。郊区化的实质则是人口与经济要素由城市中心区向近郊区的离心扩散,郊区化的发展动力则是来自城市内部的离心力量。郊区化是站在城市中心,考察由内向外的扩散力量;郊区城镇化是站在郊区,考察各种力量在郊区积聚所引起的乡村地域发展过程。虽然都属城镇化的范畴,但它们分别代表了市区的离心扩散和郊区的向心积聚两种城镇化力量。20世纪20年代以来,西方发达国家的大城市经历了三次从城市中心推向郊外的浪潮:人口外迁、工业外迁、零售业外迁。中国的郊区化现象主要表现为人口郊区化、工业郊区化和外来人口郊区化。

(3) **逆城镇化** 一般称逆城市化,指大都市区的人口向较小的都市区乃至乡村地区流动的分散化过程,城市化地域不断扩大,城市化向农村地域推进;部分国家以中小城镇的分散发展为主,形成城乡一体化。其结果是都市区人口的绝对数量下降,人口的净增率为负值。逆城市化之后的城市复兴被称为再城市化。

2. 同步城镇化、超前城镇化、滞后城镇化和隐性城镇化

(1) **同步城镇化** 又称积极型城镇化,即城镇化进程与经济发展或工业化进程趋于一致,城镇化水平稳步提高。所谓"同步",指城镇化与经济发展呈正相关关系,城镇化率(即城镇化水平)与工业化率(工业劳动力占总劳动力的比重或工业总产值占GDP的比重)互相协调,城镇人口的增长与人均国民收入的增长比较一致,农村人口城镇化的数量与经济发展提供的城镇就业量大体平衡,城镇化的发展与农业提供的剩余产品基本适应。这是一种比较合理的经济发展推动型的城镇化道路,它能够实现城镇化与工业化及社会经济的适度同步发展,大部分发达国家的城镇化基本属于这种模式。

(2) **超前城镇化** 又称过度城镇化、假城镇化,是一种消极的城镇化状态,城镇化过程与经济发展相脱节。主要表现为过量的农村人口盲目向城市特别是大城市转移,超过国家经济发展的承受能力。所谓"超前"或"过度",是指城镇化速度大大超过工业化速度,城镇化不是建立在工业化和农业发展的基础之上,而是主要依靠传统的第三产业(传统的生活性、商业性服务)来推动的城镇化,甚至是"缺乏工业化的城镇化",城镇化过度增长,城镇建设步伐赶不上人口城镇化的速度。这是一种不利于城镇经济和社会健康发展的畸形城镇化,相当数量的发展中国家的城镇化基本上是这种模式,在拉美国家体现的比较典型。

(3) **滞后城镇化** 又称低度城镇化,即城镇人口的实际增长速度低于城镇工业生产发展所需要的人口增长速度。所谓"滞后",是指城镇化率落后于工业化率。产生滞后的原因是政府为了避免城乡对立和"城市病"的发生,采取了种种措施限制城镇化的发展,结果使城镇的集聚效益和规模效益都不能很好地发挥,严重阻碍了工业化和农业现代化的进程,是一种违背工业化和现代化发展进程的不合理的城镇化模式。

(4) **隐性城市化** 特指我国现有的情况下,乡村劳动力在非农转化的过程中,由于城乡迁移政策的限制而未能实现地域转移或即使实现地域转移,但在统计上仍为乡村人口的一种人口状态。

(三) 人口城镇化的规律性

1. 城镇化过程的阶段性规律 从城市化的进程和速度来看,具有明显的阶段性。诺瑟姆(R. M. Northam)把一个国家和地区的城镇人口占总人口比重的变化过程概括为一条稍被拉平的"S"形曲线,并把城镇化过程分成初始阶段、加速阶段和稳定阶段三个阶段(图7-2)。初始阶段,城市化水平达到10%就表明城市化进程开始启动,该阶段城市人口占区域总人口的比重低于25%,城市发展缓慢,经历的时间长,区域处于传统农业社会状态;加速阶段,城市人口占区域总人口的30%以上,农村人口开始大量进入城市,城市人口快速增加,城市规模扩大,数量增多,城市人口占区域总人口的比重达到60%～70%,工业在区域经济和社会生活中占主导地位;稳定阶段,城市人口占区域总人口的70%以后,城市人口增长速度缓慢,城市人口增长处于稳定的发展时期。世界发达地区和美国的城市化发展轨迹基本上与这一曲线相吻合,从而验证了城市化发展速度的这一基本规律。城市化过程的缓慢与迅速,取决于社会的经济发展。

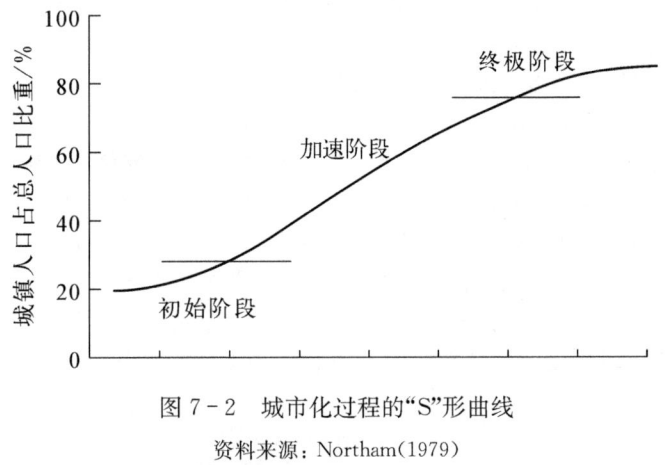

图7-2 城市化过程的"S"形曲线

资料来源:Northam(1979)

2. 城镇化与经济发展、工业化的互动规律 城镇化,在英国工业革命之前,进展一直非常缓慢,始终徘徊在3%左右的水平上。1760年,世界开始进入以蒸汽机为标志的工业化时代。生产技术和生产方式的转变,大工业生产体系的形成,使原有分散和落后的手工业生产和以农业为主体的乡村经济发生了性质上和地域上的变化,人类的生产活动和居住活动开始不断向城市集中,而城市生产活动的聚集和人口的增加、城市基础设施的兴建和功能的不断完善,以及聚集经济效益的强化,反过来又作用于工业化,促进了工业化的发展。由此可见,城市化与工业化是一个相互影响、相互促进的关系,缺一不可。工业化带动了城市化,而城市化促进了工业化,在工业化不同阶段,城市化也呈现不同的发展水平。依据工业化与城市化的发展态势,又可将城市化划分为不同的类型。

3. 城镇化的聚集与扩散规律 城镇化的过程,是人类生产和生活活动聚集的过程,但同时又是一个扩散的过程。在城镇化的不同阶段,聚集和扩散的主次有着明显的差异。在城镇化迅速发展阶段,占主导地位的是聚集;到了城镇化的终极阶段,开始出现扩散。城镇化水平越高,城市的等级规模越大,扩散的作用就越强,扩散的范围就越广。就形式而言,在世界范围内,是城镇化水平高的发达国家向城镇化水平低的发展中国家扩散,而在一个国家范围内,则是城镇化水平高的地区向城镇化水平低的地区,也就是大城市向周围边缘地区的扩散。城镇化扩散的另一个现象是随着工业化阶段的变换,一些老工业城市由于市场需求发生变化而进行产业调整,由此出现工业生产下降,就业机会减少,城市活力减弱,人口外迁。在20世纪70年代和80年代,那些以制造业为主要经济部门的城市和地区,如美国的匹兹堡和克利夫兰、英国的谢菲尔德和利物浦、法国的里尔、比利时的列日等,都出现了因工业老化而导致的城镇化扩散(沈建国,2000)。

城镇化的聚集与扩散,在更大的空间尺度上表现为区域的各城镇发展连为一体,城镇空间结构呈现一定的规律性。这种空间结构自内向外和自小向大可以分为四个圈层,代表了大都市发展过程的四个阶段:中心城市、大都市区、大都市圈或大都市扩展区、大都市带或大都市连绵带。其中大都市带是城市化发展的高级阶段,代表着当今城镇化的方向(许学强,1996)。

4. 城镇化的区域差异规律 城镇化是人类社会生产力不断发展和劳动地域分工不断深化在空间的转移和运动过程。与人类社会从狩猎社会、农业社会到工业社会的过渡相适应,城镇化也经历了起步、初始、高速发展的不同阶段。但是,在同一时期,不同区域中的生产力要素,包括物质、人力、能量、信息以及资本的流动速度和组合程度不相同,决定了区域间城镇化速度和水平的差异。例如,18世纪后期蒸汽机的出现,使英国首先进入工业化社会,并且使英国的城镇化水平遥遥领先于其他国家。世界城镇化重心的空间转移过程表明,发达地区的城镇化水平明显高于欠发达地区,相差30多个百分点。另外,在20世纪中叶之前,发达地区的城镇化水平提高的速度大大快于欠发达地区;而后,欠发达地区出现了相对较快的城镇化发展速度。在我国,省际城镇化水平差异性表现非常明显,北京、上海等地已经进入城镇化高水平,而西部的青海、贵州等省份城镇化水平仍然维持在较低的程度。

5. 大城市在城镇化进程中的主导性规律 有资料显示,在欧、美工业国家的工业化发展过程中,大城市作为城镇化主导力量的现象表现十分突出。英国由于受工业化浪潮支配,1801~1851年伦敦等十大城市人口占总人口的比重从16%增长到23%。1950年,英国总人口的15%仍居住在最大的城市——伦敦。美国城镇化起步比英国晚,在1870~1940年工业化率快速提高的过程中,大西洋沿岸和其他交通沿线的大城市迅猛发展。1950~1980年,以大城市为中心的大都市区由169个增加到318个,增加了88.2%;其人口由8 485万增加到16 943万,增长97.3%;在全国总人口中的比重由56.1%上升到74.8%,增长33.3%。其中,18个巨大都市区分别占全部大都市区人口和全国总人口的45.6%和34.7%。20世纪70年代初,美国制造业和第三产业就业人数的3/4聚集在大都市区内。日本土地资源结构与中国相似,易于利用的土地面积只有国土面积的20%,中国为15%,但日本的人口密度更超过中国。从明治维新以来,日本人口即向大城市集中。1950~1980年,由于工业高速发展,城市人口约增加了3 000万,其中70%集中在三大城市圈(东京圈、名古屋圈、大阪圈),30%集中在地方城市。只占全部国土面积10.4%的三大城市圈在1970年集中了占人口总数43.5%的人口。在这三个国家中,工业化均集中在城市地区进行,与工业化过程并行。而且大城市的发展在城镇化进程中发挥了主导作用,并形成以大城市为中心的大都市区、城市带或城市圈的空间结构。

第三节 世界人口城镇化发展及特征

一、世界人口城镇化的历程

从世界范围来说,最早的城市大概开始出现于手工业、商业和农业分离、原始社会向奴隶社会发展的过程中,迄今大致经历了三个阶段,即早期城市、近代工业化城市及现代化大都市。与此相对应,世界人口城镇化过程也经历了三个阶段。

(一)城市产生与早期城市发展阶段

公元前3500年至公元前3000年左右,先是在尼罗河流域,然后是两河流域,出现了人类历史上的最早一批城市。随后在印度河流域、黄河流域沿岸、美洲和非洲等地也出现了一批城镇。早期城市包括古代和中世纪的城市,因受生产力发展水平的限制,可提供城市居民需要的农产品数量有限,城市在长时期较落后的生产力条件下经历了一个漫长的发展过程(周一星,1997)。诞生在美索不达米亚的最早的城市,虽然为数众多,但因政治上的分裂,人口规模却很小,大约只有5 000~25 000人。到公元前5世纪,城市文明在地理上的扩展已经比较充分,除巴比伦外,波斯、希腊、印度、中国等国家都开始有10万人以上的城市。古代城市发展总的特点是:城镇数量小,规模不大,城市人口比重小,地区分布集中在灌溉农业发达、利于农业生产或便于向周围征收农产品的地带,如美索不达米亚平原、尼罗河下游、中国北部平原、印度河沿岸、中美洲、中安第斯山及尼日利亚西南部等地。早期城镇主要为行政、宗教、军事或手工业中心,多建有防御性的城墙。水路运输发展后,在主要河流交汇处或入海口、地中海沿岸、中国东南沿海等地兴建了不少商业城市。例如,地中海沿岸的威尼斯、热那亚,中国的泉州、扬州等,都是当时著名的商业贸易中心或重要贸易港。除以行政、军事为主要职能的城市外,一般规模都不大。这时期内城市人口增长缓慢,综合许多学者对历史城市资料的估测,公元100~1800年,世界城镇人口占总人口的比重变化在4.5%~6.0%,总的城镇化水平很低。

(二)工业化革命时期的城市

工业化革命前期的城市虽然有些城市人口规模曾达到几十万人,但受农业产出和科技条件的限制,大多数工商业城镇人口在万人左右。18世纪中叶开始的工业革命是人类历史上的一个重要阶段,它实现了从工场手工业到大机器生产的飞跃。工业革命的浪潮从英国起源,继而席卷欧美以至全世界。从此世界从农业社会开始迈入工业社会,从乡村化时代开始进入城镇化时代。18世纪中叶的工业革命引起的工业化,加强了地域分工,产生了大量剩余劳动力。大工业的发展和工业化的进程不仅促进了一批以工业和商业经济职能为主的新城市的出现和城市规模的扩大,而且促进了城市本身基础设施的完善,从而使城镇化进程大大加快。而城镇化又为工业和其他经济的发展创造了良好的外部条件,为生产、交换和生活提供了方便,进而吸引着更多的工业和人口向城市集聚。人类社会的重心越来越移向城市,城市数量大幅度增加,城市规模急剧扩大。

工业革命始于英国,因而英国也是世界上最早开始近代城镇化的国家。在工业革命推动下,19世纪英国的城镇化进程十分迅速,一大批工业城市,如格拉斯哥、曼彻斯特、伯明翰、利兹、纽卡斯尔等迅速成长起来。1801~1851年的半个世纪里,英国5 000人以上的城镇由106座增到265座;城镇人口比例由26%增至45%,到1900年上升到75%,成为世界上第一个城镇化的国家。经济发达的西欧、北美国家城镇化进程也十分迅速。1850年,世界城市人口达8 080万人,占总人口的6.4%,1900年增至2.44亿人,占总人口的比重上升到13.6%。此外,这一时期中小城镇增长速度超过了大城市,如1800~1900年世界各类城镇中,2万人以下的小城镇由20%上升到32%,2万~10万人的城镇由23%增至27%,而100万人以上大城市的相对比重从57%下降至41%。但欠发达的亚非拉大部分地区城镇化进程缓慢,城市人口比重低(刘培祥,2000)。

这个时期人口城镇化的特点主要表现为:① 城镇人口快速增长且持续时间长。1800年世界总人口为9.78亿,大约5.1%居住在城镇。在19世纪的100年里,世界人口增加了70%,城镇人口增加了340%,1900年城镇人口比重从5.1%提高到13.3%。20世纪前50年世界人口增加了52%,城镇人口增加了230%,1950年城镇人口比重提高到29%。1950~1980年这30年中,世界人口增加了75%,城镇人口增加了150%,1980年城镇人口比重逼近了40%。这180年里,世界人口增加了3.5倍,而城镇人口却增加了35倍有余。② 人口向大城市迅速集中,使大城市在现代社会中居于支配地位。标志之一是10万人以上城市的人口占世界城镇人口比重不断提高。1950年为56.34%,1960年为59.01%,1970年为61.51%,1975年已达到62.25%。③ 城镇化发展的主流已从发达国家转移到发展中国家。英、日、德、美等国家相继完成工业化,城镇化进入高水平维持阶段。20世纪50年代以来,发展中国家城镇人口增长速度高于发达国家。20世纪后半期的50年间世界城市人口增加4倍,其中发达国家和地区只增加1倍,而发展中国家和地区增加了3倍。尽管发展中国家和地区目前的城镇化水平还低于发达国家和地区;但是,城镇化的进程却大大高于发达国家和地区。目前,不论城市人口的绝对数量还是新增加的城市人口,绝大多数在发展中国家(胡爱华,2004;华淑华,2008)。

(三) 后工业化时期

进入21世纪以来,随着生产力的发展,产生了一系列技术革命。在此阶段,世界各地的人口城镇化特点与工业革命时期有了显著的变化。受经济全球化和区域经济一体化的影响,发达国家与发展中国家的人口城镇化特征差异性更加突出,总体上呈现多样化、加速化、不平衡、复杂化等特征。

二、世界人口城镇化的发展现状及特征

当代西方学者将20世纪50年代以来的世界城镇化称为后工业社会时期的城镇化。在该阶段,最发达的美、英等少数几个国家,工业时代已经结束,经济转向以信息服务业为主的阶段,以人口集中为标志的城镇化也转向人口向外扩散的郊区城镇化和逆城镇化。与此同时,广大发展中国家的城镇化仍然以工业化为主要动力,它们尚未进入后工业化社会,城镇化依然处在加速阶段。当代世界人口城镇化有以下五个特点。

1. 全世界城镇化进程加速,城镇化发展的区域差异明显 20世纪以来,尤其是第二次世界大战以后,由于高自然增长率导致世界人口激增,1925~1974年,世界人口增加了1倍。加之经济迅速发展,大大加快了世界城镇化的进程。据联合国人口司和美国人口咨询局的有关数据,1925年城市人口约占世界总人口的21%,1950年为30%,1977年为38%,1990年为43%,2000年为46%,2005年为48%,这意味着目前世界已有接近一半的人口居住在城镇。根据联合国有关机构最新发布的资料,预计到2008年世界城镇化水平超过50%,总人口中将首次有超过一半的人口生活在城镇。同时,预计不发达地区将在2020年达到50%这个水

平。发达地区的城市人口比重将从 2007 年的 75% 提高到 2030 年的 81%，不发达地区的该比重将从 44% 提高到 56%。2030 年世界城市人口比重达到 60%，城市人口数量将从 2007 年的 33 亿增加到 2030 年的 49 亿。

根据美国人口咨询局数据，2005 年世界城镇化水平为 48%，其中发达地区为 77%、不发达地区为 41%。从各大洲来看，同属发达地区的北美洲、欧洲、大洋洲的城镇化水平在 73%～79%，亚洲为 38%，非洲的城镇化水平最低，为 37%。作为不发达地区但过度城镇化的拉丁美洲和加勒比地区，城镇化水平与发达国家水平基本持平，为 76%。与世界各地社会经济发展不平衡相联系，各地人口城镇化水平及其发展进程也有很大差异。从世界范围考察，20 世纪 80 年代以来，不发达地区的城镇化进程明显快于发达国家。1980～2005 年，世界人口城镇化水平从 41% 提高到 48%，增加了 7 个百分点；发达地区从 71% 提高到 77%，增加 6 个百分点；而不发达地区从 30% 提高到 41%，增加了 11 个百分点，这部分增加量主要是由于拉丁美洲和加勒比地区快速城镇化造成的，该地区从 63% 提高到 76%，提高了 13 个百分点（曹建云，2003；郭志仪等，2008）。

2. 城市数量增多，规模扩大，大城市发展迅速，出现规模巨大的都市连绵带　　随着城镇化进程的加快，城市人口规模快速扩张。15 万人以上的城市，18 世纪仅 15 个，1900 年才增加到 38 个。而在 1950～1980 年的 30 年中，仅百万人口以上的大城市就由 71 个增至 234 个，并出现了墨西哥城、圣保罗、伦敦、纽约、东京、上海这样千万人口的大城市。城市的范围、规模、功能等方面都出现了一系列新的变化，不少城市越来越超出自身的范围，而与毗邻的、相联系的区域联结起来，产生了超级城市（supercity）、巨城市（megacity）、城市集聚区（city agglomeration）和大都市带（megalopolis）等新的城市空间组织形式（许学强，1996）。

20 世纪 50 年代以来，在某些城市密集地区，由于郊区城镇化的作用，城市不断向四周蔓延，使城市与城市间的农田分界带日渐模糊，城市地域出现连成一片的趋势，从而形成世界上最大的一种城市现象——大都市带。首先为大都市带定名的，是国际著名城市地理学家戈特曼。他于 1957 年借用古希腊"megalopolis"一词，描述美国东北部大西洋沿岸的新罕布什尔州南部到弗吉尼亚州北部的城镇化地区。戈特曼认为，大都市带是市街区大片地连在一起，消灭了城市与乡村明显的景观差别的地区；一个大都市带，至少应居住 2 500 万的城市人口，过着现代城市方式的生活。他于 1989 年发表的《大都市带》一书中，认为目前世界上有 6 个大都市带：美国东北部大西洋沿岸大都市带、日本东海道太平洋沿岸大都市带、欧洲西北部大都市带、美国五大湖沿岸大都市带、英格兰大都市带、中国长江三角洲大都市带。

3. 郊区城镇化、逆城镇化、再城镇化、过度城镇化和城镇化滞后现象并存　　郊区城镇化的出现可追溯到 20 世纪 30 年代大危机时期。20 世纪 50 年代后，由于特大城市人口激增，市区地价不断上涨，加上生活水平改善，人们追求低密度的独立住宅，汽车的广泛使用，交通网络设施的现代化等原因，郊区城镇化进程加速，一个全新的规模庞大的城乡人口流动的逆过程开始出现。20 世纪 70 年代初，美国费城、底特律、克利夫兰、波士顿、巴尔的摩、华盛顿诸城，新建住宅的 80% 分布在郊区。巴黎 20 世纪 60 年代后期共有 320 万个居住单元，其中 200 万个位于郊区。以住宅郊区化为先导，引发了市区各类职能部门纷纷郊区化的连锁反应。逆城镇化首先出现在英国，美国出现逆城镇化的时间稍晚。面对经济结构老化，人口减少，美国东北部一些城市在 20 世纪 80 年代积极调整产业结构，发展高科技产业和第三产业，积极开发市中心衰落区，以吸引年轻的专业人员回城居住，加上国内外移民的影响，1980～1984 年间就有纽约、波士顿、费城、芝加哥等 7 个城市在市域内实现人口增长，出现了所谓再城镇化。与此类似，英国大伦敦的人口在连续 30 多年下降后，于 1985 年起开始微弱增长，也出现了再城镇化现象。根据发达国家一些城市人口增长的周期变动，一些学者提出了城镇化进程的空间周期理论，即由城镇化、郊区城镇化、逆城镇化、再城镇化四个连续的变质阶段构成大都市区的生命周期（吴玉麟等，2001）。

在郊区城镇化、逆城镇化和再城镇化的同时，世界各地依然存在城镇化滞后和过度城镇化现象。在发达国家，城镇化滞后主要表现为城市非农产业的劳动力供给不足，通常通过劳务输入（德国、俄罗斯）以及采取优惠政策鼓励农民进入城市（日本）等途径来解决。在发展中国家，城镇化滞后主要表现为工业化过程中，城镇化乏力。如泰国，1999 年人均 GDP 为 1 960 美元，比中低收入国家的平均水平高出 58%，但其城镇化水平仅为 21%，低于中低收入国家 41% 的平均水平。在拉美的发展中国家，如巴西、阿根廷、墨西哥等，至今仍然存在过度城镇化的问题。1999 年墨西哥城镇化水平为 74%，与美国（77%）和日本（78%）基本相当，而同年墨西哥人均 GDP 只有 4 400 美元，分别相当于美国和日本的 14.7% 和 13.7%（王芬芳等，2002；王前福等，2002）。

4. 城市职能朝动态、综合方向发展,出现世界城市体系　　现代城市,特别是综合性的大城市的各种物质供应量,消耗量与日俱增,联系范围、规模日益增大,活动频率不断提高,使得城市职能相对于工业革命时期日趋复杂多样。在每个城市中,由于生产专业化和社会化的发展,劳动分工加深,企业对生产性服务提出了更多专业化要求。另一方面,随着劳动生产率提高,居民个人收入增加,对零售业、饮食业、社会保险、文化娱乐、医疗保健、教育等部门的服务需求增加,使现代城市包括服务、管理、运输、科技、文化教育等部门的第三产业不断加强,朝综合性方向发展。

随着经济全球化和区域经济一体化趋势的加强,现代城市的职能在日趋综合化的同时,其集聚和辐射服务能力也得到大幅提高,部分城市成长为世界级城市。世界级城市,又称全球城市(global city),指在社会、经济、文化或政治层面直接影响全球事务的城市。伦敦、纽约、巴黎和东京传统上被认为是"四大世界级城市",它们互相联系与控制,构建了世界城市体系,对全球经济社会发展起到重要影响。

5. 发展中国家的城镇化仍以乡村向城市移民为主　　相对于发达国家出现的郊区城镇化、逆城镇化和再城镇化现象,当代发展中国家城镇化的特点,仍然以乡村人口向城市迁移为主。由于卫生条件改善,婴儿死亡率降低,加上农村经济增长赶不上农村人口增长,导致大量农村劳动力失业,甚至饥饿,这一切推动大量的失业农民进城,希望寻找工作机会和较佳的生存条件。这种乡村人口向城市集中的现象被人们称之为生计城镇化(许学强,1996)。随着目前亚洲、非洲等发展中国家工业化速度的加快,城乡差距日益拉大,尤其是城乡就业机会严重失衡,大量乡村居民进入城市谋求生路。亚非拉大多数国家的城镇化基本上不是以工业化为起点,而是从贸易业开始的。这些国家的城镇化不是本国经济发达的产物,而是西方国家强行促生的(谢扬,2003)。对于中国和印度等发展中人口大国,在未来较长一段时期内将面临非常大的人口转移压力,城乡间人口迁移量将持续走高。

三、世界人口城镇化的展望

进入21世纪,经济全球化、区域一体化已经成为世界经济的基本走向。受全球经济发展趋势、发展格局的变动和各国国情等因素影响,世界人口城镇化的发展趋势呈现出以下四个特点。

1. 未来世界的城市化仍将保持持续、快速增长的势头　　城市人口将不断增长,据估计,到2030年,世界城市人口将达到51亿(表7-7)。世界的城市化率,也将从1990年的43.2%提高到2030年的61.1%。世界城市化的速度在未来30年中将仍然呈加快的趋势。

表7-7　未来二十年的世界城市人口及其比重变化

年　份	世　界		发达国家和地区		发展中国家和地区	
	城市人口/亿	比重/%	城市人口/亿	比重/%	城市人口/亿	比重/%
2010	34.73	51.1	9.47	78.4	25.25	45.2
2015	38.17	53.4	9.68	79.7	28.49	48.0
2020	41.76	55.7	9.86	81.1	31.9	50.8
2025	45.26	58.0	10.0	82.3	35.36	53.5
2030	48.89	60.3	10.01	83.5	38.79	56.2

资料来源:United Nations (2000,2002)。

2. 城市化发展地域差异日趋明显　　在进入21世纪,发达国家的城市化速度将明显地逐渐放慢,估计到2030年,城市化水平将达到84%左右;发达地区的城市人口占世界城市总人口的比例也相应下降,从1965年的60%跌落到2030年的20%左右。而发展中国家正经历着一场快速的乡村-城市转型过程,城市人口、城市数量以及城市规模的增长,是这个转型过程的具体表现形式。未来世界城市化加速的重点将转向发展中国家,城市化的重心将从拉丁美洲和加勒比海地区转向亚洲和非洲(表7-8、表7-9)。与此同时,发达国家与发展中国家城市化存在着分散与集中两种不同的趋势。这在城市化水平较高的发达国家最为明显。城市化的发展趋势由注重城市规模、谋求集聚效应的集中型城市化向分散型城市化转变,城市结构由单中心向多中心转变。而在发展中国家,尤其是在欠发达国家和地区,仍然依靠大城市发挥集聚效应,并以其强大的社会、经济、文化实力辐射带动周围地区的发展。经济和人口向大城市周围集聚仍然是未来发展中国家城市发展的主流(管驰明,2000;邹欢,2003)。

表7-8 未来20年的世界城市人口年度增长率　　　　　　　　　　　　　　　　　(单位:%)

年 份	世 界	发达国家和地区	发展中国家和地区
2005~2010	1.96	0.46	2.56
2010~2015	1.89	0.43	2.41
2015~2020	1.8	0.37	2.26
2020~2025	1.66	0.28	2.05
2025~2030	1.5	0.19	1.85

资料来源:同表7-1。

表7-9 2005~2030年世界各地区以及一些国家城市人口比重的变化　　　　　(单位:%)

年 份	亚 洲	非 洲	北美洲	欧 洲	大洋洲	德 国	美 国	日 本	中 国	印 度
2005	39.2	40.8	78.3	76.0	70.2	88.5	78.4	79.6	34.7	30.5
2010	41.9	43.7	79.6	77.3	70.5	89.2	79.7	80.5	37.6	33.0
2015	44.7	46.5	80.9	78.6	71.2	89.9	81.0	81.5	40.7	35.9
2020	47.6	49.2	82.1	80.0	72.2	90.5	82.2	82.6	43.9	39.2
2025	50.6	51.8	83.3	81.3	73.3	91.1	83.4	83.7	47.1	42.5
2030	53.4	54.5	84.4	82.6	74.4	91.7	84.5	84.8	50.3	45.8

资料来源:同表7-1。

3. 大城市增长势不可挡,世界城市群数量将进一步增加　　在经济全球化时代,各类资源加速向大城市集聚,大城市在全球城市体系中将扮演全球经济网络结点的重要角色。当前及今后世界城市发展过程的特征之一仍然是人口和经济社会活动向大城市集中,主要表现在:① 百万人口以上城市发展速度加快,数量不断增加,其人口占城市总人口的比重不断提高;② 至2015年,估计人口超过1 000万的城市的数量可达到26个,在这些城市中的居民人数合计4.18亿人,占世界城市总人口的10.6%(表7-10);③ 城市地域空间不断扩展,形成更多以大城市为中心,包括周围城镇化地区的大城市地区;④ 在世界若干经济核心区,将诞生更多大城市首尾连接、包括几千万城镇人口的都市连绵区。

表7-10 1950~2015年百万人口以上的城市数量、人口及占城市总人口的百分比

	1950年	1965年	1980年	1995年	2010年	2015年
1 000万以上城市数量/个	1	3	5	14	23	26
人口/百万	12	39	76	195	360	418
百分比/%	1.6	3.3	4.3	7.6	10.1	10.6
500万~1 000万城市数量/个	7	13	21	23	32	38
人口/百万	42	92	158	172	229	265
百分比/%	5.6	7.7	9.0	6.7	6.4	6.7
100万~500万城市数量/个	75	120	187	288	419	463
人口/百万	141	229	357	567	847	433
百分比/%	18.7	19.3	20.3	22.0	23.0	23.6

资料来源:United Nations (1998)。

4. 城市化动力机制的变化　　城市化与工业化、非农化相互作用、耦合连动、同向发展是世界经济和城市化发展的一般规律。城市化水平的提高主要靠第二、第三产业比重的上升,但在城市化发展的不同阶段,第二、第三产业所占的比重是不同的。在发达国家和发展中国家的部分发达地区,随经济结构调整和产业结

构优化升级,第三产业对城市化的推动作用将越来越明显(管驰明,2000)。广大的发展中国家中,尤其是亚洲和非洲等地区,第二产业仍是推动城镇化的主要动力,但在中国、印度等人口大国中,城镇化的推动力不仅限于第二、第三产业,而是在两者的主导下各种社会经济因素综合作用推动城镇化加速。政府主导的自上而下型城镇化和市场主导的自下而上型城镇化共同引导城镇化的健康发展。

第四节 中国人口城镇化及特征

一、中国人口城镇化的发展历程

中国是世界著名的文明古国,也是世界六大城市带发源地之一,有着漫长的人口城镇化历史,但到1949年中国城镇人口比重才达到10.64%,所以,真正意义上的城镇化进程是从新中国成立以后开始的。根据新中国成立后我国人口城镇化的发展历程与特征,可划分为三个阶段。

(一)城镇化的起步阶段(1949～1957)

新中国成立后,经过三年的国民经济恢复时期和工业的优先发展,第一个"五年计划"得到顺利实施。国家先后在各地进行了694个重点项目的建设,采取"重点建设、稳步发展"的城市发展方针,新建了6个城市,大规模扩建了20个城市,一般性地扩建了74个。工业化的发展和城市建设吸引大量农民进入城镇和工矿就业,初步推动了我国的城镇化进程(张善余,2003)。到1957年城镇人口达到9 949万人,比1949年增加4 184万人,城镇化水平从1949年的10.6%上升到15.39%。

(二)城镇化的波动和徘徊阶段(1958～1978)

该阶段又可进一步划分为三个时期。

1) 1958～1960年,"大跃进"所引进的高速城镇化时期。由于大跃进,全民大办工业,以钢为纲,大量农村劳动力流向城镇,三年间城镇职工猛增2 860万人,城镇人口年均也增加833万,城镇人口比重由1957年的15.4%上升到1960年的19.75%,年均提高1.45个百分点,是20世纪提高速度最快的时期之一。超常城镇化速度是在脱离农业的基础上超常规发展,带来了大量不利影响。

2) 1961～1965年,工业调整时期的逆城镇化时期。这一段时期国家进行工业调整,精简工业和城市人口,2 000多万城镇人口下放回乡,同时调整市镇设置,建制镇常住人口标准由过去的2 000人提高到3 000人,城市数由208座压缩到171座。在1961～1964年的3年间,不仅非农就业人口比重和城镇人口比重急剧下降,而且城镇人口和非农就业人口的绝对规模在中国历史上首次出现下降。城镇人口比1960年底减少1 427万人,城镇化水平下降2.9个百分点。1964年非农化比重甚至低于城镇化水平。

3) 1966～1977年,工业化停滞时期的城镇化停滞阶段。由于"文化大革命"以及经济工作指导思想的失误,国民经济濒临崩溃,大批干部和知识青年上山下乡,共下放1 752万名知识青年下乡。此阶段,我国城镇建制基本停顿,新设城市极少,建制镇减少,城镇人口增长缓慢,城镇化进程停滞。20世纪60年代后期,中央对农村工业的态度发生了转变,为加快农业机械化步伐,建议各地区"努力发展'五小'工业"。到1978年,全国已有94.7%的公社和78.7%的大队办起了152.4万个社队企业,由此推动了非农化的发展,非农化上升到29.3%,比1970年提高了10个百分点。由于城乡二元分割体制没有丝毫的改变,城乡人口流动仍然处于停滞状态,城镇人口自然增长率是城镇人口增加的主要、甚至是唯一渠道。1978年城镇化水平仅为17.9%,21年仅提高了2.51个百分点,基本处于停滞状态。

(三)城镇化稳步发展阶段(1978～　)

该阶段城镇化发展处于加速发展态势,小城镇大问题、小城镇大发展、小城镇大战略与积极稳妥地推进城镇化成为该时期城镇化发展的主旋律。1978～1983年,是农村体制改革初期的高速城镇化阶段。农村体制改革极大地推动了农村经济的发展和非农产业比重的不断提高,极大地推动了城镇化的进展,城镇人口增长较快。1983年达到22 274万人,比1976年增加了5 933万人,城镇化水平由17.44%上升到21.62%。1984年城市经济体制改革逐步推进,经济的活跃为城镇化奠定了坚实的基础。尤其是乡镇企业异军突起,为20世纪90年代我国乡村城镇化的快速推进创造了条件。城市经济活力进一步增长,形成了城镇化的强大拉力。农业剩余劳动力大量涌入城市,城镇化进程大大加快。城镇化在前一阶段经济增长和非农化的支撑下取得了长足的进步,城镇化出现了多元化的特征。城镇化多元化的突出标志是20世纪90年代自下而上乡村城镇化的快速发展,小城镇人口增量占全部城镇人口增量的比重,从20世纪80年代不足1/4,上升到20世纪90年代的1/2,与自上而下的城镇化并驾齐驱。我国第五次全国人口普查表明,2000年,中国居住在城镇的人口已经达到45 594万,人口城镇化水平达到36.1%。

总结新中国成立60年来我国城镇化的发展历程(图7-3),可以发现具有以下特点:① 我国城镇化发展速度与经济发展速度密切相关,其中特别是与工业化、农业生产关系较大;② 从城市人口增长情况来看,除第一阶段外,受城乡二元体制的影响,自然增长在城市人口增长中起重要作用;③ 我国城镇化道路与国家政策关系密切,其中城市发展方针和户籍制度对城镇化进程影响制约大(李辉,2003);④ 不同地区的城镇随着我国改革开放和社会经济发展迅速崛起,其中沿海地区城镇发展最为典型。随着城镇化的稳步发展,我国城镇人口和城镇数量不断增加,未来一段时期将是城镇化的持续加速阶段。

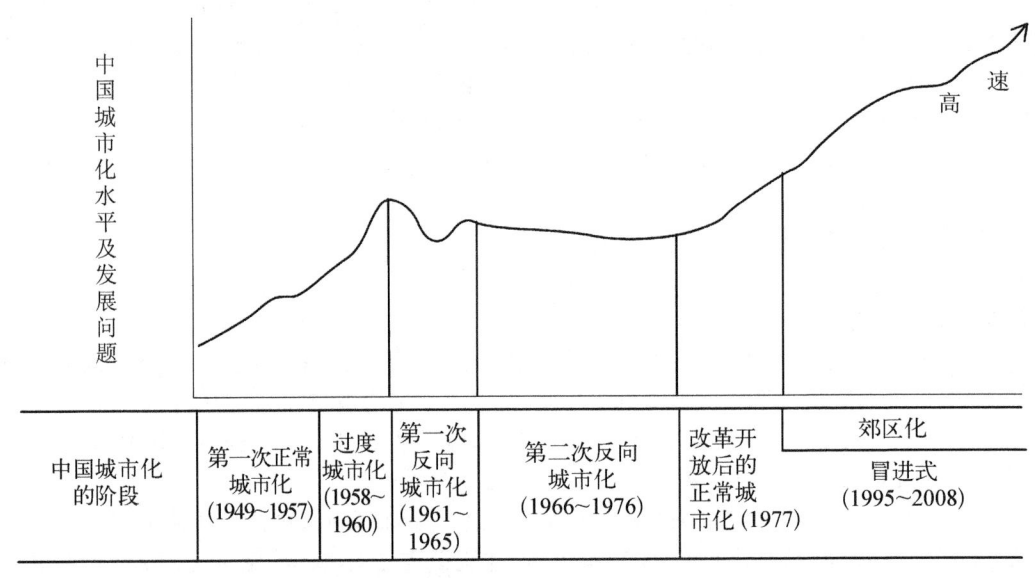

图7-3 新中国成立以来我国城镇化水平及发展阶段的波动性

资料来源:周一星"世界银行远程教育课"资料(2001),略做修改

二、中国人口城镇化的发展现状及特征

进入21世纪,我国人口城镇化面临着巨大的机遇与挑战。在科学发展观的指导下,虽然各地区城镇化进程存在一些问题和面临很多困难,但总体上呈现良好的态势。

(一)城镇化已进入快速发展阶段,但相对滞后于非农化水平

改革开放以来,我国经济社会发展迅速,综合国力持续提高,人均GDP从改革开放初期不足200美元一路攀升,并于2003年首次突破1 000美元(1 090美元),2007年突破2 000美元。根据国际经验及城镇化的进程规律,我国当前正处在经济高速增长通道的"爬坡"阶段,即通常所谓的"黄金发展阶段"。依据城镇化发展与经济发展的正相关性,经济发展高速度对应着相应的高速城镇化进程。我国城镇化进程自改革开放以来也在持续推进,特别是1996年以来更是年均提高1.39个百分点,并于2005年达到42.99%。从总体上看,目前中国城镇化水平略高于世界平均水平,已经进入"加速阶段"。

2015年我国城镇化率已达到56.1%,就业人口中非农产业人员就业比重为71.7%,第二产业比重为29.3%。GDP中非农产业占91.1,其中工业占34.3%。我国城镇化相对滞后于非农化,但其比重已稳定地超过了工业比重。

(二) 乡村城镇化开始显现,小城镇在城镇化进程中占有重要地位

20世纪70年代末,农村实行家庭联产承包制后,极大地解放了农业生产力,同时使长期掩盖的农业剩余劳动力问题也暴露了出来。为了解决这一问题,国家一方面鼓励农民大力发展乡镇企业,以就地吸收消化一部分农业剩余劳动力;另一方面制定了"允许农民自理口粮,进城落户,务工经商和办服务业"的政策,放松了乡村人口向城镇迁移的限制,从而开始了20世纪80年代乡村城镇化的进程,一般也称为自下而上型城镇化。在一些经济基础较好的乡村地区,随着乡镇企业的崛起,全国各地建设了一大批专业型小城镇。各地农村在发展乡镇企业时,根据当地的条件,创造出不同的发展模式,其中以苏南模式,温州模式和珠江三角洲模式最为突出。在这波人口城镇化过程中,由于户籍制度和城乡二元体制等政策的影响,大多数人口是离乡不离土,多数进入了小城镇,因此费孝通在考察了苏南地区的城镇化后,提出了"小城镇、大战略"的思想,强调了小城镇发展在我国城镇化进程中的重要意义。

(三) 城市规模体系的动态变化加速,城市群和一批超大城市正在形成

新中国成立以来,我国城镇化水平提高的速度比较慢,但我国是世界上人口最多的国家,庞大的人口基数意味着城镇化水平每上升一个百分点意味着要增加100万~200万城市人口。因此,新中国成立以来我国城市的数量及人口的增长速度还是相当快的,与此同时,城市规模体系的结构也有较大变化。新中国成立以来,大城市及中小城镇数量增加的速度非常快,至2015年底,中国城镇人口已达到7.71亿,形成建制城市656座,其中城区人口100万人以上的城市71个,400万人以上的12个,1000万人以上的有上海、北京、深圳、重庆4个。此外,我国建制镇的数量超过2万个。城市数量的增加和城市人口规模的扩大,必然影响各级城市数量的变化。随着今后相关政策的改革,各级城镇的规模与数量将进一步变动,城市规模体系的动态变化将加速。

目前,随着人口在经济发达地区城镇的快速集聚,我国已拥有一批巨型城市和超大城市,如上海、北京等城市人口规模超过千万,同时还形成了城市群,如环渤海城市群、长江三角洲城市群、珠江三角洲城市群,并逐渐出现都市连绵区。这些地区的各级城镇数量和人口规模都有显著增长,呈现出城镇发展高密集化、网络化、连绵化的特征。

(四) 城镇化水平的省际差异显著

我国城镇化水平的省际差异显著,除京、津、沪三直辖市外(亦不包括台湾省和港澳地区),城镇化水平相对较高的省区多位于东北、华北、华东地区,如辽宁、吉林、黑龙江、新疆等省区。中等城镇化水平的省区主要在沿海和中部地区,如广东、湖北、山西等省区。城镇化水平较低的省区从西南向中部地区延伸,如云、贵、川、桂、湘、豫、皖等省区。我国城镇化程度的省际差异是自然、政治、经济等因素在漫长的历史过程中综合作用的结果(孙文慧等,2005)。刘盛和等(2003,2004)研究发现,1990~2000年中国城市化水平的省际差异已从原来的北高南低态势转变为目前东高西低的格局;区域城市化水平不仅与工业化水平或经济发展水平呈正相关,与人口密度、农业经济呈负相关,而且受工业化水平或经济发展水平的影响更为强烈。并且,随着社会经济发展和工业化推进,工业化因子对城市化的拉动效应在减弱,而综合经济发展对城市化的拉动效应在显著增强。

(五) 2000年以来的冒进城镇化引发城镇空间失控,带来严重后果

我国地理学者经过深入调查研究,指出2001年以来我国城镇化在原来快速发展的基础上进一步加快,

在2001年公布的《中华人民共和国国民经济和社会发展第十个五年计划纲要》中首次明确提出"要不失时机地实施城镇化战略"。使本来已经很快的城镇化进程处在进一步"加速"之中,出现了城镇化的冒进态势(周一星,2003;陆大道,2007)。在2000~2005年五年间,城镇人口由4.56亿增加到5.62亿,增加了1.06亿,平均每年增加2 100万人。此期间,我国城镇空间严重失控,产生了严重的后果。在全国范围内,正常的发展和人为地拉动,使我国城镇化率迅速上升。竞赛、攀比和大规划圈地之风从此越刮越大,城镇周边的空间严重失控,许多耕地和农田被毁掉,制造出大量的失地农民和城市边缘人群。土地城镇化大大快于人口城镇化,引发城乡发展不够协调、农村人口急速、大规模向城镇迁移或转移,远远超出了城镇的就业吸纳能力和基础设施承载能力,冒进式城镇化引发出了严重的资源环境和社会问题。

三、中国人口城镇化的展望

(一) 中国人口城镇化的发展趋势

从中国人口城镇化发展趋势上看,呈现出五个特点。

1) 城镇化水平逐年提高。未来20年我国的城市化进程明显加速,与世界城市化水平的差距逐步缩小,但差距仍将存在。

2) 城镇化动力机制呈现多元化,城镇化形式呈现多样性,城镇化道路呈现多元化。在科学发展观和建设和谐社会思想的指导下,工业化和综合经济发展持续推动城镇化发展,基于各地区差异和城乡统筹发展的需要,城镇化动力、形式和道路呈现多元化(刘玉等,2008)。大城市郊区化将持续发展,乡村城镇化将成为主流,发达地区的城乡一体化将继续推进。

3) 城市郊区化现象开始出现。北京、上海、广州等特大城市伴随着城市规模扩张,企业、工厂和人口的郊区化现象比较显著;快速城镇化将会持续一段时间后,得到适度控制,与新农村建设一起成为建设和谐社会的依托。

4) 大城市继续快速发展,城市群和若干大都市连绵区正在逐步形成。未来一段时间,大城市数量和发展速度将主导城镇化的进程,而逐渐形成的城市群和都市连绵区作为城镇化的主体形态,将发挥其在资源、环境、经济效益、承载力等方面的综合优势,成为吸纳乡村转移人口的主力。

5) 城市现代化与国际化同步发展。上海、北京、广州、大连等国际性城市随着综合经济地位的提高,将在更大区域层面发挥领导作用,并进入全球城市体系网络。

(二) 新时期中国人口城镇化的建设思路

1. 继续探索有中国特色的城镇化发展道路 经过新中国成立60年来的城镇化实践,中国的城镇化道路已走出了一条具有自身特色的、并在实践中不断探索前行的城镇化发展道路。辜胜阻等(2009)等将其总结为:发展方向上表现为人口城镇化(异地转移)和农村城镇化(就地转移)"双重城镇化方向";动力机制上表现为是在"政府推动"和"市场拉动"双重动力驱动下的城镇化发展;发展模式表现为制度变迁方面自上而下的城镇化和自下而上的城镇化的"双重发展模式";推动主体是由农民工构成的城市流动人口和具有城市居民身份的市民形成的"双重主体"推动。

我国是一个发展中的人口大国,耕地、淡水、能源和重要矿产资源相对不足,生态环境比较脆弱,劳动力素质偏低,各种矛盾相互交织。今后,坚持走中国特色城镇化道路,走资源节约、环境友好、集约紧凑的城镇化道路,是我国在人口、资源环境等约束条件下的必然选择。

2. 以科学发展观为指导,城乡统筹引导城镇化健康发展 长期以来形成的城乡二元管理的体制和机制已不适应我国城镇化快速发展的要求。要从全面建设和谐社会全局的高度,统筹城镇化和新农村建设。① 稳步推进各项体制改革,逐步降低"进城门槛"。稳步推进各项政策体制改革,尤其是现有的户籍制度,还人民迁徙自由,使亿万农民有能力进入城镇,有条件居住在城镇,有机会在城镇发展,真正融入城镇生活,享有均等化的公共服务和同质化的生活条件。② 在城乡规划法的指导下,规范城乡空间发展,加强新农村建设。一方面要加强城市空间发展控制,整治冒进式城镇化,进一步完善城镇功能,提高城镇综合承载能力;另一方面进一步加强镇、乡和村庄规划,加强农村基本公共服务设施建设,使广大乡村居民共享改革开放成果(朱宝树,2006;朱宇,2006;邹德慈,2004)。

3. 坚持因地制宜,走多样化的城镇化道路 我国区域差异大,不同地区城镇化条件、发展水平和发展阶段不同。要根据各地经济社会发展水平、区位特点、资源禀赋和环境基础,合理确定各地城镇化发展的目标,因地制宜地制定城镇化战略及相关政策措施,促进城镇化与区域的经济发展水平相适应、与区域的人口资源环境条件相协调(汪光焘,2003)。

政府要按照国家区域发展总体战略,通过制定全国城镇体系规划,加强对不同地区城镇化的分类指导(段进军,2008)。东部地区要重点提升中心城市服务功能,促进产业结构升级,加快生态环保工程建设,着重提高城镇化质量;中部地区要完善中心城市功能,提高综合承载能力,大力提高县城、中心城镇的综合服务水平,促进人口的有序转移和聚集,重点建设粮食、能源新型材料、装备制造业基地和综合交通枢纽;西部地区要围绕大中城市实施据点开发,进一步增强人口聚集能力,扶持为旅游、内陆边贸服务的特色小城镇发展,加大对边远山区、革命老区和生态环境脆弱地区城镇发展的扶持力度;东北地区要加强区域性交通设施、能源电力、节水节能工程建设,加快城市基础设施更新改造,注重资源枯竭型城市、老工业基地城市、森林工业城市和国有农场地区城镇的建设,促进城镇发展转型。

4. 以城乡规划法和各类空间规划以依托,指导和调控城镇化发展和城镇建设 在全国各地出现的冒进式城镇化是城乡空间发展无序的重要表现。今后,必须坚持可持续发展,以城乡规划法和各类空间规划为依托,加强对城乡空间的规划管理(仇保兴,2003;2005)。加强各级政府对城乡空间的规划管理,把资源节约和环境保护放在城镇化发展的重要战略地位,突出节地、节能、节水、节材,促进城镇的可持续发展。全国各地要在主体功能区划的指导下,根据资源环境承载能力和发展潜力,按照优化开发、重点开发、限制开发和禁止开发的不同要求,明确不同区域的功能定位,并制定相应的政策和评价指标,逐步形成功能定位清晰、发展导向明确、开发秩序规范、经济社会发展与人口资源环境相协调的区域开发格局,稳步推动城镇化进程和城镇建设。

5. 坚持以人为本,提高城镇人居环境建设水平 希腊哲学家亚里士多德有句名言,他说人们来到城市是为了生活,人们居住在城市是为了生活得更好。因此逐步提高城镇化质量,创造宜居的城市人居环境,满足人民群日益增长的生产生活需要,是健康城镇化的重要组成部分,也是建设社会主义和谐社会的重要内容。

目前我国快速的城镇化进程中,相对于各地城市快速增长的人口规模,城市基础设施建设滞后于居民的需要,城镇居住环境较差。因此,从城市规划建设管理的角度,一是要加强住房建设,特别是保障性住房和廉租住房建设,提升居住品质,使"居者有其屋",满足群众改善居住条件的要求;二是加强城市市政基础设施和公共服务设施建设,特别是加强污水、垃圾处理等薄弱设施的建设,建立多元化的投融资体制,完善城市服务功能;三是加强环境综合整治,加快城中村、城乡结合部地区的改造;四是加强公共交通设施建设,积极发展大运量的城市轨道交通,改善路网布局,完善城市公共交通系统,方便群众出行,提高可达性。

(三)中国新型城镇化实践

1. 中国新型城镇化的提出 新中国成立60年来,随着理论探讨的深入,通过对我国城镇化道路实践中经验的总结和问题的反思。党的"十八"大报告提出,坚持走中国特色新型工业化、信息化、城镇化、农业现代化道路。此后,"新型城镇化"成为一个热词。2013年召开的党的十八届三中全会明确要求,坚持走中国特色新型城镇化道路,随后召开的中央城镇化工作会议进一步强调"走中国特色、科学发展的新型城镇化道路"。2014年3月《国家新型城镇化规划(2014—2020年)》正式出台。党的"十八大"以来,"中国特色新型城镇化道路"的内涵不断丰富,要求更加明确。

现在提出的新型城镇化是指坚持以人为本,以新型工业化为动力,以统筹兼顾为原则,推动城市现代化、城市集群化、城市生态化、农村城镇化,全面提升城镇化质量和水平,走科学发展、集约高效、功能完善、环境友好、社会和谐、个性鲜明、城乡一体、大中小城市和小城镇协调发展的城镇化建设路子。新型城镇化的"新"就是要由过去片面注重追求城市规模扩大、空间扩张,改为以提升城市的文化、公共服务等内涵为中心,真正使我们的城镇成为具有较高品质的适宜人居之所。城镇化的核心是农村人口转移到城镇,而不是建高楼、建广场。农村人口转移不出来,不仅农业的规模效益出不来,扩大内需也无法实现。

2. 新型城镇化的内涵 新型城镇化的内涵有别于传统的城镇化内涵。首先,新型城镇化的指导思想是以人为本的城镇化,是科学发展的城镇化。不仅注重人口、产业、生产要素等在数量和规模上的增长与扩张,更注意质量的提升。同时考虑经济利益和社会环境资源利益,体现"以人为本"的精神。第二,新型城镇化并非仅考虑城镇化本身,而是实现新型工业化、新型城镇化与农业现代化三者的良性互动。新型工业化、新型城镇化和农业现代化有三大共同点:一是高度重视技术进步;二是高度重视生态保护和资源的永续利用;三是突出以人为本和重视人力资源的开发。三者之间存在密切的内在联系,新型工业化为新型城镇化和农业现代化提供技术装备与资金支持,是新型城镇化的主要动力。新型城镇化是新型工业化的主要载体和农业现代化的外部条件,农业现代化则为新型工业化和新型城镇化提供基本保障。新型工业化、新型城镇化和农业现代化(简称"三化")良性互动,是客观经济规律的必然要求。通过"以工带农"和"以城促乡",实现农业与工业,农村与城市的协调发展。第三,新型城镇化的发展应根据各地的实际情况,制定主导产业,如地区工业水平发达,则应该以工业化促进城镇发展,而地区的第三产业或者旅游业发达,则应该加强第三产业建设,带动城镇发展。第四,新型城镇化是一种可持续发展的城镇化道路。新型城镇化应该由原来的外延扩张型转变为集约发展型,从原来简单的城市数量增加、城市人口增加变为城市功能完善、城市土地市场完善、合理开发节约使用各类资源,协调城市建设、经济发展和人口、资源、环境之间的关系。

新型城镇化的最终目标是实现城乡一体化。通过发展新型城镇化,改变我国长期实行的城乡分离的二元体制,农业发展才能真正推动城镇化加速发展,农业发展是城镇生活资料、工业原料的主要来源,在发展工业化、城镇化的过程中不能一味地向农村索取,应该及时带动农村农业一起发展。因此,对于新型城镇化的内涵,做如下定义:"新型城镇化是以新型工业化、新型城镇化、农业现代化三化联动为主要动力,统筹城市和乡村两大主体,协调人口、经济、社会、资源、环境协调发展,最终实现城乡统筹发展,城乡可持续发展。"

要从深层次理解新型城镇化,则应该从实现城市、农村两个对象和新型城镇化、新型工业化和农业现代化三个视角综合考虑,首先要厘清城乡共同发展的动力、主体、对象、目标和未来社会形态,其中的每一个要素或状态都是乡村和城市双向互动的结合。显然共同发展的主体就是乡村和城市,其中乡村的主要对象是农业、农村和农民,城市的主要对象是人口、经济社会和资源环境。关键的动力机制就是新型城镇化和新农村建设同步推进,同时协同发展新型工业化,做到"三化"互动。对于"三化"互动发展的内部机制,新农村建设以政府为主,因为现今农村发展相对比较凋敝,缺乏优势资源,靠市场机制难以有发展机会,而新型工业化和城镇化要以市场为主,调整城市偏向的思路。发展思维上重视农村发展战略,构建"三化"联动发展机制,在推进新型工业化新型城镇化的进程中,必须同步推进农业现代化,建设现代新农村。以此为动力,欲达到的目标是农村和城市都是生产发展、生活富裕、人口资源环境与经济社会协调发展。

第八章 人口地域分布

第一节 人口地域分布概述

一、人口地域分布及其研究的意义

人口的地域分布是人口发展过程在地理空间中的表现形式。广义的人口地域分布不仅包括人口数量在空间的分布状况,还包括其他所有人口现象,如人口的再生产、人口的素质、人口的自然结构、人口的社会经济结构、人口的城乡结构、人口的迁移活动等方面的空间表现形式及其历史变动。狭义的人口地域分布指人口数量的空间分布及其地域差异。本章主要讨论人口数量的地域分布问题。

世界各地有的地区人口稠密,有的地区人口稀疏。人口分布的地域差异存在于各大洲、各国之间,也存在于一个国家内部的不同地区之间,是一种普遍的现象。产生人口分布地域差异的主要因素是人口过程及其影响因素的地区差异及其发展变化,这些因素直接或间接影响人口的增长和迁移,从而影响人口的空间分布。研究人口分布的地域差异及其发展过程,揭示其中的规律性,对制定区域人口政策、实现人口的合理再分布以及人口、资源、环境的可持续发展等具有重要作用,也是人口地理学最基本的任务之一。

人口分布有静态分布和动态分布两种表现形式。前者为某一时点人口在一定空间的集聚状况,反映在特定时间的人口分布特征;后者指某一时间序列人口在一定空间的集聚状况,反映人口分布特征的变化状况。通过人口静态分布的研究可以了解区域人口的分布特征,通过人口动态分布的研究能够揭示区域的人口分布的发展变化及其演变,两者同时研究能够完整地揭示区域人口分布的全貌。

二、人口地域分布的度量

度量人口空间分布的目的不仅仅在于揭示该空间拥有的人口数量,更重要的是说明人口与其所在地理环境的关系,因此衡量人口分布的状况一般使用人地相关的指标。下面简要介绍反映人地比率的常用指标及其计算方法和地理意义。

(一) 人口密度、广狭度和接近度

人口密度指单位面积土地上拥有的人口数量,通常以每平方千米常住的人口数表示。设某一区域的土地面积为 S,在某时的人口数为 P,人口密度为 D,则有

$$D = P/S$$

其常用的计量单位为人/hm^2 或人/km^2,计算人口密度等指标所使用的土地面积最好扣除内陆水面及永久冰雪。

广狭度是人口密度的倒数,即某一区域内人均占有土地面积的大小。设广狭度为 F,则有

$$F = 1/D = S/P$$

其常用的计量单位为 hm^2/人和 m^2/人。假设某一区域内人口均呈等距离分布,则以面积计量的广狭度可以转换成以距离计量的接近度。设接近度为 H,其计量单位为 m。在人口呈等边正方形分布的假定条件下,公式为

$$H_1 = \sqrt{F}$$

在人口呈正六边形分布的假定条件下,公式为

$$H_2 = 1.074\,5\sqrt{F}$$

使用上述几个指标,可以简单清晰地反映出不同国家或地区之间人口分布的差异性,稀疏稠密可谓一目了然,对于分析人地关系尤为适用(表8-1)。

表8-1 2005年五个国家及全世界人口密度等指标对比

项 目	人口密度/(人/km²)	广狭度/(hm²/人)	接近度/m
世 界	49.84	2.01	141.65
中 国	139.86	0.72	84.56
孟加拉国	1 177.55	0.08	29.14
印 度	368.15	0.27	52.12
日 本	350.54	0.29	53.41
蒙 古	1.63	61.35	783.26

资料来源:联合国粮农组织数据库、世界银行数据库。

人口密度指标也存在一定的缺陷,因为它提供的只是一个平均数,而事实上任何地区的人口分布都不可能是"平均的"。地理环境的差异越大,平均人口密度就越难以反映人口分布的真实面貌。如2005年埃及按总土地面积计算的人口密度为73人/km²,但该国96%的土地为沙漠,99%的人口密集于仅占总面积4%的土地上,这里的人口密度高达1 800人/km²,比平均密度高出24倍。为了在一定程度上改善人口密度指标的缺陷,应根据不同的需要,选取恰当的计算范围。例如,就反映中国人口分布而言,以省级行政区计算的人口密度已具有一定的实际意义,若按县级行政区计算就更能比较详细地反映人口分布的状况。

由于各地区所处的地理位置和自然环境不同,区域土地资源、气候资源、矿物资源,以及社会、经济状况等各方面的差异很大,单纯从人口密度指标考察人口分布的地域差异是不够的,有必要用人口与耕地面积、人口与资源蕴藏量、人口与产值(产量)、人口与国民收入之比等指标来反映人口与资源、环境、社会经济发展的关系,这种人口密度称为人口经济密度。

农业人口密度指一个地区单位土地面积上的农业人口数量。但是,农业人口密度是以一个国家或地区的总土地面积为基数计算的,其中既包括了生产性用地,也包括了难以利用的土地,因此按土地总面积来计算人口密度,其分母与真实情况相比显然是夸大的。为解决上述矛盾,可引入营养密度和比较密度的概念,分别指一个国家和地区单位耕地面积上的人口数量和单位农用地上的人口数量。所谓农用地,包括耕地和可利用的草地牧场,后者以3∶1折算成耕地。使用这两个指标可以更确切地反映人口分布状况,尤其是人地关系或土地负担能力(表8-2)。

表8-2 2005年几个国家人口密度比较 (单位:人/km²)

项 目	人口密度	农业人口密度	农业密度	营养密度
中 国	139.86	89.95	64.31	10.03
孟加拉国	1 177.55	609.64	51.77	17.54
美 国	368.15	0.64	1.96	1.69
澳大利亚	350.54	0.11	4.28	0.43
埃 及	1.63	24.80	33.89	25.47

注:根据《世界统计年鉴(2008)》有关数据测算。

比较密度并不很理想,因为农用地不只包括数量,更重要的还有质量即"生产率"的问题。比较密度未涉及实际的劳动生产率,故在一定程度上减轻了它所反映土地负载能力的作用。例如,江苏省的比较密度比西藏大130倍,但后者农用地的生产率比前者差得多。因此,它们土地的实际负载情况就远没有那么大的差距。这说明比较密度也只有相对的意义,只有在基本环境(主要是气候条件)大体类似的两个地区之间,才有较大的可比性。总之,使用人口密度这一组指标,在对一切有人生活、居住的地方测量人口的分布是很有意义的,但究竟采用哪一种度量指标,则取决于研究目的。

(二)不均衡指数、集中指数和再分布指数

考察人口分布在地域上是相对均衡还是相对集中,可以来用不均衡指数、基尼系数或集中指数。其计算公式为

$$U = \sqrt{\frac{\sum_{i=1}^{n}\left[\frac{\sqrt{2}}{2}(x_i - y_i)^2\right]}{n}}$$

$$G_i = \left(\sum_{i=1}^{n} x_i y_{i+1}\right) - \left(\sum_{i=1}^{n} y_i x_{i+1}\right)$$

$$C = \frac{1}{2}\sum_{i=1}^{n} |x_i - y_i|$$

式中,U 为不均衡指数;G 为基尼系数;C 为集中指数;n 为地域数目(行政区或统计区);x_i 为各地域人口占总人口的比重;y_i 为各地域面积占土地总面积的比重。U、G 和 C 的数值越小,表明人口分布越均衡;反之,则表明人口分布越不均衡。上述指数与区域人口密度的变化相结合,能够较全面地说明人口分布的变化特征。

表8-3 中国人口分布的集中指数、不均衡指数与基尼系数

项 目	1933年	1953年	1964年	1982年	1995年	2000年	2005年
集中指数	0.574 5	0.538 5	0.525 5	0.512 5	0.512	0.511	0.509
不均衡指数	3.69	3.6	3.49	3.43	3.54	4.13	4.13
基尼系数					0.642 2	0.642 1	0.644 0

注:① 1933~1995年间集中指数引自段成荣(1997)、不均衡指数引自张善余(1999);② 2000年、2005年的集中指数和不均衡指数根据《中国统计年鉴》有关数据计算。

从表8-3可以看出,中国的人口分布相对于土地面积的不均衡指数多年来一直趋于下降,至20世纪80年代初降至最低,说明人口分布逐渐走向均衡化,人口稠密区和人口稀疏区的密度差逐渐减小。进入80年代以后,该指数明显地止跌回升,说明中国人口分布长期的均衡化趋势开始逆转,这是中国的社会经济形态已开始从农业社会向工业社会演进的重要标志。基尼系数的计算结果也表明,1990年以来中国人口在省区分布以趋向集中为主。但人口分布的集中指数却呈逐年下降的趋势,与人口分布不均衡指数的计算结果有一定误差,这说明在研究人口分布的不均衡特征时最好根据研究区的实际情况采用多种指标分析,才能较准确地反映区域人口分布的变化特征。

人口的地域分布是不断变化的,这一演变过程一般称为人口再分布,可以用再分布指数 R 加以度量,公式为

$$R = \frac{1}{2}\sum_{i=1}^{n} |y_{i,t+m} - y_{i,t}|$$

式中,n 为地域数目;$y_{i,t}$ 为 i 地域在 t 时占总人口的比重;$y_{i,t+m}$ 为 i 地域在 $t+m$ 时(也就是 m 年后)占总人口的比重。

从表8-4可见,20世纪50~60年代中国人口再分布相对活跃,70年代降至低水平,90年代前后随社会主义市场经济发展又趋重活跃,特别在1995~2005年间人口再分布指数大幅度提高,略高于国情相似的印度,但仍低于美国,这说明中国人口分布相对凝固化的情况有一定改变,人口分布活跃度仍处于较低的水平。

表8-4 人口再分布指数及与印度和美国的比较

中 国					印 度	美 国	
1955~1965年	1965~1975年	1975~1985年	1985~1995年	1995~2005年	1981~1991年	1970~1980年	1980~1990年
3.528	2.427	1.2	1.297	2.651	1.325	5.14	4.38

(三) 人口分布重心

"重心"这个概念,是从物理学中借用来的,指一个物体各部分所受重力产生的合力的作用点。所谓人口重心,即假设人口所在区域为一个同质的平面,而每一个人都是平面上的一个质点,具有相同的重量,则重心应为区域中每个人距离的平方和最小的一点,即一定空间平面上力矩达到平衡的一点。对于任何一个地区某一时点的人口分布状态,都可测出一个人口重心。

假设某地域内每个居民的重量都相等,则在该地域内全部空间平面上力矩达到平衡的一点就是人口分布重心。这一概念是美国学者弗朗西斯·沃尔克于1984年最先提出并下了定义的。其公式为

$$\bar{x} = \frac{\sum_{i=1}^{n} p_i x_i}{\sum_{i=1}^{n} p_i}, \bar{y} = \frac{\sum_{i=1}^{n} p_i y_i}{\sum_{i=1}^{n} p_i}$$

对任何一个国家或地区某一时点的人口分布状态,都可以依据上述公式测定出一个人口分布重心。随着时间的推移,人口分布状态不断发生变化,人口分布重心的位置就不断移动,于是形成人口分布重心的移动轨迹;人口分布重心的移动方向表明人口分布的伸展方向,人口分布重心的移动轨迹则表明过去一个时期内人口分布伸展变化的历史过程。

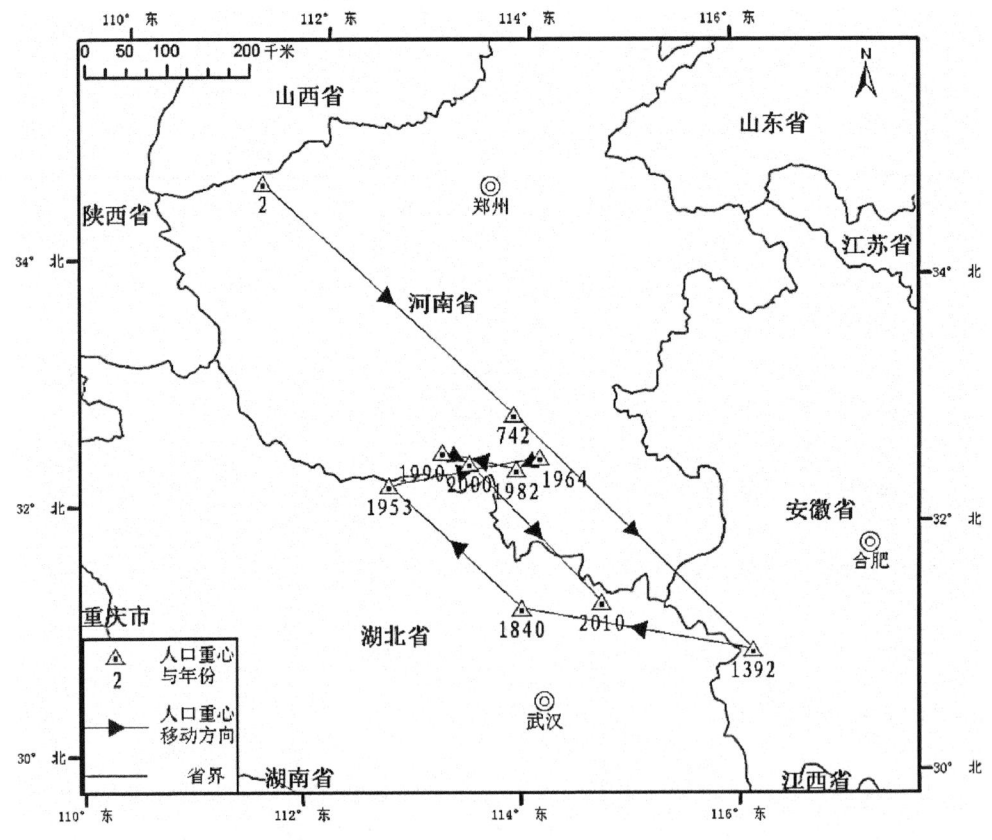

图 8-1 汉代以来我国人口重心及其移动轨迹

表 8-5 历年中国人口分布重心

年 份	经 度	纬 度	人口重心移动距离/km	平均每年移动距离/km
2(西汉元始二年)	111°23′E	34°43′N		
742(唐天宝元年)	113°54′E	32°54′N	303.3	0.4

续 表

年 份	经 度	纬 度	人口重心移动距离/km	平均每年移动距离/km
1392(明洪武二十六年)	116°09′E	31°00′N	296.9	0.5
1840(清道光二十年)	114°00′E	31°20′N	207.2	0.5
1953	112°43′E	32°18′N	160.8	1.4
1964	114°09′E	32°33′N′	136.2	12.4
1982	113°56′E	32°27′N	22.9	1.3
1990	113°13′E	32°35′N	68.2	8.5
2000	113°29′E	32°30′N	26.3	2.6
2010	114°45′E	31°23′N	170.4	17.0

注：1990 年以前按县级行政区人口计算，1990 年以后按省级行政区人口计算；台湾省人口数据取自台湾统计年鉴。

表 8-5 提供了中国几个有代表性年份的人口分布重心的地理坐标，清楚地反映出我国人口分布及其演变的基本态势。1840 年以前的封建社会，人口重心移动缓慢，平均每年移动的距离不到 0.5 km。鸦片战争以后到新中国成立前，人口重心移动速度加快，但仍然十分缓慢，平均每年移动仅 1.43 km。新中国成立以后，1953~1964 年由于我国有计划地开发边疆和内地，人口重心移动速度迅速加快，年均移动距离达 12.38 km。1964~1982 年有所减缓，而在改革开放后又迅速增加，1982~1990 年年均移动距离达到 8.53 km，1990~2000 年人口重心移动有所减少，2000~2010 年人口重心移动速度又大大增加，每年移动 17.04 km。新中国成立以来，我国人口重心的移动方向可以分为 3 个阶段：1953~1964 年人口重心向东移动；1964~1990 年人口重心向西移动；1990~2010 年人口重心向东南方向移动。人口重心的移动轨迹清楚地表明了我国人口迁移的规模和方向(图 8-1)，同时反映了我国经济和社会发展对人口分布的强烈影响。

洛伦兹曲线(频率累积曲线)是一种研究人口分布状况的常用方法(图 8-2)。它可以用于分析区域人口分布(曲线的水平轴和垂直轴分别代表按某一标准，如人口密度、顺序排列的各地域占总人口和总土地面积的累计百分比)，也可以用于分析城乡聚落人口分布(曲线的水平轴和垂直轴分别代表按不同规模等级顺序排列的城乡聚落占总个数和总人口的累计百分比)。图 8-2 中的对角线表示沿两轴的分布之间是完全相对应的，有相同的百分比和累计百分比，曲线到对角线的离差就是两种分布差异性的测度。曲线与对角线之间的面积占对角线一侧全部面积的比重为基尼指数 G，而曲线与对角线之间的最大距离即为集中指数 C(表 8-6)。

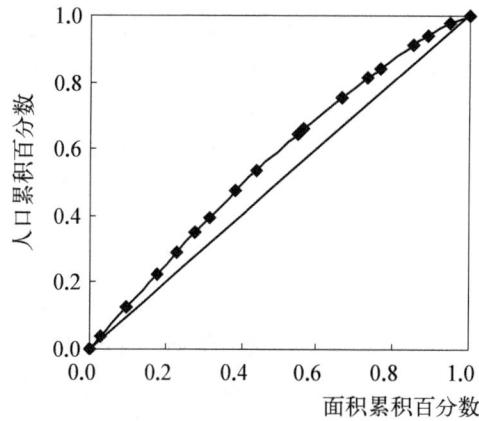

图 8-2 2006 年山东省人口分布洛伦兹曲线

$$G_i = (\sum_{i=1}^{n} x_i y_{i+1}) - (\sum_{i=1}^{n} y_i x_{i+1}) = 15.3995 - 5.2683 = 0.1311$$

$$C = \frac{1}{2}\sum_{i=1}^{n}|x_i - y_i| = \frac{1}{2} \times 0.1944 = 0.0972$$

表 8-6 2006 年山东省地级市基尼指数计算实例

	人口密度	人口百分比 x_i	面积百分比 y_i	$|x_i - y_i|$	累积百分比 人口 x_i	累积百分比 面积 y_i	$x_{i+1}y_i$	$y_{i+1}x_i$
东 营	229	0.0196	0.0507	0.0311	0.0196	0.0507	0.0030	0.0022
滨 州	395	0.0402	0.0605	0.0203	0.0598	0.1112	0.0096	0.0087
威 海	460	0.0269	0.0348	0.0079	0.0867	0.1459	0.0229	0.0203

续表

	人口密度	人口百分比 x_i	面积百分比 y_i	$\|x_i - y_i\|$	累积百分比 人口 x_i	累积百分比 面积 y_i	$x_{i+1}y_i$	$y_{i+1}x_i$
烟 台	473	0.070 0	0.088 0	0.017 9	0.156 7	0.233 9	0.043 8	0.042 0
日 照	532	0.030 4	0.034 0	0.003 6	0.187 1	0.267 9	0.066 2	0.062 5
德 州	539	0.060 1	0.066 3	0.006 2	0.247 2	0.334 2	0.113 4	0.107 7
潍 坊	539	0.092 1	0.101 5	0.009 3	0.339 4	0.435 6	0.153 7	0.152 7
莱 芜	556	0.013 5	0.014 4	0.000 9	0.352 8	0.450 0	0.208 4	0.197 6
临 沂	595	0.110 2	0.110 0	0.000 2	0.463 0	0.560 0	0.293 8	0.285 1
聊 城	657	0.061 7	0.055 8	0.005 9	0.524 7	0.615 8	0.372 8	0.358 9
青 岛	703	0.080 7	0.068 2	0.012 6	0.605 5	0.683 9	0.444 0	0.437 1
淄 博	704	0.045 0	0.038 0	0.007 0	0.650 5	0.721 9	0.512 5	0.501 9
泰 安	711	0.059 4	0.049 7	0.009 8	0.709 9	0.771 6	0.598 0	0.585 2
济 南	733	0.065 0	0.052 6	0.012 4	0.774 9	0.824 3	0.719 1	0.699 4
菏 泽	740	0.097 5	0.078 3	0.019 3	0.872 5	0.902 5	0.866 3	0.847 1
济 宁	760	0.087 5	0.068 4	0.019 1	0.959 9	0.970 9	0.970 9	0.959 9
枣 庄	818	0.040 1	0.029 1	0.011 0	1.000 0	1.000 0	0.000 0	0.000 0
Σ				0.194 4			5.399 5	5.268 3

注：地级市人口采用户籍人口数，数据引自《山东统计年鉴(2007)》。

除上述人口地域分布的传统分析方法外，随着"3S"技术在地理学中的广泛应用，运用遥感技术（RS）、地理信息系统（GIS）及分形理论（fractal theory）对人口分布的分析越来越深入。如运用遥感影像资料结合人口普查数据获得人口分布的即时信息，运用空间分析技术分析人口分布的地理集中性，以及运用分形理论和R/S技术分析预测区域人口分布及变化，都取得了一系列的成果，成为上述传统方法的重要补充。

第二节 影响人口地域分布的因素

人口的地域分布是人类适应和改造自然、发展生产、繁衍子孙后代的结果。作为一种生物，人口的增殖和生长发育要受到其所处的自然环境的制约。但人口的地域分布主要受社会经济因素，特别是人们的社会生产方式、生产力发展水平以及生产布局特点影响。任何一个时期的人口分布都是对历史的继承和变革，所以人口分布还受历史因素的影响。总之，人口的分布每时每刻都在受着社会、经济、自然、历史等多种因素的制约，这些因素通过影响人口的增长和迁移不断塑造着人口分布的面貌。

一、自然环境因素

自然环境是人类周围各种自然要素的总和，它为人类提供了必需的生存空间和各种自然资源。自然环境一方面通过对人口居住、生产和生活提供的便利与所施加的限制，从而影响人口分布。自然环境的各个因素（气候、地形、土壤、水陆分布、资源贮存等）在地球表面的分布表现出巨大的地理差异性。优越的自然条件为人口高密度分布提供了可能，相反，恶劣的自然条件的组合给人类的居住、生产和生活都造成了诸种不便，因而只能允许较低的人口密度。自然资源作为人口空间分布的基底，其构成和组合很大程度地决定了人口空间分布格局。概括说来，自然资源丰富与否及其分布状况、气候的寒热干湿、地形的高低起伏与坡向、水体的分布、土壤的肥沃与贫瘠、生物资源状况等都直接或间接影响人口的分布。

（一）地形因素

地形因素主要通过影响人类的生产活动和居住活动,影响人口的分布格局。从世界范围来看,随着海拔高度的上升,人口密度迅速下降,其原因主要是气温和气压均随海拔高度的上升而降低,从而影响人体的生理机能和农业生产活动的类型。在海拔1 800 m即可出现高山反应,超过4 000 m就可能因气压过低而造成死亡。一般说来,海拔每升高100 m,气温平均要降低0.5～0.6℃。山地和高原气候具有寒冷、风大的特点。随着海拔高度的增加,农作物生长所需的热量资源逐渐减少,农作物生长期越来越短。我国北方地区海拔每升高100 m,农作物活动积温(日平均气温≥10℃)减少150～200℃,持续生长时间减少3～6天。因此,高山高原地区一般不适宜发展种植业,农业生产一般以畜牧业为主。再加上土层瘠薄,交通不便,严重制约着人口的数量和密度。表8-7列出2005年我国不同海拔高度人口密度,清楚地反映了海拔高度对中国人口地域分布的影响。海拔在500 m以下地区面积仅占全国陆地面积的22.85%,人口却占全国总人口的65.48%,平均人口密度超过366人/km²；而海拔500 m以上的地区,面积占全国77.15%,人口仅占34.52%,人口密度仅为57人/km²。

表8-7　中国不同海拔高度的人口密度

海拔/m	面积比/%	人口比例/%	人口密度/(人/km²)
<200	8.53	37.79	567.61
200～500	14.32	27.69	247.62
500～1 000	16.4	16.86	131.63
1 000～2 000	28.57	13.01	58.34
2 000～3 000	6.51	3.47	70.01
3 000～4 000	5.71	0.68	17.21
>4 000	19.96	0.14	3.46

资料来源：吕晨等(2009)。

海拔高度对人口分布的影响在热带、温带、寒带具有不同的表现。在温带和寒带,山地和高原与平原相比发展农业生产的不利因素较多,因此,人口密度随地势升高而递减。但高处人口稠密,低处人口稀疏则是热带地区普遍存在的人口垂直分布规律。在热带平原地区过于湿热,排水不畅,土壤肥力容易分解流失,加上丛林郁闭,毒虫猖獗,发展农业生产困难很大。相反,热带的山区和高原气温适中,排水通畅,又高出疟蚊的分布上限,比较有利于健康。如地处热带的世界上最广阔的平原——亚马孙平原占据了巴西、秘鲁、玻利维亚、哥伦比亚等国国土面积的1/2和厄瓜多尔1/3的国土,但上述各国的人口绝大部分都集中在山区和高原。纵贯南美大陆的安第斯山区,集中了秘鲁总人口的50%、厄瓜多尔的85%,哥伦比亚的98%。而有"高原之国"称号的玻利维亚仅海拔3 000 m以上的范围就占到总人口的3/4。巴西的人口大部分也分布在海拔1 400 m左右的巴西高原上(张善余,2004)。

由于地理条件不同,各个地区人口垂直分布的特点可谓同中有异,各具特色。例如,新疆的阿尔泰山南坡海拔1 000 m以下的山前冲积平原、冲积-洪积扇中部和河谷平原,水源丰富、土质良好、气温较高,是农田和草场的主要分布区,人口占整个垂直带80%以上；人口分布的"低谷"位于1 000～1 500 m的河流出山口和冲积扇上部,河水绝大部分下渗为地下水,地表无土层覆盖,无法从事农牧业活动,人口因此极少,只占整个垂直带的不到4%；在1 500～2 400 m的中山区,森林茂密,草场开阔,人口占15%,人口密度明显超过前一"低谷"。又如,贵州的喀斯特高原地区,由于处在从第二阶梯向第一阶梯过渡地带以及中部地形平缓的特殊环境,加上海拔较低处呈现峡高、谷深、坡陡等现状,而高原面上地形平缓、煤炭和水利资源丰富的有利条件,使其人口在垂直方向上主要集中在中高海拔地带,而较低处却人口相对稀少(表8-8)。

表8-8 贵州省喀斯特高原人口分布与海拔的关系

类 型	平均海拔/m	地 区	人口规模	人口比例/%	人口密度/(人/km²)
第一阶梯	>2 000	威宁、赫章一带	112.1	2.85	178
过渡地带	1 600~2 000	毕节、大方、纳雍和六盘水等	382.02	9.72	270
第二阶梯	1 000~1 600	贵阳、安顺全部及其周边28县市	2003.39	50.96	269
过渡地带	800~1 000	印江、思南、德江、石阡等8县	833.47	21.2	195
第三阶梯	<800	铜仁、江口、玉屏等10县	600.22	15.27	155

资料来源：李旭东等(2006)。

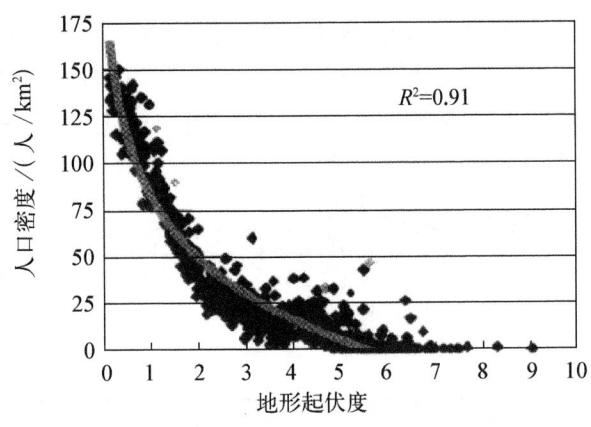

图8-3 中国地形起伏度与人口密度的关系

除了考虑海拔高度影响因子外，地面坡度的陡缓、坡向的阴阳、地形的崎岖程度等也影响了耕作活动的难易，从而对人口分布产生影响。一般而言，人口相对高密度区都集中在平原地区。这是因为平原地区易于发展农业，可建立为农业生产基地，交通与城市建设的条件好，有利于二、三产业的发展。在山区，农业生产条件恶劣，难以规模化发展，且地形起伏多变，交通不便，限制了经济的发展，从而制约人口的发展。根据封志明等(2007)的研究，全国地形起伏度与人口密度间存在较强的相关性，两者对数曲线拟合度高达0.91(图8-3)。由此可见，地形起伏度是影响人口分布的重要因素之一。

一般说来，迎风坡比背风坡湿润，阳坡比阴坡温暖，均直接影响到农业生产的发展，人口分布也受到间接的影响。在通常情况下，居民点在阳坡所达到的高程都要超过阴坡，这种情况在冬季气候寒冷的中、高纬度地区表现更为明显。我国内蒙古的阴山南坡迎向东南季风，水热条件大大超过相距不过100km的北坡，前者成为农耕区，后者却是纯牧区，乡村人口密度相差几十倍(表8-9)。

表8-9 我国阴山南北坡1995年乡村人口密度对比

南北坡对比区域	年降水量/mm	年平均气温/℃	乡村人口密度/(人/km²)
南坡(呼和浩特市*)	543.1	6.0	113.5
北坡(达尔罕茂明安联合旗)	278.2	3.4	4.5
南坡(包头市**)	313.7	6.7	104.9
北坡(乌拉特中旗)	219.7	4.5	4.2

* 呼和浩特市郊区、土默特左旗、托克托县。 ** 包头市郊区、土默特右旗。
资料来源：张善余(2004)。

坡度和坡向影响着太阳的直接辐射和日照时数，从而影响山区人口和聚落的分布。如我国东北漫岗区夏季热量较为充足，而冬季热量缺乏，冬半年寒冷、气温低，1月和11~12月的日照时数平均每天还不到5小时。根据有关学者的计算，东北漫岗区冬至日太阳辐射能量大小顺序是：东南坡、西南坡、东北坡、西北坡。据此可以推断，在东北漫岗区以在东南坡建房最好，其次在西南坡，再次在东北坡，最差在西北坡。调查结果表明，东北漫岗区60%的人口和村落分布在东南坡，20%的人口和村落分布在西南坡，90%以上的人口和村落分布在向阳坡(刘洪鹄等，2006)，村落的坡向分布明显受坡向影响的日照时数影响。

地形对人口分布的影响还因生产力的发展水平、产业结构和生活方式的差异而不同，随着生产力的发展地形因素对人口分布的影响越来越显著。自产业革命以来，不少国家因山区地形和区位条件不利，人口呈相对甚至绝对减少的趋势。据统计，法国山区的人口从19世纪30年代开始减少，一直持续到现在。近几十年来不少发展中国家也出现了类似的情况，如以"高山王国"驰名的尼泊尔，山区面积占全国总面积的79%，从

1961～1981年人口比重从67.4%减少到53.2%。

(二) 气候因素

气候是对人口分布影响最大、最直接的一种自然力。据统计,除永久冰雪覆盖的两极地区外,地球上还有 $1\,660×10^4\,km^2$ 的土地因气温太低不能种植任何农作物;在沙漠气候下除非另有水源否则也不能发展农业,目前居住在沙漠地区的人口基本上全集中在沿河地带和散布各地的绿洲中;热带雨林气候水热资源丰富、植物生长繁茂,但土壤肥力在高温下难以保存,且昆虫细菌滋生迅速,这一地区总的人口绝大部分都集中在爪哇岛、西非沿海等少数地区,亚马孙平原和刚果盆地人口则极少;温带和亚热带地区水热条件较为适中,最适合于人类生产和生活,除大陆中央和高山区外,人口都十分稠密。

气温、气压、湿度、降水、光照和风等气候要素影响人体的热平衡机能、体温调节、内分泌系统、消化器官等生理功能。一般说来,过于湿热、干燥或寒冷的气候均不适合于大量人口居住。根据我国学者建立的评价指标(表8-10)对中国人居环境的气候适宜性评价的结果显示,中国人居环境的气候适宜程度整体表现为由东南沿海向西北内陆递减,由丘陵、平原向高原、山地递减的趋势。气候适宜地区占我国国土面积的63.14%,相应人口占全国总人口的98.22%。气候临界适宜区和不适宜区面积各占我国国土面积的14.09%和22.77%,而相应人口仅占1.62%和0.16%,人口明显集中分布于气候适宜地区(表8-11)。

表8-10 中国人居环境气候适宜性评价标准

气候舒适期(月份)	0	1～4	5～6	7～8	9～12
月均温变化	-29～6	-10～29	-1～29	9～28	13～25
年均温	-4.94	1.43	8.26	14.26	18.62
人居适宜性	不适宜	临界适宜	一般适宜	中度适宜	高度适宜

资料来源:唐焰等(2008)。

表8-11 中国人居环境气候适宜性评价

	土地面积/$10^4\,km^2$	比例/%	人口总量/10^4人	比 例	人口密度/(人/km^2)
不适宜区	218.62	22.77	197	0.16	1
临界适宜区	135.22	14.09	2 052	1.62	16
一般适宜区	391.8	40.81	72 809	57.47	190
中度适宜区	136.92	14.26	31 564	24.98	237
高度适宜区	77.44	8.07	19 986	15.77	264

资料来源:唐焰等(2008)。

表8-12 2005年我国不同气候带的人口密度比较

湿 润 带	人口密度/(人/km^2)	气 候 带	人口密度/(人/km^2)
湿润区	249.81	热 带	123.42
亚湿润区	214.87	亚热带	298.91
亚干旱区	48.85	温 带	119.97
干旱区	10.7	高原气候区	6.44

资料来源:吕晨等(2009)。

气候是重要的自然资源,光照、热量和降水决定了农业气候生产潜力,从而影响人口的承载力。气候对人口分布的影响归根结底是通过气温、光照、降水等要素影响农业生产的类型和产量,进而影响人口的分布。根据我国学者的研究,我国以华南地区气候生产潜力最高,其次是四川盆地—长江中下游地区,云贵高原、华北—辽南地区和黄土高原地区也都高出全国平均水平;按照区域总产量,以四川盆地—长江中下游地区最高,其次是青藏高原地区,再次是华南和华北—辽南地区、东北和云贵高原,其他气候生产潜力

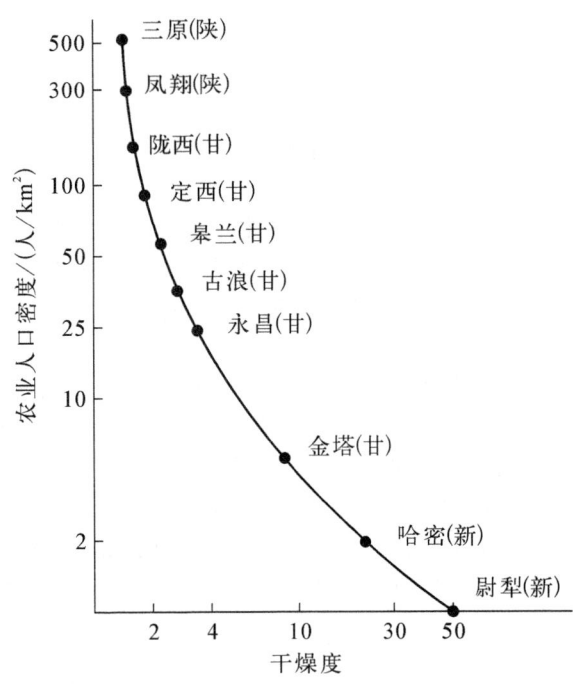

图 8-4 中国西北地区农业人口密度和干燥度相关图
资料来源：张善余(2004)

均相对较低。上述气候生产潜力较高的地区除青藏高原外，均为我国人口密集地区，而气候生产潜力较低的地区，则人口普遍稀少。

在分析气候条件对人口分布的影响时，必须重视光热条件与水分条件的配合，两者缺一不可。一般说来，在热带和温带地区，水分条件是主导性的因素；在干燥和半干燥区，降水量同人口密度基本成正比例的关系(图8-4)；而在寒带地区，光热条件的欠缺，则具有压倒性的影响。

气候一直呈波浪式发展，冷暖干湿交替变化。历史时期以来的气候变化改变了人口分布的空间格局。根据有关研究，大约距今六七千年前至距今2500年左右，是我国气候的温暖期，从距今2500年前左右到公元1050年左右气温度有所降低。从公元105年左右以后，气温逐渐转冷，气候变化总趋势是越来越冷，越来越干燥。在唐代以前，中国人口分布以秦岭—淮河一线为界，人口主要分布在北方，秦岭—淮河一线以南人口稀少。由于中国气候在元朝变冷后，无霜期缩短，农业种植带南移造成了南北人口逆转。但气候对人口分布的影响是有限的，宋代以后随着农业技术提高，农业对气候的依赖性削弱，人口分布逐渐稳定下来。唐代以前黄河流域地理环境优越，我国大部分人口分布于黄河流域，长江流域人口稀少。由于中国东部为少有的季风区，雨热同季，对农业生产较为有利，对人类生活居住也是较为有利的。但是黄河流域人口集中，过度开发，自然灾害频繁。北方生存环境恶化，正是黄河中下游人口衰落，长江中下游人口增长的根本原因。

（三）水体

水是人类生存和进行生产活动的最基本的物质条件之一。天然水体或者为人们提供水源，或者提供便利的交通条件，良好的水资源条件历来对人口分布产生吸引力。古代世界文明发祥地无一不在重要的大江大河流域；中世纪以来兴起的大小城市也基本上都是沿河、沿湖、沿海岸分布；近代和现代，虽然人类的创造力已经相当巨大，但是人口的集中和城市的规模仍与水资源的分布有着密切的联系，世界上大大小小的人口稠密区都分布在天然水体附近。干旱和半干旱地区的人口分布与水源的关系更为密切，流经干旱地区的河流如非洲的尼罗河、巴基斯坦的印度河、中国的塔里木河等，在浩瀚荒漠中都形成了绵延千里的人口稠密地带。

在干旱的荒漠地区，水是影响人口分布的最重要的因素。在塔里木盆地的周围，因地下水出露而形成的绿洲往往沿山麓成线状或点状分布，这种点状的人口稠密区在人口地理分布上独具特色。据统计，新疆维吾尔自治区95%以上的人口居住在仅占土地总面积3%的绿洲上，绿洲的人口密度平均高达300人/km²，而绿洲以外尚不足0.5人/km²(图8-5、图8-6)。甘肃省张掖绿洲内部灌溉渠系密布，各居民点到周边渠系的最近距离小于100 m的聚落有156个，100~200 m之间有94个，200~300 m之间有74个，300~400 m之间有53个，400~500 m之间有27个，500~600 m之间有12个，600 m以上有17个，人口和聚落临河分布的特征十分明显。农村聚落斑块的平均半径为317 m，与渠系的平均最临近距离小于317 m的聚落斑块共有332个，占乡村聚落总数的75.6%，说明大部分乡村聚落均有渠系穿过，因为水是绿洲居民生产生活的核心资源(角媛梅等，2003)。

人口分布与水源的关系几乎在任何地方都可以看到。因为水是人类生产、生活最基础的物质条件，离水源较近的地方生产、生活环境较好，往往分布较多的居民点和人口，如青藏高原地区居民点密度与居民点数量随着离河流距离的增加而减小(图8-6)。在黄河三角洲地区的山东省无棣县，由于地处渤海之滨，地势

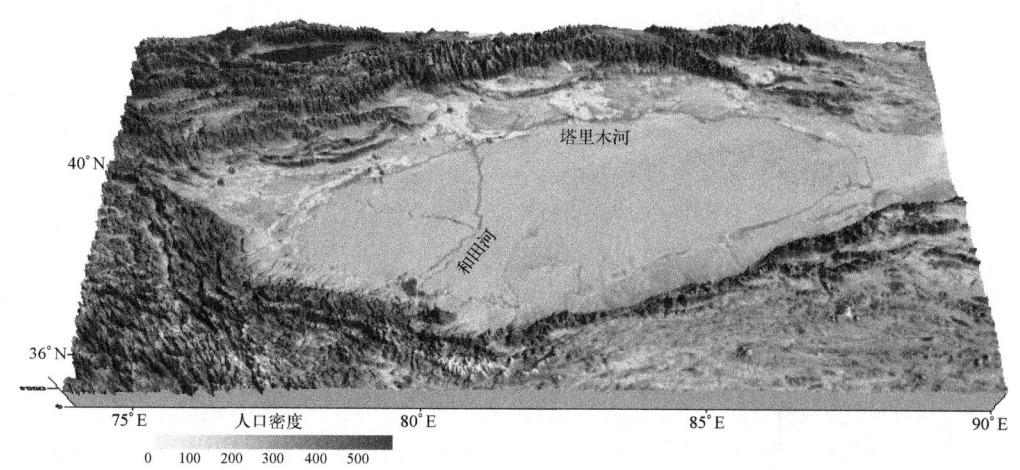

图 8-5 新疆南部人口分布图

注：本图由浙江云和中学罗瑛老师提供。

低洼，地下水多为无法饮用的苦咸水，为了方便取得生产和生活用水，村落多具有沿河分布的特点。

天然水体一方面为人口的分布提供各种便利的条件，另一方面由于降水和径流具有不同的季节变化和年际变化特点，从而导致人口分布具有不同的特点。如中国太湖，水位变化幅度很小，湖岸稳定，周围地区逐渐发展成为有名的"鱼米之乡"。而面积和气候条件相似的鄱阳湖，由于接纳众多支流及长江干流的来水，湖泊水位具有显著的季节变化和年际变化，夏季高水位时湖面广达 3 960 km²，而冬季时湖面缩至 500 km²，湖泊四周均为茫茫湖滩，因此湖滨一向人烟稀少，同富庶繁华的太湖之滨形成鲜明对照。

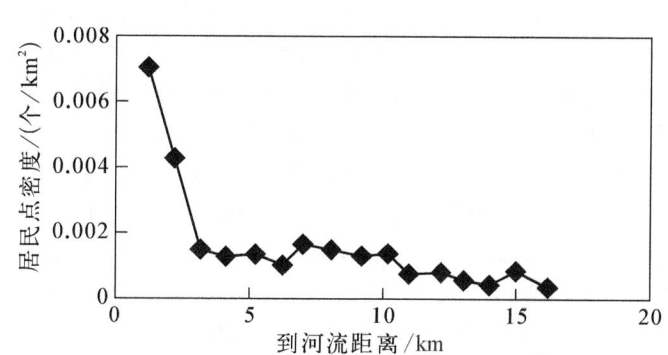

图 8-6 青藏高原居民点密度与河流距离的关系

资料来源：廖顺宝等（2003）

易于发生洪涝灾害的河流沿岸和某些与河流具有明显补给关系的湖泊周围，人口的分布趋向于远离洪泛区，以避免洪水浸淹灾害。洪泛区内洪水因子的制约使得地形成为影响居民点空间分布的主导因素，居民点分布相对集中于洪水风险较小的高程范围内。例如，淮河中游的河南省阜南县居民点分布范围为高程 21～35 m，但在高程 28～33 m 范围内集中分布了 1 013 个自然村，占总数的 80.6%。

从海岸地带吸引人口分布的情况来看，沉降型海岸和岩岸优良港湾较多，对外联系方便，有条件发展渔业和航运业，沿海岸会出现连绵不绝的人口稠密带，并会形成一批港口城市，浙江、福建、广东三省沿海绝大部分都属于这种类型的海岸。相反，上升型海岸和沙质海岸滩浅湾少，船舶进出困难，对人口的吸引力不如前者。辽宁省基岩岸段平均人口密度比三角洲岸段高 30%；山东省基岩岸段人口密度比淤泥质海岸高 6%，比三角洲岸段高 50%。

水体对人口分布的影响，归根结底取决于水体与区域自然环境其他要素和社会经济因素的相互关系。如亚马孙河和刚果河流域，因气候炎热，雨林密布，而当地又不具备进行大规模开发的社会经济条件，所以至今人烟稀少。在缺水区域，也可因其他因素而使人口集聚，如智利北部的沙漠由于硝石和铜矿、科威特的沙漠由于石油都聚集了大量人口。此外，优良的海岸位置对于人口分布的吸引力与政治、经济形势是分不开的。而我国唐、宋、元几代对外贸易发达，沿海港口城市非常兴旺。自明代中叶起至清代鸦片战争时期，我国长期奉行闭关自守的"禁海"政策，尤其是清初出于政治需要，对浙、闽、粤沿海实行了大规模的所谓"迁海"之役，整个海岸 15 km 的范围内成了无人区。

（四）土壤、地质和矿产资源

土壤是发展农业生产的物质基础。各类自然土壤具有不同的天然肥力和适耕性能，在一定的经济条件下影响人们的开发利用，进而影响到人口的分布。虽然贫瘠的自然土壤几乎都可以通过合理的利用和改良使之逐渐转变为肥沃土壤，但其自然性状的优劣对于农业生产的发展仍然是一个举足轻重的因素。一般来说，黑土、冲积土、棕色森林土是发展农业生产的良好土壤，在这些土壤分布地区的农业人口也就十分稠密。相反，盐碱土、沼泽土、灰化土和红壤等对农业生产就较为不利，人口分布因此受到较大影响，如我国江苏省、山东省的盐碱土分布区人口比较稀疏。土壤对人口分布的影响要与社会经济条件结合起来分析，才能得出正确的结论。如山东省黄河三角洲地区地势低平，多盐碱滩，又易于遭受风暴潮灾害，长期以来人口分布较为稀疏，是全省人口最稀少的地区。但由于胜利油田的开发特别是黄河三角洲开发战略的实施，这一地区经济发展迅速，城市建设日新月异，吸引了大量人口聚集，大大改变了人口分布的状况。

地质条件对人口分布的影响是多方面的。从基岩性状看，在石灰岩地区，岩溶发达，土壤贫瘠，漏水严重，除少数盆地、谷地外，都比较荒凉，如中国云南、贵州、广西等省区地处湿热的气候区，其石灰岩分布地区人口密度相对附近其他地区都低得多。相反，在火山区，由于母岩富含矿物成分，在一定的气候条件配合下，会形成十分肥沃的土壤，这些地区农业一般都十分发达，人口非常稠密。如爪哇岛仅占印度尼西亚国土面积的 7%，却集中了全国人口总数的 1/2 以上。但具体到某一地区，地质条件对人口分布的影响却比较复杂。如贵州省西北部境内分布着较广的喀斯特高原地貌，地形平均坡度较小，平缓开阔，土层相对深厚，一般靠近分水岭及河流上游谷宽流缓、阶地广布，地下水埋藏较浅，稻田与灌溉水源高差小。经过长期建设，农业生产水平较高，有利于人们的生产和生活，人口密度较高。

地质构造复杂的地区与一定地形和气候条件结合起来，易于发生各种地质灾害，往往对区域的人口和聚落分布造成很大的影响。贵州省黔东南地区是降水比较集中、洪涝灾难频繁的地区之一。由于基岩风化快，发育的土壤质地疏松，极易被暴雨冲刷流失，再加上山高坡陡，容易引发泥石流灾难，使其人口分布存在一种低地指向性，绝大多数人口都分布在西部地区自然条件优越的海拔较低的盆地和河谷地区。而在东南部侵蚀面积比较大的低中山区，人口分布相当稀少。

矿产资源对人口分布的吸引力的强弱是根据矿产资源本身的条件和人类对它的开发利用程度而变化的。自产业革命以后，矿产的作用日趋重要，对它的开发利用明显地改变着人口的分布状况。煤是首先被人类利用的矿物能源，在早期开发的煤田周围往往企业云集，人口密度也远高于农村。直到现在，德国的鲁尔、前苏联的顿巴斯、法国的里尔、美国的阿巴拉契亚等煤田，都还是城市和人口的密集区。石油和天然气是当前的主要矿物能源，由于具有运输便利的特点，对工业和人口的吸引力不如煤，但仍起一定的作用。如美国墨西哥湾沿岸"阳光地带"工业的兴起、科威特的石油开采业、中国在人烟稀少的沙漠和草原上建设的克拉玛依和大庆等石油城，都吸引和容纳了不少人口，改变着人口分布。

由于矿产资源属于非可再生资源，其储量有限，当前由于资源开发而出现的人口集聚区，未来可能由于资源枯竭成为人口稀疏区。如诞生了新中国第一个大油田的甘肃省玉门市，近年来因玉门油田年生产量急剧下降而人口锐减，至 2001 年玉门市人口从 10 万减到 6 万，玉门市政府搬迁到 70 km 外的玉门镇。2000 年我国有 178 座矿业城市，其中 95 座对矿业的依赖程度极大，人口 7 000 万，占全国城市人口的 13%。资源型城市要大力发展第三产业和高新技术产业，防止因为矿产资源枯竭引起的经济衰退。

自然因素短期内不会大规模改变，然而人类作为生物对自然生存环境具有依附性，人类经济活动本身追求效益最大化。因此，未来人口仍会避免在自然条件恶劣、生产投入成本较高的区位定居生活。所以从长期来看，自然因素仍然是影响区域人口空间布局的主要因素。自然界是一个统一的整体，自然环境各组成要素，如气候、地形、水文、土壤和生物等是互相联系、互相制约和互相作用的。自然环境对人口分布和人类生产活动的影响通常是通过各个因素的综合影响而发挥作用的。因此，分析评价自然环境对人口分布的影响，不但要对其各个组成要素进行分别评价，而且还要将自然界作为统一的整体进行综合评价。

二、社会经济因素

自然环境为人口分布提供了一个基础或一种自然可能性，人类只有通过自身的劳动与自然条件相结合，发展了生产力,才能变为人口分布的现实,所以社会生产方式才是人口分布的决定性因素。影响、制约人口分布的社会经济因素主要指生产力发展与布局、生产关系的性质,以及与一定生产方式相联系的上层建筑因素。

(一) 经济因素

人口的地域分布本质是一种社会经济现象,归根结底受社会生产的空间分布及其区域结构所制约。生产力的发展往往总要伴随着人口地域分布的变动。生产力发展越快,生产方式和生产布局变化越大,人口地域分布的变动也越明显。从人类社会的历史来看,社会生产方式不同,人口分布的特点也有着明显的差异。在史前时代,生产力水平低下,人们在广阔的范围内靠采集食物和渔猎为生,单位面积土地上所能供养的人口非常有限,人口分布的基本特点是极端分散。进入农耕时代以后,由于掌握了新的劳动工具,人们发展了种植业和畜牧业,人口密度也显著增加。同时,由于国家统治的需要和贸易的发展,出现了一批城镇居民点,但大部分城镇规模都很小,绝大部分人口都散布于广大农村。例如,亚洲东部和南部的季风气候区发展了水田农业,单位面积上所能供养的人口数量显著超过世界上其他地区。相反,有些地区生产力发展缓慢,耕作技术落后,人们只能利用土地的天然肥力进行粗放经营,形成了迁移农业。在这种生产方式下,土地利用率极低(一般只能利用总面积的1%),产量微薄,人们仍然过着分散流动的生活,人口密度远不如农耕地区。产业革命以后,生产力迅速发展,人口数量和平均人口密度都大大地增加。在人口分布图上出现了工业地带和工业城镇,原先散布于农村各地的人口源源不断地汇集到城市中来。生产力尤其是交通运输业的发展,使人们得以更充分地占据更广阔的空间。由于经济发展的需要以及交通运输提供的可能,人口在空间上的移动达到了过去根本无法与之相比的规模和速度,其范围不仅仅是在国内各地区之间,还扩大到国际和洲际,一年移动的人口数量可以高达几百万甚至几千万,这就给人口的空间分布赋予了新的含义。

法国学者列瓦塞尔(1883)认为,渔猎时期的人口密度为 $0.02 \sim 0.03$ 人/km^2,畜牧业时期为 $0.5 \sim 2.7$ 人/km^2,农业时期为 40 人/km^2,工业时期为 160 人/km^2。这种划分揭示了人口分布随生产方式而变化的基本趋势,说明制约人口密度的基本物质前提是一定的技术经济条件和自然条件下的土地承载力。

一般说来,经济发展水平较高的地区对人口有较大的吸引力,促使人口从经济落后地区向经济发达地区迁移。我国学者利用人均 GDP 代表地区经济发展水平,将其与人口密度做相关分析,所得相关系数达 0.43(P 值小于 0.01)。发现经济发达的地区人口密度高,经济水平落后的地区人口密度较低。将人口密度的五级分类与对应的县域产业结构进行分类统计,研究表明人口密度大于 600 人/km^2 的县域,平均第一产业比重低于 10%;人口密度小于 75 人/km^2 的县域,平均第一产业比重高于 20%。随着二、三产业比重的逐步上升,区域人口密度也随之提高(表8-13)。由此可见,地区经济发展水平和产业结构对我国人口分布具有显著的影响。

表 8-13　2005 年我国不同人口密度地区的人均 GDP 统计

人均 GDP/元	人口密度/(人/km^2)
<4700	211.84
4 700~6 800	258.62
6 800~9 800	285.05
9 800~16 700	396.68
>16 700	784.79

资料来源:吕晨等(2009)。

人口分布与交通有着不可分割的关系,中国境内很多乡镇乃至城市就是基于过境交通发展起来的,交通通达度也是显著影响人口分布的要素之一。中国县域可达性与人口密度两条曲线拟合系数达到了 0.988,两者整体上具有明显的相关性。在人口密度最高的县中大多数交通优势度较好,人口密度最低的县域大部分交通条件在全国也为最差。随着交通优势度下降,县域人口密度也逐渐降低。可见交通通达度是显著影响人口分布的要素之一。分小时圈县域可达性与人口相关系数以及累积相关系数显示(表8-14),在 1.5~2 小时圈和 2~2.5 小时范围内分别达到最大值 0.482 和 0.483,之后降低。可见,2.5 小时圈是目前中国可达性与人口集聚产生作用的最远距离。全国范围内县域可达性与人口密度具有明显的相关性,随着交通优势度下降,县域人口密度也逐渐降低。中国县域可达性越高的区域,可达性对人口集聚产生的作用就越大,而可达性值与人口数量的相关性越小,说明交通条件对落后地区人口集聚所起到的作用远远大于发达地区。

表 8-14 分小时圈县域(累积)可达性与人口布局相关系数

小时圈	0～0.5	0.5～1	1～1.5	1.5～2	2～2.5	2.5～3
相关系数	0.278	0.426	0.466	0.482	0.44	0.412
累积相关系数	0.278	0.4	0.452	0.479	0.483	0.478

注：显著性水平均超过 0.01。
资料来源：王振波等(2010)。

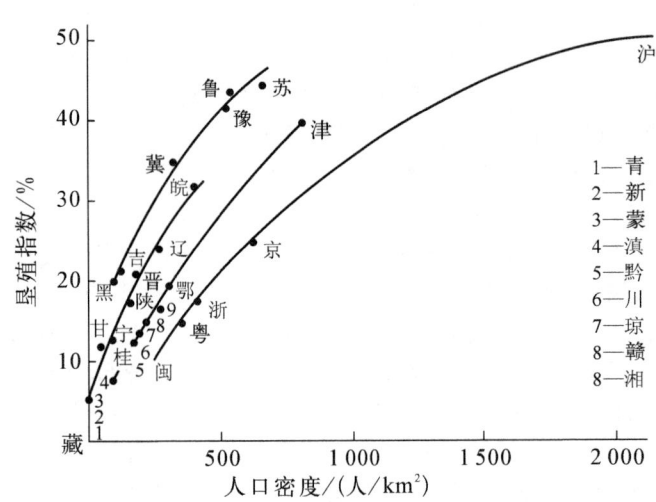

图 8-7 1990 年中国省区人口密度与垦殖指数的关系

耕地是农业生产最基本的物质资料，中国各地区的人口密度因此表现出同垦殖指数的明显相关性(图 8-7)。从人均粮食产量看，除直辖市外，各省区都差不多，产量最高的吉林省比全国平均数亦仅仅超出半倍，充分表明人口与食物在地理分布上的同一性。而这种同一性在发达国家就比较少见。这些都说明，由于生产力水平的不同，发展中国家和发达国家人口分布的主要形成机制有着很大的差别，实际上这也正是存在于农业时代和工业时代之间的差别。

当然，人口密度与生产力水平并不完全成正比。即使在一个国家内部，生产力水平与人口分布也并不完全一致。生产力水平的地区差异与人口分布往往形成波动性变化的特征，一段时期内人口分布与生产力水平的地区差异逐渐趋向一致，而另一段时期内人口分布与生产力水平的地区差异则逐渐疏离。一方面是由于人口分布本身具有一定的惰性，另一方面人口分布和迁移也受除经济因素外的其他自然和社会因素影响。

从世界范围来看，发展中国家有的人口密度很高，有的则很低，而发达国家也是这样。造成生产力水平因素对一国内部人口分布与世界上各国的人口分布影响力不同的原因在于，一个国家人口分布状况的形成要受到历史、地理、政治等多种因素影响，尤其是国界线的影响使各个国家形成相对封闭的人口系统，跨国人口迁移虽然存在，但与总人口数量相比其规模很小。其次，生产方式和生产力发展水平对发展中国家和发达国家中人口分布的影响还表现在人口分布的形成机制上。发展中国家总的说来尚未实现工业化，还不同程度地保留着农业时代的特点，因此其人口分布主要取决于农业生产水平，即提供食物的可能性，人口密度同土地农业产出率存在着正比例的关系。发达国家已进入工业化或后工业化时代，人口分布主要取决于工商业的地理区位，与经济密度、城市化程度紧密相关，而与农业和食物生产水平的关系不密切。例如，美国大量人口高度集中于一些工矿业地区，而其食物来源却在相距甚远的小麦玉米带；相反，生产大量农产品的地区，人口却非常稀疏。美国生产小麦最多的 3 个州，合计约占全国总产量的四成，而人口比重仅为 2.5%，这 3 个州的人均小麦占有量竟超出全国平均数 15 倍。总之，不同经济发展水平地区，人口分布和人口密度与经济的相关指标是不同的。

产业结构对人口空间格局具有极大的影响，产业结构演进同时受到资本投资、技术进步和人力资源等因素的影响。所以，区域人口空间格局也与资本、技术和人力资源息息相关。生产力的发展和经济结构的调整，促使生产布局不断变化，影响人口分布空间的格局。由于技术的进步，许多发达国家的产业结构和地区结构出现了新的不平衡，煤炭、冶金、纺织等传统工业部门及与此有关的工业区出现了明显的衰退和停滞，导致居民外迁，如美国的阿巴拉契亚山区、英国的米德兰和南威尔士以及法国的洛林。相反，一些新兴的工业区人口却大量增长起来，如英国东南部、法国南部、日本的"三湾一海"地区以及美国南部的"阳光地带"。

人口分布主要受生产力水平影响，而反过来，作为一种社会经济现象，又是影响生产力发展和生产布局的一个重要因素。当人口的数量、质量和结构同一个地区的自然资源状况相适应时，在一定的历史条件下将对生产力的发展起促进作用；相反，人口数量过多或过少，均将延缓生产力的发展。人口数量同自然资源状况和生产布局新形势的不相适应，是导致人口再分布的基本原因。人口分布发生变动以后，又将为生产力发展及其区域结构的变化,带来新的推动力。归纳起来,生产力的发展与布局主要从以下四方面对人口的地理分布产生决定性影响。

1) 生产力发展水平决定了供养人口自身生存和繁衍必要的物质生活资料,也决定了供养人口所必需的物质生产资料。因此,一定地区的生产力发展水平决定了一定地区的人口容量和人口密度。

2) 不同的产业结构对人口的分布有很大的影响。以第一产业部门为主的地区,人口分布呈大分散、小集聚状况;以第二、第三产业为主的地区,人口分布的集聚程度高,城市人口比重大。

3) 一般情景下相对于自然要素,技术、资本、劳动力等发生流动的可行性更大、成本更低。所以,未来短时期内人口空间分布的变化趋势主要与技术、资本、劳动力等经济因素的空间转移密切相关。各国、各地区生产布局的改变,决定了人口重新分布的变化。

4) 随着生产方式的改变和技术的进步,人类对自然资源的支配和利用能力日益增强,自然资源和地理环境对人口空间分布的约束力将降低。

(二) 科学技术因素

科学技术进步改变了人与自然环境的关系,扩大了自然资源和自然环境的利用能力,引起生产力布局的巨大变革,从而导致人口分布格局发生变化。例如,我国早期人口分布的重心在北方,其原因是在农业技术水平低的上古时期,人类难以开发土地,而且南方的湿热气候导致疾病众多,不适合人类的生存,因此,我国的农业和人口在黄河流域首先得到充分的发展。但是随着人类社会和文明的不断发展,以及技术进步带来生产力水平的提高,使得南方逐渐得到开发,同时气温也有所下降,有利于南方开展农业生产活动,在理论上南方各省农业生产潜力大于北方是不可改变的事实。因此,在技术进步的推动下,人口必然会借助技术力量迁移到农业生产潜力更高的南方,以调节人口规模与生活资料来源的匹配。

科技革命从根本上改变了生产增长与人口增长之间的相互关系,从而影响了人口再生产的地域格局。第三次产业革命以前,资本的有机构成较低,生产增长以扩大所雇佣的劳动力为前提,培养劳动力的成本较低,因此,生产高速增长伴随着人口的高速增长。在后工业化社会里,资本的有机构成不断提高,生产增长主要依靠科学技术进步,依靠劳动生产率的提高。社会需要能掌握先进科学技术的熟练劳动力,致使培养劳动力的成本提高,人口增长速度减缓。因此,在未来社会里,人口增长将不再和生产增长保持同步,而是与生产增长趋于平衡甚至有所下降。20世纪50~70年代以来,发达国家和发展中国家人口再生产的不同态势就是科学技术进步对人口增长影响的反映,这种变化必然导致世界范围内人口分布空间格局发生根本性变化。

新技术革命与产业革命将改变或削弱自然环境对人口分布的影响。随着生产工艺的改进、能源和各种初级原料利用范围的扩大,生产单位产品所消耗的能源和原材料也将降低。这些都改变了自然要素对人口空间分布的影响力,过去人口依赖于土地和矿产资源而分布的现象必将减少,人口分布有可能同肥沃的土壤和丰富的自然资源相分离,人口迁移和居住选择的空间不断扩大。但由于自然环境对人口分布所施加的影响和制约仍然存在,人口分布的空间差异将长期存在。

新科技革命和产业革命将继续改变经济开发地区人口分布的空间格局。从人口分布的城乡格局来看,发达国家城市化浪潮已基本平息,农业人口已降到很低的水平,特大城市和超级城市人口已不再增长。但是,卫星城、城市群和城市密集带的成长趋势仍在继续。由农业居民点集聚形成的小城镇趋势仍在继续,其最终结果将实现农村城市化,形成大小规格不同的各级城镇居民点结合为统一的城市系统。人口沿主要交通线集中的趋势仍将加强,最终将形成城市网络,成为人口分布格局的高级形式。发展中国家城市化进程方兴未艾,人口向大城市和特大城市集中的趋势进一步发展,并进一步形成城市群和城市带,乡村人口减少,城乡一体化的进程不断发展。此外,新科技革命和产业革命不断提出对新的能源与矿产进行开发的要求,对大江大河进行综合治理和国土资源开发的要求,移民垦荒与开发落后地区也是将来人口分布格局发生的一个重要趋势。

总之,科学技术进步孕育着社会生产力的巨大变革,必将导致新的产业革命和生产力布局的巨大变革,从而会再次导致人口分布格局发生根本性的变化。

(三) 历史、政治、战争及宗教等因素

当前的人口分布状况是过去历史时期长期演变的结果。人口的地域分布是历史的产物,有其历史继承

性。一方面,它随着生产力的发展和生产布局的变化而处在不间断的演变过程中;另一方面,它又远不如后者变化得那么活跃,而表现出极大的惰性。一个地区人口聚居的历史越是长久,这种惰性往往就越大。人们长期在一个地区居住,会养成对当地环境的一种适应性,在一定程度上可说是根深蒂固的。人们通常不愿意离开祖祖辈辈生活的地方,这就是所谓"安土重迁",即使离开了,怀乡之情也将长期存在。所以,人口分布所具有的惰性是由多方面的因素促成的,人口本身自然增殖、世代演替的特点与之也密不可分。因此,任何一个地区的人口分布现状总会不同程度地存在着历史的烙印。从全球范围看,凡是历史悠久、经人类长期开发的地区,人口增殖延续时间长,人口密度一般较大,如东亚、南亚、地中海地区的情况就是如此;相反,发展历史较短的地区,人口就相对稀疏,如大洋洲。

人口的增长和分布既有其延续性,又有其突变性。在正常情况下,在一个连续的时间内,人口数量增长、迁徙移动、密度状况、分布状况等均做一定幅度的递变,由过去和现在的人口分布状况可以预测将来。战争、灾难、疫病、较大经济政策和人口政策的变动等突发事件能使正常的人口增长和迁移进程受到某些干扰,使人口分布发生急剧变化。历史上几次人口大规模迁移,大大改变了我国人口分布的地域格局。如307~312年"永嘉之乱",为了躲避战乱、灾荒,黄河流域的广大人民大规模迁至江苏、安徽、湖北、四川等地,迁移人口达90余万人;755~763年唐末"安史之乱"使中原地区的人民被迫迁移至长江流域、珠江流域,迁移规模达100余万人;北宋末年的"靖康之乱"使黄河流域的人民又一次大规模迁往南方浙江、江苏、湖北、四川,规模达500余万人;康熙十年至乾隆四十一年,前后105年间从湖南、湖北、广东等地迁入四川的移民共达623万人,史称"湖广填四川"。

政治因素主要指国家间的政治关系、国家有关本国的人口政策以及疆域变动和战争等,这些因素对人口分布的影响是巨大的,有时甚至是决定性的。与政治因素相比,经济因素对人口分布作用的速度则要缓慢得多。人口政策是调节人口分布的一种行政组织手段,是影响人口分布更为直接的社会因素。鼓励与控制人口生育的政策,在人口增长率提高与降低的情况下可以直接影响人口的数量,使人口的密度、分布发生变化。新中国和前苏联等国的少数民族人口政策的执行,迅速地增加了少数民族地区的人口。移民政策可以直接调整人口的地理分布,如在美国西迁运动时期,宅地法案的颁布对于鼓励人口到西部垦殖曾起过重要作用;中国历代的移民戍边和屯垦政策的推行,对西部和北部地区的开发也曾起过不小的作用。

战争强制性地引起大量人口迁移,是造成人口再分布的重要因素。自从进入阶级社会以后,战争打乱了正常的社会进程,造成局部地区人口大批死亡和大量流亡。战争对人口分布的作用是有限的、短时的,当战争结束,战区人口会很快得以恢复。两次世界大战之后,世界政治地图发生巨变,每一次均伴随着大规模的人口再分布。

宗教对人口分布的影响只在宗教成分比较复杂、宗教冲突比较严重的地区影响较大。如在考虑南亚国家特别是印度等国的人口分布因素时,就不能忽视宗教因素。1947年印巴分治时,上千万的穆斯林从印度迁往巴基斯坦,数量相仿的印度教徒则从巴基斯坦迁往印度。

综上所述,人口的地域分布主要受社会经济因素,特别是社会生产方式、生产力发展水平以及生产布局的影响,而这一切在任何时候都是以一定的自然环境为基础。此外,任何时期的人口分布还是对历史的继承和变革。这些因素一方面通过影响生产力水平和产业结构对人口分布间接起作用,另一方面又通过影响人的机体、消费习惯、生活方式和社会意识对人口分布直接起作用。这些因素之间又相互联系、相互制约,通过影响人口再生产和人口迁移,不断塑造着人口分布的面貌。因此,对于一个国家或地区人口分布形成原因的探讨,必须从多种因素进行分析,客观地、实事求是地进行研究,才能得出确切的、令人信服的结论。

人口的地理分布虽受控于社会经济和自然因素,但不等于说在自然、社会经济条件下形成的人口分布就一定是合理的。人口的合理分布还需要靠政策、措施和手段进行调整。人口的合理分布指人口的数量和人口的质量与所在空间的和谐关系,即人口—经济—资源—环境是否属于合理匹配。评价人口分布是否合理,可从如下三个方面进行综合衡量。

1) 是否有利于国民经济的发展,促进生产力的合理布局。合理的生产力布局,必须有与之相适应的劳动力资源保证。如果现有人口分布状况能够满足合理的生产力布局所需要的劳动力数量和质量的要求,则这种人口分布是合理的;反之,则不那么合理或十分不合理。但如果人口过于密集,而当地的自然资源、生产资料不足,大量劳动力不能就业也会延缓经济的发展。

2) 是否有利于提高全体人口的物质和文化生活水平。这也是人口再生产与物质资料再生产必须相适应的规律所要求的,人口的生活质量应该随着生产的发展不断提高,才能说明人口分布处于合理状态。

3) 是否有利于合理开发、保护自然环境和资源,促进生态系统的良性循环。如果人口分布过多、过密,往往造成自然资源过度开发,破坏生态系统的良性循环;如果过于稀疏,则资源得不到应有的开发利用。故人口的合理分布,应有利于合理开发各地资源,改造自然环境。

第三节 人口地域分布的基本态势

一、人口地域分布的趋向性

1. 趋向暖湿地区 人类起源于旧大陆的热带、亚热带地区,经过漫长的历史时期,人口分布虽已广泛扩散,但温带、亚热带以及热带的部分地区集中了世界人口的绝大部分,寒带和干燥区人口却远为稀少,一些过热过湿的热带地区也相对稀疏,这一分布格局始终没有多大的变化。据粗略估计,北半球居住着世界总人口的近90%,而北半球的中纬度地带(20°N~60°N)集中了世界总人口的80%左右。人口稠密的东亚、南亚、西欧和南欧以及美国大西洋沿岸地区都在中纬度地带内,而赤道到20°N之间的低纬度地区(即热带地区)只占世界人口的10%左右,60°N至极圈的高纬度地区(即寒带地区)占世界人口不足1%,明显地反映了气候地带性对人口分布的影响。从表8-15可以看出,世界各大气候带中,人口密度最高的是温带。其中,欧洲、北美洲和大洋洲均以温带湿润气候类型区的人口密度为最高;以温带冬雨气候为最高的有非洲和南美洲;以温带夏雨气候带为最高的是亚洲。

表 8-15 1950 年不同气候类型区的人口密度 (单位:人/km²)

气候类型区	亚洲	欧洲	北美洲	非洲	南美洲	大洋洲	全世界
热带雨林	61.3	—	30.0	9.6	6.4	4.2	18.4
稀树草原	86.4	—	15.0	7.6	2.3	0.6	14.4
草 原	10.2	24.4	6.3	5.5	7.4	0.1	7.9
沙 漠	3.8	10.0	1.2	1.1	2.3	0.0	1.9
温带夏雨	119.6	—	20.0	9.3	12.7	0.7	61.1
温带冬雨	27.6	90.0	30.0	32.3	31.0	2.7	41.1
温带湿润	107.2	122.6	31.1	—	15.0	8.1	60.3
北方雪林	15.5	34.7	6.8	—	—	—	16.1
苔原、高寒	0.6	0.0	0.0	—	6.1	—	0.6
平 均	31.8	54.4	8.9	6.5	6.1	1.6	18.6

资料来源:张善余(2004)。

2. 趋向低平地区 人口分布有对于低平地区的趋向性,即人口的分布随海拔升高而逐渐减少。虽然目前永久性居民点已达到海拔5 200 m的高程(中国西藏和南美洲安第斯山区),但大量的人口还是高度集中于比较低平地区。据估计,在海拔200 m以下的地区仅占世界陆地总面积的27.8%,却拥有世界人口的56%;200~500 m的地区占29.5%,人口占24%;500~1 000 m的地区占21.5%,人口占12%;而1 000 m以上的地区占21.2%,人口仅占8%。可见,约4/5的世界人口分布在海拔500 m以下的平原、低山和丘陵。但也存在一些例外情况,如非洲和南美洲的高海拔地区居住着不少人口,非洲人口密度最大的地带在海拔2 000~3 000 m,南美洲人口密度最高的地带在海拔3 000~4 000 m,均大大超过1 000 m以下的地区(表8-16)。总之,世界人口的分布一般随海拔升高人口比重降低,人口密度减少,但不同海拔高度的人口密度和减少的趋势各大洲有所不同。

表 8-16 世界各大洲不同海拔高度的人口密度　　　　　　　　　　　　　　　　（单位：人/km²）

地 区	海 拔 高 度				
	0～1 000	1 000～2 000	2 000～3 000	3 000～4 000	4 000～5 000
北美洲	14.6	6.0	11.6	3.0	—
南美洲	7.1	14.8	12.8	17.5	2.7
欧 洲	63.7	14.5	0	—	—
非 洲	8.7	8.1	15.3	10.0	—
亚 洲	50.2	19.7	7.0	5.9	0.1
大洋洲	2.1	1.0	0	—	—
全世界(平均)	26.8	12.2	9.8	9.1	0.8

资料来源：库尔斯(1987)。

3. 趋向沿海　人口分布还有对海岸的趋向性。一般而言，距海越近，人口分布越稠密；距海越远，人口分布越稀疏。距海岸 200 km 以内的地区约占整个陆地面积的 16%，人口却占世界总人口的 50% 以上，而大陆内部的广大地区人口比较稀少(表 8-17)。这主要由于距海岸近的地区，多为平原和低地，特别是海岸线曲折具有优良港湾的地区成为工业、对外贸易、服务业及人口大量聚集的地域。

表 8-17 世界各大洲人口的水平分布

地 区	距海远近人口所占比重/%					距海平均远度/km
	0～50 km	50～200 km	200～500 km	500～1 000 km	1 000 km 以上	
欧 洲	29.1	25.8	30.3	11.9	2.9	329
亚 洲	27.1	20.2	21.9	19.9	10.9	756
非 洲	18.1	27	18.6	23.5	12.8	664
北美洲	31.5	19.8	20.1	18.5	10.1	384
南美洲	24.4	38.4	27.9	9.0	0.3	540
大洋洲	79.1	15.2	4.9	0.8	—	—
全部陆地(不包括南极洲和格陵兰岛)	27.5	22.7	23.5	17.7	8.6	572

资料来源：布鲁克(1985)。

二、世界人口分布的基本态势

(一) 人口分布的主要特点

人口分布的不平衡性是世界各国、各地区人口分布的总特征。北半球集中了世界总人口的近 90%，南半球只占世界总人口的 10% 左右。从各大洲人口分布情况看，以亚洲人口为最多、密度最高，大洋洲人口最少而密度最低，南极洲则无人定居(表 8-18)。

表 8-18 世界各大洲人口分布格局的变化

区 域	总量/10⁸人			比重/%			增幅/%	
	1950 年	2000 年	2010 年	1950 年	2000 年	2010 年	1950～2000 年	2000～2010 年
全世界	25.3	61.2	69.0	100	100	100	141.8	12.6
较发达地区	8.1	11.9	12.4	32.0	19.4	17.9	46.6	4.0
欠发达地区	17.2	49.3	56.6	68.0	80.6	82.1	186.7	14.7

续　表

区　域	总量/10⁸人			比重/%			增幅/%	
	1950年	2000年	2010年	1950年	2000年	2010年	1950～2000年	2000～2010年
最不发达国家	2.0	6.6	8.3	7.7	10.8	12.1	237.6	25.7
非　洲	2.2	8.0	10.3	8.8	13.2	14.9	260.4	28.8
亚　洲	13.8	36.8	41.6	54.8	60.7	60.3	167.3	12.8
欧　洲	5.7	7.3	7.4	22.8	12.0	10.7	27.1	1.5
拉　美	1.7	5.2	5.9	6.6	8.5	8.5	212.0	12.9
北　美	1.7	3.1	3.4	6.6	5.0	5.0	84.3	12.4
大洋洲	0.13	0.31	0.37	0.52	0.51	0.54	138.5	19.4

资料来源：国际统计年鉴(2015)；《世界人口展望》(2010年修订版)。

从各国情况看，据2007年版的《国际统计年鉴》，世界人口超过1亿的有11个国家，以中国人口为最多(13.37亿)，占世界总人口的19.43%；其次为印度(12.05亿)，占世界总人口的17.51%；再次为美国(3.19亿)、印度尼西亚(2.41亿)、巴西(2.02亿)、巴基斯坦(1.85亿)、尼日利亚(1.59亿)、孟加拉国(1.51亿)、俄罗斯(1.43亿)、日本(1.28亿)和墨西哥(1.17亿)。以上11个国家合计为41.61亿，占世界总人口的60.44%。

从人口密度看，各国、各地区相差悬殊。2010年世界人口平均的人口密度为53.1人/km²。在领土面积大于1 000 km²的国家中，孟加拉国以1 161人/km²的高密度显著领先(未扣除内陆水域)。此外，韩国、日本、比利时、德国、英国、斯里兰卡等也是突出的人口稠密国家。世界上人口密度最低的国家是蒙古，271.3万人居住在156万余平方千米的土地上，平均密度仅为1.8人/km²。此外，圭亚那、冰岛、加拿大、澳大利亚等国也仅在3人/km²左右。

世界人口比较集中的稠密区主要有四大块和八小块。四大人口稠密区基本位于北半球的中纬度地带，一般都具有温暖湿润、地势低平、多沿河、近海等特点，发展生产力条件优越。这些地区不仅人口稠密，经济总量在世界上也占据极大比重。四大区合计占地球陆地总面积的1/7，却集中了总人口的近2/3。四大人口稠密区具体如下：

1. 亚洲东部　包括中国东南半壁(黑河—腾冲一线以东)、朝鲜半岛、日本、越南北方。总面积占地球陆地的4%，人口却占1/4。区内各地的人口密度大都超过60人/km²，大部分则超过200人/km²，其中黄河下游平原、长江中下游平原、四川盆地、珠江三角洲、台湾岛西半部、朝鲜半岛南部、红河三角洲以及日本太平洋沿岸，人口密度均在300～350人/km²以上，进入了世界人口最稠密地区的行列。

2. 南亚　包括印度、孟加拉国和斯里兰卡，以及巴基斯坦东半部和尼泊尔南部。总面积占地球陆地的2.7%，人口却占1/5，平均人口密度超过320人/km²，在四大人口稠密区中居首。由于人口增长快，预计人口密度与其他几个区的差距还将不断扩大。区内的恒河平原和印度河中下游平原更是一向以人口高度稠密而闻名于世，人口密度普遍在500人/km²以上。

3. 欧洲　此区的平均人口密度在世界各大洲中一向显著领先，60°N以南人口尤为稠密，人口密度一般均高于50人/km²，大部分则高于100人/km²。欧洲人口最为密集的地区呈带状横亘于整个中部，西起英国中南部，经法国北部、比利时、荷兰、卢森堡、德国、捷克、波兰、乌克兰直至俄罗斯的伏尔加河流域。这一地带工业高度发达，城镇紧密相连，是世界工业的主轴之一。欧洲其他部分人口稠密区多限于波河、多瑙河等河流的沿岸平原和滨海地带。

4. 北美洲东部　包括美国东半部和加拿大东南角，面积占地球陆地的3%，人口占4%，平均人口密度不足50人/km²，大部分地区仅为20～40人/km²，与前三个区相比有明显差距。但这种属于中等以上的人口密度在区内基本上是不间断的连续分布。区内人口最密集的地带横贯于五大湖沿岸直至美国东北部。

世界上较小范围的人口稠密区较突出的有八小块：东南亚、西亚地中海沿岸、西北非沿海、西非几内亚湾沿岸、非洲东南部、加勒比海地区、南美洲东南部和澳大利亚东南部。其中，印度尼西亚的爪哇岛和埃及境内的尼罗河谷地平均人口密度分别高达1 000人/km²和1 600人/km²，成为世界上人口最密集的地区之一。

除了南极洲和格陵兰岛外，世界人口稀疏区主要有俄罗斯的西伯利亚、美国的阿拉斯加、阿根廷的巴塔哥尼亚、加拿大的大部分地区、亚马孙盆地、刚果盆地、伊里安岛，以及亚热带、温带地区的绝大部分沙漠、干旱草原和干旱高原。这些稀疏区,面积广而人口少,大部分地区平均每平方千米只有几个人。

(二)世界人口分布的演变趋势

人口的扩散和聚集是构成人口地域分布对立统一的两个方面,影响人口过程在时间和空间上的运动形态。在产业革命以前的漫长历史时期,扩散是人口地域分布的主要运动方向。由于受技术因素制约,土地生产力提高得极其缓慢,迫使人们必须不断地拓展生存空间才能满足人口增长对食物的需求。因此,对土地的追求或者说粮食承载力就成为制约人口分布的最基本的因素,加上这一时期人类拓展经济活动的空间余地较大,从而促使人口不断朝着处女地扩散,人口分布趋于均衡化、分散化。

产业革命的发生,揭开了人类发展史的崭新篇章。新的经济结构和生产方式,不仅大大加速了人口增长速度,还从根本上逆转了人口分布的均衡化趋势,其主要运动方向由扩散转为聚集。随着工业和其他非农产业的发展,人口不断向不同类型的城镇聚落及其周围地区聚集,在一些主要城市附近逐渐形成了城市连绵区,甚至城市带,其单位土地面积上所聚集的人口和经济活动量均远远超过其他任何地区。经过两个世纪的发展,目前发达国家均已经完成工业化进程,城镇人口占全国总人口的比重一般都达到70%~90%,乃至更高,而其分布范围占全国总面积的比重多不超过5%~10%,越是大中型城市,聚集度越高,这样的人口分布特点与产业革命以前的农耕时代有显著的差别。

近几十年来,发达国家已进入后工业化社会和信息化时代,产业结构和生产布局条件发生显著变化,在社会领域出现了人口零增长、老龄化、环保意识增强等新点。这一切促使工业和第三产业从高度密集的大中型城市向外扩散,人口分布趋势亦由聚集转变为扩散和聚集并存。其扩散方向一是由大中型城市指向郊区或周边地区;二是指向小城镇和广大乡村。通过这一过程,生产布局和人口分布重新出现均衡化趋势,城乡差别缩小,从而增大了人与自然相互关系的和谐度。

20世纪50年代以来,世界人口分布格局的变化主要表现为以下几个特点:

1. 世界各大洲人口增长不平衡 在1950~2001年期间,各大洲人口都有显著的增长,但各大洲人口增长速度并不平衡。从各大洲来看,1900~1950年亚洲、非洲占世界人口比重下降,欧洲、北美洲、大洋洲及南美洲人口略有增长。1950~2010年,各大洲人口都有显著的增长,但各大洲人口增长速度不平衡。1950~2010年,非洲人口增长最快,占世界人口比重从8.8%增加到14.9%,增长了6.1个百分点;其次是亚洲,占世界人口比重从54.8%增长到60.3%,增长了5.5个百分点。考虑到亚洲人口基数大的特点,可以认为亚洲对第二次世界大战以来的世界人口增长贡献最大;同期,拉丁美洲人口增长速度略快于世界平均水平,大洋洲与世界人口增长速度基本持平。而北美洲和欧洲人口增长缓慢,增长速度慢于世界平均水平,北美洲占世界人口比重减少了1.6个百分点,欧洲则减少了12.1个百分点。

2. 欠发达地区和最不发达国家人口增长快于较发达地区 1900~1950年,发达地区人口从5.4亿增长到8.14亿,发展中地区从11.1亿增长到17.06亿,人口增长总量后者是前者的2.17倍。1950~2005年,较发达地区人口从8.1亿增长到12.4亿,人口净增长4.3亿,增长了53.1%;欠发达地区和最不发达国家人口从19.2亿增长到64.9亿,净增长45.7亿,增长238%,世界人口增长形势发生了逆转。

3. 发展中地区人口以自然增长为主,发达地区人口以机械增长为主 从各大洲人口增长的因素来看,既有人口再生产造成的人口自然增长因素,也有人口迁移造成的人口机械增长因素。第二次世界大战以来,发展中地区人口以自然增长为主,发达地区人口以机械增长为主。从人口再生产的转变情况来看,目前发展中地区人口增长还处在早期扩张或后期扩展阶段,尽管许多发展中国家为了控制过快的人口增长采取了抑制生育的政策,但由于庞大的人口基数和人口年龄结构偏于年轻型,人口增长的迅猛势头在短时间内难以得到抑制。而发达地区大部分国家已经进入了相对静止阶段,不少国家人口出现了零增长或负增长。由此可见,发达地区如欧洲、北美洲人口的增长很大程度上是由于来自亚洲、非洲、拉丁美洲等发展中地区的移民所造成的。

由于影响人口增长和迁移的诸多因素及其复杂性,世界人口分布地域格局的变化存在很多不确定因素。但根据世界人口增长的态势和人口迁移的基本趋势,可以对世界人口分布格局的变化做出以下预期:

1) 发展中国家除非洲外,人口增长的势头趋缓。目前,非洲由于人口再生产仍处于早期扩张或后期扩张阶段,人口增长迅速。亚洲则由于中国、印度等国家实行了抑制生育的人口政策,人口进入老年型阶段或成年型到老年型的过渡阶段,人口自然增长的速度趋缓。南美洲各国经济发展迅速,但人口增长缓慢,甚至出现零增长或负增长。根据预测,到 2050 年,新增人口的 47% 来自亚洲地区,亚洲的人口还将增加 11 亿多。尽管如此,亚洲在世界人口中的比重却在下降,由目前的 60.34% 下降到 2050 年的 57.17%。另外,新增人口的 42.6% 来自非洲,非洲人口将增加近 10 亿(9.88 亿),占世界人口的比例由目前的 14.78% 增加到 2050 年的 21.84%,增加 7 个百分点;其余的新增人口主要来自美洲,约 2 亿。

2) 由于发展中国家人口的迁入,发达国家人口负增长的情况有所缓解,但总体仍然处于人口净减少或相对静止的趋势。根据联合国 2006 年的报告,世界人口在未来的 43 年内将增加 25 亿人,从当前的 67 亿人增长到 2050 年的 92 亿人。这一增量相当于 1950 年全世界总人口,并且绝大多数来自不发达国家的人口增长。不发达地区的人口将从 2007 年的 54 亿人增长到 2050 年 80 亿人,发达地区的人口将继续保持 12 亿人。

三、中国人口分布的基本态势

(一) 中国人口分布特点

中国是世界第一人口大国,2008 年末人口为 13.35 亿(不包括港澳台地区),占世界总人口的 19.5%。中国人口分布受自然条件和多种社会经济因素影响,具有一系列鲜明特点。

1. 人口分布西疏东密,但东南地区密中有疏,西北地区疏中有密　　中国人口分布大体以黑河—腾冲一线为界,分为东南半壁和西北半壁,东南半壁人口密集,西北半壁人口稀少。按照 1982 年人口普查数据,此线东南一侧,人口占 94.4%,西北一侧人口只占 5.6%。据 2000 年第五次全国人口普查结果,东南半壁人口占全部人口的 94.1%,人口密度为 285 人/km²,是全国平均水平的 2 倍多。与之相对,西北半壁人口分布稀疏,人口只占全部人口的 5.9%,人口密度仅为 14 人/km²,约为全国人口密度的 1/10。从东南沿海到西北内陆地区,人口密度呈逐渐降低趋势。可见,我国人口分布东南部密集、西北稀疏的格局在几十年来并没有发生明显的变化,人口分布表现出相对稳定的规律性。

另一方面,受区域各种自然和社会经济因素影响,我国东南半壁人口分布密中有疏,而西北半壁人口稀中有密(表 8-19),表现了人口分布现象的复杂性。东南半壁存在多处人口密度高值区,主要有沿海地带、华北平原、四川盆地、东北京哈铁路沿线以及长江沿岸等地区;同时,东南半壁也存在人口密度低值区,最低仅有 6 人/km²,主要分布在东北、云南以及内蒙古、陕西省和四川省的部分地区。东南部疏地(人口密度小于 100 人/km² 的地区)的人口占其总人口的 6%,面积占其全部面积的 30%。与之相对,西北半壁人口密度普遍较低,存在大面积人口极度稀少的地区,其中以内蒙古高原和塔克拉玛干沙漠为主的无人区占全国总面积的 1/10。此外,帕米尔高原、阿拉善高原、呼伦贝尔高原以及青藏高原的大部分地区,人口密度亦仅在 1 人/km² 左右。西北半壁人口相对集中在绿洲、河谷等人居环境适宜地区,主要是河西走廊、天山南北两麓、青藏高原的"一江两河"①地区和青海黄湟谷地,人口分布疏中有密,人口密度远超过全国平均水平,最高可达 2 000 人/km²。西北部密地(人口密度大于 50 人/km² 的地区)的人口占其总人口的比重达 60%,面积只占其全部面积的 6%。

表 8-19　人口密度占人口和面积的百分比

等级	人口密度/ (人/km²)	全 国		东 南		西 北	
		占总人口 比重/%	占总面积 比重/%	占总人口 比重/%	占总面积 比重/%	占总人口 比重/%	占总面积 比重/%
Ⅰ	>500	46.14	6.56	48.16	14.73	13.85	0.2
Ⅱ	200~500	30.85	12.66	32.02	28.08	12.12	0.66
Ⅲ	100~200	14.2	13.02	13.84	27.09	20.03	2.08
Ⅳ	10~100	7.91	22.91	5.96	28.95	39.15	18.21

---

① 一江两河地区因位于雅鲁藏布江及其南北两侧最大的支流年楚河、拉萨河的中部流域而得名,海拔 3 500~4 050 m,总面积 6 万多平方千米,占西藏自治区总面积的 5% 以上,包括拉萨市和山南地区与日喀则地区的 18 个县市(区)。

续 表

等 级	人口密度/(人/km²)	全 国		东 南		西 北	
		占总人口比重/%	占总面积比重/%	占总人口比重/%	占总面积比重/%	占总人口比重/%	占总面积比重/%
V	0～10	0.9	44.85	0.03	1.16	14.85	78.85
合 计		100	100	100	100	100	100

资料来源：葛美玲等(2009)。

中国人口密度大于500人/km²地区的人口占总人口的比重达46.14%，接近一半，面积只占国土面积的6.56%，这进一步了说明中国人口分布的高度聚集。与此相反，人口密度小于10人/km²的地区的人口占总人口的比重仅有0.9%，而面积却占国土面积的44.85%，存在大面积无人区。在东南部地区，人口密度10人/km²以下地区总计不超过1.16%；在西北部地区，人口密度极少超过500人/km²的地区，200人/km²以上的地区不到1%，这进一步说明了中国西部地区人口分布的稀疏程度。

2. 人口分布明显地趋向于沿海，越往内地人口越稀少 从海陆关系来看，我国人口明显集中于沿海，越往内地人口越稀少。研究表明，2000年，距海岸200 km范围内的平均人口密度为407人/km²；200～500 km范围内为201人/km²，下降了一半还多；500～1 000 km范围内为142人/km²，下降近1/3；1 000 km以上仅为21人/km²(表8-20)。我国人口分布自沿海向内地由密变疏的特点表现最为明显，这一情况与世界人口分布大体一致。

表8-20 距离海岸不同距离带人口分布

距离/km	0～200	200～500	500～1 000	1 000以上
人口/万人	39 054	26 740	33 452	10 344
占总人口数/%	35.9	24.3	30.4	9.4
面积/km²	97	133	235	495
占总面积/%	10.1	13.9	24.5	51.5
人口密度/(人/km²)	407	201	142	21

3. 人口主要分布于较为低平的地区，人口密度与海拔高程呈负相关 2000年海拔100 m以下地区集中了全国人口的42.6%，100～500 m为30.6%，500～1 000 m为12.2%，1 000～2 000 m为11.1%，2 000～3 000 m和3 000 m以上分别仅为2.6%和0.9%。100 m以下人口密度高达516人/km²，3 000 m以上仅为4人/km²，相差120多倍(表8-21)。中国人口分布的最低高程在地处亚欧大陆核心的新疆吐鲁番盆地，其中居住在海平面高程以下的约有16万人。中国(也是世界)人口垂直分布的最上限在喜马拉雅山北坡和唐古拉山南坡，共有约2万人定居在海拔5 000～5 200 m高程上，而季节性人口分布(放牧)的上限更达到5 500 m。

表8-21 中国不同海拔高度人口与土地面积分布

海拔/m	面积/km²	面积比/%	人口/百万	人口比例/%	人口密度/(人/km²)
<25	374 725	4	228	19.6	608
25～100	583 925	6.2	267	23	458
100～500	1 647 550	17.4	355	30.6	216
500～1 000	1 517 150	16.1	414	12.2	93
1 000～2 000	2 290 675	24.2	129	11.1	56
2 000～3 000	571 725	6.1	30	2.6	52
>3 000	2 462 600	26.1	10	0.9	4

资料来源：刘燕华(2001)。

我国国土辽阔,地形复杂,山地与平原高程相差很大,绝大多数人口集中分布在较为低平的地区,华北平原、长江三角洲、珠江三角洲、四川盆地等都是我国乃至世界人口最稠密的地区(表8-22)。人口稀疏区则主要分布在高原、高山、沙漠等自然条件差、经济发展相对落后的地区。其中,青藏高原和西北沙漠地区是我国人口集聚程度最低的地区,存在大面积的无人区。

表8-22 中国人口密集地区的主要指标统计

	人口密集地县域个数	人口规模/万人	占总人口的比重/%	土地面积/10^4 km²	占总面积的比重/%	人口密度/(人/km²)
华北平原	293	23 396	18.7	29.3	3.1	799
长江三角洲	65	6 799	5.4	5.6	0.6	1 222
珠江三角洲	18	4 040	3.2	1.6	0.2	2 468
浙闽粤沿海	45	4 415	3.5	4.0	0.4	1 104
东南沿海	128	15 254	12.2	11.2	1.2	1 362
四川盆地	62	5 851	4.7	7.9	0.8	743
其 他	141	13 164	10.5	13.5	1.4	974
合 计	624	57 666	46.1	61.9	6.6	932

4. 沿海、沿江、沿线形成若干人口集聚带和集聚中心,构成中国人口分布的基本框架 中国目前已经形成了"一带、三江(河)、两线"的人口分布框架。"一带"即南起珠江三角洲城市群、海峡西岸城市带,经长江三角洲城市群、山东半岛和环渤海经济区,直达辽中南城市群的沿海人口集聚带。"三江(河)"指西起成渝地区,经武汉都市圈、长(长沙)株(株洲)潭(湘潭)城市带、环鄱阳湖城市群,东至长江三角洲城市群的长江沿线人口集聚带;西起西宁、兰州,经河套地区、山陕交界地区和中原城市群,东达山东半岛的黄河沿线人口集聚带;西起昆明,经贵阳、南宁,直达珠江三角洲的珠江沿线人口集聚带。"两线"指南起香港九龙,直达哈尔滨的哈大—京沈—京九铁路沿线人口集聚带;东起上海,经苏州、南京、郑州、西安、兰州,穿过河西走廊直达乌鲁木齐的陇海—兰新铁路沿线人口集聚带。经过多年的发展,也逐渐形成了若干区域性人口集聚中心,其中以北京—天津为核心的京津冀地区、以中原城市群为核心的中原地区、以沪宁杭为核心的长三角地区、以广州—深圳为核心的珠三角地区、以武汉都市圈为核心的长江中游地区以及以成都—重庆为核心的四川盆地成为中国人口最密集的区域人口集聚中心(表8-23)。这些人口集聚带和人口集聚中心影响了周边区域人口分布,构成中国人口空间分布格局的"骨架",从根本上奠定了中国人口分布的基本框架。

表8-23 中国主要人口集聚中心概况

名 称	总人口/万人	占全国比重/%	面积/10^4 km²	占全国比重/%	人口密度/(人/km²)
京津冀	5 596.59	4.51	7.9	0.82	708.18
长江三角洲	8 423.88	6.78	10.63	1.11	792.18
珠江三角洲	5 349.84	4.31	8.52	0.89	628.1
长江中游	5 867.37	4.72	13.19	1.37	444.89
成渝地区	3 878.87	3.12	5.97	0.62	649.29
中原城市群	4 029.7	3.24	5.88	0.61	685.32
合 计	33 146.25	26.68	52.09	5.43	651.33

资料来源:刘睿文等(2010)。

(二) 中国人口地域分布格局的形成机制

1. 自然条件奠定了中国人口地域分布的基本格局 以地形、气候为主的自然条件对中国人口分布空间格局的形成起了基本的制约作用。对各省区人口密度及与之有联系的多种自然、社会和经济因素的相关分析表明,人口密度与海拔100 m以下占总面积比重的线性相关系数高达0.91;与单位国土面积上的国内生产总值和粮食产量的线性相关系数为0.88;与垦殖指数的线性相关系数为0.84;与海拔500 m以上占总面积比重的线性相关系数为-0.76。在0.05检测水平下,上述各因子与人口密度均达到高度相关(张善余,2004)。其中,地形条件对中国人口分布的影响尤为突出。中国人口密集区的分布与中国主要的平原、盆地地区的分布完全一致,而中国的人口稀疏区乃至无人区也基本上都分布在地形起伏较大的地区。中国人口分布形成"西疏东密"基本格局的根本原因是我国平原集中分布于东部地区,而西部多高海拔山地以及高原的地形地貌格局限制的结果,中国地形地貌的格局根本上决定了中国人口分布的整体格局。

自然要素对人口集疏格局的影响最终体现为人居环境的自然适宜性,人居环境自然适宜性的空间格局决定了中国人口分布的地域格局。中国人口密集区全部位于东南半壁的人居环境高度适宜区和比较适宜区,与之相对应,中国人口稀疏区则全部位于中国西北半壁的人居环境临界适宜区和不适宜地区。从统计结果来看,中国人居环境不适宜区的人口密度仅为6人/km²,而与之相对应的人居环境适宜区人口密度为273人/km²。其中,人居环境比较适宜区人口密度为375人/km²,人居环境高度适宜区的人口密度高达541人/km²,中国人口向人居环境高度适宜区和比较适宜区集聚的效应明显。

2. 经济要素空间分布的不均衡性是中国人口分布格局形成的根本动力　　人口密度与经济发展显著相关,经济核心区与人口核心区完全一致,而极端落后地区以及待开发地区也全部都属于人口极端稀疏区与基本无人区。中国的人口分布与中国经济发展水平之间在空间上基本吻合,证明中国的人口分布格局的形成与中国的经济发展密切相关。

事实上,由于经济要素的空间集聚而导致的不断扩大的区域经济差距,促使越来越多的人前往发达地区,而欠发达地区在这一过程中必然面临人口不断外流,最终出现人口密度下降、居民区收缩甚至废弃的局面。因此,经济要素在空间上的不均衡性是中国人口分布格局形成的根本动力。

3. 城市化是中国人口集聚的核心内容　　城市化促使人口进一步向城市化地区不断积聚,使得城市化地区成为中国人口集聚的骨干中心。中国的人口密集带以众多的城市群、城市带作为骨干,而主要人口集聚中心如京津冀、长三角、珠三角、中原地区、长江中游地区以及四川盆地等也分别以京津、沪宁杭、惠深港、中原城市群、武汉都市圈以及成渝等城市群或城市带为核心。中国人口分布的空间集聚实际上是围绕区域城市化进行的。从最初的分散型城镇体系、中期城市群的初步形成,到未来的都市圈—都市连绵区的全面形成,城市化过程引导着中国人口集聚发展的方向,对中国人口集聚过程的发展具有重要的影响。

(三) 中国人口分布的演变及其趋势

2008年中国(含港澳台地区)的平均人口密度为139人/km²,比世界平均数高1.8倍,或者说,人均占有的国土陆地面积约相当于世界平均数的1/3。在各省区中(除直辖市外),江苏以719人/km²居首位,山东为599人/km²,河南为569人/km²,浙江、安徽也达到430人/km²以上,均超过世界上绝大多数国家。中国人口密度最低的省区是西藏,仅为2.4人/km²,与江苏相差近300倍。

中国各省区人口密度的鲜明对比综合反映出中国自然条件、生产力发展水平和经济结构类型的地区差异。事实上,所有这些因子所综合反映的乃是一个地区供养人口的承载力,其中最重要的是粮食承载力。以粮食承载力为标准,容易理解中国人口分布现象存在的主要区域差异。食物生产能力对于中国人口分布起着主要的制约作用,而这种生产能力又是多种自然和经济因素的综合性反映。观察人口分布现象,判断其稀疏或稠密,不能离开食物生产能力这个基本前提条件。例如,江苏和山东的人口密度大大高于贵州、青海、甘肃等省,但人均食物产量也明显超出,从这个角度看,贵州、青海、甘肃等省人口反而过于稠密。

从合理利用自然资源、充分发挥区位优势的角度看,中国人口分布存在不平衡的现象,但中国人口分布同它基本的物质前提之间,又长期保持相对平衡。总之,人口分布离不开一定的物质前提,改善人口分布也必须要创造一定的物质条件,归根结底都要同自然环境条件、生产力发展水平以及生产布局特点相适应。虽然中国现阶段的人口分布模式尚未从根本上脱离以往农耕时代的特点,但新中国成立后,特别是实行改革开放以来各省区之间在人口规模和人口密度的对比上出现了一些新的特点,这种变化除了来自人口自然增长率的差异外,还受到人口迁移的广泛影响。

20世纪50~70年代,为了加强边疆和内地的经济、文化建设,全国进行了一系列颇具规模的人口迁移,促使有关省区出现了历史上从未有过的人口高速增长。例如,1953~1982年,黑龙江人口猛增1.75倍,新疆、宁夏、内蒙古增长1.5~1.7倍,青海也达到1.3倍,这5个省区占全国总人口的比重由4.7%提高到7.2%;而上海仅增长0.3倍,山东增长0.5倍,天津、江苏、安徽、湖南也仅增长0.6倍左右,这6个省区占全国总人口的比重由28.4%降至25.6%。人口分布的这种变化对改善生产布局、开发自然资源以及建设边疆、巩固国防,都发挥了显著的促进作用。

20世纪80~90年代以来,在改革开放的大背景下,中国的人口迁移方向发生了历史性的重大逆转,即从前一时期的由沿海指向内地和边疆转变为由边疆和内地指向沿海,从而导致不少沿海省区占全国总人口的比重,在经历了长时期的下降后止跌回升,而边疆和内地部分省区人口增长率则大幅度降低。例如,黑龙江1953~1982年增幅在全国各省区中高居首位,1982~2000年却退居第29位,同期内内蒙古由第3位退居第19位,吉林由第7位退居第24位,新疆、青海的序位也下降了;与此形成鲜明对照的是一些沿海省区序位显著上升,最突出的是北京由第14位升至第1位,上海由第30位升至第21位,河北由第27位升至第17位。

2000年以来,中国省区人口分布又有了明显的变动。2000~2008年,各省区人口在全国的序位没有大的变动,最引人注目的是广东人口增长了313万人,高居全国各省区首位,超过河南、山东成为人口最多的省级行政区。人口增长量居第二、第三位的分别是浙江、山东,人口增长量超过200万人的还有广西、北京、贵州、江西、云南、河北、江苏、上海、新疆。人口相对增长率位居前列的则是北京、天津、上海、广东。此外,湖北、重庆、四川、湖南的人口数量则出现了绝对减少,分别减少317万、251万、191万、60万人,比2000年减少5.26%、8.12%、2.29%、0.93%。从人口增长在全国各省区的分布,可以明显看出城市化和经济因素对人口分布的影响越来越重要,但西部部分省区由于人口出生率较高,对全国人口分布格局的影响也不可忽视。此外,湖北、重庆、四川、湖南人口的绝对减少除经济因素形成的人口外迁外,三峡工程建设移民也是重要的原因。

改革开放以前,中国人口分布的总趋势是向均衡化发展,其原因是我国工业和第三产业还比较落后,食物的生产和供应能力成为制约人口分布的最基本因素,促使人口分布均衡化或分散化,目的在于不断地调节人口与食物的生产和供应能力之间的关系。改革开放以后,生产力迅速发展,工业和第三产业的发展使产业结构发生了显著变化,社会主义市场经济体制的日益健全使农民摆脱了土地和传统生产方式的束缚,在全国范围内涌动起人口迁移流动的大潮。可见,除土地的粮食承载能力外,工业和商业的地理区位已开始对中国人口分布产生越来越大的影响。传统的农耕时代人口分布模式已经朝着一个新的工业化时代模式演化,这种改变对城乡人口结构和区域人口分布格局必然造成越来越显著的影响。如何遵循市场经济规律,合理引导中国的人口再分布,无疑是一个应予以高度重视的大课题。

关于未来几十年中国人口分布的演变,除城镇化以外,还有三个主要趋势是完全可以预期的。

首先,东部沿海地区占全国总人口的比重将明显增大,中部地区将减小,西部地区仅有微弱上升。有研究认为,2005~2020年围绕北京、天津、江苏、上海、浙江等省市形成了相对人口聚集区域,西部许多省份及东北几省与周围的省份人口密度则始终较低,广东省人口密度则高于周围省市,单独形成了一个人口密度较高的聚集点。但我国人口密度空间分布模式是稳定的,东部人口密集、西部相对较稀疏将是一个长期的分布模式(陈楠等,2006)。

其次,山区占全国总人口的比重将减小,平原将增大。中国是个多山的国家,山地、丘陵占总面积的71%,但在全国经济总量中其比重却相当低,与平原的差距还在不断扩大。山区生态环境也普遍遭到破坏,其表现主要是植被破坏、水土流失加剧、水源枯竭、自然灾害频度烈度加大、石化或荒漠化的趋势日益明显。人口增长过多、过快,超过了资源承载能力无疑是造成山区贫困和生态危机重要原因之一。因此,关于山区发展的问题上必须重视人口合理再分布,即针对广大山区人口超载、生态失衡、经济文化发展存在着诸多难以根本改善的不利条件的情况,适当调整山区与平原的人口比例关系,以减轻人口压力,促使人口、经济和生态环境转向良性循环。

第三,主体功能区规划的实施将对我国人口的分布格局产生深远影响。我国国民经济和社会发展第十一个五年规划纲要提出了根据资源环境承载能力、现有开发密度和发展潜力以及其他综合因素,将国土空间划分为优化开发、重点开发、限制开发和禁止开发四类主体功能区。其中,优化开发区资源环境的承载力已经开始减弱、国土开发密度已经较高;重点开发区是资源环境承载能力较强、经济和人口集聚条件较好的区域,担任着承接限制开发区和禁止开发区的人口转移、推进工业化与人口城镇化同步进行的职能;限制开发区区域生态环境脆弱,需要将超载的人口逐步有序地转移到重点开发区和优化开发区,减轻人口对生态环境和财政支出的压力;禁止开发区指依法设立的各类自然保护区域,该功能区将严格按照法律、法规的相关规定实行强制性保护,控制人为因素对自然生态环境的干扰,严禁不符合主体功能定位的开发活动,大量的人口将迁移至其他主体功能区中。人口因素既是区域规划的前提和保证,也是区域规划的目标和归宿。只有解决了区域人口均衡的问题,即人口数量适度、人口结构合理、人口素质优良、人口空间分布优化的问题,才能真正做到科学合理地规划主体功能区。

人口分布有其固有的规律性。深入研究人口分布的客观规律,在现有人口分布格局的基础上进行政策设计实现人口合理再分布,使之与自然资源的赋存和生产发展区位在一定的经济条件下尽可能地相适应,将是一个长期的、复杂的系统工程。

第九章 PRED——人口与资源、环境协调发展

第一节 人口与资源

自然资源是人类生存的物质基础,是区域赖以发展的前提。本章所论述的资源,主要指自然资源。

一、资源是人口发展的物质基础

(一)人口发展离不开资源

1. 生活资料来源于资源,生活服务的提供也离不开资源　　人口的生存与发展离不开适当的生活资料。人口生存与发展需要食物、水、衣服、住宅等这些最基本的生活资料,也需要交通服务、医疗卫生、教育科研、娱乐等服务。现代人口生存与发展所需要的这些生活资料与服务,有的直接来自自然界,如人们通过采集、渔猎获取食物,通过砍伐原始林木获得薪柴,通过采掘获得石材等;多数生活资料则由生产来提供,例如通过种植生产出粮食、通过复杂的加工活动制造汽车等,社会经济越发达,生产提供的生活资料的比重就越大。

2. 任何经济部门与国防军工的运行、发展都离不开资源　　任何经济部门都需要有自己的劳动场所、劳动工具和劳动对象等基本条件,而这些东西本身或者直接就是自然资源,或者是来自自然资源,是自然资源的加工制成品或中间体、半成品。农业生产需要土地、水、热量等基本资源,其劳动资料(不论是长矛、渔网,还是锄头、拖拉机、电机、化肥农药)都直接或间接地来自自然资源。其他,不论是工业、建筑业,还是科教文卫等服务业,它们都离不开土地,需要的其他物资也无一不来自自然资源。

人口要安全地生存,也离不开国家强大的国防与军事工业的支持。国防与军事工业的发展当然也离不开资源。

3. 自然资源是人类赖以生存和发展的物质基础　　分析表明,人类的生存与发展离不开资源,自然资源是人类生存和发展的基本条件,也是经济、社会发展的重要物质基础。虽然随着生产力的发展,人类对自然界的支配程度越来越高,对抗性与征服能力不断增强,人类在实践中利用的自然资源现成物越来越少,使用经过加工改造的资源越来越多,但是无论如何人口的发展都不可能离开自然资源。

我国资源丰富,但却有限,我国人口基数大,而且仍在继续增长,这样人均资源就越来越少。因此,正确处理人口发展与自然资源之间的关系,直接关系国家资源、环境安全与社会经济可持续发展。摸清资源基础,是我国全面建设小康社会,促进人口、经济、社会和资源、环境走向全面、协调、可持续发展的关键。

(二)资源不能决定人口发展水平

1. 丰富而质量良好的自然资源对人口的发展水平具有正向促进作用　　区域人口发展水平主要指人口物质生活水平、受教育水平与创新能力、身体素质与寿命等,经常使用人均国民总收入(GNI)、平均受教育年限、出生预期寿命等指标来表示,也可以使用人类发展指数(HDI)来表示。一个地区所拥有的丰富而质量良好的自然资源,无疑有益于区域经济发展与人类生物性生存,而对人口的发展水平具有正向促进作用。区域人口生活水平和人口、资源、技术之间关系的基本表达式为

$$L = \frac{R \cdot A}{P}$$

式中,L 为生活水平;R 为资源;A 为技术;P 为人口数量。本表达式的含义是:区域人口的生活水平与区域

资源丰度、质量和技术水平正相关,与人口数量反相关。开发资源的科学技术越先进,就越能提高人的生活水平。在人口与资源的关系中,人口素质的提高和科学技术的进步占有极其重要的地位(李仲生,2006)。

2. 人口发展水平主要取决于经济发展水平,而不是自然资源　现代人口发展所需要的条件,主要由国民经济各部门来提供,部分是由自然直接提供(如空气、水等),但就是空气与水的质量与数量也受制于国民经济的发展水平。只有经济发展了,才能够提供越来越丰富、质量越来越高的产品与服务,更好地满足人口发展在衣食住行用以及精神方面的需要,从而提高人口的健康水平与文化水平。但是,自然资源只为经济发展提供了一个自然前提,自然资源能否转化成人口发展所需要的产品,还是要靠各产业部门的发展来实现。人口发展水平是由多种因素共同决定的,资源不能决定某地区的人口发展水平。

资源是人类生存与发展的物质基础,但是一个区域的人口发展水平却并不与本区域的自然资源丰度成线性正相关关系。世界上资源状况相同的两个地区,可能有差异明显的人口发展水平;资源条件差的地区的人口发展水平,也可能比资源条件优越地区的人口发展水平高。例如,日本人口众多,国土面积狭小,山多平地少,资源匮乏,但是日本的人口发展水平却比地大物博、发展条件远优于日本的中国高许多。2013年出生预期寿命,日本为83.3岁,中国为75.4岁;婴儿死亡率日本为2.1‰,中国为10.9‰。2014年人均国民总收入,日本为42 000美元,中国为7 380美元。2013年人类发展指数,在统计的世界187个国家与地区中,日本为0.890,居第17位,中国为0.719,居第91位。

我国西部地区,疆域辽阔,人口稀少,是我国经济欠发达、需要加强开发的地区,全国尚未实现温饱的贫困人口大部分分布于该地区,人口发展水平比较低。但是西部地区的自然资源却特别丰富,其水能蕴藏总量占全国的82.5%,煤炭探明储量占全国的36%,石油占12%,天然气占3%。全国已探明的140多种矿产资源中,西部地区就有120多种,一些稀有金属的储量名列全国乃至世界的前茅。

二、人口对资源的影响

人口的生存与发展以开发利用自然资源为基本的前提条件,由此人口发展必然对自然资源产生重大影响。按照不同的特征,可将自然资源分成不同类别,其中根据自然资源能否再生可将其划分为可再生资源、可更新资源和不可再生资源三类。

(一)消减不可再生资源

不可再生资源包括地质资源和半地质资源两类。地质资源指自然界的各种矿物、岩石、核燃料和化石燃料,如煤炭、石油、天然气、泥炭、油页岩、金属矿产、非金属矿产等。半地质资源指土壤资源。

1. 使矿产资源自然赋存量不断减少

(1) 不可再生资源是现代区域发展的重要物质基础　矿产资源是经济建设的物质基础,特别是工业化的发展,使矿产资源在人类生产与生活中的地位急速上升。矿产资源是发展采掘工业的物质基础,并对以矿产资源为原料的初加工工业以至整个重工业的发展和布局具有重要影响,矿产资源的地域组合特点影响地区经济发展的方向与工业结构的特点。矿产资源是人类社会最重要的物质生产资料之一,对人类社会发展与产业布局具有重大影响与作用。因此,矿产资源状况是影响一个国家经济实力的重要因素。矿产资源为人类提供了95%以上的能源来源、80%以上的工业原料、70%以上的农业生产资料,是人类社会赖以生存和发展的重要物质基础。

(2) 国家与区域发展对矿产资源提出了越来越高的要求　世界人口数量急剧上升,以及人类对生活质量提高的要求,都对矿产资源提出了越来越高的要求,特别是对矿产资源数量的需求节节上升。表9-1为2013年世界39个国家或地区人均能源消耗与经济发展水平(人均国民总收入)对比表。由表中数据可以看出,总的规律与趋势是:人均国民总收入高的国家,其人均能源消耗量也高,两者之间的相关系数高达0.773,属于极显著相关。

(3) 矿产资源的自然储量逐渐减少　这类资源是在地球长期演化历史过程中,在一定阶段、一定地区、一定条件下,经历漫长的地质时期形成的。以铁矿为例,铁元素聚集成具有工业利用价值的矿床是一个漫长的地质历史过程,它们多形成于距今26亿～30亿年的太古时代,成矿期均以亿年计算。与此相反,人类

表 9-1 世界部分国家与地区能源消耗与收入水平对比表(2013年)

国家或地区	人均能源最终消费量/千克标准油	按购买力平价法计算的人均国民总收入/现价国际元	国家或地区	人均能源最终消费量/千克标准油	按购买力平价法计算的人均国民总收入/现价国际元
世 界	1 305	14 211	埃 及	660	10 850
中 国	1 432	11 850	尼日利亚	675	5 600
中国香港	1 203	54 260	南 非	1 403	12 240
孟加拉国	157	2 810	加拿大	5 663	42 590
柬埔寨	345	2 890	墨西哥	966	16 110
印 度	422	5 350	美 国	4 729	53 960
印度尼西亚	648	9 260	巴 西	1 140	14 750
伊 朗	2 136	15 600	委内瑞拉	1 492	17 890
以色列	1 818	32 140	捷 克	2 409	25 530
日 本	2 446	37 630	法 国	2 386	37 580
哈萨克斯坦	2 518	20 570	德 国	2 790	44 540
韩 国	3 342	33 440	意大利	2 025	34 100
马来西亚	1 819	22 460	荷 兰	3 669	43 210
蒙 古	1 229	8 810	波 兰	1 738	22 300
巴基斯坦	397	4 920	俄罗斯	3 028	23 200
菲律宾	262	7 820	西班牙	1 746	31 850
新加坡	3 649	76 850	土耳其	1 148	18 760
斯里兰卡	439	9 470	乌克兰	1 541	8 960
泰 国	1 430	13 510	英 国	2 013	35 760
越 南	568	5 030	澳大利亚	3 493	42 540

资料来源：根据《国际统计年鉴》资料整理。

开采、消耗矿物却十分快速，一个矿区开采期仅为百年、数十年，以至几年。因此，从人类历史的角度看，矿产资源是不可再生的。人类对不可再生资源的开发和利用，只会消耗，而不可能保持其原有储量或再生。除非从废旧物资中回收，或者通过工程手段合成、制造一部分外，地质资源将随着人们的消费逐渐减少。

矿产资源的不可再生性与人类不断开发利用共同作用的结果，就是矿产资源未利用量的减少。如果勘探水平与力度得不到加强、替代资源不能够及时地研究推出，出现资源短缺而影响人口发展也就是不可避免的事情了。而实际上，由于人类无节制地、掠夺式地利用地球资源，现在某些非再生资源已经开始出现耗竭的现象。

目前，我国正处于工业化中期阶段，为实现全面建设小康社会的目标，必然要继续保持较高的经济增长速度，人们对资源的利用规模和数量将继续扩大。由于我国人口众多，人均资源存量严重不足，所面临的资源问题越来越严峻。大庆油田探明的可采石油储量已经所剩不多，石油资源的不可再生性决定了石油工业不可能支撑大庆永久可持续发展。在2016年中国国际矿业大会开幕式上，国土资源部部长姜大明指出我国已成为世界上最大的矿产品生产国、消费和贸易国。提高我国的生产技术水平，在合理的利用率水平下最优配置非再生资源对我国显得尤为重要。政府在这一过程中应发挥主导作用，通过各种方式促进社会生产中资源使用效率的提高，为我国的可持续发展打下良好的基础。

2. 人口是土壤退化的重要原因

（1）土壤是陆地植物着生的基地，是人类从事农业生产的物质基础　土壤是位于地球陆地表面，具有一定肥力，能够生长植物的疏松层。土壤是各种陆地地形条件下的岩石风化物经过生物、气候诸自然要素的综合作用以及人类生产活动的影响而发生发展起来的，由各种不同大小的矿物颗粒、各种不同分解程度的有机残体、腐殖质及生物活体、各种养分、水分和空气等组成。土壤具有供应和协调植物生长发育所需水分、养分、部分空气和热量的能力，这种能力被称为土壤肥力。

土壤是最宝贵的自然资源之一。土壤是陆地植物着生的基地，是人类从事农业生产的物质基础，农作物、牧草分别依赖于耕地与草原表层的土壤而生长,在土层深厚的地方林木也会生长的格外茂盛。

(2) **人类可进行地力培肥工作**　土壤肥力可以通过人工措施和自然过程而提高或保持不下降,所以土壤也具有一定的可更新性。地力培肥是采用先进的科学成果,采取各种措施,保护自然肥力,增加人工肥力,使土壤肥力水平不断提高的过程。在土壤资源有限的情况下,从调整种植业结构、改革耕制入手,以增施有机肥为基础和测土配方施肥为核心,大力推行秸秆还田,加大培肥力度,逐步提高土壤肥力,对于确保农业持续稳定增长具有积极意义。

(3) **人口是土壤退化的重要原因**　人类对土壤圈的影响,一方面在某些地块培肥地力,另一方面则导致了大面积的土壤退化。土壤退化是土壤物理、化学、生物学性质恶化导致肥力下降的总称。土壤资源退化的种类很多,一般可分为物理的、化学的和生物的退化。物理退化形式主要有土壤侵蚀、土壤的机械压实、沙化。化学退化主要有土壤酸化、次生盐渍化、次生潜育化和有毒物质污染以及土壤肥力耗衰等。生物退化主要包括土壤中动物和微生物数量的减少、植被覆盖度下降、有益植物种类减少。中国科学院南京土壤研究所借鉴国外的分类,结合中国的实际,将中国土壤退化分为土壤侵蚀、土壤沙化、土壤盐化、土壤污染、土壤性质恶化和耕地的非农业占用等六大类。土壤资源退化加剧了人口—食物—资源之间的矛盾。

1) 人类活动加速了土壤侵蚀。土壤在外力作用下,会发生分散、分离、剥蚀、搬运和沉积,当土壤的侵蚀量超过土壤形成量,造成土壤物质净减少时,就发生了土壤侵蚀。根据土壤侵蚀营力,可将土壤侵蚀划分为水力侵蚀、风力侵蚀、重力侵蚀和冻融侵蚀等。土壤侵蚀有其自然的原因,暴雨、风暴、山洪和林火等都可引起土壤侵蚀,但是人类活动无疑加速了土壤侵蚀。

中国已经成为世界上土壤侵蚀最严重的国家。根据第一次全国水利普查水土保持情况普查成果,我国现有土壤侵蚀面积 294.9×10^4 km^2,占普查范围的 31.1%,其中水力侵蚀面积为 129.3×10^4 km^2,风力侵蚀面积为 165.6×10^4 km^2。由于暴雨集中,植被稀疏,土壤抗蚀性差,使黄河中游的黄土高原成为我国水土流失最严重的地区。黄土高原严重的水土流失使黄河成为驰名世界的多泥沙河流与地上河。

2) 不合理的耕垦或过度放牧是土地荒漠化的重要原因。荒漠化指包括气候变异和人类活动在内的种种因素造成的干旱、半干旱和亚湿润干旱地区的土地退化,包括土壤物质流失,土壤的物理、化学和生物特性或经济特性退化,及自然植被长期丧失。它引起生物生产能力或经济生产力的下降或丧失。荒漠包括沙漠、岩漠(石漠)、砾漠、戈壁、沙漠、泥漠、盐漠与寒漠等,比较引人注目的是耕地和牧场因人为破坏而起沙并逐渐变成沙漠的现象,特别是沙漠边缘地区自然环境比较脆弱,在不合理的耕垦或过度放牧的影响下,更易发生退化、破坏。

全球荒漠化问题严重。全球荒漠化土地面积有 $3\,600 \times 10^4$ km^2,占全球陆地面积的 1/4,相当于俄罗斯、加拿大、中国和美国国土的总和,并以每年 $5 \times 10^4 \sim 7 \times 10^4$ km^2 的速度扩大。第五次全国荒漠化和沙化监测结果显示,截至 2014 年我国荒漠化土地总面积为 261.16×10^4 km^2,沙化土地总面积 172.12 km^2,近年来荒漠化和沙化土地面积有所减小。我国农牧业受沙漠化影响最大的地区是东起松嫩沙地(位于科尔沁沙地,科尔沁沙地主要位于西辽河干流以南地区),西至宁夏盐池(宁夏最东角)的半干旱农牧交错地区。

3) 造成土壤污染的人为原因。土地会因某些物质的侵入(自身没有,或过量侵入),使土壤原有的理化性状恶化,土地生产潜力减退、产品质量恶化并对人类和动植物造成危害。土壤是联结自然环境中无机界和有机界、生物界和非生物界的中心环节,土壤污染影响很大,如毒害农作物,损害人体健康,污染地下水源与大气。

造成土壤污染的人为原因主要有:① 工业和城乡废水;② 工业固体废物和城乡垃圾;③ 农药、化肥和残留农膜;④ 牲畜排泄物和生物残体。此外,大气沉降物也是重要的污染物。

4) 土地盐渍化的人为原因。灌溉水能把渠道和土壤中的盐分溶解出来,随着水分的蒸发与蒸腾,便有数量不等的盐分积聚在土壤表面,发生次生盐渍化。常与次生盐渍化伴生的另一现象是水涝,又称沼泽化。我国盐渍土或称盐碱土的分布范围广、面积大、类型多,总面积约 1 亿 hm^2。主要发生在干旱、半干旱和半湿润地区,以黄淮海平原、东北西部平原、河套平原以及西部内陆地区等地比较集中。

(二) 影响可再生资源与可更新资源

1. 人口对可再生资源的影响

(1) **人口对可再生资源的数量与循环没有影响**　可再生的自然资源,如太阳辐射、风、海潮、地热与温泉、地表径流等,其供应基本上是往复不断的,即所谓"取之不尽,用之不竭"。不论人类是否对其利用,可再生资源总是按照自身的规律运动,不发生数量与循环的变化。因此,对此类资源的利用应按照充分利用和综合开发的原则,在可能条件下最大限度地利用。

(2) **人类可以导致水污染、改变地表径流的时空分布**　人类的活动,不仅可以导致水污染,降低水体质量,也可以通过修建水库等改变地表径流的时空分布。

(3) **地下水开采量不应该超过补给量**　地下水资源的更新与补给速度比较慢,特别是冻土中的水以及深层地下水补给更新尤其慢,开发的时候要注意把握开发量与补给量之间的关系,开发量不应该超过补给量。世界城市规模越来越大,数量越来越多,随着人们生活质量的提高,用水量不断增多。我国多年平均水资源总量为 $28\,124\times10^8\,m^3$,从总量上看,我国的水资源很丰富,居世界第六位。但因为人口多,人均可再生淡水资源为 $2\,062\,m^3$,仅为世界人均占有量值($5\,925\,m^3$)的 34.8%,属于水资源紧张的国家。人口的增加与人均用水需求的增加,将使世界和中国的水资源可持续利用将面临巨大的压力,合理开发、节约利用水资源势在必行。

2. 人口对可更新资源的影响　可更新的自然资源,如动物、植物资源,为能生长繁殖的有生命的有机体。其更新速度取决于自身的繁殖能力和外界环境条件,应遵循永续利用的原则,有计划、有限制地加以开发利用。土壤也具有一定的可更新性。

人口对生物资源的影响,详见人口与环境部分的有关内容,这里不再赘述。

(三) 形成资源问题

1. 人口增加导致的需求上升是产生资源问题的基本原因　人口数量的增长,使资源消耗加剧,而资源的过度消耗,又必然造成环境污染和生态系统的破坏,使资源安全受到威胁,形成众多资源短缺问题。随着人口的增加,人类出现了一系列的资源问题,如淡水资源短缺,耕地面积日益减少,土地沙漠化严重,森林生态功能衰退,森林面积不断减少,粮食危机频繁发生,濒危物种的生态环境逐渐缩小、恶化,物种消失、生物多样性减少等。

我国资源绝对量大,但是人均资源占有量却很少,铁、锡、石油、天然气、钾、硫等大宗性矿产资源更为不足。中国主要矿产的人均占有量都很低,与世界水平相比较,石油仅为 11%,天然气不足 5%,化石能源(包括煤炭、石油、天然气)为 58%(蔡运龙,2007)。随着国民经济的持续增长,完全依靠国内资源的局面难以为继,其中,供需矛盾最突出的当属石油和铁矿石。

2. 限于技术、观念等原因而产生的资源利用效率低下加剧了资源供需矛盾　当前,发达国家的资源利用效率大大高于发展中国家。我国的资源综合利用和再生资源回收利用较发达国家严重滞后。矿产资源回收率为 30%,较国外先进水平低 20%;共伴生矿资源综合利用率仅为 35% 左右,煤系共生、伴生 20 多种矿产,绝大多数没有利用;一些超大型复杂多金属矿床的尾矿利用率仅为 10%。发达国家木材综合利用率在 80% 以上,而我国仅为 60%。在"三废"的综合利用上,2004 年我国工业固体废弃物综合利用率只有 55.7%,累计堆存量达几十亿吨,占用了大量土地。2004 年我国钢铁工业年废钢利用量 $5\,430\times10^4\,t$,占粗钢产量的 20%,远低于世界水平(43%);再生铜产量 $120\times10^4\,t$,占铜消费量的 24%,低于世界平均水平的 37%;再生铝产量 $180\times10^4\,t$,占铝消费量的 27%,低于世界平均水平的 40%。我国每年约有 $500\times10^4\,t$ 废钢铁、$20\times10^4\,t$ 废有色金属、$1\,400\times10^4\,t$ 废纸以及大量的废塑料、废玻璃等没有合理的回收利用,能回收但没有回收利用的再生资源价值达到 300 亿元以上(王信领等,2007)。

我国的资源综合利用事业也在不断取得进步。以"十二五"期间我国工业领域资源综合利用为例进行分析。一是资源综合利用规模稳步扩大,综合利用量逐年增加,2015 年工业固体废物综合利用率达到 65%,其中大宗工业固体废弃物(不含废石)综合利用率 50%,主要再生资源回收利用量 2.2 亿 t,五年共利用大宗工业固体废物达 70 亿 t、再生资源 12 亿 t。二是综合利用技术装备水平在大型化、配套化、自动化、智能化、与互联网的进一步融合以及节能降耗等方面显著提高。功率 6 000 马力(1 马力=745.7 W)以上的废钢铁破碎生产线、废旧金属机械化分选分级拆解预处理技术装备、百万吨级钢渣热闷法预处理大型生产线等实现规模化推广,并达到国际先进水平。新型胶结充填料制备技术、大比例利用固废生产人工鱼礁技术、尾矿生产加气混凝土技术、高铝粉煤灰提取氧化铝等 1 000 多项原始创新技术获得国家发明专利授权。尾矿和废石在混凝土中的应用等一批技术得到有效推广,并在应用中不断创新,部分技术达到国际领先水平。三是综合利用效益显著。较大提高了资源的利用效率,减少了二氧化硫、氮氧化物、粉尘等污染物的产生和排放,初步形成经济效益、社会效益和环境效益的统一。

三、人口—资源类型及其空间分布

E. 阿克曼(E. Ackerman)把技术与人口、资源结合起来进行了发展类型的划分。他按资源的人口密度、生活水平对资源的有效需求以及决定资源供应的技术水平,把世界划分为五种人口—资源类型(李仲生,2006)。

1. 美国型　　指人口数量与资源比率低的技术先进地区。除美国外,还包括加拿大、前苏联、澳大利亚和新西兰,它们有着高人均资源占有量,相对资源而言,人口数量不高,又拥有先进的技术,人口与资源的关系比较协调。

2. 欧洲型　　指人口数量与资源比率高的技术先进地区。包括欧洲和日本在内的欧洲型,其人均资源占有量低,虽然技术水平很先进,但人口数量与资源之比显示人口规模大,资源基础较差。依赖商业系统,以先进的工业品换取所需的资源,依靠国际经济贸易来促进繁荣。

3. 巴西型　　指人口数量与资源比率低的技术落后区。巴西型潜在资源相对丰富,人口相对较少,人口增长速度较快,而技术水平基础低。除巴西外,中东地区产油国和拉丁美洲产油国等属于这一类型。

4. 埃及型　　指人口数量与资源比率高的技术落后区。埃及型除埃及外,还包括中国和印度等发展中国家,这些国家人口数量多,人均资源占有量较低,人口还在激增,技术水平相对不高。

5. 沙漠或极地型　　指潜在粮食生产资源不足的技术落后区。沙漠或极地型的地区自然环境差,对人口缺乏吸引力。但荒漠地区只要找到水源,就可以开发绿洲,人口就会增加。

从这一分类可以看出前两个类型是发达国家,而后三个类型则是发展中国家。以上的人口—资源类型是从实际情况中概括出来的,技术水平左右着发展水平。

第二节　人口与环境

人是环境的产物,也是现代环境的重要塑造者。人类在不断地改造与利用环境的同时,环境也不断地反作用于人类。人类的发展史是一部改造与利用环境的历史,是一部人地关系史。

本章研究的环境指的是围绕人类的自然环境,即以人或人类为中心事物,影响人或人类生存与发展的周围其他自然因素或自然因素总体。

一、环境对人口的影响

环境是人类产生与发展的基础,环境从根本上规定了人口发展可以利用的资源的限度,对人口具有多方面的影响。但是,环境对人口的影响又是有限的,不能从根本上决定区域人口发展水平与结构。

(一)环境对人口自然属性的影响

1. 人类是环境的产物

(1) 生命起源学说　　生命是如何起源的?近些年来,有关生命起源的研究取得了一些重要进展,新提出和被推崇的假说较多,其中以"宇宙来源说"与"地球化学起源说"影响最大,这两种学说认为各种生物都是由非生命物质自然产生的。

"宇宙来源说"认为生命起源与地球的形成不同源,在原始地球形成后,原始生命物质可能通过不同方式(如陨石或彗星)从空间来到地球,之后不断演变、化合、凝聚和缔合形成原始生命,再由原始生命形成真正的生命体。"化学起源说"则认为,地球上的生命是在地球温度逐步下降以后,在极其漫长的时间内,由地球上的非生命物质经过极其复杂的化学过程,一步一步地演变而成的,先是在原始大气中形成无机小分子生成氨基酸、核苷酸等有机小分子,然后这些有机小分子再聚集于原始海洋中通过聚合或缩合作用生成原始的蛋白质分子和核酸分子等生物大分子物质,进而生物大分子物质组成具有自我繁殖能力的多分子体系,最后有机多分子体系在原始的海洋中演变为原始生命,逐渐演化出地球上丰富多彩的生物界。

人是怎样由其他生命演化而来的呢? 1859 年英国生物学家达尔文在出版的《物种起源》一书中,提出的生物适者生存、人是由猿进化而来的观点得到了普遍的承认;1869 年德国生物学家海克尔进一步提出了物种变异是适应和遗传两个因素相互作用的结果。经典人类学家一般认为,从猿进化到人大约经过了 800 万年时间,经历了古猿(距今约 1 000 万~400 万年)、能人(距今 400 万~150 万年)、直立人(距今 150 万~20 万年)、早期智人(距今 20 万~5 万年)与晚期智人(即新人,距今 5 万~2.5 万年)五个阶段。

(2) 环境在人类进化与形成中的作用　　到第四纪,人类开始产生。一般认为,冰川作用引起气候变冷,动植物群大量灭绝,森林大量减少,变为苔原或草原,从而迫使人类的树栖祖先下地直立行走。人类的祖先虽因环境的变化而下地,但他们不能马上离开其熟悉的森林,其食物来源也不能立即完全脱离树叶和果实,更不能很快地适应干冷的气候,而要逐暖湿地区而居。中国早期人类遗址大都分布在水源充足、气候比较温暖的地区,如云贵与两广地区。古猿开始从树上下到地面并因采集劳动等开始前后肢的分化,直至能人完成了前后肢的分化,开始使用打制石器。直立人已经学会使用自然之火,而早期智人不但学会了人工取火,石器也更加精细,狩猎地位提高,动物性食物增加。

在大约 8 000 到 1 万年前,中国进入了新石器时代,结束时间从距今 5 000 多年至 2 000 多年不等。蒙古高原气候干旱少雨,不利于原始农业甚至牧业的产生和发展,属于原始狩猎经济文化类型;珠江-闽江流域植物丰富、气候温暖,人们可以在迁徙较少的情况下,通过采集手段获得食物,这就难以形成逼使他们发展原始文化的压力;在黄河流域与长江流域自然野生动植物已经不能够满足人们的需要,野生植物的驯化变得必要而可能,农业率先在这里产生了。中国新石器时代文化遗址分布更加广泛,黄河流域与长江流域因为生存条件适中而在新石器时代取得了长足的进步,并率先迈进了文明的门槛。就文化遗址来说黄河流域的文化遗址最多、最为密集,其次是长江中下游地区,但是在旧石器时代早、中期常常发现人类文化遗存的云、贵、桂、粤诸地,新石器文化遗址稀稀落落、寥若晨星,与黄河流域形成了鲜明的对比。

人类由猿进化成有着超级逻辑思维、直立行走、会使用工具的新型物种,是生物适应生存环境与生存环境的变化两者共同决定的。地球上生命的历史,是生物同它的周围环境相互作用的历史。人是环境的产物。

2. 环境对人体特征的影响

(1) 环境与人种的关系　　在长期隔绝的、不同的生态环境下,为适应自然选择的需要,世界上形成了若干在体质上具有某些共同遗传性状(包括肤色、眼色、发色和发型、身高、面型、头型、鼻型、血型、遗传性疾病等)的人群,即人种。各种族之间在空间上实际并无明显的界线,因为种族之间的往复迁移已持续了数千年,种族的混合过程逐渐加深。相互毗邻的地区,其种族特征更加模糊,中间类型的混血种愈来愈多。但是从大范围讲,欧、亚、非三大洲多半是白、黄、黑三大人种各自的原生地。人种遗传特征的形成都是人群长期适应周围自然环境的结果,每一遗传特征都能在地理环境中或多或少地找到它存在的理由。

非洲是黑种人的故乡,而非洲地处热带赤道地区,太阳直射时间长,气温高,紫外线强烈。经过长期自然选择,非洲土著居民逐渐形成了一系列适应当地气候的人体特征:皮肤内黑色素含量高,可以吸收阳光中的紫外线,保护皮肤内部结构不受损害;体表汗腺密度特别大,便于及时散发体温,维持或迅速恢复正常体温;鼻低宽,鼻孔通道短,嘴唇厚,嘴裂大、体毛少,便于散热;头发卷曲,使每根卷发周围都有许多空隙,空隙充满空气,空气传热性差,因此,卷发有隔热作用,保护头脑不受伤害。而白种人,起源于较为寒冷的地区,该地区阳光斜射,光线较为微弱,紫外线也弱,当地居民体内黑色素含量低,皮肤呈浅色;身体较粗壮高大,以减少热量散失;鼻子高窄,鼻孔通道较长,以预热吸进的冷空气;体表毛发稠密,以防寒冷等。黄种人起源于温带地区,其肤色和身体特征的适应性具有黑白两色人种的过渡性。

(2) 环境对同一人种身体特征的影响　　由于环境不同,即便是同一种族的身体特征也不尽相同。在我国,同为黄色人种的南方人与北方人的身体特征差别还是较为明显的。马立广等(2008)对分布在我国 16 个省、市、自治区的 102 个人群(其中汉族 23 个 12 069 人,少数民族 79 个 31 133 人,跨 18.7°N 到 50.6°N)的身高这一人体发育指标受地理环境因素影响的程度进行了综合分析,研究结果显示:随着地理纬度的升高,身高呈现逐渐增高的趋势;随着地区太阳总辐射量的增大,该地区的群体身高水平呈现增高的趋势;随着降雨量和湿度的增大,群体的身高水平呈现降低的趋势;随着地区平均风速指数的增加,身高亦呈现增高趋势。研究还表明,区域海拔和气压等因素对身高无明显影响。

这些空间差异规律,有其一定的地理依据。例如,从身材方面来看存在北高南矮、北胖南瘦的现象,其形成机制包括:南方气候炎热,人体的新陈代谢速度较快,生殖器官发育快,成熟早,生命周期短,因而身材大多不高,而北方由于气候寒冷,新陈代谢慢,生命周期长;北方冬季漫长寒冷而户外活动少,体内营养物质积累多,南方气候温暖,生产活动一年四季均可进行,居民活动量大,消耗的热量多,不容易积累脂肪;北方人的饮食中脂肪、蛋白质等食物所占的比重比较大,尤其在牧区,牧民的饮食以奶制品、肉类等为主,人容易发胖,而发胖又能更好地适应严寒环境,而南方人饮食以植物类为主,居民有喝茶吃稀饭的习惯,体内不容易积累脂肪,显得精瘦,瘦削的身体更有利于散热。在中国有文字记载以来,北强南弱是一个基本规律,在历史上的冷兵器战争时代,形体高大的北方人在战争中常常能够获胜,而形体弱小的南方人,在战争中往往失败。人高马大的胜者占据北方,身材矮小的败者只好撤向南方。这加强了南北方人群身高的差异。

此外,北方人和南方人在五官方面也存在着一些差异。例如,北方人的鼻梁直而长,鼻孔较狭窄,可使干冷空气在吸入肺部之前增热增湿,起到保护肺部的作用;南方人短而宽的鼻孔,则有利于散热驱湿。南方人的嘴唇比较厚而前凸、外翻,具有促进水汽蒸发、加快散热的作用,北方人则较薄。北方人眼裂较狭长,泪阜被蒙古褶遮住,这可以避免风沙吹入眼中,并使眼球表面湿润,与北方气候干燥、降水量少风沙多的天气相适应;而南方气候湿润,风沙少,南方人眼睛开度大,外形显得大而圆。

3. 环境对人口年龄构成的影响

(1) 环境通过对人类身体健康与寿命的直接作用,而影响人口的年龄结构

1) 良好的自然环境本底质量,有益于身心健康、延长寿命。清新的空气、洁净的饮用水与景观水、优美的自然景观,对于人们身心健康的积极作用自不必多言,这也是吸引人们居住生活的自然环境条件,能够在这样的环境里生活是绝大多数人的愿望。人们在选择住宅时喜欢选择有山有水的地方,有山有水的地方的房价一般高于周边其他条件相同的无山无水的地区,都说明了人们对自然环境条件价值的基本判断与对生命健康的关注。人们也比较愿意去林木葱茏、有山有水的地方旅游休闲,这样既可以锻炼身体,又可以呼吸天然氧吧里新鲜洁净的空气,醒脑、养眼、清肺。我国广西巴马、湖北钟祥、江苏如皋、河南夏邑、山东莱州等长寿之乡自然环境的共同特点之一就是自然环境好,气候适宜,水和空气质量上乘。

2) 自然环境中某一组分过多或过少都不利于人们的生活与健康。环境组分异常可以是自然的原因,由此常常导致出现地方病。不论是化学性地方病,还是生物性地方病,都与环境具有密切的直接关系。由于地质发展等方面的原因,地壳表面局部地区某些元素含量过多或过少时,当地居民人体从环境中摄入的元素量超过或低于人体所能适应的变动范围时,就会患化学性地方病。例如,一个地区的碘元素分布异常,可引起地方性甲状腺肿或地方性克汀病;氟元素分布过多,则可引起地方性氟中毒等。由于某些致病生物或某些疾病媒介生物滋生繁殖,可以引起生物性地方病,如前苏联、美国等国家的一些人烟稀少的草原和荒漠地区,存在着野鼠鼠疫的自然疫源地,人进入疫区,就可能患病。地方病多发生在经济不发达,同外地物资交流少以及卫生保健条件不良的地区,如流行在中国黑龙江省克山县等地区的克山病,流行于某些山区和半山区的大骨节病。

环境组分异常也可以是人为的原因,如不合理的生产与生活活动导致的大气污染、水体污染、土壤污染等,通过呼吸、饮食、接触等造成人体不适或疾患,影响人的心绪,不利于人的健康长寿。城市是人口与非农产业大规模集中之地,大气污染与水污染往往是城市难以解决的痼疾,从整体上影响着人们的健康。中国的长寿之乡极少位于城市市区,有其环境质量好的原因。

3) 环境因子的异常剧烈运动或变动往往形成自然灾害,影响人们身体健康与生命安全。这方面的问题常见到的主要是气象灾害(台风、暴雨与洪水、暴雪、热浪等)、地震、火山爆发、泥石流、崩塌等。例如,中国地震活动频度高、强度大、震源浅、分布广,是一个震灾严重的国家。2008年中国大陆地区有17次地震成灾事件,其中,汶川8.0级地震是中国30年来遭受的最为严重的地震灾害,破坏强,烈度达到Ⅺ度,四川、甘肃、陕西、重庆、云南、宁夏等地不同程度受灾,受灾面积 44.04×10^4 km^2,涉及灾区人口10 487.22万人,其中近7万人死亡,37万多人受伤,近2万人失踪,受灾人口3 362.37万人,地震造成直接经济损失8 523亿元;其他16次地震灾害事件,共造成56人死亡,1 227人受伤,约243.53万人受灾,受灾面积约60 841 km^2,直接经济损失71.87亿元。2008年全国共发生各类地质灾害2.7万起,造成人员伤亡1 598人,其中死亡656人,失踪101人;共发生风暴潮、海浪、海冰、赤潮及其他海洋灾害134起,死亡(含失踪)152人。2008年除年初南方遭遇罕见低温雨雪冰冻灾害损失严重外,全国干旱受灾面积偏小,暴雨洪涝损失偏轻,气候年景较常年偏好,但

是依然造成1 700多人死亡(《2008年中国环境状况公报》)。

(2) 环境还通过影响经济发展水平间接地影响人口年龄结构,这种影响是宏观的、整体的 无论是中国的发达地区,还是世界的发达地区,绝大多数都位于基本环境条件较好的地区。以中国为例,东部发达、西部欠发达的特征十分明显：2015年东部沿海经济地带、中部经济地带、西部经济地带的人均GDP分别为6.78万元/人、4.26万元/人、3.70万元/人；单位土地面积上的增加值分别为3 172.35万元/km²、688.69万元/km²、205.48万元/km²(根据《中国统计年鉴2016》计算整理)。中国东部濒临海洋、气候温润、地势低平、平原广阔、河流纵横、土地肥沃、动植物资源丰富而且再生能力强等优越的自然环境条件,是东部经济发达的基础性原因,因为东部相对于中西部来说取得生活资料的条件以及产业的投入产出经济效益远比西部好,无论古代还是近现代都将吸引并能承载较多的产业与人口。

经济发展水平的提高,意味着人们饮食、居住、医疗卫生水平的提高,以及人们受教育水平与知识素养的提高,这不仅有利于直接提高人们抵抗疾病的能力与健康水平,而且通过医疗卫生事业的发展,可以有效地降低婴儿与孕产妇存活率,医治过去无法医治的各种疾患,从而提高总人口的寿命。

另外一个重要方面是,以经济发展水平为基础的社会保障事业的发展,会大大降低人们的生育意愿与实际生育率,从而促进人口老龄化。人口老龄化首先发端于世界发达国家与地区,就是一个有力的例证。

4. 环境对人口性别构成的影响

(1) 自然环境不直接影响人口出生性别比的区域差异 自然状态下,世界上任何一个地区在一个较长的时间周期里(如一年或以上),出生人口性别比一般为103～107,不会有大的出入。

另有调查研究结果表明,在地磁场强度下降的情况下男孩的出生率要高于女孩出生率,在地磁活动减弱的日子里受孕后出生的男孩与女孩数量之比为16∶10；而当地磁场波动的曲线图达到最高极限时,女孩同男孩出生率的比例为15∶10。但是这种影响没有区域性,只具有时间的变动性。

(2) 环境会通过经济对区域人口性别结构产生影响 环境对于区域性别比例失调的影响往往是间接的,各地出现的光棍村可作为这方面的例证。光棍村一般指达到与超过法定最低结婚年龄的男性中,没有结婚的占有较大比重的村子。光棍村形成的最直接的原因是其经济落后,是区域中的经济低谷,本村的女青年外嫁(一方面,外面经济收入高,生活好；同时,一些地方还存在着本村内不通婚,特别是本村同姓不通婚的习俗),而外村的女青年不愿意嫁进来,逐渐造成大批适婚男青年未婚的现象。

形成经济落后状态的常见的原因有位置偏远、地形崎岖、交通不便、缺水、耕地质量差等,与其自然环境差具有密切的关系。总之,生产与生存环境差是光棍村产生的重要根源。

(二) 环境对人口社会经济属性的影响

1. 环境对人口经济活动类型与方式的影响 区域环境通过为其内部产业发展提供必要的自然前提影响区域产业结构与生产方式,进而影响区域人口经济活动的类型与方式。

(1) 区域环境能够提供的某种自然资源的数量越多,利用该自然资源发展生产的规模就有可能越大,从事该项经济活动的劳动者就相对越多 秦岭—淮河以南地区之所以能够发展成为我国的鱼米之乡,丰沛的水热是其自然基础；黑龙江之所以成为我国重要的商品粮基地,是因为其具有广袤的耕地资源；山西之所以成为我国最大的煤炭能源基地,是因为其具有探明储量居全国首位的煤炭资源。

(2) 区域环境能够提供的某种自然资源的质量及开发利用条件越好,该种资源越会被优先开发,从事该项经济活动的劳动者就相对越多 同一种资源,其质量及开发利用条件不同,则开发利用的方式不同,开发利用过程中的成本投入及劳动生产率、产品质量、市场售价等也就不同,从而经济效益也就存在差异,而且还会通过产品质量进一步间接地影响经济效益。例如,棉花生产对温度和光照有一定要求,我国新疆地区光照充足,温度适宜,棉质最好,华北平原次之,长江流域和辽河平原最差,现实的产量与此基本对应。2007年我国第一产棉省新疆棉花产量占全国的39.52%,山东、河南、河北三省合占全国的32.47%,长江流域的湖北、安徽、湖南、江苏、江西,五省合占23.33%。2015年上述三区域棉花产量空间分布比重进一步演变为62.52%、18.50%和16.20%。就棉花的质量来看,新疆的长绒棉早已闻名全国。

(3) 地理环境的地域分异通过直接影响劳动地域分工的大格局,而影响区域经济活动人口的产业构成 自然条件的差异为实行劳动地域分工(地区专业化生产)提供了自然基础。例如,中国90%以上的种植业、渔业与林业都分布在国土的东南半壁,牧区主要分布在国土西北半壁的内蒙古、新疆、青海、西藏等地区,环境的区域分异在其中起了重大作用:我国的降水东南部多于西北部,400 mm等降水量线东南一侧的水热土条件均较好且配合好,因而作物与林木生长良好,而西北一侧条件较差,草原较多,绝大部分地区农业生产只能以牧业为主。

同样是种植业,由于自然环境的适宜性不同,农业生产方式也不尽相同。例如,粮食作物的生产,秦岭-淮河一线以南主要是水田种植业,以北主要是旱作区。同样在山东,有的地方地处平原,耕地平整,地块大,机械化程度高;而在山地丘陵区,耕地以梯田为主,不适于机械使用,则以手工劳动为主。

自然资源是经济地域形成与发展的自然物质基础,直接影响区域的第一产业分布,对第二产业分布也有重要影响,反映出自然条件对产业分布宏观格局的强有力的影响。中国与世界许多经济区都是在当地自然资源的基础上发展起来的。但是就目前的交通运输条件与科学技术水平而言,除了采掘业以外,不能够断定某一地区一定不能发展某种产业。例如,美国在一片沙漠中建立起了拉斯维加斯城,发展了旅游娱乐业;中国北方地区的冬季,也可以在大棚温室里面生产新鲜蔬菜。

(4) 环境通过对工业化与城市化进程的影响,而影响人口的非农化比例　　环境因素通过对生产活动的促进或阻碍作用,使区域发展进程表现出差异性,那些先行一步的地区城市化与非农化进程会相对快一些,落后的地区城市化与非农化进程会慢一些,先进地区与落后地区的经济活动人口结构差异会显性化。

2. 环境对人口生活质量与生活方式的影响　　环境通过影响社会经济发展进程与水平,间接但有力地影响人口生活水平。区域自然地理位置通过影响其他地理位置(如某区域临海的自然地理位置,同时也使得该区域拥有了开发海洋资源、利用廉价水运发展对外贸易的有利条件),从而影响区域发展水平。对此,前面已经论述,这里不再赘述。本部分重点论述环境质量与条件对生活的方便程度与生活质量所具有的多方面的直接影响。

(1) 大气污染可导致呼吸、心血管、神经等系统疾病或其他疾病　　大气中的飘尘、化学污染物、放射性污染物、生物性污染物等,是常见的大气污染物。大气污染物主要作用于人体的呼吸系统,导致鼻炎、慢性咽炎、慢性支气管炎、支气管哮喘、肺气肿等疾病,引起哮喘等过敏性疾病和矽肺、石棉肺、肺气肿等肺病;大气污染可引起血液成分的改变,血液黏度增加,血液凝集以及血栓形成,可引起动脉收缩,血压升高;大气污染可降低免疫功能,增加对细菌、病毒等感染的易感性,使机体对传染病的抵抗力下降;大气污染可导致高级神经系统紊乱和器官调解失能,表现为头疼、头晕、嗜睡和狂躁等。大气污染还会削弱紫外线强度,影响儿童生长发育,引发佝偻病。大气中的颗粒物所吸附的多环芳烃化合物是对机体健康危害最大的环境"三致"(致癌、致畸、致突变)物质,其中苯并芘能诱发皮肤癌、肺癌和胃癌。此外,大气中的微粒浓度过大会降低大气能见度,影响视程,并引发交通事故;还能将地球散出的热量反射回地球,加重"温室效应",影响人类正常环境。

(2) 水质量与丰歉严重影响人口健康　　水是重要的环境要素之一,也是人体的重要组织成分。人体的一切生理活动,如体温调节、营养输送、废物排泄等都需要水来完成(杨延军等,2003)。

水质对健康的影响主要表现在以下三方面。

1) 微生物危害:生活污水、畜禽饲养场污水、制革、洗毛屠宰业和医院排出的废水,常含有病毒、病菌、原生动物与寄生虫等各种病原体,水体一旦遭受到污染并与人体接触后,即有可能导致水媒型传染病的爆发,可能引起细菌性肠道炎传染病如伤寒、副伤寒、痢疾、肠炎、霍乱、副霍乱等。以前没有水处理的时候,霍乱对人类的威胁很大。在预防饮用水引发传染病方面,加氯是一个有效的手段。现在比较新的传染病源是原生动物,它有一个特点就是抗氯性比细菌要强,隐孢子虫、贾第虫、圆孢子虫都会导致原虫性传染病。

2) 化学性危害:水体受化学有毒物质污染后,通过饮水或食物链便可能造成中毒,如甲基汞中毒(水俣病)、镉中毒(痛痛病)、砷中毒、铬中毒、氰化物中毒、农药中毒、多氯联苯中毒等。铅、钡、氟也可对人体造成危害。这些急性中毒和慢性中毒是水污染对人体健康危害的主要方面。某些有致癌作用的化学物质,如砷、铬、镍、铍、苯、胺、苯并(a)芘和其他的多环芳烃、卤代烃污染水体后,可以在悬浮物、底泥和水生生物体内蓄积,长期饮用含有这类物质的水或食用蓄积有这类物质的生物就可能诱发癌症。研究发现,饮用水硬度与心血管病发病率呈负相关关系,硬度太低了会引起心血管病,因为矿物元素是补充维持心脏和血管正常功能必不可少的成分,例如,镁浓度低会导致心跳不正常、脉络紊乱、血管痉挛、关键器官供血不足。

3) 感官性危害：水体污染后，常可引起水的感官性状恶化。某些污染物在一般浓度下，对人的健康虽无直接危害，但可使水发生异臭、异味、异色，出现泡沫和油膜等，妨碍水体的正常利用。铜、锌、镍等物质在一定浓度下能抑制微生物的生长和繁殖，从而影响水中有机物的分解和氧化，使水体的天然自净能力受到抑制，影响水体的卫生状况。

此外，水资源丰富地区的人们，能够做到及时彻底地洗头、洗澡、洗衣物、洗炊具和饮食器皿，以及食用洗干净的食物。洗澡不仅能清除皮肤表面的污垢、各种分泌物和皮屑，而且可以改善皮肤和肌肉的血液循环，起到消除疲劳、舒筋活血、改善睡眠的功效，防止皮肤病的发生。勤洗澡与勤洗衣物还可以有效地防止虱子、跳蚤等人体寄生虫产生，食用器具与食物的清洁则可以防止病从口入。

（3）**地形地貌与地势会直接影响人口的生活质量与方便程度**　开阔平坦的地形条件，有利于工农业生产与生活。虽然破碎与剧烈起伏的山峦地区，可以作为旅游景观资源开发，但是总体上不利于经济活动，会增加工农交等部门经济活动的初始建设投资，降低经济活动效率，增加营运成本，降低经济效益，也不利于人们的出行。例如，在某些山区，受群山阻隔，两山之间人们可以相互喊话，但见面握手却要半天时间。不论是在人扛马驮的过去，还是在公路可以直达的今天，崎岖不平的地表始终是生产生活的不利因素。

风沙地区，人们的生存环境也是相当艰苦的。风沙线上日子苦，风起沙飞，遮天蔽日，不分屋里屋外，沙尘迷眼入口鼻，饭菜中也难免会混入沙子。沙逼人退，居民点搬迁，家园荒芜，也不是一件新鲜的事情。

（4）**气候涉及生命活动的各个方面，如饮食、睡眠、运动、工作、出行、衣着、思维、情感等，同样影响人体各个系统，如内分泌、骨骼肌肉、心血管、中枢神经等**　适宜的天气、气候有利于健康，如利用日光中的紫外线和红外线进行日光浴，可提高机体调节能力，如预防佝偻病等；利用不同的气候类型可作疾病的辅助治疗，如高山气候疗养对支气管哮喘、变态反应性疾病、轻度贫血、偏头痛、脑震荡后遗症的头痛、糖尿病和风湿性关节炎是适宜的，而海滨疗养对便血和皮肤病有一定的疗效。极端的气候不利于人们的生活与生产，短期内气候的巨大波动也可对健康造成严重影响。例如，极端炎热和寒冷可导致致命伤害与疾病，并提高心脑和呼吸道疾病的死亡率；在城市，静止无风的气候状况可滞留热气和空气污染物，产生阴霾，大大影响健康；暴雨、洪水和飓风，也对健康产生严重影响。20世纪90年代，全世界大约有60万人死于与气候有关的自然灾害，其中95％左右生活在贫穷国家。

天气状况还影响通过水以及蚊子一类传病媒介传播的疾病。传染病的发病有明显的季节性，如腺病毒呼吸道感染、支原性肺炎、麻疹、水痘和风疹在冬春多见，肠胃道传染病在夏季多见。非传染性疾病的发病亦有季节性。

广受关注的气候变暖，可能会带来一些地方性的好处，如在温和的气候中冬季死亡减少、高纬度地区增加粮食生产等，但总的说来，气候变化的健康效应很可能是负面的。例如，增加热浪发生频率；变化多端的降水模式很可能损害洁净水供应，增加水源性疾病的风险；海平面上升加大了沿岸地区洪灾的风险，很可能迫使人口迁移；气候变化可能延长主要媒介传播性疾病的传播季，改变其地理分布，有可能将这些病带到人口缺乏免疫力或没有强大的公共卫生基础设施的地区。

3. 环境对人口人文素质的影响

（1）**环境对人口科技文化的影响，主要通过对社会经济发展水平的影响间接进行**　拥有适于经济发展环境的地区，社会经济会得到相对快速地发展，而经济的发展不仅会通过提出种种需要解决的问题直接地、极大地促进教育与科学研究事业的发展，而且经济的发展也会给科教事业奠定相对雄厚的物质基础。经济的先行地区，常常比经济落后地区更早地碰到新问题、新矛盾，迫使人们去解决阻碍经济发展的这些障碍，由此世界重大的发明创造与重大的理论突破常常产生于这类地区。这也是诺贝尔奖的获得者绝大多数分布于世界发达国家的主要原因。

（2）**区域人口常具有与其环境相适应的某些技能**　古人云"近水知鱼性，近山识鸟音"，说得就是这个道理。

远古时代，以采集、种植和放牧为生的内陆人群，在其特定的生活条件下发明了石器、农具和畜力车辆，并建起了房屋和营寨，过着刀耕火种或者游牧的生活，创造了所谓的大陆文化；而处于泽地、水边的人群则发明了舵、橹、桨、网，建造起码头和船屋，过着以捕捞为生的日子，创造了所谓的江河文化和海洋文化，他们各有其相对特殊的技能。

(3) 区域环境对人们的性情也具有一定的影响　　孔子认为高山流水可以陶冶情操，环境对人的品质形成有着潜在的影响，但是影响却不尽相同，即所谓"近山者仁，近水者智"。中国南方人与北方人的差别，多少与北人多近山、南人多近水有一定的关系。我国南方地区自古就多文人雅士和商人，北方则多开国君主、将才武士和草莽英雄，明清两代武状元北方多、文状元南方领先的现象也说明了我国南北部地区人口特点的差异。

也有人认为，城市居民长期生活于高楼林立与憋闷的气候下，使城市人形成了孤僻的性格。

4. 环境对人口民族构成的影响　　民族是一个历史范畴，有其发生、发展和消亡的过程。对于民族的概念与形成，国外至今没有统一的认识，中国学术界理解也不尽一致。但一般认为，民族是"人民在历史上形成的一个有共同语言、共同地域、共同经济生活以及表现于共同文化上的共同心理素质的稳定的共同体"。因此，民族与人种不同，民族是长期历史形成的社会统一体，是由于不同地域的各种族(或部落)在经济生活、语言文字、生活习惯和历史发展上的不同而形成的。民族并不是一有人类就有的，而是在人类社会发展到一定阶段才产生的。人类最早的社会集团是原始群，随着生产力的发展和生产的需要，才结成稳定的集体——氏族。当时，最现实、最方便的纽带是血缘关系。几个亲属氏族又结合成部落。二次社会大分工破坏了氏族部落内部的血缘关系，在更大规模上以地缘关系结合成规模更大的共同体——民族。氏族→胞族→部落→部落联盟→民族，这是民族形成的一般规律。

(1) 民族是在利用与改造自然、适应自然的过程中产生的　　民族的出现除了与人类生产力发展水平有关，还取决于人类所处的自然环境。地理环境具有极其明显的区域性，生态环境复杂多样。生活在特定自然环境中的人群，须依赖自然、适应自然、利用自然以求生存与发展，久而久之，在其生产生活的实践过程中，逐渐形成了相对固定的思维模式、行为方式及价值取向。在特定的自然环境内，在生产、生活中具有相同的思维模式、行为方式、价值取向的人类群体便形成民族(翁家烈，2009)。

(2) 民族生物学特征的环境痕迹　　不同的民族可能属于同一人种，但不同的人种往往属于不同的民族。人种受环境影响与适应环境的情况，前已论述，这里不再重复。

(3) 民族文化特征的环境烙印　　自然环境的复杂性、差异性，导致生活其间的民族在认识自然、应对自然、利用自然、改造自然的意识和方式上的差别，从而形成了民族文化的多样性。民族文化的多样性，既表现在不同地域空间文化内容与形式的不同，也表现在不同社会历史时段文化内容与形式的差别。对自然环境认识的深度、广度，适应、利用、改造自然环境能力的高低和方式的差异，是构成民族之间千差万别的物质文化和非物质文化的基本成因。对自然环境认识的深浅与掌握改造自然环境技能的高低之间，存在着密不可分的内在联系。一般来说，对自然认知度浅，改造自然的技能就低；对自然认知度深，改造自然的技能就高。认识自然的深浅与改造自然技能的高低，决定了民族文化的式样与历程，民间流传的"近水知鱼性，近山识鸟音"、"靠山吃山，靠水吃水"等俗语，即是这一原理形象而精炼的概括。各民族万物有灵的意识、神话传说等，无不与其生存的自然环境有着直接或间接的联系(翁家烈，2009)。

地理环境决定了各民族的生产、生活方式以及生产技术，不同的生产、生活方式的差异性主要源于各民族对多样化自然环境的适应。每个民族的文化都是本民族在特定的自然人文环境下长期积累起来的，是在一定生产力水平上做的最适应的选择。在不同地理环境下生活的人群，会形成不同的劳动技能、劳动方式与较为稳定的心理特征。以中国为例，在平原地区，劳动对象为耕地与农作物，农民只有合理利用一定的自然条件(水分、气候、养分等)与作物自身生长繁殖规律，才能获得丰收，自然条件与农作物也有明显的地区性和季节性，所以只能因地制宜地就地利用自然环境，也只有适应自然生态环境，才能促进农业发展，农耕文化也就具有明显的定居性，农耕民族具有热爱土地、安土重迁、追求安定与温饱、祈天赐福、企盼丰收的心理。在草原牧业地区，受草原承载力有限的影响，逐水草而居、不断移动成为牧业生产的重要特点，哪里水草丰美就到哪里去，牧业生产严重受制于天，不断地迁徙和流动的游牧方式对易于破坏的草原地带也是唯一一种生产适应方式。游牧民族形成了遵循自然规律、热爱自然、感恩自然，拥有与自然相近的豪爽而开放的性格。在滨海渔业的生态环境里，海洋是渔民的生存空间、生活场所，其价值观念以安全、捕鱼为核心，形成崇尚妈祖的习俗，安全的观念显得更加突出。对于在山林生态环境中以捕猎为生的狩猎民族来说，他们翻山越岭，在与飞禽走兽进行血腥的斗智斗勇中获取果腹的食物、御寒的兽皮。由于对动物的生存依赖和畏惧，狩猎民族产生了虔敬与戒慎的心情、感恩敬畏惜福的心理(史红，2006)。在改造与利用自然的过程中，各民族形成了自己的语言、习俗、居住、服饰、戏曲、舞蹈、传说等，而这些民族文化都或多或少地带有其生存环境的某些烙印。

（三）环境对人口空间分布的影响

1. 环境对人口密度的影响

（1）低平地区人口密度大　　世界人口主要分布在低平地区，即随着海拔高度的增加，人口数量减少，密度下降，表现出明显的垂直地带性。世界陆地海拔200 m以下的土地约占地球陆地面积的25.4%，但是却集中了世界56%的人口，世界人口的80%居住在低于海拔500 m的平原（布鲁克，1985）。而就世界范围看，海拔2 000~3 000 m以上的高山、高原地区人口很少。这是世界人口垂直分布普遍现象。只有南美洲和非洲的热带雨林区，气候过于湿热，人口多居住在海拔较高的高原和高台地。在一般情况下，纬度越高，雪线和石山（指岩石裸露的光山秃岭）的分布高度就越低，人口在垂直方向上的分布也就越受限制。这就是说，低平地区是否有较密集的人口，还与温度、水分、土壤等条件相关，人口密度与海拔并不是简单的线形负相关关系。

地球人口趋向于低平地区的机制有两方面：① 低平地区比之高原山地地区更有利于经济活动的进行。一般说来山地和高原上的气候与同一地带的平原相比，都具有寒冷、风大、昼夜温差大的特点，气候不宜于生物繁殖，土层瘠薄，耕地有限，地势起伏大，水土流失较重，交通不便，不仅农业生产深受局限，进行其他经济活动的不利因素也较多。海拔高度和地形起伏越大，坡度越陡，这种不利因素也就越明显。② 高海拔对人的正常生理活动造成危害。气温和气压场随高度的上升而降低，直接制约着人体的生理机能，对某些人来说，在海拔1 800 m高度即可出现高山反应，超过4 000 m就可能因气压过低而造成死亡。

（2）沿海地区人口密度大　　世界人口的1/2居住在距海岸200 km以内，而这一带的面积仅占陆地的30%（胡焕庸等，1982），在距海岸500 km以远的广大内陆地区，人口则变得稀少起来。中国人口密度从东部沿海向西部内陆逐渐减小的趋势也十分明显，2015年东部沿海经济地带的人口密度为469.02人/km^2，中部为162.25人/km^2，西部为55.67人/km^2。

世界人口向海边集中的原因，主要有以下几个：① 沿海地区一般地势低平。② 临海地区在发展对外贸易方面优势明显。世界经济的全球化与开放化，使得世界上任何一个国家与地区都不可能在不与其他国家进行经贸往来的情况下很好地发展自己，必须充分利用国内与国外两种资源、两种市场。海岸线也往往是一个国家的陆地边界线，在世界海运技术获得了很大发展，海运成本成为各种现代化运输方式中最低的运输方式的时候，临海地区具有发展对外贸易的先天优势。由于生产力向沿海地区集中的倾向不断发展，人口也随之向沿海地带集中。③ 海洋资源是尚未得到充分开发的重要资源。在世界资源问题日益严重、生存空间愈感狭小的情况下，海洋空间资源、海水化学资源、海洋能源、海底金属矿产资源、海水淡化等，越来越显示出其不可或缺的重要性。

（3）中纬度温和地区人口密度大　　据统计计算，1950年温暖多雨气候地区（包括温带夏雨气候、温带冬雨气候、温带常湿/常雨气候）的人口密度，是包括热带气候（包括热带雨林气候、疏林草原气候）、干燥气候（包括干燥草原气候、干燥沙漠气候）、寒冷湿润气候、冰雪高寒气候在内的所有气候类型中最大的，其人口密度约为全球平均人口密度的2.2~3.3倍（斯塔纽斯基，1961）。从纬度来看，人口主要分布在中纬地带：0°~20°的低纬地区，人口比重为1/6以上；20°~60°的中纬地区，人口比重为4/5；60°以上的高纬地区，人口十分稀少。

地球中纬度地区的气候最适合人类生产和生活，这里水热条件较为适中，除大陆中央和高山地区外，人口都十分稠密。气候不仅直接影响人的机体而且决定着一个地区的土壤、植被和水文，与人类的生产和生活关系十分密切。一般说来，过于湿热、干燥或寒冷的气候均不适合于大量人口居住。热带雨林气候区水热丰富，植物繁茂，但土壤肥力在高温下难以保存，且昆虫细菌滋生迅速，疾病易于流行，至今作为热带雨林区主体的亚马孙盆地和刚果盆地人口极少，只有爪哇岛、西非沿海等少数地区人口密度较大。除永久冰雪覆盖的两极地区外，地球上还有大约1 660×10^4 km^{2}的土地因气温太低不能种植任何农作物，这些地区的人口密度必然很低（胡焕庸等，1982）。

（4）水资源丰富地区人口密度大　　不论是在中纬度还是低纬度和高纬度地带，不论是近海还是在内陆，不论是地势低平还是在高原、山地，尤其是在远距海洋的内陆，人口大都集中分布在河流的两岸、湖泊的周围和沙漠的绿洲之上，表现出强烈的趋水性。例如，埃及的96%的人口居住在尼罗河两岸3.6%的国土上，中国新疆仅占面积3%的绿洲上集中了全疆90%以上的人口（原华荣，1991）。世界上大大小小的人口稠密区都分布在天然水体附近,这可说是一条普遍规律。越是在干燥地区,人口分布越趋近于水体,流经这些地区的一些河流两岸,如非洲的尼罗河、尼日尔河、塞内加尔河,澳大利亚的达令河,中国的塔里木河等,往往形成绵延千里的"绿色长廊",其人口极为稠密,与其周围的万顷黄沙形成了鲜明对照。古代四大文明发祥地分别出现于尼罗河、幼发拉底河、印度河和黄河两岸,中世纪以来兴起的大小城市差不多全沿河沿海分布(胡焕庸等,1982)。

水是人最基本的生存条件之一,江河湖海等天然水体不仅为人们提供了生活与生产所需要的水源,有时也会成为重要的交通通道(如长江干流被称为中国内河航运的黄金水道),自古代起就深刻地影响着人口的分布。但是,如果水体水质不符合人们的需要,或者是水量的时间变化剧烈,都会降低水的实际价值。

(5) **自然条件优越之地的人口密度大** 自然环境为人类提供了基本的生存空间,也是人们创造一切生产和生活资料的源泉。一般说来,只要有可能,人们总是选择那些气候适宜、水源可靠、土地平坦肥沃的地方作为自己的居留地,在这里用同样的劳动和资本,可以创造出更多的财富,人口也易于繁殖起来。例如,中国的腊玛古猿和元谋猿人的化石都发现于南方,是与当时人们不得不依赖自然界提供的现成食品和其他生活资料为生,南方热带和亚热带地区天然食物较多,没有寒冷威胁,比北方易于谋生有关;黄河中下游的平原低丘地带之所以成为中国原始农业最早出现地与人口最集中区,是与这里有黍、稷等旱作生长所需要的温暖半湿润的气候、疏松肥沃的土壤、平坦及排水通畅的地形等自然条件密不可分。

世界与中国确有一些少数民族长期生活在相对恶劣的自然环境下。但在那些自然条件相对恶劣的地区,人们纵然能够适应自然并生存下来,但生产力的发展必然要受到局限,这对农业生产影响尤其显著,人口也难以增殖。中国最典型的就是藏族,他们世世代代居住在海拔4 000 m左右的"世界屋脊"上,养成了对高原环境独特的适应性,但是其人口数量在多少个世纪中一直处于停滞状态,是与自然条件的种种限制分不开的。而中国东部、南部广大地区,以温带和亚热带季风气候为主,水热资源丰富,土层深厚肥沃,适于农耕业发展,很早就发展成为人口稠密区,历千年万载而不衰。另外就是因纽特人,他们多住在北极圈内的格陵兰岛(丹麦)、加拿大的北冰洋沿岸和美国的阿拉斯加州,气候恶劣,环境严酷,生存艰难,导致婴儿成活率很低,成年人的平均寿命也比较短,因此人口一直很少,不足20万人。

2. 环境对人口移动的影响 环境及其变化是引起人口移动的重要动因。因为环境而产生的人口移动,常见的有以下几种。

(1) **自然观光休闲游** 休闲旅游是人们在满足基本的物质生存需求之后出现的一种精神需求,其中以自然风光为观赏体味对象的观光游已经成为一种时尚,不仅可以观赏自然美景、呼吸新鲜空气,还可以锻炼身体、结交朋友,一举多得。山岳、河湖泉瀑、海岸沙滩、岛屿、天文气象气候、森林与动植物、风沙戈壁、黄土、化石、特殊地质等,是常见的自然景观资源,它们吸引着人们前去观光旅游。这些都是因人们对某些环境因子的欣赏的愿望而产生的人口移动。

(2) **环境移民** 环境移民是由于人们赖以生存的自然环境恶化,区域人口环境容量不足以承载过多的人而引起的人口迁移。环境移民过程就是人口从人口压力大的区域向人口压力小的地区迁移的过程,环境移民是缓和贫困、人口、环境之间矛盾的一种手段,实质是人口空间分布的调整与环境资源的再分配。适于人类生存的环境区域毕竟是有限的,使人类具有一个良好的生存环境的关键在于环境的保护、修复和建设,而不是消极的迁移。只有建立在积极地改善环境,使人口与资源合理搭配的基础上,环境移民才有意义(朱冬亚,2005)。

环境移民通常包括环境灾害移民、生态移民、环境污染移民三种。

1) 环境灾害移民,即因洪涝、干旱、泥石流、山崩、滑坡、地震、火山爆发、海啸、蝗虫灾害、瘟疫等自然灾害导致的移民。

灾害的共同点是对社会带来严重的危害,其发生过程中可能导致大量人员伤亡,大量建筑物、构筑物和基础设施受损,土地、森林、水域等自然资源灭失、减少或者增加次生性灾害(施国庆等,2008)。灾害移民属于非自愿性移民的一种,具有强制性、突发性等特点。我国5·12汶川大地震造成的人口临时性和永久性迁移及其恢复重建活动就属于灾害性移民,需要对十多万城市和农村人口进行异地搬迁安置。

虽然我国是一个自然灾害频发的国家,但是国内学者,尤其是社会科学的学者和专家对于灾害移民的安置及灾后重建工作的研究尚处初级阶段。就目前已有的研究来说,从研究的方法上看,大多限于定性研究,从研究的内容和深度上看,也不够深入(程军等,2009)。

2) 生态移民,即因生态环境退化、环境容量"自然"降低、生态环境质量与数量虽未下降但人口数量超过环境容量等引起的移民。这里强调环境容量"自然"降低,是为了区别前述环境灾害移民,也是为了区别因为工程建设(如水库建设、路桥建设等)而导致的实际环境容量短期内严重缩水的情况,而侧重指由于自然与人为的原因逐渐而缓慢降低的情况。现在,也有人将水库移民看成是一种生态移民,但是这样会导致环境移民的泛化,将所有的移民都称为生态移民,因为无论何种经济性质的移民都与环境相关。经常见到的生态移民移出区有沙漠化、荒漠化、水土流失严重地区、高山生存环境恶化地区,岩溶地区,高寒牧区等。

我国因实施退耕还林、退耕还草、退耕还湖等而导致的移民就是生态移民。宁夏自2000年实施退耕还林工程后的8年里,累计安排移民搬迁9.4万人(武勇等,2008)。根据有关规划,我国从2008年至2015年,将实施生态移民131万人。

3) 环境污染移民,即因环境污染导致的移民。污染源可以来自人类,也可以来自自然界。当发生了短期内难以治理清除的"定居性"污染后,进行居民搬迁常常成了无奈的一种选择,包括被污染地区居民的搬迁,也包括随着污染源(如大气污染企业、水污染企业等)撤离而撤离的为污染源工作的人员。

因切尔诺贝利核电站爆炸而导致的移民,是最为典型的污染移民。1986年4月26日凌晨,位于前苏联乌克兰加盟共和国首府基辅以北130 km处的切尔诺贝利核电站发生猛烈爆炸,反应堆机房的建筑遭到毁坏,反应堆内的放射物质大量外泄,周围环境受到严重污染。核电站事故后,共有13.76万人被疏离,国家在未被沾染的地区建了239个村镇、6.6万套房屋,安置移民。现在,在切尔诺贝利核电站事故地区方圆30 km的隔离内没有一人居住,全由铁丝网围住,设有检查站,警察只允许学者入内考察。2011年日本福岛核电站因地震海啸发生核泄漏,日本当局划定了长约20 km的禁区,禁区内的16万名居民被迫搬离家园。

此外,新建机场附近居民、道路边上的住宅等为远离噪声而进行的搬迁,也属于污染移民。

(3) **追求更好的居住生存环境** 美国的37°N以南,西起太平洋沿岸的加利福尼亚州,东到大西洋沿岸的北卡罗来纳州,北至密西西比河中游,南到墨西哥湾沿岸的广大地区,日照充足,气候温和,适宜人类居住地带,加之开发较晚,污染少,被称为"阳光地带"。美国不少老年人退休后选择到"阳光地带"养老。在我国城市地区,选择在自然环境优而美的地区购买或新建住宅也是一种常见的现象,我国海南岛也成为部分老人心目中优越的养老休闲地。

(4) **环境整治** 一方面,环境整治工程的建设需要搬迁居民,如修建污水处理厂、垃圾处理厂,进行生态恢复工程建设等;另一方面,环境整治需要劳动者,这两方面都会带动人口迁移流动。

(四) 环境对人口发展影响阶段性与有限性

1. 环境对人口影响的有限性

(1) **自然资源是区域生产发展的必要条件** 没有必要的自然资源,绝不可能出现某种生产活动。没有煤田、油田和天然气田,采不出煤炭、石油、天然气;没有足够的热量和水分,作物就无法生长。在我国西北干旱荒漠地区,没有水源灌溉就没有农业。没有土地这种最基本的自然资源,所有的区域生产活动都没有办法进行。

但是,一个地区存在某种资源,并不一定就能发展某种生产活动,因为某种生产活动的发展不仅受资源条件决定,而且还受经济基础、技术条件以及市场供需条件等决定。所以,自然资源是区域生产发展的必要条件,而非充分必要条件,此即所谓"有此未必然,无此必不然"。环境决定论是错误的,地理环境是社会发展的客观物质条件,但不能上升为主导的或决定性的因素。当人类社会活动与地理环境发生联系并能加以利用与改造时,才显示出地理环境的特性并对社会发展产生加速或延缓的影响。地理环境是社会存在和发展的一个不可缺少的条件,但它对社会发展不起决定作用,只能通过一定的生产方式对社会发展起加速或延缓的作用。社会发展阶段越古老,人类对地理环境的依赖性越大。

社会经济与科技的发展,降低了对自然的依赖程度,提高了人类对抗自然的力量,但是地理环境对人类发展的影响将永远不会消失。走向另一极端主张无视地理环境和随心所欲地践踏地理环境的地理环境虚无主义,与社会发展的客观规律相违背,也必然在实践中碰壁。正确地阐明地理环境对人类社会发展的作用,有助于发展地理学理论研究和指导实践应用。

(2) **环境决定论** 环境决定论是主张地理环境在社会存在和发展中起决定作用的理论,认为人类的身心特征、民族特性、社会组织、文化发展等人文现象受自然支配与决定。

这一论点曾广泛流行于社会学、哲学、地理学、历史学的研究中。古希腊时代的思想家已开始注意人与气候的关系,希波克拉底(Hippocrates)认为人类特性产生于气候,柏拉图(Platon)认为人类精神生活与海洋影响有关。

16世纪法国思想家博丹(Jean Bodin)也认为,地理环境决定着民族性格、国家形式和社会的变化。1748年,法国启蒙思想家孟德斯鸠(Mon-tesquieu)所著《论法的精神》一书中,接受了古希腊学者关于人与气候关系的思想,系统地论述了"气候的本性"、"土地的本性"对国家的法律、社会制度和民族精神的决定作用。19世纪中叶,英国历史学家巴克尔(H. T. Buckle)认为气候是影响国家或民族文化发展的重要外部因素,并认定印度的贫穷落后是气候的自然法则所决定的。德国地理学家拉采尔(F. Ra-tzel)第一个系统地把决定论引入地理学,他在19世纪末叶发表的著作《人类地理学》中认为,人和动植物一样是地理环境的产物,人的生理机能、心理状态、活动、发展和抱负受到地理环境的严格限制,地理环境野蛮地、盲目地支配着人类命运,社会的发展和历史命运皆决定于地理环境。这种环境控制论思潮在一个相当长的时期里,成为欧美地理学的理论基石。他的学生,美国地理学家森普尔(E. C. Semple)是环境决定论的热烈鼓吹者,她把拉采尔的观点介绍到美国,她认为人是地球表面的产物,地球是人类生活的控制因素,强调自然条件对人类体质、民族发展和国家历史的决定性作用,夸大和突出了环境的决定作用,其代表作是《地理环境的影响》(1911)。其后美国地理学家亨廷顿(E. Huntington)在他的《文明与气候》(1915)一书中,特别强调气候对人类文明的决定性作用,他把气候视为社会发展、国家强弱、种族优劣、经济盛衰的决定因素,创立了人类文化只能在具有刺激性气候的地区才能发展的假说。传统的地理学家们程度不同地受到环境决定论思潮的影响,如洪堡写道:"我要努力证明自然条件对道德和人类命运的经常的、无所不在的影响。"李特尔认为由于英国"位置在众港湾从各方面包围的中央,所以自然地成为海洋的统治者"。

在19世纪里,人类改变地球面貌的作用几乎未受注意。受达尔文进化论的影响,环境决定论取得了优势。进入20世纪后,人们逐渐认识到,在人与环境的关系中,人是主动的,是环境变化的作用者。于是,陆续出现了各种不同的人地关系论学说,对环境决定论提出了异议或否定。然而直至第二次大战后,环境决定论并未消失。这个理论在资本主义发展初期具有反宗教神学和封建专制的积极作用,但后来一些地理环境论者夸大地理环境对社会生活和社会发展的作用,并用以为帝国主义侵略扩张服务,这样便使这种理论陷入了错误。

2. 环境对人口影响的阶段性

(1) **采集经济和狩猎经济阶段:人类生存与发展受自然环境的强烈制约** 这一阶段,人类匍匐于自然界的淫威之下,人类的生存和发展受自然界的气候、地形、动植物分布的强烈制约。只有在少数动植物资源丰盛的地区,人类的生息才比较活跃。人类的生活完全依赖自然的恩赐,生活与生产资料完全取自自然。

(2) **农业社会阶段:人类的发展主要受制于耕地** 这一阶段,人类衣食主要依赖于栽培作物、家畜家禽,耕地是最基本的生产资料。因而,那些地势平坦、土壤肥沃、光热充足、有灌溉条件的地区耕地集中,如埃及尼罗河、巴比伦幼发拉底河与底格里斯河、印度恒河与印度河、中国黄河与长江等流域成为人口集中区。

(3) **工业社会阶段:矿产资源与交通条件成为影响人类发展的最重要的因素** 煤、石油、水力等能源,铁矿、铜矿等金属资源和航道、港口等交通条件,成为传统工业和商品贸易的基础。世界上最早的工业区,都是矿产资源富集区,围绕矿产资源的开发与加工利用,产生了许多工矿业城市。那些有利于矿产资源运入、产品运出的地方,即具有交通运输优势的地方,如沿海地区、铁路枢纽区等,也成为工业布局的优先选择地。

(4) **后工业化阶段:矿产资源影响下降,环境质量影响上升** 高新技术产业兴起,生活资料自然富源与劳动资料自然富源对社会的整体影响下降,环境质量对社会的整体影响上升。

影响高新技术产业布局的因子主要是知识、技术、资金、信息、地方政府的扶持政策、生产和生活环境质量、基础设施状况等。比之一般工业,高新技术工业更加注重生产和生活环境质量,主要是因为新技术产业在技术上大都要求四季温差小,温度、湿度适中,空气和水质清新,优异的环境可以提高新技术产品的质量。此外,良好的环境可以吸引科技人员定居,提高科研效率,激励科技人员创新思维和企业家创造精神。美国的硅谷、日本的九州、德国南部,都是环境质量较好的地区(胡兆亮等,1998)。

二、人口对环境的影响

人口对不同尺度类型的环境影响不同。人口对宇宙环境的影响不大,但是影响力度不断加大,目前的影响主要是飞行器与太空垃圾逐渐增多,飞行器与地面活动对臭氧层的破坏也引起了人们的广泛关注。人口对地质环境的影响主要局限于岩石圈的上部,对地质环境的其余部分的影响微乎其微。人口对地理环境的影响最为密集而强烈,这也是我们本部分论述的重点。人口一方面从环境中获取自己生存与发展所需要的空间、资源,另一方面又向环境排放废物,从而对环境的性状、功能、资源再生与自净能力等多方面产生影响。

(一) 人口对大气圈的影响

1. 大气污染与酸雨

(1) 中外城市大气污染状况　　大气污染是人口对大气圈影响的最直接、最明显的表现,城市大气污染也是许多城市久治不愈的顽疾。

2008 年度,我国城市空气质量总体良好,但部分城市污染仍较重。在全国 519 个城市中,空气质量达到一级标准的占 4.0%,二级标准的占 72.8%,三级标准的占 21.8%,劣于三级标准的占 1.4%。对世界 33 个国家 60 个城市环境大气质量的统计显示,总悬浮颗粒物浓度低达标率高,而二氧化硫与二氧化氮浓度高,达标率低。

当前,我国城市空气质量不理想,部分城市空气污染严重。2015 年,全国 338 个地级及以上城市全部开展空气质量新标准监测(表 9-2)。监测结果显示,有 73 个城市环境空气质量达标,占 21.6%;265 个城市环境空气质量超标,占 78.4%。338 个城市达标天数的比例为 19.2%~100%,平均为 76.7%;平均超标天数比例为 23.3%,其中轻度污染天数的比例为 15.9%,中度污染天数为 4.2%,重度污染天数为 2.5%,严重污染天数为 0.7%。近些年,我国 PM2.5 也一直较大幅度地高于世界平均水平(表 9-3)。

表 9-2　中国地级及其以上城市基本污染物情况

污染物项目	平均时间	浓度限值标准			监测数据(2015 年)	
	年平均	一级	二级	单位	实际浓度值范围与平均值	达标城市比例/%
二氧化硫	年平均	20	60	$\mu g/m^3$	3~87,25	96.7
二氧化氮	年平均	40	40	$\mu g/m^3$	8~63,30	81.7
一氧化碳	24 小时平均	4	4	mg/m^3	0.4~6.6,2.1 (第 95 百分位数浓度范围)	96.7
臭氧	日最大 8 小时平均	100	160	$\mu g/m^3$	62~203,134 (第 90 百分位数浓度范围)	84.0
颗粒物(粒径小于等于 10 μm)	年平均	40	70	$\mu g/m^3$	24~357,87	34.6
颗粒物(粒径小于等于 2.5 μm)	年平均	15	35	$\mu g/m^3$	11~125,50	22.5

资料来源:浓度限值来源于《中华人民共和国国家标准·环境空气质量标准 GB3095—2012》。其余数字根据《2015 中国环境状况公报》整理。

表 9-3　中国 PM2.5 的国际比较

区域 \ 年份	2000	2005	2010	2011	2013
世界	**26.6**	**29.2**	**30.6**	**30.8**	**31.5**
中国	44.2	51.0	54.2	54.1	54.4
中国/世界	1.66	1.75	1.77	1.76	1.73

续 表

年份 区域	2000	2005	2010	2011	2013
印 度	33.7	38.7	43.4	44.4	46.7
日 本	18.0	17.6	16.8	16.5	16.0
加拿大	10.7	11.8	11.9	11.9	12.1
美 国	14.7	13.7	11.8	11.4	10.7
巴 西	9.1	11.2	14.2	14.9	16.5
法 国	17.8	16.7	15.0	14.7	14.0
德 国	17.9	17.4	16.0	15.7	15.3
意大利	23.5	21.9	20.1	19.4	18.3
俄罗斯	14.0	15.2	14.3	14.2	14.2
英 国	14.6	12.7	11.4	11.2	10.8
澳大利亚	8.2	7.6	6.7	6.5	5.9

资料来源：《国际统计年鉴2016》。

(2) 酸雨分布特征　　酸雨由大气污染引起，人类活动向大气层排放大量的硫、氮氧化物是环境酸化的主要原因。目前酸雨已经广泛地出现在北半球，成为当今世界面临的主要环境问题之一。在北欧、西欧、美国东北部以及加拿大等广大地区，酸雨已成为大气污染的主要特征。在亚洲、日本和中国也出现了不同程度的酸雨危害，有些地区已接近欧美的污染值。我国酸雨主要集中在长江以南、云贵高原以东的区域，2015年我国监测的480个城市(区、县)中，出现酸雨的城市为194个，占40.4%；酸雨发生频率在25%以上、50%以上、75%以上的城市分别占20.8%、12.7%、5%。

空气是无人不需要的资源。受到污染的空气将引起地球变暖、酸雨和臭氧层的破坏。空气中微粒能遮挡阳光，使气温降低，或形成冷凝核心，使云雾和雨水增多，以致影响气候。还可使能见度降低，使航空与汽车事故增加。污染的大气与酸雨会损害人体的健康、损害工业设备以及建筑物和构筑物，造成农作物减产甚至是生物种群数量减少。大气中颗粒物增多会减弱光照，影响光合作用，造成作物减产，还会导致局部地区降水量增加。

2. 臭氧层缺失　　人们在生产和生活中大量地生产和使用消耗臭氧层物质(ODS)，并向空气中排放大量的废气，造成了臭氧层的破坏和南极臭氧层空洞的出现。ODS主要包括氯氟烃(CFCs)、哈龙(Halon，全溴氟烃)、四氯化碳、甲基氯仿、甲基溴等，废气主要是汽车尾气、超音速飞机排出的废气、工业废气等。

臭氧层存在于平流层中，非常稀薄，浓度最大值通常出现在16～40 km的高度。臭氧层破坏与缺失会导致紫外线长驱直入地球表面。科学家认为，过量的紫外线，首先会降低人体的免疫系统功能，危害呼吸器官和眼睛、诱发慢性病、增高皮肤癌发病率；其次，可能限制植物的正常生长，使叶绿素的光合作用能力下降，造成主要农作物的减产，威胁人类的生存，还会引起海洋生物的大量死亡，进而影响食物链，造成某些生物的灭绝。

3. 大气温度变化

(1) 温室效应　　研究认为，在可能引起全球变暖的各种大气污染物质中，最引人注意的是二氧化碳的作用，二氧化碳是主要的温室气体。释放到大气中的二氧化碳主要来源于人类活动和自然界。工业革命以来人类不断增加的二氧化碳排放是导致全球气候变暖的重要原因。但目前仍不能准确地区分哪些气候变化是二氧化碳造成的，哪些是自然变化及二氧化碳以外的因素造成的。

就人类活动来说，一方面人口的增加与经济规模的扩大，极大地扩大了煤炭、石油、天然气的使用量，使二氧化碳排放量大大增加；另一方面，森林砍伐等又减少了植物对二氧化碳的吸收利用量，从而引起大气中二氧化碳含量增加。二氧化碳是大气中原来就有的物质，是植物光合作用的原料，一般不将其看作大气污染物。但是二氧化碳含量在较短的时间内增加是全球温室效应发生的重要原因，已经得到了多数人的认可。

温室气体排放量大的国家，通常是人口或经济大国。中国是世界最大的温室气体排放国，2012年排放量约为美国的2倍。

(2) 阳伞效应　　阳伞效应指由大气污染物对太阳辐射的削弱作用而引起的地面冷却效应。大气中的颗粒物一方面吸收和反射太阳辐射，减少紫外线通过，使到达地面的太阳辐射大大减弱，从而降低地表温度；另一方面某些吸湿性的粒子作为凝结核，促使周围水汽在其上凝结，导致云、雾增多，使云的反照率增加，同样具有减少入射辐射、使地面和底层大气的温度降低的作用。但是，大气中的颗粒物也能吸收地面辐射到大气中的热量，起着保温作用。两者相比，前者作用大于后者，因此总的效应是使气温降低。如果没有烟尘粒子的阳伞效应，人类活动造成的全球变暖幅度将更大。

核冬天理论认为，世界上最严重的阳伞效应是大规模核战争造成的"核冬天"，因为核爆炸会把大量的沙土、尘埃送进大气层，使地面上得到的太阳热量剧减，甚至使地球气温降到零下。大多数科学家都认为6 500万年前地球上恐龙的突然灭绝，就是一个直径约10 km的小行星撞击地球，巨量烟尘造成"核冬天"的结果。

大气颗粒物的自然来源，主要包括土壤、岩石碎屑、火山喷发物、林火灰烬和海盐微粒等，人为来源主要来自化石燃料燃烧、露天采矿、建筑工地、道路交通、耕种作业等。阳伞效应在北半球表现得最为明显，其原因在于本地区人口密集、工业化程度高，由此产生的空气污染较重。

(3) 城市热岛　　城市热岛效应指城市中的气温明显高于外围郊区的现象，在冬季最为明显，夜间也比白天明显，是城市气候最明显的特征之一。在热岛效应的影响下，城市上空的云、雾会增加，使有害气体、烟尘在市区上空累积，形成严重的大气污染。严重的城市热岛效应不但影响了人们正常的生活和工作，还成为人们生活质量进一步提高和城市进一步发展的制约因素。

形成城市热岛的原因有以下几个：

1) 城市与郊区地表面性质不同，热力性质差异较大。城市中建筑、广场和道路比例大，地面硬化率极高，但是城市绿地和水体少。城市中的建筑大多为石头和混凝土建成，城区反射率小，热容量小，吸收热量多，升温快，蒸发耗热少，热量传导较快，而辐射散失热量较慢，建筑物本身对风的阻挡或减弱作用也较强。郊区则恰相反。例如，在夏季烈日照射下，硬化马路上的温度要比土地上高18℃，而水泥屋顶要比草地上高20℃。

2) 城区排放的人为热量比郊区大。城市不仅是大型的居民点，人口分布密集、数量大，而且城市还是工业以及其他非农产业集中的地方，因而各种生产与生活活动不断消耗与排放的热量也就多而密集，这些热量大部分以热能形式传给城市大气空间。日益增加的工厂、汽车、空调、冰箱等人工排热器在消耗掉大量能源的同时，还在不停地向外"倾泻"着热量，使城市的"体温"一再升高。

3) 城区大气污染物浓度大，气溶胶微粒多，在一定程度上起了保温作用。这些物质可以吸收环境中热辐射的能量，产生众所周知的"温室效应"，从而引起大气的进一步升温。

(二) 人口对水圈的影响

1. 水体污染

(1) 自然水体污染的主要原因是人类排放的污染物超过了水体的自净能力　　各类天然水体都有一定的自净能力，就是污染物质进入天然水体后，通过一系列物理、化学和生物因素的共同作用，经过一段时间后，污染物质的浓度会降低，并恢复到污染前的水平。当污染物质大量进入天然水体并超过了水体的自净能力，造成水质恶化，而破坏了水体的正常功能时，就发生了水体污染。

当今世界的水体污染，有自然的原因，也有人为的原因，但以人为的原因为主。人为污染源包括工业污染源、生活污染源和农业污染源，自然污染源指自然界本身的地球化学异常释放有害物质或造成有害影响的场所。

(2) 除河流和湖泊的污染外，海洋污染也越来越趋于严重　　就世界范围来看，目前海洋污染最严重的是波罗的海、亚速海、獭户海、东京湾、纽约湾、墨西哥湾等。在这些海域里，海洋生物大量减少，鱼、贝类濒于绝迹，有的已变成没有生命的"死海"。海洋污染比之陆地地表水污染持续性更强，危害更大，也更难防治。我国近岸海域水质总体为轻度污染，近海大部分海域为清洁海域，远海海域水质保持良好。按照监测点位计算，2015年全国近岸海域水质，一类和二类海水比例为70.4%，三类海水占7.6%，四类和劣四类海水占22.0%。近岸海水污染依然严重，四大海区近岸海域中，黄海、南海近岸海域水质良，渤海水质一般，东海水质差。北部湾海域水质优,黄河口和渤海湾海域水质一般,辽东湾、胶州湾和闽江口海域水质差,长江口、杭州湾和珠江口海域水质极差(《2015年中国环境状况公报》)。

水污染影响人类健康,威胁水生生物,也会加剧淡水资源紧张局面。

2. 改变地表水时空分布规律　　人类对淡水的需求与经济、技术水平的提高,促使人类加大了对陆地地表水与地下水的时空分布的干预力度。

(1) 建设水库　　这在改变水资源的季节性分布不均,使水资源在全年"均贫富"的同时,也改变了水资源的空间分布,实际上也改变了水资源的时间循环规律。大型水库的建设国家主要有美国、前苏联、加拿大、巴西和日本。其中,美国、加拿大、欧洲及前苏联最大河流的总排水量的4/5受到拦河水库的控制(陈丽晖,2004)。我国现有水库97 988座,库容量8 581亿 m^3,已成为我国城市供水的主力。水库增强了江河综合防洪能力,提高了水资源调控水平,在防洪、灌溉、供水、发电、航运等方面发挥了巨大效益。

(2) 长距离调水,特别是跨流域调水　　据不完全统计,目前世界已建、在建和拟建的大规模、长距离、跨流域调水工程已达160多项,分布在24个国家,在世界的大江大河上几乎都能找到调水工程的影子。世界著名的调水工程有:美国的中央河谷、加州调水、科罗拉多水道和洛杉矶水道等远距离调水工程,澳大利亚的雪山工程,巴基斯坦的西水东调工程,前苏联已建的大型调水工程更多达15项。中国已建成的跨流域调水工程主要有:南水北调(引长江水到华北地区)东线和中线工程,天津市和河北省引滦河水到天津、唐山,辽宁省引碧流河水到大连,山东省引黄河水到青岛,广东省从东江引水到深圳,甘肃省引大通河水到秦王川等;正在建设与研究的有引松花江水到辽河的北水南调工程。

跨流域调水主要是从某一流域的多水区向其他流域的缺水区送水,使两个或两个以上流域的水资源经过调剂得以合理开发利用,也包括向邻近流域分洪、沟通两流域航运,以及利用两个流域相邻河道的落差开发水电等形式的跨流域调水。跨流域调水对于调出流域、调入流域和有关地区,不论在水资源开发利用方面,在社会经济发展,甚至在自然环境方面,都会产生深远的影响。

3. 过度抽取地下水　　地下水是我国也是世界其他很多国家,特别是发达国家工农业生产与居民生活的重要水源。2015年我国地下水供水量 $1\,125.7\times10^8\ m^3$,但是其中大约 $170\times10^8\ m^3$ 属超采,超采面积30万 km^2,超采区主要分布于北方地区。地下水的超采带来了地面沉降、塌陷,对地面与地下建筑、管线、道路、水利设施等造成危害或威胁。

(三) 人口对生物圈的影响

1. 加速物种灭绝速度,降低生物多样性　　古生物学的研究表明,在地球的生命史中存在过大量的物种,其总数可能达5亿种之多,其中的97%已经灭绝,在最近的2亿年中,平均1.1年灭绝一个物种。物种灭绝本来是一种正常的自然现象,物种和它的个体一样,也有发生、发育和死亡的过程,但是研究表明自从大约200万年前人类出现以来,特别是工业革命以后,随着人口的快速增长与技术力量的增强,物种灭绝速度加快。据统计,近2 000年来在所灭绝的110种兽类和139种鸟类中,约有1/3是19世纪以前的1 800年中灭绝的,1/3是19世纪中灭绝的,其余1/3则是20世纪以来灭绝的。从中可以看出物种灭绝加速的明显趋势。

近代以来物种的加速灭绝,人类难逃干系,其主要原因如下。

(1) 人类侵占与破坏了野生动植物的栖息地,或阻断了动物的迁徙路线　　地球人口的迅猛增加,人们对生活质量的要求越来越高,生产规模越来越大,导致人们对空间、土地、矿物、能源、淡水等的需求大大增加,不仅不断地蚕食野生动植物原有的栖息地,而且往往无意识地阻断了野生动物原来的迁移路线(如修建水坝),或使野生动物的栖息地变得零散、各小片栖息地种群数量过少,从而使野生动植物丧失了原来的栖息环境,减少了野生物种的数量。

此外,过于单一的农业生产结构(以种植业为主、种植品种单一等),也对生物多样性产生不利影响。

人类对野生动物生境的破坏、分割以及使其生境退化,对野生动物来说,无疑是釜底抽薪,影响巨大。

(2) 生物生存环境受到人类污染的威胁　　大量使用农药与除草剂,在抑制农业害虫的同时,也抑制了害虫的天敌,并使一些病虫害产生了抗药性。"三废"的大量排放,也使一些河流、湖泊中的鱼虾绝迹。酸雨、臭氧层破坏、全球气候变暖等,改变了全球水分平衡,改变了大气、土壤的化学成分,从而改变了物种生境,导致物种灭绝。

历史上人类无节制的滥采滥捕,也是生物物种灭绝的原因。人类在全球的迁徙过程中对动物的肆意捕杀,可能是造成各大陆史前动物物种大规模灭绝的直接原因。此外,缺乏必要的知识和技术、法律和管理机构不健全、投入与政策支持不够,也不利于生物多样性的恢复。

2. 种群数量减少、生态功能降低

(1) **森林在缩小** 科学家根据森林所需的气候、土壤和海拔条件估算,世界有林地的面积曾经十分广大,覆盖了陆地面积的45%,而2015年世界森林覆盖率仅为30.8%。

森林面积减少的首要原因是对耕地的需求而导致的毁林开荒,包括原始农业的刀耕火种和现代有计划的垦殖;其次是工农业生产与生活对木材的需求。

(2) **牧场在退化** 相对于耕地来说,草场一般降水量较小,自然环境比较脆弱,环境容量小。由于超载过牧,世界各地的牧场都有不同程度的退化,牧草变得稀疏低矮,产草量减少,草质变劣,优良牧草减少,杂草、毒草增多,退化严重的地方整个自然环境变坏,发生沙化和盐渍化,使一些草原和荒漠动植物的物种濒于灭绝。

目前,欧洲的草场状况较好,北美诸国与澳大利亚牧场退化已经停止,状况逐渐好转,发展中国家的牧场一般仍在经历着退化的过程(贾振邦,2004)。我国90%左右的草原存在不同程度的退化、沙化现象(2015,环保部)。

(3) **某些物种和种群数量降低或濒危**

1) 人类与自然界动植物的生存竞争,导致了某些物种和种群数量降低或濒危。例如,大型食肉兽危害人畜,自古就是捕杀和毒杀的对象。长期的狩猎活动早已使一些野兽绝迹于许多地区,如中国的东北虎与华南虎、北欧的野狼早已濒临绝境。

2) 对野生动植物产品的需求,导致某些物种和种群数量降低或濒危。出于对生物产品食用、药用等方面的需求以及商业目的,也导致了人们对野生动物无节制地捕杀,加速了许多生物种群数量的下降。由于近些年我国卓有成效地进行了野生动物保护工作,生态环境不断改善,一些地方野狼、野猪种群数量有所增加。

3. 物种传播与生态灾难

(1) **人类加快了自然界某些物种传播的速度** 一方面是出于某种目的有意识地引进其他地方的物种,如农作物、牲畜、观赏动植物、其他生物的天敌等;另一方面则是无意识地将生物物种由一个地方带到另一个地方,引起疾病的传播、物种入侵等问题。虽然也有由于气候和地质构造变化,使动物、植物或病原体进入新的系统的情况,但更多的却是由于人类活动而有意或无意地导致了越来越多的物种迁移,给迁入地造成生态灾难。

(2) **外来物种入侵带来的主要问题**

1) 对生态的影响:当一种生物传入新的栖境后,如果失去了其他生物的制衡,不受同类的食物竞争以及天敌伤害等诸多因素制约,在适宜的气候、土壤、水分及传播条件下,极易大肆扩散蔓延,危及本地濒危动植物的生存,造成生物多样性的丧失。例如,二战期间,棕树蛇随一艘军用货船落户关岛,这种栖息在树上的爬行动物专门捕食鸟类,偷袭鸟巢,吞食鸟蛋。从二战至今,关岛本地的11种鸟类中已有9种被棕树蛇赶尽杀绝,仅存的两种鸟类的数量也在与日俱减。水葫芦、飞机草、紫茎泽兰是令包括中国在内的许多国家头痛的外来入侵植物。美洲斑潜蝇、松材线虫、美国白蛾等也危害深重。

2) 对社会和文化的影响:豚草花粉可引起"枯草热",福寿螺等是人畜共患的寄生虫病的中间宿主,麝鼠可传播野兔热,疯牛病、口蹄疫、艾滋病、SARS等更是对人类的生存形成巨大挑战。

3) 对经济的影响:保守估计,外来物种每年给我国的经济带来数千亿元的损失。有些外来入侵动植物成为直接危害农林业经济发展的重大有害生物,或通过改变生态系统所带来的一系列水土、气候等不良影响产生间接经济损失。为消除其不利影响,人们往往需要付出巨大的努力。

4. 驯化与改变物种性状

(1) **将多种野生动物与植物驯化,培育成我们今日见到的家畜、家禽与栽培农作物** 长期以来,由于人类掌握了对动物驯化的手段,有了使动物按照人类要求的方向产生变异的可能性。到目前为止,全驯化的动物种类有哺乳类、鸟类、鱼类及昆虫等,半驯化的有毛皮兽类、鹿类、实验动物等。我们今天所使用的动植物产品,绝大部分来源于人类驯化的动植物。

(2) **通过杂交等方式创造出自然界原本没有的新物种或新品种** 杂交水稻、杂交玉米、骡子、狮虎兽等,都属于此类。小黑麦是由小麦和黑麦经属间杂交而人工培育成的新物种。

(3) 通过定向干预提高动植物的生长繁殖速度或动植物产品的品质、产量　例如，通过定向干预与选择培育，可以使栽培作物与饲养动物的生长速度、繁殖能力或者产品品质等优于自然界的原生品种。例如，我国的肉鸡饲养水平已达到 6~7 周龄即可出栏，肉食鸭更是 40 天就可以出栏。

（四）人口对土壤圈的影响

本部分内容详见人口与资源的有关部分，这里不再赘述。

（五）人口对岩石圈的影响

岩石圈是人类所需的矿物原料与化石燃料的天然供给地，是水圈、大气圈、土壤圈、生物圈的基座，与各圈层之间相互作用，进行着物质与能量的交流。人类对岩石圈的干预程度比对其他圈层的干预程度低，但是干预力度正在增加，而且也到了不容忽视的地步。人类对岩石圈的影响主要有以下两方面。

1. 直接取用岩石圈物质及其次生影响

（1）*流体矿物的开采*　主要包括石油、天然气的开采，此外还可以包括地下卤水、矿泉水的抽采。地质学家认为，石油与天然气的开采可能引起采空地层的压紧作用，在采空区的中心地带形成低角度的逆冲断层，而在边缘地带则造成正断层，从而使地面发生变化，并引发地震。深井灌水也可能引起断层活动，影响地质的稳定性，诱发地震。

地下水的大量开采，会引起地面沉降，或岩溶区溶洞上覆岩层的垮塌。在印度尼西亚爪哇岛诗都阿佐地区，自 2006 年 5 月一座"泥火山"开始喷发以来，喷出的泥浆淹没了它周围的公路、铁路和工厂，并造成 1.5 万人流离失所。有部分科学家认为这是当地一起石油钻探事故而导致的。

（2）*固体矿物的开采*

1) 露天采矿：当进行露天采矿的时候，需要先剥离矿体上面的覆盖层，将矿体直接暴露在大气下进行矿石采挖。煤炭与金属矿石等都可以进行露天开采。有些矿坑尺度惊人，例如，美国犹他州宾汉姆峡谷铜矿矿坑，深 1 200 m，宽 4 000 m；位于俄罗斯西伯利亚的"和平"钻石矿坑被称为是世上最大的人造洞穴，其直径约 1 600 m，深 533 m，至今俄罗斯矿工已经从该矿中挖出了 1.65×10^8 m³ 的岩石；位于内蒙古锡林郭勒盟胜利煤田的东部、即将建成投产的大唐国际胜利东二号露天煤矿，是我国最大的露天煤矿，该煤矿煤层最厚达 320.65 m，开采深度最深可达 623 m，创世界露天开采设计深度之最。

2) 开山采石：为满足建筑石材、筑路石子、烧石灰、烧水泥等方面的需要，开山采石就成为一种常见的工程活动。露天采矿与开山采石都会直接改变岩石圈的外部形态，造成地面与山体破损，影响观瞻；同时废石与尾矿也会占用土地，使原有植被彻底毁灭，野生动物栖居地完全改观，并可造成次生灾害。

3) 地下采矿：不论是煤矿还是其他金属、非金属矿床，都存在地下开采的情况。地下采矿常常导致采空区地面塌陷、地下水位下降等问题。

2. 开挖岩石以扩展取得人类活动空间及其次生影响

这类活动不是以利用岩石本体物质为目的，而是通过改变地表或地下岩石的形态来满足人类对空间的需求。

（1）*开挖隧道、岩洞*　主要用于建设交通通道、军事设施、居住、堆存有毒或有害废物（如核废料）、地下核爆炸试验等方面。世界很多国家都有规模庞大的防空洞体系，我国防空洞规模也十分巨大。

有些水电站的泄洪水道也直接建在岩层里面，如小浪底泄洪系统进水塔是世界上最大、最复杂的进水塔，由 16 个进水口组成 10 座进水塔呈一字形排列在左岸地下，总长 275 m，高 113 m，包括 16 条隧道的 19 个洞口，形成上下重叠、纵横交错的蜂窝状洞群，把山体基本挖空。

（2）*开挖边坡*　山地丘陵区道路建设开挖路基时，需要在山坡的一侧挖掘土石方，并堆置于另一侧。此外，在水库建设时，大坝与船闸的修建也会要求整修边坡。在山坡上的房屋建设整理地基时，也往往需要对山坡进行开挖。

山坡坡脚被挖除，会加大山坡的不稳定性，诱发滑坡或崩塌等工程地质灾害。这种工程活动常使大面积的山坡面目全非，植被在几十年内也难以恢复，而且其沥青路面也成了一些小型动物与昆虫活动的屏障，使当地自然环境为之改观。

(3) 摩崖石刻与摩崖造像

第三节 人口与资源、环境协调发展

一、人口与资源环境关系的历史演变

人是环境的产物,人的生产与生活活动又对资源与环境具有重要影响。但是,不同的历史时期,人与资源环境之间的关系又不尽相同,各有其特点。

(一) 采集渔猎时代

1. 人强烈依赖自然资源与环境,自然环境主宰着人类的生存和命运 人类产生以后,经历了漫长的原始社会时期。在这一时期内,人类改造自然和从事生产活动的手段极其简陋和低下,主要是使用石器、木器、骨器等工具,依靠直接从大自然中采集天然植物和渔猎为生,人类对自然灾害、疾病和不利环境的抵抗能力极差,洪水、猛兽、火山、地震、森林大火等自然力往往对人类的生命构成巨大威胁,人类主要是被动地适应自然、利用自然,认识、改造、支配和征服自然的能力极其低下,自然力或自然环境几乎完全支配着人类的生活,主宰着人类的生存和命运。

长期的人与环境力量的强烈的不对等,使人类逐渐地产生了敬畏自然、崇拜自然、神话自然的观念,从图腾、自然神(万物有灵)、祖先神到人格神,都反映了人类对自然的崇拜与屈服。同时,征服自然的幻想与欲望产生了美丽的神话——大禹治水、夸父逐日、精卫填海、女娲补天,以及西方神话中的巨人安泰等,均属人类征服自然幻想的体现(贾振,2004)。

2. 人对自然环境的破坏微乎其微 漫长的远古社会,生产力水平极其低下,人口数量相对较少,人与其他动物对自然界的影响没有什么本质的差别,人类排泄物对于环境的污染,可以说是微乎其微或还无从谈起,人的活动对环境产生的影响与环境的容量大体平衡。在这一时期内,原始人类与生存环境之间保持着总体上的平衡,但是鉴于人类几乎完全是在自然的淫威下毫无反抗力地挣扎着求生存,这种平衡不能够被视为人与自然的协调状态。

(二) 农耕时代

1. 人口与自然的对抗性加强,改造自然力量加大 农耕业与畜牧业的出现是人类历史上的重大历史事件,栽培作物和驯养动物逐渐取代了采集和渔猎。铁制工具的出现及其推广和应用,极大地提高了人类改造自然的能力,不仅使人们利用自然生物资源的能力进一步提高,也使得人类能够较高效率地开荒种地、挖渠引水灌溉,同时种植业与畜牧业生产内容也不断丰富,野生动植物的驯化与利用取得了很大成绩,人类的食物供给初步摆脱了自然的严格限制,变得更加稳定。人类由过去的被动地适应自然环境发展到能动地改造自然环境,人口对自然的对抗性加强,改造自然力量加大。世界四大文明古国都是这一历史时期的产物。

一方面是人类改造与利用自然的能力加大,另一方面是农牧业生产以及人们的其他生产、生活活动依然受到自然环境的严重制约,靠天吃饭现象仍然普遍存在,由此也出现了天命论、宿命论、地理环境决定论思想与"人定胜天"两类思想并存的现象,但是前一类思想居于相对优势地位。

2. 人类在较大范围内改变了自然地理环境的原有结构和布局,在某些局部出现了严重的生态破坏 这一时期,农耕业规模逐渐扩大,大面积的森林、草原、山地与沼泽等不断地被开垦为耕地,大面积的自然原始生态系统被改造成以种植业与畜牧业为特征的人工生态系统,最终在较大范围内改变了自然环境的原有结构和布局,在某些局部也出现了严重的生态破坏(如沙漠化、盐渍化等),但在总体上仍然没有超出生态系统所能容许或能承受的限度。

3. 地理环境污染(特别是无机污染)不严重 在农业社会,工业发展水平很低,包括煤炭、石油、天然气在内的矿产资源采掘及其加工规模极其有限,工业污染与破坏往往只局限于极个别地方,无机物污染不

重。在这一时期中,虽然人口不断增加,但是人类的生产活动和生活活动的排泄物对于生存环境的污染并不明显,只是在人口大规模集中的城市中垃圾粪便造成了一定的污染。中国在农业社会里,农家肥与人粪是农业生产重要的肥料来源,这也是中国的耕地在古代几千年的时间里地力保持不下降的一个重要原因。有限的污染主要是土壤污染,大气污染不重,人类对岩石圈的破坏小,对宇宙环境尚无影响。

总之,在这一时期内,以自然经济为基础的人类社会与环境的关系在总体上或基本上是协调的,环境问题以生态破坏为主,环境污染并不严重。

(三) 工业化时代

1. 人口急剧增加,人成为地球上居于绝对优势的大型动物物种 工业革命的巨大成功,带来了世界经济的迅速发展,医疗卫生与教育事业也获得了极大的发展,在人类还没有感到人口压力与节育的必要性,在社会保障事业还不完善的情况下,世界人口获得了快速发展。产业革命发生时之初的 1750 年世界人口为 7.91 亿,1900 年为 16.56 亿人,2015 年增长为 73.47 亿人。1751~2015 年世界人口年均递增 8.45‰,其中 1751~1900 年为 4.94‰,1901~2015 年为 13.04‰。人已经成为地球上形体较大的动物中,无可置疑的绝对优势种,目前许多生物只有依靠人的保护才能够生存,这虽然不是一件完全值得人类骄傲的事情,但却也是客观事实。海量人口的生存及其对生活水平日益提高的要求,是产业革命以来环境问题产生的基本原动力。

2. 人类改造自然与利用自然的经济与技术能力大大提高 18 世纪 60 年代发生的产业革命,建立起了以蒸汽为动力和以煤为主要能源的近代的大机器工业体系,极大地提高了人类改造自然的能力和生产力的水平,建立起了纺织工业、机械制造工业、冶金工业、采矿工业和交通运输业等物质生产部门。始于 19 世纪中叶的第二次科技革命,以电机的发明为起点,以电力的广泛应用为标志,电力取代蒸汽,不仅推动了生产技术由一般的机械化到电气化、自动化转变,更改变了人们的生活方式,人类进入"电气时代"。同时内燃机的发明,使得卡车、拖拉机、公共汽车、船舶及机车,成为运输工具的主要动力机械。电力、钢铁、石油化工、汽车制造等成为新型支柱产业。第三次科技革命是以原子能、电子计算机和空间技术的广泛应用为主要标志,涉及信息技术、新能源技术、新材料技术、生物技术、空间技术和海洋技术等诸多领域的一场信息控制技术革命。这次科技革命不仅极大地推动了人类社会经济、政治、文化领域的变革,而且也影响了人类生活方式和思维方式,使人类社会生活和人的现代化向更高境界发展。

历次科技革命带来了生产动力的根本变化,由生物力(人力,畜力)转变成机械力、电力、核能,劳动工具也发生了巨大的变化,人的劳动能力与效率得到了极大的提高。经济力量的增强也能够使技术上改造与利用自然的可能性变为现实,能够较好地满足人们物质与文化等方面的需要。

3. 自然资源开发规模急剧扩大(特别是土地、矿物与水资源),纯自然环境已经几乎不存在了 人口不断扩大的需求刺激,与科技与经济的不断发展与成功,使人们对资源的开发规模不断扩大。人们不仅以各种方式利用自然生物资源与土地资源,而且也以前所未有的规模利用矿物、水、大气与其他自然资源,从平原到极高山,从赤道到两极,从陆地到海洋,从地球到月球到太空,到处留下了人类的足迹,地球上几乎已经没有人迹未至的地方,人工环境越来越大,纯自然环境逐渐消失殆尽。对同一种环境因子的利用也不断深化,对海洋资源的利用就由原始的、简单的渔盐舟船之利,变成了对海洋资源的综合开发,增加了许多原来不曾有利用方式,如海水养殖与远洋捕捞、远洋运输、海水淡化、除海盐以外的多种海水化学元素的提取、海底矿产资源开发(如海底石油、天然气、锰结核、可燃冰等)、海洋商业旅游等。

虽然在工业化前期也产生并存在过地理环境决定论,但是征服自然的胜利和对自然界认识的深化,确实也使人类产生了藐视自然、主宰自然的观念与行动,"人定胜天"、"人类中心论"成为这一时期人与自然关系的主导理论(阎伍玖,2003),"征服论"占了优势。人类也为自己的错误认识付出了惨痛的代价。

4. 环境全面污染、整体恶化 人类是工业化时代最大的环境污染源。随着大机器工业生产的进行以及人口的增长和空间集中,生产与生活向环境排放大量的废水、废气、废渣、废热等,大大超过环境的自净能力,造成了环境质量的全面退化,环境公害事件不断发生,明显地降低了人类与环境之间的协调度,威胁着人类的生存与健康,环境污染成为工业时代区别于农业时代的重要标志。环境污染是民生之患,民心之痛。经过多年的治理,世界主要发达国家的环境污染得到了一定程度的控制,但是发展中国家的污染仍在发展之中。

(1) **生产"三废"及其他排放物**　　工业是向环境排放污染物最多的行业。随着现代大工业的迅速发展,人类向环境中所排放的废物,不论是在种类和数量上,还是在对环境污染的范围和程度及其所造成的危害上,比农耕时代都有了极大地增加。工业生产中的废弃放射源处理是一个世界性难题。

农业污染问题也引起了广泛的重视,经常见到的污染现象有:种植业的农药污染,农用地膜等白色污染,水产养殖的水污染,畜牧业中粪便导致的土壤、地下水与大气污染,焚烧秸秆产生的大气污染等。

(2) **生活"三废"及其他排放物**　　人类的生活已经成为重要的污染源。城市由于人口集中,人均机动车拥有量高,耗能多,因而也成为烟尘、汽车尾气排放与危害的重灾区,能见度一般都低于周边的农村地区,很多城市也长期为生产与生活废物排放而产生的城市恶臭困扰。城市噪声污染也比较严重,主要是交通噪声、建筑与装修噪声等。电磁辐射污染无影无形但更是无处不在,危害日趋加重,引起了专家的高度重视。

5. 生态破坏继续加剧,生物多样性减少　　人口的迅速增加对粮食等食物提出了更高的要求,一些国家或地区大规模地毁林毁草开荒、围湖造田、酷渔滥捕,忽视生态问题而大量捕杀对人们生产或生活有直接不利影响的其他动物,导致生态失衡,荒漠化不断发展,耕地与草原地力下降,生物多样性减少。

(四) 环境问题减缓时期

1. 世界发达国家率先反思经济发展模式,并采取行动遏制环境恶化趋势,改善环境质量　　工业化时代人类与环境之间的对抗激烈,人类在大规模地利用与改造自然满足自己需要的同时,也无意识地破坏与污染了自己赖以生存的环境,遭到了大自然的无情报复,经济的增长并没有带来人类幸福感的同比增加,反而对自己赖以生存的环境带来了致命的伤害与威胁。面对生态失衡和环境污染这一全球性问题的威胁,20世纪50年代以来,发达国家首先开始对自身的生产行为或经济行为及其对生态和环境所造成的影响和后果进行反思。那些率先进行与完成工业化的世界发达国家,最先遇到前述环境问题,因而也最先反思,并采取行动遏制环境恶化趋势,改善环境质量。

2. 可持续发展战略形成的若干重要历史事件　　美国学者卡逊(Rachel Carson)于1962年出版的《寂静的春天》,敲响了人类将因为破坏环境而受到大自然惩罚的警世之钟,也揭开了环保时代的大幕,催生了一些发达国家反对污染和公害的群众性的环境运动。1992年《寂静的春天》被推选为近50年来最具有影响的书之一,当时的美国副总统阿尔·戈尔为此书再版作序,他在序言中评价说:"作为一位被选出来的政府官员,给《寂静的春天》作序有一种自卑的感觉,因为它是一座丰碑,它为思想的力量比政治家的力量更强大提供了无可辩驳的证据。"

1970年4月22日,在美国民主党参议员盖洛德·尼尔森(Gaylord Nelson)和哈佛大学学生丹尼斯·海斯的倡议和组织下,全美有2 000多万人、1万所中小学、2 000所高等院校和2 000个社区以及各大团体参加或举行集会或走上街头,呼吁控制污染和保护环境,创造一个清洁、简单、和平的生活环境。这一规模浩大的群众性的环保运动很快影响到全球,作为现代环保运动的开端,"地球日"活动推动了多个国家环境法规的建立。1990年4月22日,全球140多个国家、2亿多人同时在世界各地举行形式多样的环境保护宣传活动,呼吁改善全球整体环境。这项活动得到了联合国的肯定。2009年4月22日,第63届联合国大会一致通过决议,决定将今后每年的4月22日定为"世界地球日"。

1972年罗马俱乐部公布了第一个研究报告《增长的极限》,描述了人类目前和未来的困境,认为当今世界的难题是富裕中的贫穷、环境的恶化、不加控制的城市扩张、对制度失去信心、就业无保障、青年的精神异化、抛弃传统的价值观念、通货膨胀、经济停滞等。造成上述种种难题的是制约经济增长的五个基本因素,即人口、农业生产、自然资源、工业、环境污染。人类必须实现零增长,否则人类社会就会崩溃。其提出的人口问题、粮食问题、资源问题和环境污染问题(生态平衡问题)等,早已成为世界各国学者和专家们热烈讨论和深入研究的重大问题,也早已成为世界各国政府和人民极其重视、亟待解决的重大问题。虽然其当时提出的人类悲惨的未来没有变成现实,其理论也有不少缺陷,但是其惊世骇俗的警告却极大地提高了人们的环保意识。

1972年6月5日,联合国在瑞典首都斯德哥尔摩召开了联合国人类环境会议,发表了《人类环境宣言》,呼吁各国政府和世界组织高度重视威胁人类生存的环境问题,从而在全世界范围内掀起了一次环境保护运动的高潮。各国政府和世界组织纷纷制定和实施环境保护的法律和法规,以约束和规范人们的环境行为,减少对环境的污染。从此,环境污染迅猛加剧的势头开始有所减缓(王树恩,2002)。

1983年11月,联合国环境与发展委员会成立,1987年该委员会发表了长篇报告《我们共同的未来》。报告系统阐述了人类面临的重大社会、经济和环境问题,指出"决定地球(人类)前途和命运的是环境",并以"持续发展为基本纲领",提出一系列政策和建议,可持续发展战略开始形成。1989年5月,联合国环境规划署第15届理事会通过了《关于可持续发展的声明》。1992年6月,在巴西里约热内卢召开了联合国环境与发展大会,180多个国家和地区、102位国家元首或政府首脑、60多个国际组织参加了大会,会议庄重地通过了《里约环境与发展宣言》《21世纪议程》和《关于森林问题的原则声明》,签署了联合国《气候变化框架公约》和《生物多样性公约》,确立了将可持续发展作为人类社会共同的发展战略和全球的行动纲要,在全世界范围内再一次掀起了环境保护运动的高潮(伊武军,2001)。

3. 可持续发展战略已经成为人类社会共同的发展战略和全球的行动纲要,并开始付诸实施 世界组织和一些国家日益健全的环保法规,在更有效地约束和规范人们的环境行为。同时,世界组织和一些国家还利用行政的、经济的和科学技术等各种手段,更有成效地减少和治理着环境污染,逐渐改善和提高环境的质量,使全球范围内环境污染迅猛加剧的势头得到了进一步的缓解。

二、人口与资源环境协调发展的基本内涵

(一) 人口与资源环境均要取得发展

人是自然的产物,人需要依靠环境而生存,所以今日人口之活动不能够妨碍环境按自然规律的运动,要具有可持续发展思想;同时,一切研究的出发点应该是为了人口更好地发展,应该以人为本。脱离人的发展、不考虑人的发展来谈环境问题是不切实际,不可取的,甚至会走向"反人类"的极端,认为人类本就不应该存在,人类的存在是多余的。保护资源与环境、尊重自然的目的,应该是为了人的长期地、更好地发展。

鉴于此,人口与资源环境协调发展,就必须实现人口系统与资源环境系统相互适应、相互支持,同时也要做到两大系统各自健康、充满活力地发展。

(二) 人口与资源环境协调发展的基本理念与原则

1. 人口要富有活力地、幸福地发展 区域人口群体应该具有旺盛的生育能力与适度的生育意愿,具有健康的身体与较长的寿命,没有消亡的趋势与危险,但也没有以生活水平与环境质量下降为代价的人口数量的"爆炸"。人口拥有持续存在与发展的自然活力,是人口与资源环境协调发展的基本前提与基础。

人类应具有较强的开发利用自然的能力,能够应对自然界不利于人类的变化,具有较强的与自然的对抗力。人类不应该充满痛苦地生存于世界上,人口的生存应该具有幸福感。人不应该像普通动物那样生存,那样被动地适应自然。匍匐于大自然淫威之下,毫无反抗力地任凭大自然的摆布与自然选择,不应该是人类生存的理想状态,这不能被称为人地和谐,也不是人地协调发展状态。

2. 资源环境要有质有量地发展 环境状况逐渐改善,至少保持环境质量不进一步下降,生态不进一步失衡,包括环境污染与环境质量、生物多样性、环境生产力与自净力等,向好的方面发展。

原本不利于人口生存与发展的环境,能够得到改善,环境中没有不利于人口生存与发展的重大障碍。

3. 环境能够满足人口生存与发展的合理需求 人口的生存与发展需要环境提供多种多样的资源与条件,其中资源包括土地资源、矿产资源、水资源、生物资源等,生态条件包括干净的空气、水质良好的自然水体与水源地、良好的植被覆盖、较少的不能够预测与抵御的自然灾害等。这是人口生活质量的基本保障,每一种条件都是不可缺少的。例如,土地资源,如果空间过于狭小,人口密度太大,对非农产业来说会导致建设用地不足、地价上涨等,对人民的生活来说会造成居住与交通拥挤、休闲场所匮乏,对生态来说常常发生森林、草原、湿地减少,生物多样性下降,环境污染等问题。

资源与环境系统能够满足人口生存与发展提出的合理需求,是人口与资源环境实现协调发展的最基本的表现与特征。不论是由于自然的原因还是人类自身的原因,而出现资源环境不能够满足人口生存与发展提出的合理需求,影响了人口正常的生产、生活活动,人口与资源环境之间的关系就不能够说是协调的。

4. 人口活动应在环境容量内进行　人口活动不能够超过环境所能够提供的资源供给与环境自净能力限度。例如,向环境排放的废物不能够超过自然环境的自净能力,对可再生资源的开发不能够超过资源的再生速度,对不可再生资源的开发要本着节约的原则有计划地开发利用,同时要加强替代资源的研发速度。要分轻重缓急,统筹安排资源的各种用途,如应优先保证食物生产用地与生态用地,再安排建设用地等。总之,人类对自然的索取与要求不应超过环境的限度,环境不应遭受来自人口的新的破坏。

5. 人口的生产与生活方式要尊重自然规律　人的生活方式与水平、生产方式与生产结构、居住区空间选择、建筑样式与结构等,要充分利用自然,适应自然的基本格局。要顺应或因势利导地利用自然环境固有的发展趋势,按照自然界的客观发展变化规律开展利用、改造自然的活动。但是,对某些不利于人类生存与发展的环境及其变化(如盐碱化、荒漠化),则要进行生态创新,进行人工干预,有针对性地采取适当的措施创造必要的转化条件,改善自然环境固有的发展趋势,以建立一种对人类生存发展有利的良好生态环境条件。这样可以减少和自然的对抗,降低人口活动的物质与能源消耗的代价,做到以最少的消耗取得最高质量的生活质量与经济效益,这对于人口与环境都是有利的事情。

三、可持续发展——人口、资源与环境协调发展的总战略与基本指导思想

(一)里约环境与发展宣言(《地球宪章》)

联合国环境与发展会议于1992年6月3日至14日在里约热内卢召开,重申了1972年6月16日在斯德哥尔摩通过的联合国人类环境会议的宣言,并谋求以之为基础。

目标是通过在国家、社会重要部门和人民之间建立新水平的合作来建立一种新的和公平的全球伙伴关系,为签订尊重大家的利益和维护全球环境与发展体系完整的国际协定而努力,认识到我们的家园地球的大自然的完整性和互相依存性。

(二)《21世纪议程》

《21世纪议程》是在1992年6月14日召开的联合国环境与发展大会上通过的关于全球保护环境、促进经济可持续发展的决议文件。这是一份没有法律约束力、旨在鼓励发展同时保护环境的全球可持续发展计划的行动蓝图,它着重阐明了人类在环境保护与可持续发展之间必须做出的抉择和行动方案,并对全球环境合作及建立新的伙伴关系提出了原则性的意见。它为各国制订环保和发展战略、保护环境、增强国力、加快经济增长提供了权威性的原则指导和依据,对各国此后环境政策与立法产生了重大影响,对国际环境法的发展也产生了积极作用。

《21世纪议程》的基本思想是,人类正处于历史的抉择关头,或者继续实施现行的政策,保持国家之间的经济差距,在世界各地增加贫困、饥饿、疾病和文盲,从而继续使人类赖以维持生命的地球生态系统恶化;或者改变现行的政策,改善所有人的生活水平,更好地保护和管理生态系统,争取一个更为安全、更加繁荣的未来。把环境问题和发展问题综合处理并提高对这些问题的重视,将会使基本需求得到满足、所有人的生活水平得到改善、生态系统得到较好的保护和管理,并给全人类提供一个更安全、更繁荣的未来。

《21世纪议程》全文由4部分40章20余万字组成,每一章分数个项目,每一项目还包括行动基础、目标、应采取的行动等,有些项目还包括了资金和费用估算。它是一项庞大的、包罗万象的纲领性文件。

(三)《中国21世纪议程》

《21世纪议程》要求各国政府根据本国情况制定各自的可持续发展战略、计划和对策,中国政府做出了履行《21世纪议程》等文件的承诺。根据国务院环境保护委员会的决定,1992年8月由原国家计划委员会和国家科学技术委员会牵头,组织52个部门、300余名专家,开始了《中国21世纪议程》文本和相应的优先项目编制工作,同时还组织各部门编制了《中国21世纪议程优先项目计划》。1994年3月25日,国务院第16次常务会议讨论通过了《中国21世纪议程》,即《中国21世纪人口、环境与发展》白皮书。它从中国的具体国情和

环境与发展的总体出发,提出促进经济、社会、资源、环境以及人口、教育相互协调、可持续发展的总体战略和政策措施方案,是制定中国国民经济和社会发展中长期计划的指导性文件。

《中国21世纪议程》确立了中国可持续发展的4个主要战略目标:① 在保持经济快速增长的同时,依靠科技进步和提高劳动者素质,不断改善发展的质量;② 促进社会的全面发展与进步,建立可持续发展的社会基础;③ 控制环境污染,改善生态环境,保护可持续利用的资源基础;④ 逐步建立国家可持续发展的政策体系、法律体系及可持续发展的综合决策机制和协调管理机制。

《中国21世纪议程》共20章、78个方案领域,主要内容分为四大部分。

第一部分,可持续发展总体战略与政策。从总体上论述了提出中国可持续发展战略的背景和必要性;提出了中国可持续发展的战略目标、战略重点和重大行动,可持续发展的立法和实施,制定促进可持续发展的经济政策,参与国际环境与发展领域合作的原则立场和主要行动领域。其中特别强调了可持续发展能力建设,包括建立健全可持续发展管理体系、建立费用与资金机制、加强教育、发展科学技术、建立可持续发展的信息系统,尤其要促使妇女、青少年、少数民族、工人和科学界人士及团体参与可持续发展。

第二部分,社会可持续发展。包括人口、居民消费与社会服务,消除贫困,卫生与健康、人类住区和防灾减灾等,其中最重要的是实行计划生育、控制人口数量和提高人口素质。包括引导建立适度和健康消费的生活体系,强调尽快消除贫困;提高中国人民的卫生和健康水平;通过正确引导城市化,加强城镇用地管理,加快城镇基础设施建设和完善住区功能,促进建筑业发展,向所有人提供适当住房、改善住区环境。

第三部分,经济可持续发展。把促进经济快速增长作为消除贫困、提高人民生活水平、增强综合国力的必要条件。它包括利用市场机制和经济手段推动可持续发展,提供新的就业机会;完善农业和农村经济可持续发展综合管理体系;要在工业生产中积极推广清洁生产,尽快发展环保产业,发展多种交通模式,提高能源效率与节能,推广少污染的煤炭开发开采技术和清洁煤技术,开发利用新能源和可再生能源。

第四部分,资源的合理利用与环境保护。包括水、土等自然资源保护与可持续利用;生物多样性保护;防治土地荒漠化,防灾减灾;保护大气层,如控制大气污染和防治酸雨;固体废物无害化管理等。

四、人口、资源与环境协调发展的措施

实施可持续发展战略,使人口、资源与环境协调发展是一件任务极其艰巨的、复杂的系统工程,特别是对于中国这样人口众多的发展中国家来说,更需要付出百倍的努力。

(一) 人口、资源与环境的宣传教育

从媒体到各级学校教育,从单位内部到外部宣传等,关于控制人口数量、提高人口素质,节能减排、防止污染、保护环境等方面的宣传随处可见。这极大地提高了整个中华民族的人口意识、资源意识与环境意识,成效显著。

(二) 完善机构,落实任务

可持续发展已经成为我国国民经济发展的总的战略指导思想,在我国有专门的政府机构负责相关事宜。例如,在国土资源、环境保护、人口和计划生育等方面,从国家到最基层的村镇街居,体系完整,力量强大。

人口、资源与环境各自及其相互协调发展已经分解落实到我国各级政府制定的国民经济发展五年规划与年度计划中去,计划生育、保护环境等也都已经成为我国的基本国策。

(三) 制订规划,认真实施

为了促进人口与资源环境协调发展,我国制定了大量的不同尺度与层次的分部门的与综合性规划,并落实实施。近年我国开展的主体功能区规划与人口发展功能区规划,是我国自20世纪80年代国土规划高潮

以来仅有的国家与各省市区都必须进行的,旨在协调人口、资源与环境发展的综合性空间规划。

下面重点介绍人口发展功能区规划。

1. 人口发展功能区规划是协调人口、资源与环境关系的重大举措　编制人口发展功能区规划,就是要系统评价我国不同地区人口发展的资源环境基础和经济社会条件,科学地界定人口限制区、人口疏散(收缩)区、人口稳定区、人口聚集区四类人口发展功能区的分布与范围,明确不同功能区人口发展的定位与方向,完善人口规划与政策体系,促进形成人口合理分布、人口与资源环境协调发展的格局。

人口问题始终是制约我国全面协调可持续发展的重大问题,是影响经济社会发展的关键因素。未来20年,是我国国土负载人口压力最大、人地矛盾最为尖锐,人口城镇化全面加速、人口迁移流动最为活跃的时期,全国还将新增约1亿人口,有近3亿人口从农村进入城镇,将对统筹区域和城乡协调发展带来严峻挑战。这一时期,也是建设国家生态屏障、调整人与自然关系的关键时期。为此,必须未雨绸缪,因势利导,通过编制人口发展功能区,引导人口有序流动和分布,有效缓解人口与经济、社会、资源、环境的矛盾。

2. 人口发展功能区规划编制的主要工作

(1) *人口发展基础评价*

1) 人居环境自然适宜性评价:采用由地形起伏度、地被指数、气候适宜度与水文指数等构成的人居环境指数模型,以千米网格为基本单元,定量评价不同地区人居环境的自然适宜程度。根据人居环境指数和限制性因素强弱,划分为人居环境不适宜地区、临界适宜地区、一般适宜地区、比较适宜地区和高度适宜地区。

2) 资源环境的人口承载力评价:从人口发展的限制性角度出发,通过对人口与资源环境关系定量评价,系统分析不同地区的土地、水、生态系统等资源环境承载能力与人口发展潜力。其中,土地资源承载力主要用于确定农村基本行政单元的分区属性。与之相对应,在其他条件相同时,对于城市基本行政单元,则主要考虑水资源和水环境的承载力。

3) 物质积累基础与人文发展水平评价:通过基础设施水平、交通通达水平和经济发展水平等指标,评价不同地区的物质积累基础。通过包括平均预期寿命、受教育程度和生活水平的人类发展指数,衡量不同地区的人文发展水平。以此反映人口发展的经济社会条件与综合发展程度。

4) 开发密度与发展潜力评价:采用人口规模、人口密度、经济密度、人口城镇化水平和土地城镇化水平等指标,评价不同地区的开发强度,以及基于一定的资源环境承载能力、物质积累基础与人文发展水平的人口发展潜力。同时必须统筹考虑区位条件、地缘政治和国家与地区发展的战略取向等因素。

(2) *人口发展功能区划分*　基于GIS多因素叠置模型,以千米格网的资源环境数据为基础,以分县为基本单元,在系统分析和综合评价不同地区人口发展的资源环境基础和经济社会条件的基础上,根据人居环境自然适宜性、水土资源承载力、现有开发密度与发展潜力,将规划区划分为以下四类人口发展功能区。

1) 人口限制区:① 自然环境基本不适宜人口居住地区,受地形、气候、水文和地被等自然因素的限制,生态环境脆弱,资源环境承载力有限;② 国家禁止开发的自然保护区、国家森林公园、国家地质公园和风景名胜区等特殊地区。这些地区的战略重点是建设国家生态屏障、提供全国性与区域性生态服务。

2) 人口疏散(收缩)区:地处人居环境临界适宜或一般适宜地区,资源环境承载力临界超载或超载,物质积累基础和人文发展程度处于中等以下水平,人口与产业相对分散,城镇化水平不高,人口与资源、环境、经济、社会关系相对失衡。这类地区的战略重点是建设国家生态屏障、缓解人与自然的尖锐矛盾。

3) 人口稳定区:地处人居环境适宜地区(包括一般适宜地区、比较适宜地区和高度适宜地区),资源环境承载力临界超载,物质积累基础和人文发展程度处于中等以上水平,人口与产业集聚,城镇化水平较高,人口与资源环境基本协调,但潜力有限。这类地区的战略重点是提高人口城镇化质量、实现经济持续增长。

4) 人口集聚区:地处人居环境比较适宜或高度适宜地区,资源环境承载力平衡有余,物质积累基础和人文发展程度处于中等以上水平,人口与产业集聚,城镇化水平较高。该类地区人口与资源环境协调状态良好,具有一定的人口发展潜力。这类地区的战略重点是提高人口密度、实现又好又快发展。

四类人口功能区具有不同的分工与职能。人口限制区和人口疏散区是生态与生产地区,生态建设与生态服务是主要任务;人口集聚区与人口稳定区是生产与生活地区,人口与产业集聚是主要功能。在人口限制区和人口疏散(收缩)区,要实施积极的人口退出政策,有计划生态移民,引导超载人口向人口集聚区和人口稳定区转移;人口稳定区以内涵发展为主,通过人口与资源环境关系优化,适度消纳人口疏散(收缩)区和人口限制区的超载人口,人口集聚区要大力推进城市化进程,增强吸纳人口限制区和人口疏散(收缩)区超载人口的能力。

(3) 配套政策研究　　推进人口发展功能区的形成,关键在于完善并实施差别化的公共政策,明确不同功能区的发展重点和发展方式,统筹规划人口发展与产业布局、就业促进、土地利用、城镇建设、生态环境、基础设施等,引导人口有序迁移与合理分布,促进人与自然的和谐。

要统筹考虑包括生育、迁移、就业、教育、医疗卫生、社会保障、住房保障等在内的广义人口政策,以及与人口合理布局的相关财政、税收、土地、产业、环境保护、社会管理等政策,提出有利于人口发展功能区形成的对策建议。完善政绩综合评价体系,对不同的人口发展功能区实行不同的政绩考核评价体系。

(四) 完善法规

中国有关实施可持续发展战略的法律法规不胜枚举,经常提到的主要有:《环境保护法》《循环经济促进法》《水污染防治法》《固体废物污染环境防治法》《大气污染防治法》《清洁生产促进法》《环境噪声污染防治法》《放射性污染防治法》《防治海岸工程建设项目污染损害海洋环境管理条例》《废弃电器电子产品回收处理管理条例》《防沙治沙法》《水土保持法》《野生植物保护条例》《自然保护区条例》《濒危野生动植物进出口管理条例》《节约能源法》《可再生能源法》《草原法》《环境影响评价法》《城乡规划法》《建设项目环境保护管理条例》《水法》《渔业法》《土地管理法》《矿产资源法》《森林法》《海洋环境保护法》《人口与计划生育法》《流动人口计划生育工作条例》《母婴保健法》等。

第十章 人口地理学研究的技术与方法

地理学一般的研究方法,如实地调查、抽样调查、统计分析、统计图表、地图制图、地理信息系统等,在人口地理学的研究中都是很常用的,以下结合人口地理学的专业特点,对相关方法在人口地理学中的实际应用做简要的介绍。

第一节 人 口 预 测

一、人口预测概述

人口预测是根据一个国家或地区历史和现有人口状况及可以预见的未来情景,测算未来某一时间人口状况的一种科学方法。这里说的人口状况,首先指人口的数量,其次指人口的性别、年龄构成,在此基础上,还可以对未来人口的地区分布、婚姻状况、家庭结构等进行分析。

人口预测是一项重要的基础工作,既是制定人口政策及其相关政策的基础工作,也是制定经济发展计划、土地利用规划、城乡规划和其他事业发展计划的基础工作,还是工商界产业规划、生产规划与市场开发的基础工作。因为,从人口作为消费者来看,必须考虑未来时期将要消费相关产品、享用相关设施效益的人口数;从人口作为生产劳动者来看,在安排未来各项生产和其他事业的发展计划时,也要考虑届时能参加这些劳动的人数。

过去几千年,人类社会生产力水平低,人口变动和增长也很迟缓,因而客观上对人口未来发展变化的探讨必要性较小。当前生产力发展达到空前的水平,生产成为面向社会的需求,所以必须了解社会需求和供给的未来趋势,协调人口、资源与环境的持续发展。当前,面对地球上一定的土地和有限的资源,为了研究是否有足够的资源来满足地球上人类日益增长的各种需要,实现持续发展的战略,应对三种因素进行充分估计,即人口增加的可能规模和结构、人类各种消费的可能数量以及资源可供利用的价值。因此,就必须对人口发展进行预测。

人口预测根据预测的对象不同,可以分为总人口预测、人口结构预测、城市人口预测等。人口预测在数据采集的基础上,需要通过一定的数学方法进行处理。由于预测的对象和处理的方法不同,构成了不同的人口预测模型。以下从人口总数的趋势预测模型、人口结构的因素预测模型、城市人口预测模型三个方面,阐述人口预测的技术方法。

二、人口总数的趋势预测模型

主要是根据历史或基期人口趋势推断未来人口总数,常用一系列的数学函数方法进行预测,这些数学方法主要有线性函数、指数函数、Logistic 函数等。此外,还有一些学者将灰色系统理论引入到人口总数的预测之中。

(一)线性预测模型

1. 数学模型的来源与表达形式 人口线性预测模型又叫算术级数法、线性函数法。假定某地人口平均每年按某一固定数值变化,就可以用线性方程求解。建模思路为

$$P^{t+n} = P^t + n \cdot Y \tag{10-1}$$

式中,P^{t+n} 为预测年人口数;P^t 为 t 年人口数;n 为 t 年到预测年的年份数;Y 为人口年均增长数。

基于 0 年和 t 年的人口数量,人口年均增长数 Y 的计算公式为

$$Y = (P^t - P^0)/t \tag{10-2}$$

线性预测也可用人口年均增长率(r)公式,公式为

$$P^{t+n} = P^t(1 + n \cdot r) \tag{10-3}$$

$$r = (P^t/P^0 - 1)/t \tag{10-4}$$

2. 应用方法与实例 例如,假设我国 1964 年人口为 7 亿,年自然增长率为 2.6%,即每年净增人口为 0.18 亿,则 1990 年人口为 $7 + (0.18 \times 26) = 11.68$ 亿人。

从以上计算可知,用算术级数法预测人口,方法简单,计算方便。但由于影响人口增长变化的因素很多,不可能在一个比较长的时期内,每年的人口都按照一个绝对量增加。所以,此法预测短期的人口变化是可行的,预测较长时间的人口增长则误差较大。

(二)指数预测模型

1. 数学模型的来源与表达形式 人口的指数预测模型,即 Malthus 人口增长模型,其基本的含义是人口呈几何级数增加,其初始模型可用复利公式表达。如果每年的人口出生率、死亡率、迁入率、迁出率不变,那么每年的人口增长率也是不变的。即可以用一个不变的自然增长率,用复利公式,根据基期人口数推算未来各年的人口总数。建模思路如下:假定 $t_0 = 0$ 年的人口为 P_0,人口年均增长率 r,则 t 年的人口 $P(t)$ 为

$$P(t) = P_0 \cdot (1 + r)^t \tag{10-5}$$

经过简单的数学变换,式 10-5 的通用项可以化为指数形式,公式为

$$P(t) = P_0 \cdot e^{rt} \tag{10-6}$$

式 10-6 便是著名的 Malthus(1798)人口增长模型。假定变量连续,求导得到齐次方程为

$$\frac{\mathrm{d}P(t)}{\mathrm{d}t} = rP(t) \tag{10-7}$$

显然式 10-6 是微分方程式 10-7 的特解。

2. 应用方法与实例 指数模型的应用方法非常简单,将模型线性化,然后采用普通最小二乘(OLS)法进行线性回归运算即可实现数据的模型拟合和预测分析。以世界城市人口的增长为例进行具体说明(陈彦光,2006)。原始数据资料来自联合国,数据的时间间隔即取样时间步长为 5~25 年不等,这并不影响模型的拟合。一共有 15 个观测值,时间跨度是 200 年。采用前面 13 个数据(1800~1990 年)建模,后面两个数据点用作预测对比。为了处理方便,将公元纪年式的年份 n 转化为时序 t。借助 Excel、SPSS 或者 Matlab 等数学或者统计分析软件容易对有关数据进行回归分析。利用原始数据点做散点图,点列具有指数上升趋势;然后以时序为横坐标、以人数的对数值为纵坐标做直角坐标图,点列具有线性分布特征。经过多种模型的匹配效果比较,发现指数增长模型拟合效果良好。基于回归计算的结果可得模型为

$$P(t) = 32.676 e^{0.0215 t} = 32.676 e^{0.0215(n-1800)} \tag{10-8}$$

式中,n 表示公元纪年;t 表示时序。模型的拟合优度即测定系数为 $R^2 = 0.9808$,线性化模型的标准误差为 $s = 0.2062$。拟合优度和标准误差检验不成问题。由于 1995 年和 2000 年两个年份的数据没有参与回归,比较观测值和计算值可以发现模型的预测基本令人满意。尽管局部效果不太理想,但宏观趋势依然可取,也就是说较长期的预测比较可靠。

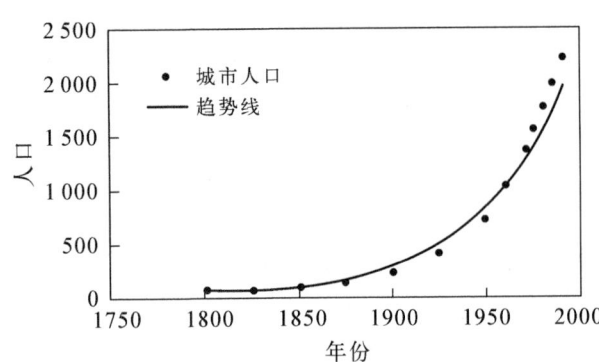

图 10-1 世界城市人口增长及其指数拟合曲线

资料来源:陈彦光(2006)

（三）Logistic 预测模型

1. 数学模型的来源与表达形式 Logistic 预测模型又叫阻滞增长模型。指数模型虽然在一定时段适用，但从长远看肯定是不符合实际的——正如恩格斯所说，大自然决不会让一棵树长得刺破了天——人口的增长必将受到环境的约束，为此需要在式 10-7 中加上一个表征环境约束因子的二次项 $qP(t)^2$，从而得到二阶 Bernoulli 式齐次方程为

$$\frac{\mathrm{d}P(t)}{\mathrm{d}t} = rP(t) - qP(t)^2 = rP(t)\left[1 - \frac{P(t)}{P_m}\right] \tag{10-9}$$

式中，q 为约束参数；$P_m = r/q$，表示区域饱和人口，即最大人口容量。

式 10-9 便是著名的 Verhulst 方程形式，数学生物学家 Verhulst（1838）最早将上述方程引入虫口-人口预测。此方程有三个参数，但利用 Excel 或者 SPSS 等比较容易拟合。方程式 10-9 的初始条件和饱和条件分别为 $P(t_0) = P_0$，$P(t) \leqslant P_m$，解之得到著名的 Logistic 预测模型，公式为

$$P(t) = \frac{P_m}{1 + \left(\frac{P_m}{P_0} - 1\right)e^{-rt}} = \frac{P_m}{1 + \lambda e^{-rt}} \tag{10-10}$$

容易看出，式中参数 $\lambda = (P_m/P_0 - 1)$。

2. 应用方法与实例 Logistic 模型有三个参数，普通的回归无法实现数据的拟合，这就要求灵活地应用 OLS 方法。一个有效的办法是估计一个初始的人口饱和值 P_m，代入式 10-10 的对数转换形式进行回归分析，然后反复调整 P_m 值，直到模型的拟合优度接近最大值。

据陈彦光（2006）研究，美国人口其实是 Logistic 增长。美国从 1790 年至今，每隔 10 年有一次人口普查，积累至今已有 22 个样本点（1790～2000 年）。为了预测对比，采用前面 21 个样本点（1790～1990 年）建模，2000 年的数据用于预测结果对比。将这些数据点标绘到散点图上，发现点列具有 Logistic 曲线特征（图 10-2）。经过多个模型的匹配与比较，发现以 Logistic 函数的拟合效果最好。用时序代替年份，得到 Logistic 模型为

$$P(t) = \frac{312\,000\,000}{1 + 74.328\,4 e^{-0.027\,4t}}$$
$$= \frac{312\,000\,000}{1 + 74.328\,4 e^{-0.027\,4(n-1790)}} \tag{10-11}$$

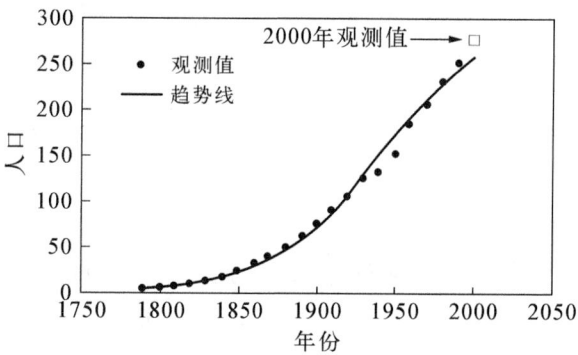

图 10-2 美国人口增长及其 Logistic 拟合曲线

资料来源：陈彦光（2006）

式中，t 为时序；n 为公元纪年。测定系数 $R^2 = 0.996\,3$，线性化模型的标准误差 $s = 0.105\,9$。结果显示，模型的计算值与观测值也大致吻合。从图 10-2 可以看出点列与计算值形成的趋势线总体匹配效果良好，但用它预测 2000 年的人口却有较大的出入。尽管如此，较之西方学者采用的指数预测的效果要准确很多。

三、人口结构的因素预测模型

（一）人口平衡方程

20 世纪开始，人们意识到数学模型预测人口总数过于粗糙，而倾向于采用因素法进行人口预测，发展形成了人口结构的因素预测模型。即将人口总体进行因素分解，按性别、年龄、城乡或区域结构分组，进行出生、死亡、迁入和迁出的计算，其计算结果不仅能获得未来一定时间的人口总数，还能获得未来人口结构的数

据,对区域社会经济规划、土地利用规划、城乡建设规划具有更大的基础价值。这一模型包括两个基本部分：① 人口性别与年龄构成的预测；② 城乡或区域的人口迁移——迁入和迁出的预测。描述人口数量及其结构变化的是人口平衡方程,公式为

$$P^t = P_0 + B - D + I - E \tag{10-12}$$

式中,P_0、P^t 分别为预测期初和预测期末的人口数,B、D、I、E 分别为预测期内的出生数、死亡数、迁入人数和迁出人数。

（二）人口年龄移算法

在人口平衡方程中,预测人口性别与年龄构成的基本方法是人口年龄移算法,即按年龄别进行移算或按年龄组别进行移算。年龄的分组一般是 1 岁间隔或 5 岁间隔。由于男性和女性的年龄组别死亡率不同,男性和女性分别按年龄组别进行计算。人口的预测采用逐年计算,即用基期年初（或年末）的人口预测次年年初（或年末）的人口,以此逐年推算。0 岁组和 0 岁以上组预测方法不同。预测年 0 岁组人数是前一年所有育龄妇女（15～49 岁）按年龄组别生育率生育的总和；预测年 0 岁以上组年龄组别人数是前 1 年小于 1 岁人数按年龄组别存活率淘汰存活的结果。

以 1 岁间隔为例,以 x 表示年龄（ω 表示最高年龄）,P 表示人数,S 表示存活率,B 表示出生率,D 表示死亡率,f 表示育龄妇女生育率,h 表示活产女婴占总活产婴儿的比例（通常为 0.483～0.493）,S_{b0} 表示活产婴儿到 1 岁之前的存活率,F 表示女性,M 表示男性。例如,FP_{x+1}^{t+1} 表示 $t+1$ 时刻 $x+1$ 岁的女性人数。

1) $t+1$ 年 0 岁人数的预测方程为

$$FP_0^{t+1} = FB^t \cdot FS_{b0} \tag{10-13}$$

$$MP_0^{t+1} = MB^t \cdot MS_{b0} \tag{10-14}$$

式中,t 至 $t+1$ 时期内出生人数的计算方程为

$$FB^t = h^t \cdot \sum_{x=15}^{49} f_x^t \cdot FP_x^t \tag{10-15}$$

$$MB^t = (1-h^t) \cdot \sum_{x=15}^{49} f_x^t \cdot FP_x^t \tag{10-16}$$

2) $t+1$ 年 0 岁以上年龄组别人数的预测方程为

$$FP_{x+1}^{t+1} = FP_x^t \cdot FS_x^t \quad x = 0, 1, 2, \cdots, \omega-1 \tag{10-17}$$

$$MP_{x+1}^{t+1} = MP_x^t \cdot MS_x^t \quad x = 0, 1, 2, \cdots, \omega-1 \tag{10-18}$$

式中,年龄组别存活率是年龄组别死亡率的扣除,计算公式为

$$FS_x^t = 1 - FD_x \tag{10-19}$$

$$MS_x^t = 1 - MD_x \tag{10-20}$$

3) $t+1$ 年总人口的预测方程为

$$P^{t+1} = FP^{t+1} + MP^{t+1} \tag{10-21}$$

式中,女性和男性总人口预测方程为

$$FP^{t+1} = FP_0^{t+1} + \sum_{x=0}^{\omega-1} FP_{x+1}^{t+1} \tag{10-22}$$

$$MP^{t+1} = MP_0^{t+1} + \sum_{x=0}^{\omega-1} MP_{x+1}^{t+1} \tag{10-23}$$

在完成 $t+1$ 年的预测后,以得到的 $t+1$ 年的人口年龄结构为基数,用相同的方法可依次推算 $t+2$、$t+3$ 年的人口年龄结构。

（三）人口迁移的修正

人口年龄移算法没有考虑人口迁移对城乡之间、区域之间人口数量和结构的影响。$t+1$ 年 0 岁以上年龄组别人数的预测方程中，引入人口迁移的变量，以 G 表示人口的净迁移人数（迁入人口数和迁出人口数的差），将 $t+1$ 年 0 岁以上年龄组别人数的预测方程（式 10-17、式 10-18）修改为

$$FP_{x+1}^{t+1} = FP_x^t \cdot FS_x^t + FG_x^t \qquad x = 0, 1, 2, \cdots, \omega-1 \tag{10-24}$$

$$MP_{x+1}^{t+1} = MP_x^t \cdot MS_x^t + MG_x^t \qquad x = 0, 1, 2, \cdots, \omega-1 \tag{10-25}$$

四、城市人口预测模型

城镇人口规模是城镇用地规模首要的关键指标，城镇用地规模是土地规划的难点，也是城市规划的基础，因此城市人口预测具有特殊的重要性。城市人口预测，可以使用趋势预测模型，即假定已形成的发展趋势保持不变，用一定的数学函数模型外推未来；也可使用因素预测模型，通过对城市和乡村的人口因素（出生、死亡、迁移）做解析，分别预测城市和乡村的人口以及城市化水平。此外常用的方法还有劳动平衡法、职工带眷法、联合国的 URGD（urban-rural growth difference）法等。

（一）劳动平衡法

此法是建立在按一定比例分配社会劳动力的基础上，以基本人口、服务人口和被抚养人口三者之间的比例关系为依据预测未来人口。此法一般适用于城市和城镇型居民点的人口预测。其数学模型为

$$P = \frac{A}{1-(B+C)} \tag{10-26}$$

式中，P 为规划年人口数；A 为规划年基本人口数；B 为服务人口数占总人口的比重（%）；C 为被抚养人口数占总人口的比重（%）。

基本人口指直接参加生产活动的劳动力人数，可根据规划区域的社会经济发展计划加以计算汇总而得；服务人口指从事行政管理和服务性行业的劳动力人数，与居民的生活水平、生活设施的完善程度、居民点性质功能等因素有关；被抚养人口指未成年或丧失劳动能力和没有参加生产活动的人数。

表 10-1 不同城市人口构成

城市分类	人口规模	人口构成 /%		
		基本人口	服务人口	被抚养人口
特大城市	100 万以上	27~32	21~26	42~52
大城市	50 万~100 万	28~33	20~25	42~52
中等城市	20 万~50 万	29~34	19~24	42~52
小城市	20 万以下	31~35	18~23	42~52
工矿区		31~36	17~22	42~52

注：印至国家建委(80)建发城字 492 号《城市规划用地指标暂行规定》。

（二）职工带眷法

此法是根据新建工业项目的职工数及带眷情况而预测，计算公式为

$$P = A\left[W_c\left(1 - \frac{W_{双}}{2}\right)C + W_{单}\right] \tag{10-27}$$

式中，P 为预测期末人口数；A 为规划年职工总数；W_c 为带眷职工的百分数(%)；$W_{双}$、$W_{单}$ 分别为双职工、单身职工占职工总数的百分数(%)；C 为带眷系数。

（三）联合国 URGD 法

URGD 法为联合国人口司主要用于预测世界各国城镇人口的方法，是一种简便和常用的预测方法。假设某地域初始年 t 的总人口、城镇人口、乡村人口分别为 P^t、U^t、R^t；经过 n 年后对应的人口分别为 P^{t+n}、U^{t+n}、R^{t+n}。在此期间城镇人口的指数、乡村人口的指数平均年增长分别为 u、r，则城镇与乡村增长率之差为 $d = u - r$。

因 $U^{t+n} = U^t \cdot e^{un}$，$R^{t+n} = R^t \cdot e^{rn}$，所以有

$$U^{t+n}/R^{t+n} = U^t \cdot e^{un}/R^t \cdot e^{rn} = U^t \cdot e^{dn}/R^t \tag{10-28}$$

$$U^{t+n}/P^{t+n} = U^{t+n}/(R^{t+n} + U^{t+n}) = (U^{t+n}/R^{t+n})/(1 + U^{t+n}/R^{t+n}) = (U^t e^{dn}/R^t)/(1 + U^t e^{dn}/R^t) \tag{10-29}$$

使用初始年 t 的城镇化水平 U^t/R^t 和 t 至 $t+n$ 的 d 值，就可以得到各年的该地域的城镇化水平值。如果有该地域的总人口预测数，在乘以当年的城镇化水平，就得到各年的城镇人口预测数，从总人口数中减去城镇人口数，就得到乡村人口预测数。在以上预测的基础上，可以利用差别消灭法，进一步确定城镇、乡村人口的性别、年龄结构。

第二节　人口遥感、制图与 GIS

一、人口遥感

（一）人口遥感概述

人口数据对于各级政府部门制定决策有着十分重要的意义。我国的人口普查每 10 年进行一次，这种综合性的人口普查精度虽高，但周期长，工作量大，成本高。因此，我国在两次人口普查的中间年份进行一次人口状况的简易普查，即 1% 人口抽样调查。此外，每年进行一次人口变动抽样调查，抽取比例约占全国总人口的 1‰。但抽样调查只能获得宏观的人口数据，不能获得局部的人口数据。因此，我国人口统计不能完全满足对人口信息日益增加和多样化的需求。

自 20 世纪 60 年代开始应用遥感方法估算人口，其使用日益广泛。由于人口分布与土地利用类型、建筑物类型等分布密切相关，而这些信息可通过遥感图像获取，因此，我们可以在建立人口数量与这些要素关系的基础上，间接地对人口分布进行估算。利用遥感方法进行人口估算，一方面成本较低、工作量较小，能及时有效地提供最新的人口估算；另一方面，通过对小区域遥感图像的研究，能反映小区域人口空间分布信息。人口遥感估算精度有限，不能替代人口普查，但在一定程度上弥补了传统人口数据统计方法的不足，是其有效的补充和辅助手段。

人口遥感估算方法常用的有 4 种，即居住单元法、建成区面积估算法、土地利用密度法和多光谱遥感影像分析法。其中，利用多光谱遥感影像、土地利用密度法估测城市人口，不仅可以得到城市总人口，还可得到城市内部人口分布、土地利用、功能区结构等有关资料，这些资料对于城市规划、建设和环境保护等都是极有价值的。另一方面，通过遥感技术可估测出一个地区的总人口，反过来也可以通过该技术将总人口进行地理空间分布化，使人口信息带有地理分布属性，便于人口数据与其他数据（如环境、资源等数据）在统一基底下进行复合，给综合评价一个地区的生态环境提供依据。

(二) 人口遥感估算方法

1. 居住单元法 居住单元法的基本原理是:估算人口数＝居住单元数×每户平均人数,其计算公式为

$$P = N_1F_1 + N_2F_2 + \cdots + N_nF_n$$

式中,P 为总人口数;N 为每户平均人口数;F 为户数;$1,\cdots,n$ 为不同的住宅类型。

为准确地进行住宅计数,应利用大比例尺航空遥感图像工作。在城区,分析建筑物的布局及结构特征,根据屋顶的形状及结构先将住宅与其他建筑区分开,再将不同住宅的类型分开,然后对不同类型的住宅分别进行住宅数统计,户数主要根据阳台数统计,注意一户有两个阳台的情况。由于航片中有的房屋类型不易识别或存在拍摄死角,实际作业中,应将判读与抽样调查结合起来进行。在乡村,住宅比较分散,户数比较容易统计。

每户的平均人数主要通过实地抽样调查获得,或从最近一次的人口普查资料中获取,估计出生率、死亡率等数据。

目前,用居住单元法来估算人口是最精确的方法,但工作量较大,最适合于农村。

这种人口估算方法也有一定的局限性。在一些热带地区或一些湿润的中纬度地区,住房通常被植物遮挡,这给住宅计数带来了困难。另外,要利用这种方法达到比较高的估算精度,要求解译人员需要有丰富的相片判读经验和熟练的相片判读技术,以及熟悉研究区域的情况。

2. 建成区面积估算法 Holtz 等认为城市人口数量与 4 个变量有关,即建成区面积、交通运输线、与最邻近城镇的距离以及最邻近城镇的人口。对于不同规模的城市来说,人口数量与建成区面积的关系最为密切,因此,可利用建成区面积估算城市人口。据测量,在我国每增加一个城市人口,需增加 $100\ m^2$ 的城镇用地(大城市为 $70\sim 80\ m^2$,中小城市为 $100\sim 110\ m^2$)。第五次人口普查数据计算得出 2000 年全国 600 多个城市平均人均用地为 $82\ m^2/人$。

20 世纪 70 年代,罗楚鹏(LCP)和韦尔契利(Welch R.)利用陆地卫星图像对中国广州、杭州和沈阳等 13 个城市建成区面积进行量算,并结合 1964 年人口普查数据,建立了城市人口预测的双对数模型,公式为

$$\lg P = 5.330\ 4 + 0.413\ 7\lg A$$

式中,P 为估计人口数;A 为建成区面积。

这种估算方法首先要建立建成区面积和城市人口数量的关系,也就是人口数量的预测模型。选择合适的采样区,利用陆地卫星图像对其中建成区的面积进行量算,根据已知的统计人口数和回归出模型中的系数,就可以利用这个模型对各城市的人口进行估算。由于人均用地的区域差异与城市规模差异比较明显,因此建立的模型应具有区域性,不可能全国所有城市用同一个预测模型。同时,模型的精度决定了人口估算的精度。

该模型方法适用于 50 万～250 万人口的大城市的总人口估算。用建成区面积估算人口是把建成区的人口密度看成均匀的,而实际并非如此,因此这种方法不能用来估算大城市中局部区域内的人口数量。

3. 多光谱遥感影像分析法 利用航空遥感的多光谱数据也可以估测人口。多个传感器同时获得多光谱影像,根据每一个传感器分别对应于可见光谱与红外光谱中某一特定波段的光辐射,不同波段的影像有不同的解译地面景物的功能。通过对城市不同地景类型的校准样本进行多光谱分析,建立多元统计模型;在此基础上,判释建成区与近郊区所有未知地景的性质,测算出具有不同人口密度的各类地景的面积,从而在可以接受的误差范围内估算城市人口。其工作程序主要有四步,即建立样本系统、样本分析、地景判析、人口估测。

地景的具体分类可由城市土地利用和功能分区的情况决定。在我国,城市地景一般可以为居住区、商业区、工业区、交通运输区、行政文化区、仓储区、公用绿化和水体八类。不同的地景类型,人口密度不同,多光谱数据可以反映其差别。城市(或城市内某一区域)的总人口数计算公式为

$$P = \sum_{i=1}^{n} a_i L_i$$

式中，P 为城市估算人口；a_i 为 i 类地景的人口密度(据已知调查样本)；L_i 为 i 类地景的总面积。

多光谱遥感影像分析的关键环节之一是样本系统的建立，其准确与否直接影响地景的分类。因此作为样本的地景在选取时，除了具有已知光谱统计特征外，更重要的是要有代表性。

在地景样本分析中，样本观测资料分别取自于人口密度调查和遥感影像光谱分析。应当注意，各类地景样本的人口密度调查应选取同样的时间横断面，顾及人口的流动性，数据应取多次调查的平均值。为确保样本的校准功能，应对样本遥感影像进行多变量分析。针对每个样本在各个波段影像中所反映的地景光谱信号，运用光密度计的扫描和假色增强技术，对每个样本的一套多波段影像进行处理，获得各波段色调密度值。利用各波段影像的色调密度特征值和光谱曲线的分布特征值，采用多元统计分析方法，建立地景的综合判释模型。

该方法在实际使用之前，应对综合判释模型进行检验：在各类地景中选取有代表性的地块，实际量测其面积并统计其人口，然后与估测值相比较。若两者间的平均误差小于允许值，则可以使用，否则需对模型进行调整。

该方法的使用，引起较大误差的因素主要有如下几方面：① 某些不同地景的光谱特征比较相似，因而可能产生误判。在这种情况下，应重建地景样本系统，将光谱特征相似的地景归为一类。② 在绿化较好的城市里，树木覆盖度较高，给地景判释带来一定困难。为了消除其影响，可选用冬天树叶落后的遥感影像。③ 样本人口密度调查与实际有较大出入。这种情况多发生在人口规模较大的城市里，那里人口的空间分布比较复杂，流动性大，样本调查的代表性不强。这就要求调查者真正把握人口分布与流动的规律，尽量给出接近客观实际的数据，并根据样本的特殊性，适当修正调查结果。

4. 土地利用密度法　　在城市，不同的土地利用类型具有不同的人口容量，因而人口密度不同。利用这一原理可估算人口，人口与土地利用类型之间的关系为

$$P = \sum_{i=1}^{n}(A_i D_i)$$

式中，$A_1, A_2, \cdots, A_n$ 为各土地利用类型的面积；$D_1, D_2, \cdots, D_n$ 为土地利用类型对应的人口密度；P 为总人口数。

土地利用类型的划分是以居住区人口密度的差异为依据。具体做法是：判读航空相片，首先区分居住地与非居住地，在居住地内再区分各种住宅类型，勾画出各种住宅类型的边界；然后量算出各种住宅用地的面积，将各种住宅类型的面积与抽样街区对应住宅类型统计的平均人口密度相乘，即得各类住宅类型的估算人口；各住宅类型的估算人口之和即为全区的总人口。

土地利用密度法估算人口的关键步骤一是获取样区各类住宅类型的人口密度，二是比较准确地进行住宅分类并得到各类住宅的面积。土地利用密度法的优点是思路清晰、计算简单；缺点是抽样街区的选择比较困难。

针对抽样街区的选择比较困难这一问题，目前有学者对土地利用密度法进行了一定改进，即不用抽样街区而估计出各类住宅的人口密度。估算各类住宅人口密度的原理为：在某个区域中，每种居住类型的面积、人口密度和其人口数之间存在一定的数学关系，通过这种数学关系就可以求出每种居住类型的人口密度。假设某城市有 j 个已知人口的区域（如居委会），$j=1,2,\cdots,n$；每个区域的人口数为 P_j；每个区域有 i 种居住类型，$i=1,2,\cdots,t$；每种居住类型的面积为 a_{ji}；每种居住类型的人口密度为 x_i，则有

$$P_j = \sum_{i=1}^{n}(a_{ji} x_i)$$

当已知区域的个数大于居住类型数时就可以利用最小二乘原理求出所有区域内与统计人口数误差最小的各类住宅类型的人口密度估计值。该方法不需要实地抽查人口密度，减少了估算的工作量，建立的数学模型没有抽样的随机性误差影响，结果从整体上达到了最优。

根据土地利用密度法估算人口，不仅可以得到城市人口总数；当确定了每种居住类型的人口密度时，可以制作基于居住类型的人口密度分布图，还可以得到土地利用和功能区结构等有关资料，这些资料对于城市规划、建设和环境保护等都具有重要的意义。

二、人口制图

(一)人口地图的类型

按人口的地理分布情况标明有关人口各种情况的地图称为人口地图。人口地图是研究人口空间分布的重要手段和工具之一。通过人口地图可以一目了然地看出各地人口数量多少、密度大小、不同人种与民族的分布范围,以及城乡居民点的形状、规模与地理位置等。

(1) **人口分布图** 反映人口数量分布的地图,通常用定点符号法或点值法表示。定点符号法用符号的大小(绝对比例符号或相对比例符号)表示某一居民点或某一范围内的人口数;点值法表示用点数表示某一范围内的人口数,图上每点代表某一单位值,以点数疏密表示人口数量的区域差异。

(2) **人口密度图** 反映人口密度空间分布的地图。预先计算出各行政区人口密度(即每平方千米人口数),然后按行政区分布情况显示出来。人口密度还可按人口与耕地、与资源量、与经济产量的比值,绘制人口经济密度图。通常用分级比值法表示,即把人口密度分成几个等级,每一等级用一种颜色或一种样式表示。不同等级的颜色或样式必须由浅至深,由疏至密,层次分明。也可绘制成等值线图。

(3) **人口结构图** 反映人口的构成,如不同年龄的人口、不同性别的人口、不同文化程度的人口等,通常用结构符号法表示,如饼状图,符号的大小反映总人口的数量级别,符号内按人口构成比例分成几个部分,每一部分用不同的颜色或样式表示。

(4) **人口变动图** 有两种类型,一种是人口增长率地图,一种是反映不同年份人口数的地图。人口增长率地图常用分级比值法表示。反映不同年份人口数的地图通常用定点符号,如直方图表示,每一直方条表示一个年份的人口,直方图的颜色和样式可以改变。

(5) **居民点形状图** 即按居民点外形特征,根据实测绘制于相应的地形图上,一般需采用大比例尺地形图。

(6) **居民点景观图** 即根据居民点与地理景观的关系而显示出来的居民点类型图。例如,位于河谷的居民点、位于山麓的居民点、位于交通枢纽的居民点、位于港口的居民点等,由于地理条件不同,其形状、建筑排列、交通线路的布置等,均各有不同。

(7) **民族分布图** 按民族区分,分别以不同符号为标示,再按其实际分布地区显示出来。

除上述主要的人口地图类型外,还可把不同类型的人口情况综合反映在一张图上,如以人口密度图为基础,将人口总数、人口构成等内容用定位结构符号表示,叠加至人口密度图上,产生信息更为丰富的组合地图。

(二)人口制图过程与方法

人口地图的编制是把有关人口的统计资料经过整理后,选择或设计适当的表现方法,绘制成为以地图为背景的图像,反映人口分布区域差异规律和发展趋势。

目前人口地图的编制一般采用计算机地图制图技术,即数字制图技术。计算机地图制图是根据地图原理,以电子计算机的硬、软件为工具,应用数学逻辑方法,研究地图空间信息的获取、变换、存储、处理、识别、分析和图形输出的理论方法、技术工艺,模拟传统的制图方法,进行地图的设计和编绘。常用的软件有 MapInfo、ArcView、Atlas graphic、MapCAD 等。数字地图制图的基本流程可分为四个阶段,即编辑准备阶段、数字化阶段、数据处理和编辑阶段、图形输出阶段。

下面对"中华人民共和国人口电子地图集"系统中的电子地图制作子系统做一简单介绍。

电子地图制作子系统可以选择单项或多项人口指标来设计创作各类图层,建立专题地图。具体包括读取外部数据(空间数据和属性数据),调用系统的地图符号库,将制图数据转化为可视化的地图图形,并能对其编辑修改,自动生成图例和进行地图整饰。最后设置图层控制信息和其他电子地图的样式等。

电子地图制作子系统由专题制图模块、地图符号库、地图色彩库、地图图例制作和地图输入/输出五个模块组成。

人口专题制图是制图的核心模块,专题制图包括分级制图和统计制图两种。系统使用地图符号库、色彩库来辅助地图分级制图,表达单一人口指标的区域分布规律;同时,采用模板和向导技术,设计结构化的统计符号模型用于统计制图,通常表达多项人口指标的数量、质量、变化与对比。统计制图符号共分9大类36小类,如柱状统计图、饼状统计图、环状统计图、金字塔形图、球状图等。用户可以选定图表基本类型,还可以在子类型中选择符号的显示效果,如立体效果、渐变色效果等。

系统的符号库包括点符号、线符号和面符号库。点符号库采用矢量符号和栅格符号结合的方式,还可细分为制图符号、几何符号、环境符号、气象符号等,也可以进行扩充。色彩库选用了红、蓝、绿、褐、青、品、紫、天蓝、黄等11种从浅到深渐变的地图色系。

专题制图模块设计了"专题制图向导",内设制图模板,提供给用户统计符号类型、地图符号库和色彩库、图例及图名编辑器,使不了解地图制图原理的用户也能通过简单的步骤进行制图。

三、人口地理信息系统(PGIS)

人口地理信息系统属专题性和应用层次的GIS。人口地理信息系统是按照地理空间信息的数据结构对人口数据以及其他社会经济数据进行有效的组织管理,并面向实际应用的属于边缘学科的技术系统,它同时连接人口等关系型数据库和地理空间数据库,并实现人口等数据与地理空间数据的相互匹配。

我国第五次人口普查首次提到建立人口地理信息系统。一方面是商业公司和政府组织已经意识到人口信息的重要作用及商业价值,把它列入影响决策科学性的一个因素。另一方面地理信息系统所具有的独特方法可以用来很好地分析人口现象,这是提高人口普查数据利用价值的一种新的尝试。在我国最早有石家庄的试点建设,然后青岛、上海等地也相继建立了城市一级的人口地理信息系统。以下以青岛市人口地理信息系统为例,对人口地理信息系统的建设与应用做一简单介绍。

青岛市人口地理信息系统是根据青岛市统计局的实际业务需要,以青岛市第五次人口普查资料为核心,并涵盖改革开放以来有关人口、工业、农业、第三产业、交通、科技、教育、旅游、外贸等宏观时序的信息资料,采用"分级分层"模式设计,按市级、区级、街道与乡镇级、居委会与村委会级、调查小区级五级地理区划统一存档、分析和管理,集人口与地理要素复合分析于一体,具有较强预警、预报、预测和评估功能。

(一)设计目标

通过人口地理信息系统的建设来探索人口信息的管理和应用模式,促进人口信息得到高效的管理和广泛、深入的应用。

(二)原理与方法

1. 人口地理信息系统的原理 在人口地理信息系统中,应用的核心技术是地理信息技术。地理信息技术指GIS学科中用来分析空间数据关系时所使用的独有技术(如专题图、缓冲区分析等)。地理信息系统指反映人们赖以生存的现实世界(资源与环境)的现势和变迁的各类空间数据及描述这些空间数据特征的属性,在计算机软、硬件支持下,以一定格式输入输出和综合分析应用的技术系统,其分析和研究的对象包括空间数据及其相对应的属性数据。在GIS中,把现实中的空间对象进行抽象,提炼成点、线、面、体四种类型,然后将它们置于严格的坐标框架中,所以这些对象便有了几何特性及关系,为其他分析提供了数学基础。例如,点有地理坐标(x,y)可以计算距离,两条线可以分析它们平行或相交关系等。正是有了这些处理,使得现实世界可以有简单而准确的表达和反映方式。不但如此,为了更贴切地反映现实世界,在GIS中还可以研究空间对象的属性特征。例如,现实中的一条道路,把它抽象成一条线,但同时赋予这条线以名称、宽度、等级、走向等属性。

人口学的研究对象是具有地域分布特性的人,因此,地理信息系统是一个很好的直观而又形象地表达人口地域情况的工具。具体的实现途径为:把普查中的地理对象即省、市、县等区划以及常用的地理要素(道路、地物)作为系统的几何对象,另外把普查中调查的所有人口或户籍的信息作为这些对象的实际含义即属性信息;利用各自唯一的编码把它们相互对应起来,这样便实现了人口信息与地理信息的结合,便可以利用地理信息系统的分析方法反映出人口规律。

2. 人口地理信息系统的分析方法

(1) **缓冲区分析** 缓冲区指目标周围一定范围的区域,如某一个点周围100 m的范围,或某一条道路周围20 m的范围等,在应用过程中主要是用来提供目标对象在这一区域范围内所关注对象的状况。例如,我们想找到某一街道周围50 m范围内的人口数量,可以利用缓冲区技术得到这一街道周围50 m的最小地理单位,即调查小区,然后统计出人口总数。

(2) **叠加分析** 叠加分析在GIS中指将多个图层的特征相互叠加产生新的地图特征的过程。一般是根据实际的意义将研究对象分层存储,如将市一级的行政区划作为一层、将教育设施等作为一层。当我们需要研究它们之间的关系时,便通过叠加技术来分析。

(3) **专题图技术** 专题图是分析结果或者属性数据直观形象化的一种可视化手段,即借助于范围图、直方图、饼图、等级符号图、点密度图等从地图上来表达分析的结果。例如,我们可以通过颜色等级图来反映人口数量的分布情况。

(4) **路径分析(拓扑分析)** 路径分析主要是为了分析两个目标点之间的最短路径,这里的最短路径是一种广义上的含义,可以指距离最短,也可以是特定含义上的最短。例如,需要在两个地点之间发传单,我们希望经过的这条路线人口数量最多,所以可以将人口数量的倒数作为路线的权重来做最短路径分析。

(5) **数据库技术** 数据库技术主要是利用先进的数据处理方法来处理庞大的人口源数据,这也是人口地理信息系统建立的基础和保障。

3. 建立过程 人口地理信息系统建设流程主要包括以下几个步骤:① 确定系统设计目标;② 软硬件资源分析;③ 数据采集与预处理;④ 数据输入;⑤ 数据处理与分析;⑥ 成果输出与应用(图10-3)。

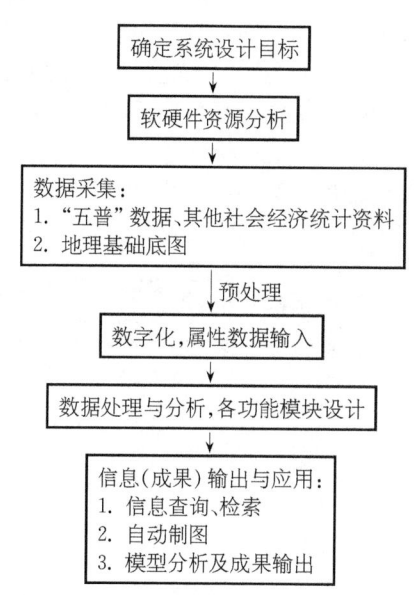

图10-3 人口地理信息系统建设流程图

(三) 结构与功能

按"分级分层"的建设模式,总体上将人口地理信息系统分为宏观和微观两个级别(图10-4)。宏观层次

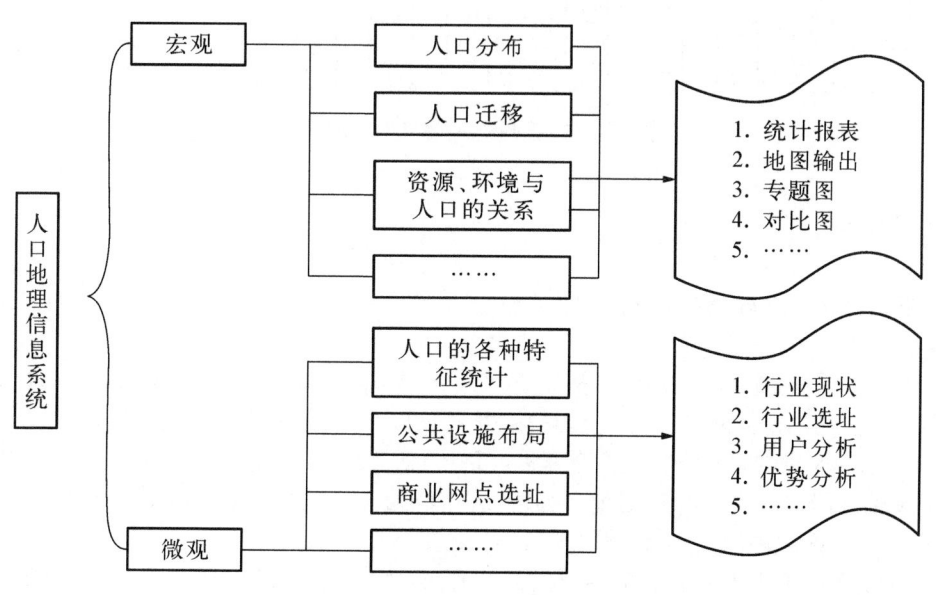

图10-4 人口地理信息系统的功能

适合于国家级和省级的人口地理信息系统,主要是从宏观层面上来了解人口的各种信息,如一个国家的人口分布、人口迁移趋向等,同时可以结合其他方面的数据,如资源分布数据、环境数据、工业分布数据、土地利用数据等,进行叠加分析。充分利用地理信息系统直观形象的优势来反映这些要素之间的联系。微观适用于城市级的人口地理信息系统建设,这也是人口地理信息系统最有作为的地方,通过人口地理信息系统可以详细了解一个城市的人口在各区县、各街道的分布等,而且可以结合城市的基础设施数据(如学校、医院、道路交通等)为各种规划、选址以及网点布局提供具有一定参考意义的报表、图纸等。

在每个级别上,采用三层结构,即数据层、分析层和应用层(图10-5)。数据层包含整个系统所涉及的各种数据,其中主要分为两类,一类是地理数据,如各级普查区域图、城市的道路图等;另一类是人口与其他社会经济数据。这层主要用关系型数据库来存储人口和其他社会经济数据,并在此基础上建立数据仓库;而地理数据则采用GIS中的矢量和分层结构来组织和存储。分析层起着联系和过渡的桥梁作用,主要负责将应用层中需要使用的方法进行抽象概括,最后生成通用的方法接口。例如,应用中经常用到缓冲区分析,所以应在分析层中定义好各种缓冲区的生成方法。应用层是各种实际应用的定义部分,包括应用的定义、要求及其表达方式。这一层应该是开放的,随着实际应用的扩展和深入而不断得到充实和完善,其基本的功能包括城市综合信息的GIS应用功能(地图的漫游、放大缩小、查询、专题图生成等)、人口及其他数据的统计汇总、报表生成,选址分析、客户群分析、人口等信息的网络发布等。

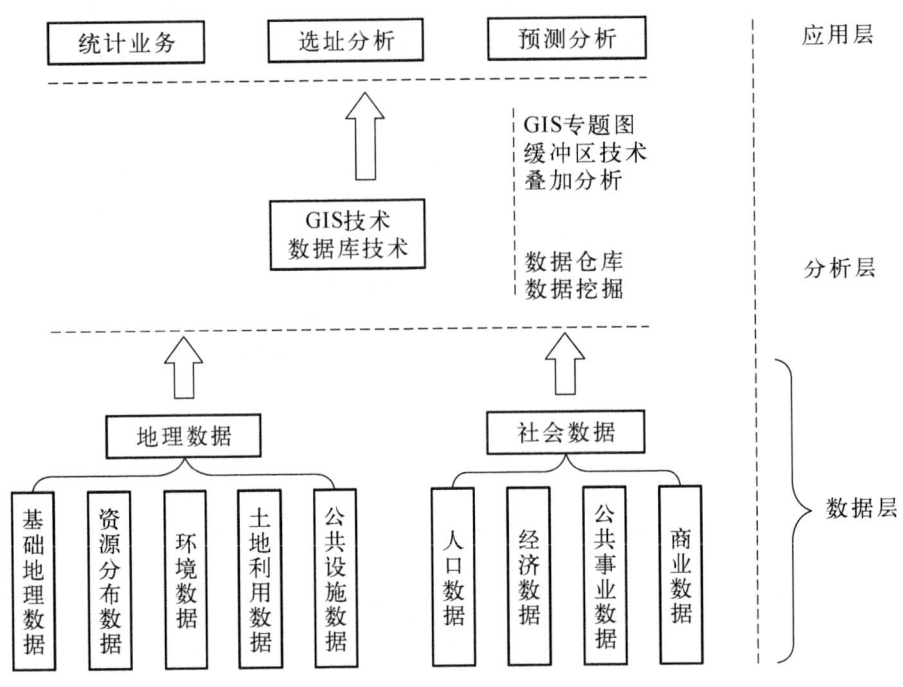

图10-5 人口地理信息系统的结构

(四) 应用实例

因为有着强大而充分的数据支持,再加上地理信息系统特有的功能和分析技术,人口地理信息系统可以在很多领域得到应用。

1) 政府公共设施的规划与选址分析。例如,道路系统及其他各类管线管网的路线规划,城市用地类型规划,城市土地定价分析,教育设施、医疗保健设施、娱乐设施、生活服务设施的选址等。

2) 商业机构市场前景与客户分析的信息咨询。例如,快餐店、商场、广告牌的选址,报纸销售网点、银行自动取款机、邮政报刊亭的设立,书店、房地产公司、超市以及连锁店的服务半径分析和潜在的客户群规模、分布和特征分析,特定区域内的竞争对手分析等。

3) 可持续发展系统强有力的分析工具。我国目前正在实施可持续发展战略,然而它是一个庞大而复杂的巨系统,因而需要各种先进有力的分析方法和手段。利用人口地理信息系统可以将人口、资源、环境以及社会经济数据都结合在一起,通过地理信息系统的空间分析手段得出人口、资源、环境和社会经济的现状分布情况,进一步对现状进行分析和评价,同时结合复杂系统的分析方法来建立各种模型,找出和发现可持续发展系统的规律和发展趋势,最后以此为基础,分析和提供可持续发展决策所需的依据与政策建议方案。

下面通过青岛市老年社区布局这一具体例子来探讨和分析人口地理信息系统在现实中的应用。

1. 目标说明 一般来说,老年社区应该布局在老年人口相对集中和老年人生活的各种设施(如医院、生活用品服务机构等)相对集中的地区。

2. 实现方法 先找到老年人口集中的地方,统计各居委会年龄大于60岁的人口总数,然后将该结果作为居委会图层的一个属性,并以该属性的值作专题图(图10-6)。通过该专题图可以很明显地看出老年人口的分布情况。然后找到老年人口集中的地方周围相关设施的分布情况(在这里仅以医院为例),将医院的分布图叠加到该专题图上(图10-7)。再将分布在老年人口相对集中的地方的医院作为候选点,并对参考点作一定半径(如1 km)的缓冲区,然后统计各个缓冲区内包括的老年人口数。将统计结果排序,我们便可以很容易地找到候选目标(图10-8)。

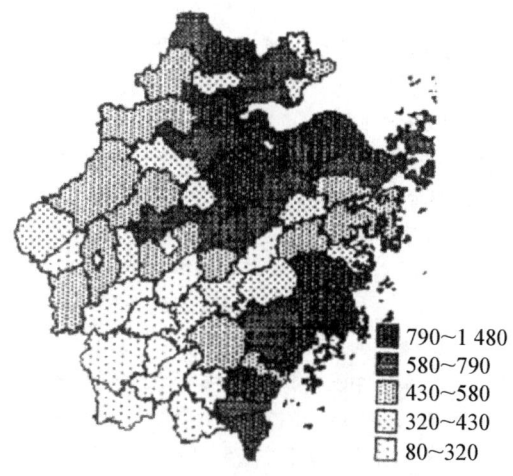

图10-6 老年人口分布专题图

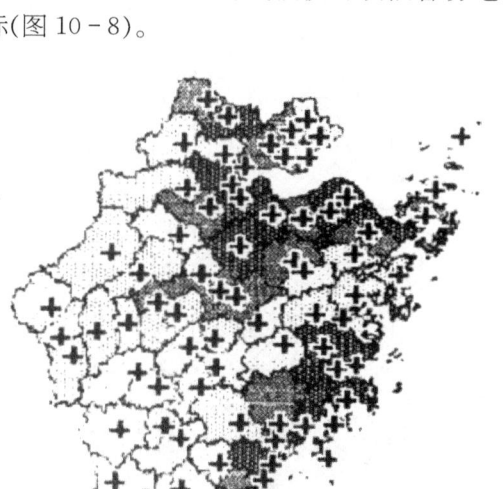

图10-7 叠加医院分布图的结果

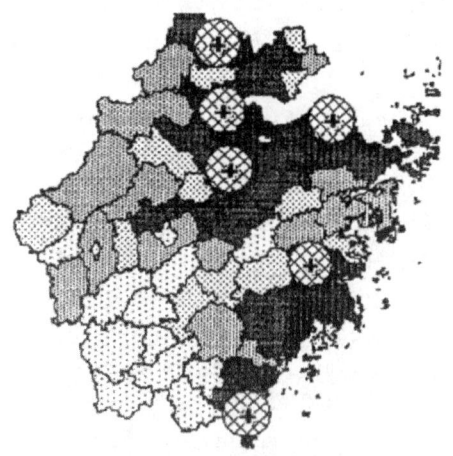

图10-8 候选目标的缓冲区分析

参 考 文 献

阿尔弗雷·索维. 1983. 人口通论(上册). 北京：商务印书馆：55~56.
安介生. 2004. 历史时期中国人口迁移若干规律的探讨. 地理研究, 23(5)：667~676.
布鲁克. 1985. 世界人口——民族与人口手册.//潘纪一, 朱国宏. 世界人口通论. 乌鲁木齐：新疆人民出版社：36,38.
蔡孟裔, 毛赞猷, 田德森等. 2000. 新编地图学教程. 北京：高等教育出版社：265-291.
蔡运龙. 2007. 自然资源学原理. 北京：科学出版社：49~50.
曹建云. 2003. 世界城市化的现状、特点及其发展趋势. 西北人口, (2)：52~54.
陈丽晖. 2004. 水库与移民. 昆明：云南科技出版社：8.
程军, 金晶. 2009. 灾害移民及其安置要点分析. 现代商贸工业, (15)：21.
仇保兴. 2003. 我国城镇化的特征、动力与规划调控. 城市发展研究, 10(1)：4~11, 28~37.
仇保兴. 2005. 国外模式与中国城镇化道路选择. 人民论坛, (6)：42~44.
崔功豪, 魏清泉, 刘科伟. 2006. 区域分析与区域规划. 第二版. 北京：高等教育出版社：18.
地磁场的强弱影响生男生女. 39 健康世界. http://yuer.39world.com/view/221621.html.
段成荣. 1997. 中国人口的地区分布：1933~1995年的变迁. 西北人口, (2).
段进军. 2008. 关于中国城镇化进程的反思. 城市发展研究, 15(4)：28~32.
樊杰, 田明. 2003. 中国城市化与非农化水平的相关分析及省际差异. 地理科学, 23(6)：641~648.
范力达. 2003. 全球化背景下的国际间人口迁移研究. 人口学刊, (3)：21~24.
高洪. 2003. 地区发展差距拉动：我国人口流动的成因分析. 上海经济研究, 2.
戈德斯坦. 1983. 从山地—乡村社会到平原—城市社会. 山地研究和开发, (1).
葛美玲, 封志明. 2008. 基于GIS的中国2000年人口之分布格局研究——兼与胡焕庸1935年之研究对比. 人口研究, 32(1).
国务院人口普查办公室, 国家统计局人口社会和科技统计司. 2011. 2010年第六次全国人口普查主要数据. 北京：中国统计出版社.
辜胜阻, 易善策, 李华. 2009. 中国特色城镇化道路研究. 中国人口·资源与环境, 19(1)：47~52.
管驰明, 姚士谋. 2000. 世界城市化发展趋势展望与思考. 现代城市研究, (6)：13~17.
管述奎等. 1982. 我国食道癌典型病区的地理环境分析. 地理科学, 4.
郭楠. 2006. 吉林省人口城镇化发展战略研究. 东北师范大学硕士论文.
郭尚明, 张本刚. 2003. 人口素质对于经济发展的重要意义. 理论界, 2：30.
郭宇强. 2007. 我国人口的职业结构变化特征分析. 首都经济贸易大学学报, 1：105~110.
郭玉志. 2009. 民进中央提案建议：开展清淤科研公关实施水库清淤工程. http://env.people.com.cn/GB/8945466.html.
郭志仪, 李娟. 2008. 世界人口城市化现状及存在的问题. 西北人口, 29(6)：12~15.
国务院人口普查办公室, 国家统计局人口和社会科技统计司. 2002. 中国2000年人口普查资料. 北京：中国统计出版社：821~824.
侯均生. 1988. 西方社会学思想进程. 沈阳：辽宁人民出版社.
侯西勇. 2008. 1951-2000年中国气候生产潜力时空动态特征. 干旱区地理, 31(5)：723-728.
胡爱华. 2004. 世界城市化的一般规律和我国的实践. 经济问题探索, (9)：115~118.
胡焕庸, 张善余. 1982. 世界人口地理. 上海：华东师范大学出版社.
胡兆亮, 陈宗兴, 张乐育. 1998. 地理环境概论. 北京：科学出版社：139~141.
华淑华. 2009. 世界城市化的历史进程与一般规律. 黑龙江史志, (10)：27~28.
黄晓利. 2006. 试论我国目前人口迁移流动的效果分析, 经济论坛, (2)：48~50.
基思·格里芬. 1992. 可供选择的经济发展战略. 北京：经济科学出版社：153.
贾振邦, 黄润华. 2004. 环境学基础教程. 北京：高等教育出版社：193~197.
姜爱林. 2003. 论城镇化的基本涵义及其特征. 大理学院学报, 2(6)：26~31.
角媛梅, 肖笃宁, 马明国. 2003. 绿洲景观中居民地空间分布特征及其影响因子分析. 生态学报, 23(10)：2092~2099.
金君, 李成名, 林宗坚. 2002. 人口遥感估算方法研究. 测绘通报, (3)：13~15.
柯海玲, 杜佩轩. 2004. 论资源与环境的关系. 陕西地质, 22(1)：84.
库尔斯. 1987 人口地理学导论. 重庆：重庆出版社：12.
李东. 2009. 中国生态移民的研究——一个文献综述. 西北人口, 30(1)：33.
李禾. 2009. 世行报告：水危机导致经济损失已占我国GDP的2.3%. http://www.sciencenet.cn/htmlnews/2009/1/215353.

html.
李辉. 2003. 中国人口城市化综述. 人口学刊, (6): 51~58.
李竞能. 2000. 人口经济理论研究. 天津: 南开大学出版社.
李旭东, 张善余. 2006. 贵州喀斯特高原人口分布与自然环境定量研究. 人口学刊, (3): 49-54.
李仲生. 2006. 人口经济学. 北京: 清华大学出版社: 233~234.
梁中堂. 1995. 人口素质论. 太原: 山西人民出版社.
廖顺宝, 孙九林. 2003. 青藏高原人口分布与环境关系的定量研究. 中国人口·资源与环境, 13(3): 62~67.
刘洪鹄, 刘宪春, 赵晓辉. 2006. 东北漫岗区村落的分布特征分析. 生态与农村环境学报, 22(1): 15~19.
刘洪康. 1988. 中国人口(四川分册). 北京: 中国财政经济出版社.
刘建华, 叶文振. 2004. 我国人口地理信息系统的建设及其应用. 南京人口管理干部学院学报, 18(4): 28-33.
刘培祥. 2000. 世界城市化发展的过去、现在和未来. 山东经济战略研究, (8): 19~22.
刘盛和, 陈田, 蔡建明. 2003. 中国非农化与城市化关系的省际差异. 地理学报, 58(6): 937~946.
刘盛和. 2004. 中国城市化水平省际差异的成因探析. 长江流域资源与环境, 13(6): 530~535.
刘影, 范娜, 于秀波, 等. 基于RS和GIS的鄱阳湖天然湿地边界确定及季节变化分析. 资源科学, 2010, (11): 2239-2245.
刘玉, 冯健. 2008. 中国区域城镇化发展态势及战略选择. 地理研究, 27(1): 45~54.
陆大道, 姚士谋. 2007. 中国城镇化进程的科学思辨. 人文地理, 22(4): 1~6.
吕安民, 李成名, 林宗坚等. 2004. 基于遥感影像的城市人口密度模型. 地理学报, 59(6): 158-164.
吕晨, 樊杰, 孙威. 2009. 基于ESDA的中国人口空间格局及影响因素研究. 经济地理, 29(11): 1797-1802.
马立广, 曹彦荣, 徐玖瑾等. 2008. 中国102个人群的身高与地理环境相关性研究. 人类学学报, 27(3): 223.
米红. 2003. 青岛人口信息系统的应用分析. 地球信息科学, (3): 28-33.
明庆忠. 1997. 自然资源学导论. 昆明: 云南科技出版社: 3.
马尔萨斯. 人口论. 郭大力 译. 北京: 北京大学出版社, 2008.
马尔萨斯. 人口原理. 陈小白 译. 北京: 华夏出版社, 2013.
潘公照. 1947. 今日的印度. 中国科学图书仪器公司: 365.
《上海市人口地理信息系统》课题组. 2002.《上海市人口地理信息系统》的开发和特点. 上海统计, (10): 24-25.
沈建国. 2000. 世界城市化的基本规律. 城市发展研究, (1): 6~12, 17~21.
施国庆, 郑瑞强, 周建. 2008. 灾害移民权益保障与政府责任——以"5·12"汶川大地震为例. 社会科学研究, (6): 37.
史红. 2006. 舞蹈生态与中国民族舞蹈的特异性. 文艺研究, (4): 100~102.
石雅茗, 刘爽. 2015. 中国出生性别比的新变化及其思考. 人口研究, (4): 35~48
石人炳. 2013. 我国出生性别比变化新特点. 人口研究, (2): 66~77
世界银行. 1996. 1995年世界发展报告. 中译本. 北京: 中国财政经济出版社: 36.
宋嘉革. 2006. 中国户籍制度改革与农村人口城市化转移. 中国博士学位论文全文数据库.
孙文慧等. 2005. 我国城镇化水平的省际差异及其分类研究. 西北人口, (3): 1~4.
唐焰, 封志明, 杨艳昭. 2008. 基于栅格尺度的中国人居环境气候适宜性评价. 资源科学, 30(5): 648~653.
田雪原. 1999. 以人为本的可持续发展理论及其理论体系. 中国人口科学, (1).
田雪原. 2000. "十五"和2010年人口发展报告. 市场与人口分析, (4).
汪光焘. 2003. 关于中国特色的城镇化道路问题. 城市规划, 27(4): 11~14.
王芬芳, 顾朝林. 2002. 世界城市化特征和问题. 城市规划, 26(10): 48~50.
王桂新. 2005. 中国省际人口迁移对区域经济发展作用关系之研究. 复旦学报(社会科学版), 3.
王明远, 章申. 1981. 我国大骨节病病区的化学地理特征. 地理学报, 2.
王前福, 王艳. 2002. 世界城市化研究. 西北人口, 2: 60~62.
王树恩. 2002. 人类与环境. 天津: 天津大学出版社: 4.
王信领, 王步青. 2007. 从危机到和谐——人与自然和谐发展概论. 济南: 济南出版社: 216.
王雪梅, 李新, 马明国. 2004. 基于遥感和GIS的人口数据空间化研究. 遥感技术与应用, 19(5): 320~327.
王振波, 徐建刚, 朱传耿. 2010. 中国县域可达性区域划分及其与人口分布的关系. 地理学报, 65(4): 416~426.
王振营. 1993. 人口迁移的规律——不同条件下人口迁移模型研究. 中国人民大学博士论文.
翁家烈. 2009. 民族文化多样性源于生态环境的多样性. http://theory.people.com.cn/GB/49157/49165/9599596.html.
吴进义. 1991 中国人口素质. 北京: 中共中央党校出版社.
吴玉麟, 李玉江. 2001. 人口地理学. 济南: 山东人民出版社: 80~115.

武康平,徐豪熠,杨超. 2017. 老龄化背景下居民消费支出结构的影响因素分析. 经济学报,4(1):62-69.
武勇,朱俊清. 2008-4-8. 宁夏退耕还林期间安排移民 9.4 万人. 中国民族报.
西蒙·库兹涅茨. 1985. 各国的经济增长. 北京:商务印书馆:195~196.
谢扬. 2003. 中国城镇化战略发展研究——《中国城镇化战略发展研究》总报告摘要. 城市规划,27(2):35~41.
邢来顺,韦红. 2009. 联邦德国阶级结构的变化及其影响. 浙江学刊,(3).
徐平生. 2005. 世界主要国家和地区居民消费结构组成、演变规律及启示. 中国经贸导刊,20:15~17.
许学强等. 1996. 城市地理学. 北京:高等教育出版社.
阎伍玖. 2003. 环境地理学. 北京:中国环境科学出版社:221.
杨靳. 2003. 人口迁移与农村贫困——中美实证分析. 厦门大学博士论文.
杨雪. 2004. 再论人口"迁移"的概念与统计口径界定. 西北人口,(1):19~22.
杨延军,刘建. 2003. 浅谈水污染对人体健康的影响与危害. 吉林水利,(11):37~40.
姚华松,许学强. 2008. 西方人口迁移研究进展. 世界地理研究,17(1):154~166.
姚旭,张丽娟,孙烨. 2007. 论人口素质与地区经济发展的关系. 黑龙江金融,4:22~23.
伊武军. 2001. 资源、环境与可持续发展. 北京:海洋出版社:133.
余卓渊,王英杰,苏莹等. 2005.《中华人民共和国人口电子地图集》系统设计. 地球信息科学,7(2):24~30.
俞路. 2006. 20 世纪 90 年代中国迁移人口分布格局及其空间极化效应. 华东师范大学博士论文.
俞宪忠. 2005. 人口流动规律及其政策含义. 中国人口·资源与环境,15(1):117~121.
袁熹. 2003 近代北京城市人口研究. 人口研究,5.
原华荣. 1991. 世界人口分布的趋势及特征. 西北人口,4:54~61.
原新. 1994. 可持续适度人口的理论构想. 人口与经济,(4).
约·斯塔纽斯基. 1961. 各柯本气候带的人口分布//张善余. 人口地理学概论. 上海:华东师范大学出版社.
张善余. 1999. 人口地理学概论. 上海:华东师范大学出版社.
张善余. 2003. 中国人口地理. 北京:科学出版社:110~140.
赵济. 2002. 中国自然地理. 北京:高等教育出版社:1~11.
赵细康. 1997. 关于人口与可持续发展若干问题的思考. 西北人口,(1).
中国科学院地理研究所化学地理研究室环境与地方病组. 1981. 我国克山病分布和以粮食低硒为表征的地理环境的关系. 地理学报,4.
中国统计局. 2008,2009. 国际统计年鉴. 北京:中国统计出版社.
中国统计局. 2008,2009. 中国统计年鉴. 北京:中国统计出版社.
周一星. 1997. 城市地理学. 北京:商务印书馆.
周之桐,王桂新. 1992. 人口地理学简明教程. 上海:华东师范大学出版社:103.
朱宝树. 2006. 人口城镇化与城乡统筹发展. 华东师范大学学报(哲学社会科学版),38(4):28~34.
朱冬亚. 2005. 环境移民及其对策. 环境科学与技术,28(2):56~57.
朱宇. 2006. 城镇化的新形式与中国的人口城镇化政策. 人文地理,21(2):115~119.
朱宇,丁金宏,王桂新,等. 2017. 近 40 年来的中国人口地理学——一个跨学科研究领域的进展. 地理科学进展,36(4):466-482.
邹德慈. 2004. 对中国城镇化问题的几点认识. 城市规划汇刊,(3):3~6.
邹欢. 2003. 全球城市化时代的展望. 国外城市规划,18(2):40~42.
Ahluwalia M. 1976. Inequality, Poverty and Development. Journal of Development Economics,(6).
Chenery H, Sycquin M. 1975. Patterns of Development,1950-1970. OUP:38.
Cutler D M, Poterba J M, Sheiner L M. 1990. An aging society: opportunity or challenge?. Brookings Papers on Economic Activity, 22(1): 1-73.
Fields G S. 1984. Employment Income Distribution and Economic Growth in Seven Small Open Economies. Economic Journal,3.
Northam R M. 1979. Urban Geography. New York: John Wiley & Sons:66.
Paukert F. 1973. Income Distribution at Different Levels of Development: A Survey of Evidence. International Labor Review,8.
Prettner K. 2013. Population aging and endogenous economic growth. Journal of Population Economics, 26(2): 811-834.
United Nations. 2002. Urban and Rural Areas 2001. www.un.org.
United Nations. 2007. World Population Prospects: The 2006 Revision. www.un.org.
United Nations. 2008. World Population Prospects: The 2007 Revision. www.un.org.